RUSIA ACTOR GLOBAL

El renacer de un gigante

MARIANO CAUCINO

Interamerican Institute for Democracy
Copyright © 2015 Mariano Caucino
All rights reserved.
ISBN: 1508850070
ISBN-13: 978-1508850076

Rusia está inacabada, es decir, abierta a todos los progresos.

Pushkin

Rusia es un enigma, envuelto en misterios, rodeado de incógnitas.. sin embargo, creo tener una clave que permite suponer cómo actuará.. y esa clave es la historia del interés nacional ruso.

Winston Churchill[1]

I'm an anti-Communist but a pro-Russian. That's an unusual combination.

Richard Nixon[2]

---

[1] *BBC Broadcast*, London, 1st October 1939.

[2] Durante una visita a Moscú como ex presidente. *The New York Times*, February 19, 1993.

Agradecimientos:

Quiero agradecer especialmente a algunas personas que cumplieron un rol importante en ayudarme con esta tarea. En primer término debo agradecer a Guillermo Lousteau, presidente del InterAmerican Institute for Democracy por el impulso en esta investigación. Asimismo, a los amigos del Instituto como José Benegas, Carlos Sánchez Berzain, Diego Trinidad y César Vidal que siempre me han acompañado en las actividades académicas y políticas que allí se desarrollan. Desde Londres, Celia Szusterman contribuyó con envíos de información sumamente interesantes. El embajador Atilio Molteni me facilitó innumerable cantidad de documentos y material bibliográfico de enorme utilidad para esta obra. Ana Saccone, Carlos Corach, Andrés Cisneros, Julio Bárbaro, Rosendo Fraga y Carlos Gaustein realizaron una valiosa contribución revisando textos y detectando errores u omisiones. Agradezco, naturalmente, al personal de la sección Hemeroteca de la Biblioteca Nacional Argentina así como la de Madrid (España).

Un párrafo aparte merecen mis numerosas conversaciones y consultas con los ex embajadores de la Argentina en Rusia Arnoldo Listre (1994-1999), Juan Carlos Sánchez Arnau (2000-2005) y Juan Carlos Kreckler (2011-2013), que fueron un aporte decisivo en este trabajo.

El calificado historiador y periodista especializado en Europa del Este Alvaro Alba, desde una visión distinta, ha realizado aportes significativos a este trabajo. Su pensamiento sobre Rusia y sus vecinos difiere del mío pero estimé conveniente para esta obra adjuntar algunos comentarios suyos a los fines de aportar puntos de vista distintos y si se quiere complementarios para comprender esta compleja realidad.

Por último, pero no menos importante, agradezco a Bárbara Urdampilleta por su empuje y haberme acompañado en los pocos pero intensos meses en que procesé documentos y fuentes elaboradas y clasificadas durante años para redactar esta obra.

Finalmente, una aclaración: los nombres rusos, al ser traducidos al inglés o al castellano, sufren algunas deformaciones, inevitables, al menos para mi. A su vez, los errores de traducción de numerosos textos del inglés al castellano son mi responsabilidad, asumiendo por lo tanto eventuales equivocaciones como propias.

El sistema soviético fue una etapa -sin duda muy trascendente- en la milenaria historia de Rusia. Su influencia en la vida de ese país aún perdura y seguramente seguirá perdurando durante años. Este importante libro de Mariano Caucino se refiere al fin de ese experimento histórico que duró casi 70 años, desde 1922 hasta 1991. Se ocupa de sus últimos treinta años cuando la idea de la Revolución que conmovió al mundo en 1917 había fracasado y la ilusión que creó en todos los continentes se había desvanecido. Su fin significó el fin del comunismo, aunque no el fin de la historia que pronosticará apresuradamente Francis Fukuyama.

Mariano Caucino documentadamente y con profundidad de análisis describe el período que comienza con la elección de Leónid Brezhnev pasando por Mikhail Gorbachev y la disolución de la Unión Soviética, el difícil y complejo período de Yeltsin y el comienzo de lo que puede llamarse la era de Putin. Etapa esta última de la cual aun no es momento de hacer un juicio de valor sobre ese acontecimiento que está en curso, pero sí puede señalarse que Putin ha significado la estabilidad, la bonanza económica, al menos hasta la caída del precio del petróleo ocurrida últimamente, y sobre todo la recuperación de la autoestima de Rusia y su pueblo. El suyo es indudablemente un gobierno autoritario con gran aceptación y alto nivel de popularidad en un país que no tiene la tradición democrática occidental. Cómo se insertará Rusia con ese liderazgo en el orden mundial que aún está indefinido es difícil de predecir.

El fin de la guerra fría significó también el fin de un orden mundial que surgió en la segunda postguerra mundial. Desde entonces no hay un orden internacional definido. Tuvo un breve periodo de unipolaridad con Estados Unidos como potencia hegemónica, no tanto quizás por su voluntad como por la circunstancia internacional en que se desarrolló. Ese período fue breve y lo ha sucedido una multipolaridad en que aparece China como un nuevo actor fundamental con vocación y capacidad de superpotencia. También la declinación de la influencia relativa de Europa y el debilitamiento de Rusia, para mencionar a los grandes actores globales.

Sin embargo, Rusia, el país más extenso del mundo, por su peso geopolítico en Eurasia es y seguirá siendo una pieza fundamental en el escenario mundial y siempre un actor principal en el orden internacional que aún está por definirse. Los nuevos grandes desafíos a la seguridad internacional que son de orden global no pueden afrontarse sin la participación rusa. Occidente necesita a Rusia y Rusia necesita a Occidente.

Existe una vasta literatura sobre Rusia, sobre todo en idioma inglés, pero hay poco escrito en idioma español. Este serio trabajo de Mariano Caucino cubre en parte esa falencia. Destaca características históricas permanentes de ese país y su preocupación, a veces casi obsesiva, por la seguridad, la integración y la preservación de su inmenso y diverso territorio. Conocer esas características y comprenderlas, lo que no significa necesariamente compartirlas, puede ayudar a superar las actuales desinteligencias entre Rusia y Occidente. La historia siempre pesa.

Mariano Caucino, lúcido observador de la realidad internacional contribuye a ese propósito con este libro.

Arnoldo M. Listre, ex Embajador argentino en la Federación Rusa (1994-1999)

Este ensayo de Mariano Caucino ofrece el buceo en uno de los más fascinantes episodios de la historia reciente: la caída de la Unión Soviética, la disolución del socialismo real y el fin de la Guerra Fría y el surgimiento de un nuevo orden global a partir de esos acontecimientos centrales. El autor sale del análisis político-histórico puramente argentino y se concentra en el surgimiento de un actor central del proceso mundial. Rusia es, desde siempre, un gigante que se resiste a abandonar su rol de gran potencia.

El traumático fin del comunismo y los difíciles años 90, plagados de reformas, avances, retrocesos y contradicciones son analizados en profundidad en este ensayo y permiten comprender el resurgir de un gran liderazgo como es el de Vladimir Putin, tan admirado por los rusos como temido en Occidente. El autor ha hecho un esfuerzo por estudiar bibliografía, documentos e infinidad de reportes de la prensa rusa, norteamericana, británica y española sobre este fenómeno.

Por último, el autor plantea un interrogante decisivo en el debate político actual: el rol de Occidente frente al vigoroso surgimiento de potencias como Rusia y China. Caucino se detiene especialmente en analizar las consecuencias de la expansión de la OTAN a lo largo de las ex naciones del Pacto de Varsovia y la sensación de provocación que Moscú experimentó ante tal iniciativa.

Andrés Cisneros, ex Vicecanciller argentino

"Rusia actor global" es un amplio repaso a la historia de la URSS y ahora Rusia desde la época de Nikita Jruschev al presente. Es un vuelo de altura sobre la historia y política de ese amplio territorio, y con una vasta fuente bibliográfica. En cortos capítulos vemos instantáneas de una nación que sigue buscando su futuro, en medio de experimentos sociales. Referencias de protagonistas llenan la narración y se hace un hilvanado de la política interna con la exterior.

Alvaro Alba, historiador y periodista especializado en Europa del Este

Hacia los años 70, dos conceptos concurrentes eran compartidos en forma general: "la aceleración de la historia" y "el mundo se ha achicado". Visto desde el punto de vista de los historiadores y de los analistas, el significado de estas afirmaciones eran que los hechos históricos se habían incrementado. Un hecho se caracteriza como histórico por sus efectos y la observación reflejaba que, efectivamente, muchos de esos hechos –que antes parecían ajenos- ahora nos afectaban con mayor o menor profundidad. En parte por su capacidad de modificar el panorama en períodos más breves y en parte, porque cualquier hecho, ocurra donde ocurriera, era capaz de afectarnos.

El Interamerican Institute for Democracy ha concentrado sus esfuerzos en América Latina. Porqué, entonces, publicar un estudio sobre Rusia? Precisamente, porque la situación de esta región ya no puede permanecer ajena a los conflictos que se desarrollan en el resto del mundo. Entre ellos, adquieren especial relevancia el conflicto de Medio Oriente, con la aparición del islamismo como un nuevo actor en el orden mundial; la situación de Europa y las debilidades que han comenzado a mostrar en la estructura de su unidad. Y por supuesto, el rol de Rusia y su capacidad de condicionar la política global .

Los tres casos producen "hechos históricos" capaces de afectarnos profundamente, a pesar de originarse en regiones que antes nos parecían lejanas. Existe una extensa literatura sobre el Islam, sobre la situación de Europa y también sobre la crisis que la actitud actual de Rusia puede generar en Occidente, tal como muestra la extensa bibliografía incluida en este libro . Pero ninguna de esas voces provenía de América Latina, con un análisis propio.

Mariano Caucino llena esa laguna. Tal como muestran sus trabajos anteriores sobre Argentina, Caucino pone el acento de sus análisis en los hechos concretos y documentados, como base de interpretación global. Esa actitud se refleja plenamente en este libro, al cual agrega ahora una inusual capacidad de análisis.

Caucino ha presentado en nuestro Instituto varios coloquios y, entre ellos, uno sobre Rusia, con la presencia e intervención de otros expertos en el tema, como César Vidal y Álvaro Alba, éste último con experiencia académica y personal directa en el conflicto de Rusia con Ucrania. No es casual que ambos prologuen y comenten este trabajo que el Instituto publica hoy.

Guillermo Lousteau
Presidente
Interamerican Institute for Democracy

Miami, abril 2015

INDICE:

Prólogo de César Vidal, 9.

Introducción. 11.

1. De Brezhnev a Gorbachov. El golpe de palacio (1964). La primavera de Praga y la "Doctrina Brezhnev" (1968). La crisis soviética con China (1969). *Detente*. Westpolitik. Helsinki: ¿Exito o fracaso? (1975). La invasión a Afganistán (1979). Mini-culto a la personalidad. La paridad bipolar. La cultura. La economía y la calidad de vida de la población. Tres funerales y una esperanza. El año de Andropov (1983). Chernenko. **13.**

2. El fracaso más exitoso de la Historia. Las reformas de Gorbachev. Moscú, marzo de 1985. La herencia de la era Brezhnev. Primeros pasos. Perestroika. Glasnost. Incertidumbre en Occidente. La cumbre de Ginebra. Chernobyl. La guerra imposible de ganar. La cumbre de Reyjavik. Aterrizaje en la Plaza Roja. Mr Gorbachev, tear down this wall. Gorbimanía. Exitos en Nueva York; tragedia en Armenia. 1989, el año en que cambió la Historia. De La Habana a Pekín. Las elecciones parlamentarias de marzo. De la Doctrina Brezhnev a la Doctrina Sinatra. La caída del Muro de Berlín. Camino a Malta: hacia el fin de la Guerra Fría. La caída de Ceaucescu. Lituania da el primer paso. Un nuevo orden mundial. El deterioro económico. Rusia vs. la URSS. El golpe de agosto. Belovezha Agreement. ¿El fracaso más exitoso de la historia?. **65.**

3. Rusia en los años 90. Los años de Yeltsin. Terapia de shock. Las privatizaciones, un país en venta. Primeros contactos con Washington. La crisis constitucional de 1993. Primera guerra de Chechenia (1994-96). La reelección de Yeltsin (1996). La expansión de la OTAN: ¿Una traición de Occidente? El tratado con Ucrania. ¿Retorno a la gerontocracia? El default ruso de 1998. Kosovo. Buscando un heredero. Las explosiones. Moscú, 31 de diciembre de 1999. Epílogo de Yeltsin. **131.**

4. Rusia en el Siglo XXI. Los años de Putin. Who is Mr Putin? Una sociedad en disponibilidad. El Putin liberal y amigo de Occidente (2000-2003). El cierre de las bases de Lourdes y Cam Ranh Bay. Putinomics. Desmontando el poder de los oligarcas. La centralización del poder. Alejamiento de Occidente. La prensa. El sistema polítiquintaco: Rusia Unida y la oposición. El enroque con Medvedev. La guerra de Georgia y la crisis económica de 2008/9. ¿Una nueva guerra fría? Las reglas de la petropolítica. Una nueva clase media. Medvedev por el mundo. Putin vuelve a la Presidencia. El hombre del año. **185.**

5. Rusia y Occidente. Ucrania una vez más. El giro asiático y la mirada a Sudamérica. Los límites de la petropolítica. **271.**

Conclusiones. Entender Rusia. 299.

RUSIA o de lo conveniente de comprender

por César Vidal

Hace apenas unos días me encontraba viendo la tercera temporada de la serie televisiva *House of Cards*. Inspirada en una popular trilogía británica, *House of Cards* constituyó durante sus dos primeras temporadas un análisis verdaderamente apasionante – aunque de ficción – de la política interna de los Estados Unidos. Sin embargo, en esta su tercera temporada *House of Cards* – cuyo protagonista ya es inquilino de la Casa Blanca – realiza un quiebro relevante saltando a la política internacional. Ahí, como no podía ser menos, aparece Rusia en escena. Su presidente que recibe el nombre de Victor Petrov - ¡qué casualidad! ¡las mismas iniciales de Vladimir Putin! – aparece descrito con todos los tonos del villano más burdo que imaginarse pueda. Es mal educado, desconsiderado, grosero – llega a besar a la primera dama en público de la manera más abusiva – borracho, cruel, despiadado, incluso posible responsable de una operación de falsa bandera en la que mueren soldados rusos… Créaseme si digo que los calificativos ya escritos no agotan la imagen del presidente ruso en la serie, pero sí perfilan mucho de la actual versión servida por los medios de comunicación, por no pocos analistas – a los que se supone serios – y por la política oficial en relación con Rusia. En términos breves – pero nada inexactos – se podría resumir esa visión de consumo como la afirmación de que Rusia no es sino la antigua URSS, pero de manera hipócritamente oculta, y de que Putin constituye una mezcla de lo peor del KGB con Adolf Hitler. Semejantes puntos de vista pueden ser muy populares y resultan absolutamente extendidos, pero no pasan de ser una burda aproximación a la realidad y una más que peligrosa visión de cara al porvenir. Así sucede, dicho sea de paso, con las opiniones y las acciones que derivan de circunstancias como la ignorancia, el prejuicio racial o nacional o la simple holgazanería intelectual que se resiste a ver los cambios operados en el mundo aferrándose a la cosmovisión de una vida ya pasada.

Ninguno de esos peligrosos defectos se encuentra en la obra que presenta ahora Mariano Agustín Caucino. Ni una sola de sus líneas deja percibir desconocimiento del tema, obsesiones racistas o la pereza que pretende que el planeta no ha cambiado nada desde la última década del siglo XX y que, por lo tanto, seguimos inmersos en la felizmente concluida Guerra fría. En ese sentido, el libro de Mariano Agustín Caucino resulta no sólo un inteligente y documentado antídoto contra un cuadro erróneo sino además un esfuerzo serio y riguroso por comprender la realidad de Rusia y la visión de Putin.

Los ejemplos de lo que acabo de escribir se acumulan de manera elocuente a lo largo de los distintos capítulos. Caucino ha captado aspectos esenciales del desarrollo histórico sufrido por Rusia durante las últimas décadas. Se ha percatado de la manera en que el colapso de la Unión soviética – no tanto como super-poder comunista cuanto como gran potencia derrotada – tuvo sobre la vida no tanto política como cotidiana de decenas de millones de rusos. Ha señalado como Occidente incumplió las promesas que había formulado a la Unión soviética y no sólo despedazó el estado creando naciones no pocas veces artificiales sino también avanzando las fronteras de la NATO hasta cercar nuevamente a una nación como Rusia que siempre ha sido especialmente sensible al cerco por su prolongada y dramática experiencia de invasiones. Ha captado la manera en que Putin – lejos de ser una versión enloquecida del imperialismo – ha levantado a Rusia sobre sus pies tras la desastrosa época de un Yeltsin adorado por Occidente, pero funesto para los rusos y ha obtenido de esa manera un respaldo popular que los medios y los políticos occidentales se obcecan testarudamente en no ver.

El libro de Caucino no es una apología de Putin ni de la política exterior de Rusia. Menos aún constituye un ejemplo de propaganda putinista. Sí es, sin embargo, un intento de comprensión intelectualmente honrado, históricamente documentado y amenamente expuesto. Constituye así un instrumento más que bienvenido para comprender de manera más cabal y ecuánime a una nación que puede ser aliada de Occidente en batallas como la lucha contra el terrorismo islámico; que no puede ser despreciada por razones históricas, culturales y geo-estratégicas; que no consentirá jamás el verse relegada a un plano secundario y que reaccionará con gallardía ante cualquier intento de agresión o cerco, de manera directa o interpuesta. Por todo ello y por más razones aún, las páginas que se extienden delante del lector merecen ser leídas con sosiego, atención y reflexión. Porque en ellas no sólo hay un análisis que, a mi juicio, resulta esencialmente certero sino que subyacen no pocas claves para comprender Rusia y, comprendiéndola, evitar errores cometidos en los últimos años que sólo pueden acabar actuando en contra de la causa de la libertad, esa causa que el propio Caucino reconoce como suya. No les entretengo más. El libro los está esperando.

Miami, primavera de 2015

Introducción

Hay algo fascinante en Rusia. ¿Un país europeo? ¿Un país asiático? Con seguridad, un gigante entre dos mundos. ¿O acaso es Rusia, como sostienen los euroasianistas, algo más que un país o una nación, es decir, una "civilización" en si misma, un modelo tradicionalista y alternativo al relativismo cultural occidental?

Con su interminable geografía, sus armas nucleares, su poder de veto en el Consejo de Seguridad y su influencia política, energética e histórica en zonas cruciales del mundo, Rusia es una realidad insoslayable de la realidad global. Nunca tan fuerte como aparenta, nunca tan debil como aparece, como habría dicho Bismark, Rusia ha resurgido en los últimos años como un protagonista central del mundo actual.

Pero, ¿cuál es la verdad del país que gobierna el político más polémico del mundo actual? Vladimir Putin, ¿es el héroe que reinstaló la grandeza del país después del colapso del imperio soviético y la humillación al orgullo nacional en los años noventa, o la bestia negra que pintan a diario las editoriales de los principales periódicos de Occidente? La reciente crisis en Ucrania, con la inquietud que la actitud de Rusia ha despertado en Occidente, vuelve plenamente vigente la necesidad de comprender las claves de su historia.

Nada de lo que está sucediendo en Rusia puede ser entendido sin tener presente la realidad de una nación con una entidad histórica, llena de complejidades, transformaciones y contradicciones, eternamente atrapada entre dos tensiones: la modernidad europea y el apego a la tradición. Lo que sucede hoy en Rusia es inseparable, naturalmente, de los sucesos que determinaron el colapso del sistema soviético en 1989/91. Como también dichos hechos, traumáticos y precipitados, tienen causas más profundas. He ubicado el inicio de este libro en la era-Brezhnev (1964-1982), entendiendo que allí se formaron los hombres que hoy gobiernan la Rusia de nuestros días. A lo largo de estas cinco décadas vemos episodios centrales como la caída de Kruschov, la represión de la Primavera de Praga, el período de la *Detente*, la invasión a Afganistán, el surgimiento de la "gerontocracia" del Kremlin, el inmovilismo de fines de los setenta, los interregnos de Andropov y Chernenko, la llegada del reformisa Gorbachov, la *Perestroika* y la *Glasnost*, el abandono soviético de Europa del Este a fines de los ochenta, los hechos decisivos del crucial año 1989, la aceleración de los acontecimientos que desembocarían en el desmembramiento de la Unión y la disolución de la URSS en diciembre de 1991. Pero también recorremos los traumáticos años 90, en los que Rusia experimentará el paso de la noche a la mañana del sistema de planificación total a la apertura indiscriminada de su economía, las privatizaciones, el surgimiento de los oligarcas, el default de 1998 y la inesperada y aparentemente inexplicable llegada al poder de Vladimir Putin en la última noche del siglo...

Pero también indagamos en las claves profundas para comprender este país: la dependencia de la renta energética, la obsesión por la Seguridad y la Defensa de un país que se ve a si mismo como una inmensa planicie sometida al peligro real o potencial de una invasión extranjera, convicción confirmada en los últimos dos siglos por la invasión napoleónica de 1812 y la de la Alemania nazi en 1941, pero también la nación orgullosa de su estatus de superpotencia, la venganza de Moscú y del pasado sobre San Petersburgo, símbolo de una Rusia que había optado por Europa contra la tradicion rusa, la tensión permanente entre la anarquía y la dictadura, que parecen convertir a Rusia en el país cuyo pasado es impredecible. Pero al mismo tiempo, la esperanzadora idea de la Rusia inacabada, es decir, abierta a todos los progresos, en palabras del gran Pushkin.

Asimismo, nos sumergimos en las personalidades de los dos más grandes actores de este drama, Mikjail Gorbachov y Vladimir Putin, dos hombres que han merecido juicios tan disímiles en su país como en Occidente. Comprender las claves profundas de la historia rusa puede ayudar a entender hacia donde se dirigirá el gigante. Estudios recientes sobre el desempeño de los servicios de inteligencia del primer país de la tierra, los EEUU, permiten conocer que ni siquiera los miles de millones de dólares de *taxpayers* norteamericanos lograron que la CIA acertara correctamente en la comprensión de las que eran fortalezas y vulnerabilidades de la Unión Soviética.

Mi interés en Rusia comenzó hace unos 25 años, en los tiempos en que se derrumbó el imperio soviético. A partir de allí, comencé a estudiar su historia y a seguir su desarrollo político. Naturalmente, esa inquietud se vio profundizada en los últimos años, cuando Rusia comenzó a renacer incesantemente como actor político global. En lo personal, tuve ocasión de viajar a Rusia en varias ocasiones en los últimos años y seguir de cerca el devenir de su vida como nación. En 2014, la crisis ucraniana terminó de colocar a Rusia y a Occidente en el medio de las tensiones del mundo actual. En ese marco, fui invitado por Guillermo Lousteau a dar algunas charlas en el marco de los interesantísimos seminarios en el InterAmerican Institute for Democracy, en Miami (EEUU). A partir de esa convocatoria, comencé a plasmar la idea de condensar estos apuntes sobre Rusia en el formato de un libro, entendiendo que a pesar de la gran cantidad de bibliografía que existe sobre la materia en el mundo anglosajón, es muy escasa la literatura disponible en español.

En momentos en que en los gabinetes, en la academia y en la prensa internacional se debate si el mundo marcha inexorablemente a una nueva Guerra Fría, entender Rusia resulta una materia fundamental para aproximarnos a la realidad global. Esperando aportar datos y reflexiones sobre esta asignatura central en el mundo de hoy, es que escribí este ensayo.

Mariano Caucino,
Buenos Aires, marzo de 2015

Primera Parte:
de Brezhnev a Gorbachov

Vuestro país se asienta en un territorio sobre el cual los soldados soviéticos lucharon en la Gran Guerra Patriótica. Conquistamos ese territorio al costo de enormes sacrificios y nunca lo abandonaremos. Las fronteras de vuestro país también son nuestras fronteras. Porque ustedes no nos escuchan, nos sentimos amenazados. En el nombre de quienes murieron entregando sus vidas por vuestra libertad estamos plenamente autorizados y justificados para enviar nuestros soldados a vuestro país, para sentirnos seguros en nuestras fronteras comunes. Es intangible saber si alguien está realmente amenazándonos o no. Es una cuestión de principios. Y así es como será, para siempre.

Leonid Brezhnev, después de la invasión a Checoslovaquia en 1968.

Con Lenín aprendimos cómo gobernar; con Stalin aprendimos cómo no gobernar; con Kruschev aprendimos que cualquiera podía gobernar; con Brezhnev estamos aprendiendo que el gobierno es innecesario.

Chiste ruso, al promediar la década del setenta.

El golpe de palacio

Kruschev terminó por agotar a todos. Sus continuas, zigzagueantes y alocadas reformas tuvieron escaso éxito en el terreno de los hechos pero lograron cansar a sus colegas del Presidium. Durante su jefatura, (1953-1964) impuso permanentes cambios en la nomenklatura y promocionó modificaciones en busca de modernizar la Unión Soviética, con menos éxitos concretos que amenazas a la estabilidad de la burocracia. Así como durante los tiempos de Stalin nadie podía dormir sin temer por su vida[3], durante los años de Kruschev nadie podía dormir sin temer por su carrera burocrática.. Un incruento golpe de palacio lo desalojó del poder en octubre de 1964. Describió Kotkin: "Las múltiples campañas y reorganizaciones administrativas de Kruschev causaron disrupción y trajeron resultados mixtos. En Moscú, su propuesta de establecer límites temporarles para los apparatchiks tensionaron las espaldas de varios, y en octubre de 1964 fue forzado a "retirarse" en una conspiración".

En medio de una total indiferencia de la población[4], el golpe o revolución de palacio que desplazó a Nikita Kruschev fue llevado adelante con la intriga propia de las cortes florentinas: se aprovechó la partida, a fines de septiembre, del líder a su residencia de descanso en Sochi, en el Mar Negro.[5] Los hechos que siguieron muestran el juego de poder en su versión más cruda. Quien sería su sucesor, Leonid Brezhnev, mientras tanto, voló a Berlin el día 5 de octubre, para participar de las celebraciones por los 15 años de la fundación de la República Democrática Alemana. El día 13, Kruschev mantiene una breve reunión con Gastón Palewski, ministro francés de Espacio y Ciencia. La entrevista es interrumpida con el anuncio de que debía abandonar Sochi tras ser convocado de urgencia a Moscú por el Presidium del Partido. El comité aceptó la "renuncia" de Kruschev en razones de su *"edad avanzada y el estado de su salud"*. La comprobación de que su salud no era el motivo real de su alejamiento la proporciona el hecho de que vivió siete años más. A cambio de retirarse pacíficamente del Kremlin, a Kruschev se le garantizaron privilegios de por vida, aunque pasó a ser un "hombre invisible", completamente olvidado. Su nombre nunca más fue mencionado en la prensa soviética. En cuestión de horas, el retrato de Kruschev desapareció de los lobbies de los hoteles, los restaurantes, los negocios y las oficinas públicas y sus libros fueron removidos de las librerías. Moriría en 1971, en la oscuridad. La prensa soviética informaría entonces que había fallecido "el ciudadano N. S. Kruschev".

---

[3] En tiempos de Stalin "uno podía ser invitado a su dacha para una comida sin saber si al terminar la noche acabaría en su casa o en prisión", según le dijo Nikolai Bulganin a Kruschev.

[4] "Outwardly Moscow was quiet: no tanks, no troops, no overt hints that history has been made". Dornberg, p. 183.

[5] Una estrategia similar seguirán los golpistas de agosto de 1991.

La tarde anterior al golpe, el día 16, el presidente (formal) de Cuba, Osvaldo Dorticós había arribado a Moscú para una visita de Estado y acompañó a Mikoyan a un concierto en el Palacio del Congreso del Kremlin como si nada sucediera. La población fue informada a través de la edición del viernes 16 de octubre del órgano partidario *Pravda*: las funciones de Kruschev serían cumplidas por Leonid Brezhnev (jefatura del partido) y por Alexei Kosygin, como primer ministro (chaiman of the Council of Ministers). Este último se verá favorecido por su desinterés en ocupar el puesto de secretario general y por lo tanto no ofrecer competencia a Brezhnev.[6]

Una paradoja histórica en medio de la caída de Kruschev la ofrece el hecho de que el único sobreviviente político entre los protagonistas de la crisis de los misiles de 1962 fue Fidel Castro, dado que Kennedy fue asesinado el 22 de noviembre de 1963.

La distribución del poder en el Kremlin determinaría que en los años siguientes Brezhnev conseguiría consolidarse como secretario general del PCUS.[7] Heredero de la tradición política soviética, Brezhnev parece haber aprendido las lecciones de sus antecesores: para gobernar en el Kremlin es necesario primero dividir y luego conquistar. Dice Dornberg: "Stalin utilizó magistralmente el sistema del patronazgo para construir soporte para su poder y para destruir los propósitos de otros. Supo cómo llenar de hombres dependientes de si mismo las agencias partidarias y del gobierno para distribuir el riesgo y debilitar cualquier intento opositor que pudiera surgir. Esas son las reglas del juego de poder del Kremlin. Se las enseñó a Krushchev, quien a su vez se las enseñó a Leonid Brezhnev".[8]

Durante la era Brezhnev, el sistema oligárquico se perfeccionaría. A partir de 1964 las duras pujas internas en el Politburó se mantuvieron secretas detrás de los gruesos muros del Kremlin, sin ser expuestas públicamente como había ocurrido en determinados momentos de la tumultuosa era Kruschov.

Daniel Treisman, en su recomendable obra *"The Return"* describió el esquema de poder en la URSS: "La maquinaria estatal soviética era una pirámide con tres caras. El Partido Comunista monopolizaba la autoridad máxima de poder. En la cima, en Moscú, había dos cuerpos de gobierno. El Politburó, un comité de unos quince "pesos pesados", fijaba la política. Algunos "candidatos a miembros" podían sumarse a las discusiones, pero no votar. Las sesiones del Politburó eran presididas por el secretario general, que era elegido por los otros miembros y cumplía funciones de por vida o hasta que sus colegas decidieran removerlo, como le ocurrió a Nikita Kruschev en 1964. Cada jueves por la mañana, en medio de sirenas policiales, una corriente de limusinas ZIL descienden por la calle Kuybishev desde la oficina central en la Staraya Ploshchad ("Old Square") hasta el Kremlin, sede del gobierno soviético. Después de conversar en la sala recubierta en paneles de nogal, los miembros del Politburó tomarán sus lugares asignados en la enorme mesa de conferencias cubierta por una mantel verde. El segundo cuerpo, el Secretariado, consistía en diez o doce secretarios partidarios, que encabezaban los departamentos administrativos que implementablan las decisiones del Politburó y gestionaban las membresías del Partido y sus propiedades. El Secretariado se reunía cada martes por la tarde en el

---

[6] Kissinger creyó tempranamente que Kosygin era la figura decisiva en el diseño de la política exterior del Kremlin. Kissinger, H.: *The White House Years*, p 527.

[7] "Whether Brezhnev really needs a title is debatable. The absence of one dissuaded neither Nixon nor Pompidou nor Brandt from dealing with him as the *de facto* head of the Party and the Government and the State". Dornberg, John: *Brezhnev. The Masks of Power*, Basic Books Inc. Publishers, NY, 1974.

[8] Dornberg, p. 116; Tucker, Robert: *Politics, Culture and Leadership in Soviet Russia*, W. W. Norton & Company, NY-London, 1987, p. 126-127.

quinto piso del edificio de piedra gris de la Staraya Ploshchad. Un comando a través de jerarquías conectaba a esos jefes comunistas con cada rincón del país. El Comité Central, con trescientos miembros plenos en 1986, ratificaba las decisiones del Politburó en sesiones plenarias llevadas a cabo una vez cada tantos meses. Era elegido por el Congreso Partidario de unos cuantos miles que se reunía cada cinco años aproximadamente. Las catorce repúblicas, excepto Rusia, tenían su propio comité central, y debajo de sí había comités partidarios en los niveles regionales y locales. En la base de la pirámide, existían organizaciones partidarias en todas las empresas, granjas colectivas, escuelas, unidades militares, estaciones policiales y otros cuerpos. Si bien los miembros eran elegidos indirectamente, desde las bases hasta el Politburó, el liderazgo solía proveer listas de candidatos con un solo postulante por cargo".[9]

La historia volvía a repetirse. Tras la muerte de Stalin en 1953, tres hombres habían heredado, cada uno, uno de los pilares del poder: Kruschev, el Partido; Beria, la policía y el aparato de seguridad; Malenkov, el aparato del gobierno. La naturaleza del sistema llevaría a que la primacía de un hombre se impusiera sobre los demás. Ese hombre sería el jefe del Partido.[10] Lo mismo volvería a suceder ahora, diez años más tarde. Los primeros pasos de Brezhnev como líder soviético lo llevaran a telefonear a sus "pares" del Pacto de Varsovia. Los funcionarios soviéticos aseguraron al cuerpo diplomático acreditado en Moscú que nada cambiaría: practicarían *krushchevismo* sin Kruschev.[11]

Si no fue elegido por ser brillante, o por poseer una personalidad arrolladora, Brezhnev quizás lo haya sido precisamente por eso. Su carácter lo llevaría a ser aceptado por todos, hasta casi convertirse en una figura de compromiso para las fuerzas antagonistas en el Politburó. Uno de sus lemas era: "cuanto menos sabes, mejor duermes". Mikhail Suslov, encargado del aparato ideológico del Partido, dijo de Brezhnev: "parece una personalidad común, pero no lo es. Es un genio del liderazgo".[12]

El liderazgo de Brezhnev, que se extendería hasta su muerte en 1982, se caracterizó por el inmovilismo. Un chiste repetido a fines de la década del 70 ilustra la situación: *Viajan en un tren cuatro pasajeros: Lenin, Stalin, Kruschov y Brezhnev. El tren se detiene. Lenin habla primero: "esto es un problema ideológico, dejenme hablar con el maquinista y con un discurso que exalte la libertad del movimiento de los trabajadores todo se arreglará". Interrumpe Stalin: "no, no... acá lo que sucede es una conspiración. Hay que fusilar inmediatamente al maquinista". Interviene Kruschov: "señores, lo que sucede es un problema estructural, hay que reformar el sistema de ferrocarriles". Finalmente, habla Brezhnev..: "camaradas, camaradas, tomemos con calma la situación... hagamos una cosa, cerremos las cortinas, encendamos un gramófono y hagamos de cuenta que el tren se sigue moviendo.."*

---

[9] Daniel Treisman: *The Return...*, 2011, p. 3-4.

[10] Malenkov y Kruschev se aliaron inicialmente para destruir a Beria. El jefe de la NKVD (antecesora de la KGB) era demasiado peligroso. En junio de 1953, tan solo tres meses después de la muerte de Stalin, fue detenido. En diciembre de ese año fue fusilado tras un juicio sumario que lo encontró culpable de numerosos crímenes y de impulsar una desviación del programa del Partido. Algunas versiones sostienen que fue ejecutado en junio, apenas después de su detención. Kruschev terminó de consolidar su poder hacia 1958.

"It was not really until 1957, when he crushed a last-minute rebellion by the old guard, that Khruschev had power enough to run the Party and the State, in the style of Stalin". Norman Stone: *"The Atlantic and its enemies"*, p. 118.

[11] Dornberg, p. 186.

[12] Sheegy, p. 108.

Chistes aparte, los años de Brezhnev mostrarán la etapa del "estancamiento" de la URSS, después de los turbulentos períodos encabezados por sus antecesores. Brezhnev gobernará asegurando el statuquo. Los años de Brezhnev serán la "edad de oro de la burocracia".[13] La constante de la política rusa, la tensión entre "reformistas" y "conservadores" se resolverá, por regla general, en favor de los últimos. Durante sus dieciocho años al frente la la URSS, Brezhnev tendrá la voz dominante, pero dificilmente pueda catalogarse su reinado como "dictatorial". La edad promedio de los miembros del Politburó era de 58 años en 1961, y 71 en 1981.

Casi la totalidad de las reformas administrativas impulsadas por Khruschev fueron dejadas de lado en los dos primeros años del reinado de Brezhnev. El proceso de reversión incluye, asimismo, un lento pero progresivo cambio en la política respecto a la figura de Stalin. Al igual que en casi todas las facetas de su liderazgo, Brezhnev no pareció ser un verdadero revisionista ni un verdadero dogmático. Ante todo, su conducta fue siempre pragmática. En ese plano, ni impulsó ni frenó el proceso de reversión de la campaña de des-estalinización iniciada por su antecesor.[14]

Sin embargo, el abandono del proceso de "des-estalinización", característico del período de Kruschov, es un dato concreto. Volkogonov advierte que una manifestación de esta política tuvo lugar a fines de 1969, cuando, pocos días antes del 90 aniversario del nacimiento de Stalin, en ocasión de la sesión del Politburó del día 17 de diciembre de aquel año, un punto en el temario resultó la aprobación o no de un artículo laudatorio sobre Stalin a ser publicado en el *Pravda*, el órgano partidario. De los veintidós miembros del cuerpo, solo dos votaron en contra de la publicación (Podgorny y Kirilenko).[15]

La larga permanencia de Brezhnev al frente de la URSS puede explicarse también por su política conservadora de concesiones permanentes a los verdaderos titulares del poder en el partido y el Estado: las fuerzas armadas, de seguridad y el poderoso aparato de Inteligencia.

En efecto, el "establishment" militar soviético será la base de poder más formidable sobre la cual se asentará Brezhnev. La llegada de Brezhnev a la cima del poder en Moscú coincidiría con la agudización de la guerra de Vietnam y con la profundización del involucramiento de los EEUU en el conflicto. En agosto de 1964, había tenido lugar un recrudecimiento de los bombardeos norteamericanos sobre objetivos militares en Vietnam del Norte: es la respuesta de los EEUU al ataque de las lanchas torpederas norvietnamitas a los destructores de la marina norteamericana en el golfo de Tonkin. En noviembre de aquel año, la URSS declaró su apoyo formal a Vietnam del Norte en caso de un ataque norteamericano. En los meses siguientes, la guerra mostrará una escalada. La política exterior soviética lleva en esos años a romper relaciones con Israel, cuando estalle la guerra de los Seis Días, el 5 de junio

---

[13] Brown, p. 401.

[14] En febrero de 1956, durante un discurso secreto en el XX Congreso del PCUS en Moscú, Nikita Kruschev, hizo una denuncia de los "efectos perjudiciales del culto a la personalidad" que dio inicio al proceso de desestalinización de la Unión Soviética. El texto se mantuvo en secreto durante algunas semanas pero se conoció en Occidente tiempo después. En la URSS recién fue publicado en 1988. La denuncia del culto a la personalidad pareció responder, en rigor, no a motivaciones humanitarias sino a la necesidad de purgar rivales políticos para consolidar el poder del nuevo líder soviético.

Kruschov había terminado de consolidarse como líder de la URSS en marzo de 1958 cuando desplazó al premier Bulganin y se convirtió en el segundo hombre -después de Stalin- en concentrar la jefatura partidaria y del gobierno soviético. El hombre que exigió el "liderazgo colectivo" tras la muerte de Stalin se había convertido en un nuevo autócrata. Dornberg, p. 170.

[15] Dimitri Volkogonov: *"The Rise and Fall of the Soviet Empire"*, HarpersCollins, London, 1998, p 263.

de 1967.

1968 sería un año clave en el mundo y en la era-Brezhnev. Ese año, estallarían el Mayo francés, las protestas por la guerra de Vietnam, cuya impopularidad produciría la renuncia del presidente Johnson a buscar su reelección, los asesinatos de Martin Luther King y de Robert Kennedy y la crisis en Checoslovaquía, que como se verá más adelante será un punto central de la política soviética bajo el liderazgo de Brezhnev.

1969 marcaría la ruptura entre la URSS y China y el año en que Brezhnev sobrevivirá a un curioso intento de asesinato: ocurrió el 22 de enero de ese año, en pleno centro de Moscú.[16]

Desde el punto de vista simbólico, Brezhnev terminó de consolidarse como líder soviético el 31 de diciembre de 1970: ese día, en la medianoche, inauguró su costumbre de dirigirse al país sentado en su escritorio con un gigantesco mapa de la URSS detrás para dictar sus deseos de un buen año nuevo "a mis queridos compatriotas, camaradas y amigos".[17]

La primavera de Praga y la "Doctrina Brezhnev"

Durante los tiempos de Stalin, la hegemonía soviética sobre los países satélites solamente fue desafiada una vez. En 1948, la ruptura de Tito con Stalin provocaría la salida de Yugoslavia del Cominform. En 1956, el intento húngaro de crear una "vía alternativa" al socialismo fue duramente reprimido.

La historia volvería a repetirse doce años más tarde, en agosto de 1968. La Unión Soviética invade Checoslovaquia para reprimir el movimiento político de liberación encabezado por Alexander Dubcek y que pasará a la historia con el nombre de "Primavera de Praga". Las reformas proponían libertad de prensa, abolición de la censura y un camino a la "economía socialista de mercado" y una suerte de régimen "federal" para Checoslovaquia.[18] El sueño de un "socialismo con rostro humano" se convertiría en una pesadilla para el Kremlin.

Los estudios históricos revelan que Leonid Brezhnev no fue el autor de la iniciativa soviética sino que, como tantas veces a lo largo de su extenso reinado, "dejó hacer".[19] De todos los líderes soviéticos,

---

[16] Brezhnev resultó ileso. El autor del intento de asesinato fue el desertor del ejército soviético, Viktor Ilyin, quien fue diagnosticado como enfermo mental y recluido en régimen de aislamiento en un hospital psiquiátrico.

[17] Dornberg, p. 251.

[18] Dornberg, p. 223.

[19] "The word "approved" is used deliberately, for he was not, as we have seen, the person who was pushing hardest for the use of force in either case. Indeed, he was aware that he probably could not have survived as Soviet leader in 1968 had he not gone along with the idea of military intervention". Brown, Archie: *"The Rise and Fall of Communism"*, HarperCollins, NY, 2009, p. 398.

"However paradoxical it may seem, Brezhnev, for all his intellectual mediocrity, was very much of a piece. He was able to please everyone, unaware perhaps that whoever tries to please everyone will end up pleasing no one". Volkogonov, p. 265.

Brezhnev fue el que tuvo una personalidad menos compleja. Era un hombre de una sola dimensión, con la psicología de un funcionario partidario de medio rango, vanidoso, cauteloso y común. Mediocre en cierta forma, pero también carente de megalomanía y tan solo amante de los reconocimientos del poder. Temeroso de los cambios rotundos, aterrorizado ante las reformas, pero hábil para serpentear la línea del Partido en cualquier dirección que la estructura jerárquica deseara. Así lo describieron sus biógrafos. Lo cierto es que, cualquiera fueran sus verdaderas convicciones, Brezhnev aprobó la invasión que dio paso a la conformación de la doctrina que finalmente lleva su nombre. Al igual que como sucederá una década más tarde con la invasión a Afganistán (1979) el líder terminaría aceptando la postura mayoritaria del Politburó, dominado por los sectores conservadores ligados al apartato de seguridad e inteligencia y las fuerzas armadas. Numerosos testimonios señalan que, en rigor, la operación fue firmemente impulsada por la KGB, dirigida desde el año anterior por quien sería su sucesor al frente de la URSS, Yuri Andropov.

Los hechos en Praga tienen una reminiscencia inmediata a los sucesos de Hungría de 1956. Del mismo modo que doce años antes, Moscú verá los acontecimientos en Praga como una amenaza a su hegemonía y aplicará a denominada "Doctrina Brezhnev" para repeler cualquier intento de sedición o independencia respecto de las directivas de la URSS. Entonces, el embajador soviético en Budapest era nada menos que el propio Andropov.[20]

La invasión a Checoslovaquía tendrá un costo político considerable para la URSS en términos de imagen externa: la violenta represión llevada adelante por el Ejército Rojo termina de dañar la reputación del sistema soviético y alimenta las críticas que desde Occidente señalan al comunismo como un sistema básicamente oprobioso y violatorio de derechos humanos. Un diplomático de primera clase, como el "eterno" embajador ante la Casa Blanca, Anatoly Dobrynin, así lo admitirá años más tarde: "la invasión nos costó moral y políticamente. El humor de la sociedad checoslovaca se tornó rápidamente en contra nuestro. Una ola de protesta recorrió el mundo. Aun dentro de la Unión Soviética, los disidentes internos emergieron en público para demostrar su oposición al gobierno".[21]

La doctrina de "soberanía limitada" encontró fundamentación en un artículo aparecido en el *Pravda*, el 26 de septiembre de aquel año, firmado por un teórico soviético bajo el pseudónimo de Sergei Kovalev: "No hay dudas que los pueblos de los países socialistas y los partidos comunistas tienen y deben tener la libertad de determinar el caminio al desarrollo. Sin embargo, ninguna decisión puede dañar ni el socialismo en su propio país ni los intereses fundamentales de otros países socialistas, ni del movimiento mundial de los trabajadores.. Esto significa que cada Partido Comunista es responsable no solo de su propio pueblo sino de todos los países socialistas y del movimiento comunista en su conjunto...". El 12 de noviembre de 1968, en una cumbre del Pacto de Varsovia, Brezhnev enunció la política que llevaría su nombre.[22]

Dobrynin apuntó en sus Memorias que "la especulación apareció en la prensa occidental sobre lo que algunos funcionarios occidentales dieron en llamar la "doctrina Brezhnev". Esa política nunca fue proclamada o de hecho mencionada en las sesiones del Politburó en Moscú, pero la determinación de nunca permitir a un país socialista deslizarse hacia la órbita occidental fue en esencia la verdadera reflexión de quienes gobernaban la Unión Soviética".

No obstante, el 12 de noviembre de 1968, durante el Congreso del Partido Obrero Unificado de

---

[20] Andropov fue nombrado jefe de la KGB el 18 de mayo de 1967.

[21] Dobrynin, A.: *"In Confidence"*, 1995, p 188.

[22] Dornberg, p. 229. *La traducción es mía.*

Polonia (POUP, comunista), Breznev justificó la intervención militar en Checoslovaquia: "Cuando las fuerzas interiores y exteriores al socialismo tratan de orientar la evolución de un país socialista empujándolo hacia la restauración del capitalismo, esto no supone sólo un problema para el pueblo de ese país, sino que también es objeto de preocupación para todos los Estados socialistas".

Los hechos permiten al líder comunista rumano, Nicolae Ceaucescu, exponer sus "diferencias" con Moscú: se niega a que tropas de su país se sumen a las del resto de los miembros del Pacto de Varsovia en la operación. Al día siguiente, el 21 de agosto de 1968, durante el que será su discurso más recordado, en la Plaza de la Revolución, en pleno centro de Bucarest, Ceaucescu condenó la intervención utilizando duros términos criticando la decisión soviética. Su gesto fue observado como una importante desobediencia respecto a las directivas del Kremlin, a las que calificó de "grave error". El discurso permitiría a Ceaucescu consolidar su régimen, inciado en 1965, que no tardará en establecerse bajo una cruel tiranía.[23] Fidel Castro, por el contrario, se manifiesta partidario de las acciones. Prizel afirma que "los historiadores generalmente coinciden en que el apoyo de Castro a la invasión a Checoslovaquia fue un punto de quiebre en la orientación de la política exterior cubana, pasando de la postura del disidente inconformista a convertirse en uno de los más leales aliados de la URSS en el bloque soviético. Después de agosto de 1968, la política exterior y doméstica de Cuba se volvió más cercana a los gustos de Moscú, y pocas críticas, por no decir casi ninguna, fueron realizadas por Castro o por la prensa cubana en relación a los esfuerzos de Moscú para mejorar sus lazos con el resto de Latinoamérica".[24]

Dornberg sostiene que el precio pagado por Brezhnev por la invasión a Checoslovaquia fue dolorosamente elevado: "los sentimientos pro-rusos de los chechos y eslovacos, criados durante siglos, se destruyeron de la noche a la mañana. El mundo entero condenó la invasión en los términos más fuertes".[25]

Polonia se convirtió, una década más tarde, en una nueva fuente de preocupación para Moscú. En 1976, huelgas masivas estallaron en el país, y dos años más tarde, el arzobispo de Cracovia, Karol Woityla, fue elegido Papa. La elección del primer Santo Padre no-italiano en años alarmó de inmediato al Kremlin. Millones de polacos asistieron a misa durante su primera peregrinación un año más tarde y en 1980, los trabajadores de su país, se alzaron en masa poniendo en jaque el sistema socialista. El régimen comunista local se vio obligado a ejercer una dura represión para salvar al sistema, al tiempo que debió recurrir a la importación de mercaderías de consumo desde Occidente para calmar a la

---

[23] La postura desafiante ante Moscú le valió galardones internos y externos a Ceaucescu. En el orden doméstico, hasta sus más duros opositores tuvieron que admitir su valentía en enfrentar a la URSS, y en el plano internacional, la desobediencia respecto del Kremlin ayudó a su política exterior de acercamiento con potencias occidentales. En 1970, Ceaucescu sería recibido en la Casa Blanca por el presidente Nixon. Poco después realizó una visita de Estado a China Popular. En 1971, el régimen de Mao le otorgó una línea de crédito por 244 millones de dólares. Su tiranía, basada en una feroz represión y en un intenso culto a la personalidad, se extendió hasta la Navidad de 1989 cuando fue fusilado junto a su esposa, la temida y despiadada Elena Ceaucescu, número dos del régimen. Las relaciones entre la URSS y Rumania se mantuvieron distantes durante buena parte del liderazgo de Brezhnev, aunque este buscaría un acercamiento durante una visita oficial a Bucarest en noviembre de 1976.

[24] Prizel, p. 15; John Dornberg: *"Brezhnev. The Masks of Power"*, Basic Books Inc., Publishers, New York, 1974, p. 216 y ss.

[25] Dornberg, p. 231-232.

población, harta de los precios elevados y la escasez de alimentos.

La crisis soviética con China

Naturalmente, la doctrina Brezhnev no tuvo una feliz recepción en Pekín. La sola idea de que Moscú se creyera con derecho a imponer su forma de conducir el camino al socialismo en forma global era completamente inaceptable para Mao y la cúpula del poder del PCCH. En efecto, un año más tarde, en 1969, las relaciones sino-soviéticas se deterioraron al punto de que surgió una mini-guerra en torno al río Ussuri. El episodio obligó a Chou En-Lai, primer ministro chino, a mantener un encuentro con Kosygin en septiembre de ese año tras una década de congelamiento en la relación bilateral.[26] La última reunión cumbre entre Kruschev y Mao tuvo lugar en 1959. La entrevista no había sido satisfactoria: el líder chino se negó a firmar acuerdos de cooperación militar. El fracaso de la visita quedó evidenciado por el hecho de que el secretario general de la URSS volvió a Moscú en el tercer día de su estadía en Beijing, cuando estaba previsto que permaneciera una semana. Simultáneamente, Kruschev realizó -semanas antes- una promocionada visita a los EEUU.[27] Mao nunca vio con buenos ojos los encuentros entre Kruschov y Eisenhower, a fines de la década de 1950. Tampoco aprobó, años antes, la denuncia del culto a la personalidad. Por otra parte, la dirigencia del Kremlin no compartió las iniciativas del Gran Salto Adelante ni la Revolución Cultural.

La relación se deterioró notoriamente durante la era Brezhnev. Un punto importante en el marco del conflicto sino-soviético tuvo lugar a comienzos de marzo de 1969 cuando se producen escaramuzas en la Isla Damanskii, disparando una serie de enfrentamientos de frontera durante los dos años siguientes. Estudios posteriores plantearon que la firmeza de Mao frente a Moscú a partir de 1969 buscó demostrar que no estaba intimidado en lo más mínimo por los hechos en Praga del año anterior y que su independencia del Kremlin era total.

La intransigencia de Mao alarmó al Politburó de Brezhnev. En respuesta, la URSS se vio obligada a mejorar su relación con los EEUU. Kissinger anotó en sus *Memorias* que el Ministerio de Relaciones Exteriores soviético cursó instrucciones a todos los representantes en el exterior ordenando reducir al mínimo las fricciones con los EEUU.[28]

China fue para la URSS la principal fuente de preocupación en los 70, pero la República Popular no ofrecía entonces el grado de gravitación mundial que lograría décadas más tarde, naturalmente. La muerte de Mao, en septiembre de 1976, antecedida pocos meses antes por la del gravitante primer ministro Chou En-Lai, -de quien Kissinger dijo que se trataba de uno de los estadistas con un fino

---

[26] Cuando Mikhail Gorbachov viajó a Pekin, en mayo de 1989, hacía treinta años que no se producía una cumbre entre un líder soviético y un jerarca del régimen comunista chino. Un signo de los cambios lo ofrece el hecho de que China ha sido el primer destino elegido por Medvedev en 2008 y por Putin (en su tercera presidencia en 2012) para realizar su primera visita de Estado como presidentes.

[27] Kotkin sostiene que "aun la China comunista se convirtió en una amenaza para la Unión Soviética después del quiebre chino con Moscú". Destaca que "(China) se erigió en un modelo alternativo para el tercer mundo". Kotkin, p. 24.

[28] Henry Kissinger: *"White House Years"*, p. 178-179.

conocimiento de los eventos mundiales como jamás hubo conocido, con la posible excepción de De Gaulle- abrió paso a una dura lucha por su sucesión.[29]

La crisis sino-soviética daría paso para una revolucionaria oportunidad para el nuevo presidente de los EEUU: Richard Nixon, quien asumió el 20 de enero de aquel año 1969. En efecto, impulsado por su asesor de Seguridad Nacional, Henry Kissinger, Nixon realizaría la más renovadora política exterior norteamericana en décadas. La confirmación de que Kissinger realizó un viaje secreto a China, en 1971, confirmó las suspicacias de la diplomacia soviética respecto las negociaciones entre EEUU y China, alimentadas luego a través de la inocente diplomacia del ping-pong. En febrero de 1972, el propio Nixon llegaría a China Popular.[30]

Dobrynin apuntó en sus *Memorias* que el viaje de Nixon a China "marcó el comienzo de una diplomacia tripartita entre los EEUU, la URSS y China" y que llevó a las dos superpotencias a abandonar su propia percepción de que "eran los dos únicos pesos pesados" en la escena mundial.[31]

Detente[32]

A pesar de mantener la política de no ceder territorio, durante los años de Brezhnev la Unión Soviética favoreció una política de distensión con los EEUU y Europa Occidental. En sus *Memorias*, el embajador Anatoly Dobrynin, representante soviético ante la Casa Blanca entre 1962 y 1986, recuerda que llegó a tener 130 conversaciones con Henry Kissinger solamente durante el año 1972.

En el período anterior, el presidente Johnson había combinado su propia inexperiencia previa en materia de política exterior con un tiempo de mayor rivalidad entre las superpotencias. La cumbre de Glassboro entre Johnson y Kosigyn, días después del inicio de la guerra de los Seis Días, en junio de

---

[29] "Mao dominated any gathering; Zhou suffused it. Mao's passion strove to overwhelm opposition; Zhou's intellect would seek to persuade or outmaneuver it. Mao was sardonic; Zhou penetrating. Mao thought of himself as a philosopher; Zhou saw his role as an administrator or a negotiator. Mao was eager to accelerate history; Zhou was content to exploit its currents". Henry Kissinger: *"On China"*.

[30] El presidente de los EEUU, Richard Nixon, llegó a Pekín el 21 de febrero de 1972 y se entrevistó con Mao Tse Tung, en lo que constituyó uno de los hitos de la política exterior norteamericana de la guerra fría. El viaje de Nixon a China adquirió características "revolucionarias". Mao, enfermo, otorgó la ansiada entrevista al presidente norteamericano y le dijó: "yo voté por usted". Mao agregó que "me gustan los derechistas". El presidente le habría respondido: "Los de derecha podemos hacer lo que los de izquierda solo puede proclamar". Margaret MacMillan: *"Nixon and Mao"*, Random House, NY, 2007, p. 72.

La apertura norteamericana a China comunista por parte de la administración republicana de Richard Nixon dará una nueva categoría a la ciencia política que años más tarde comenzará a denominar bajo el título de *Nixon in China* a la posibilidad de un gobierno de signo contrario a avanzar en negociaciones con quien es considerado, prima facie, su adversario ideológico. Así, se explica que solamente un archienemigo del comunismo como Nixon podrá iniciar las relaciones con una nación comunista como China Popular.

[31] Dobrynin, 245-246.

[32] Se entiende por *Detente* el "relajamiento de la tensión" y la reducción de la hipótesis de conflicto armado entre las superpotencias. La expresión "coexistencia pacífica" es generalmente utilizada como sinónimo. Conviene tener presente, en este punto, que los soviéticos siempre aclararon que la utilización de esta fórmula no implicaba reconocer una coexistencia "ideológica".

1967, no había logrado avances de importancia.[33] Una editorial del *Pravda*, una vez más, expresó la postura del liderazgo soviético: explicaba que la URSS no tenía interés en incentivar la relación con EEUU "si es en detrimento de los intereses del socialismo, el movimiento de liberación nacional y la seguridad de nuestros pueblos".[34] Durante la Administración Nixon-Kissinger, las cosas cambiarían.

En mayo de 1972, Nixon llegó a Moscú. Se trató del primer viaje de un presidente norteamericano a la Unión Soviética. Los detalles de color revelan el clima de distensión que reina en la relación entre las superpotencias: la crónica revela que Brezhnev estaba encantado con el Cadillac que Nixon le llevó de regalo y que pasó a integrar la ya impresionante colección de automóviles importados que el líder soviético atesoraba.[35] En 1973, durante su visita a Alemania Federal, Brezhnev se mostró fascinado con una coupé Mercedes 450 que le fue concedida como presente. En 1974, el ministro de Economía argentino, José Ber Gelbard, encabezó una misión comercial a Moscú: llevó como regalo del general Perón un flamante Torino negro. Nixon escribió en sus *Memorias*: "El (Brezhnev) se sentó detrás del volante y me pidió que me sentara en el asiento del acompañante. El jefe del Servicio Secreto se empalideció cuando me subí y despegamos por los angostos caminos que rodean el perímetro de Camp David... en un momento allí hay una muy curva pronunciada con un letrero que dice "Stop, curva peligrosa"... Brezhnev conducía a más de 50 millas por hora cuando nos aproximábamos a la curva. Me acerqué y le grité "despacio, despacio" pero él no prestó atención. Cuando llegamos abajo sentímos olor a goma quemada cuando clavó los fenos y pegó un giro... le dije "usted es un excelente conductor. Yo nunca hubiera podido hacer esa maniobra a la velocidad en que veníamos". La diplomacia no siempre es un arte sencillo...".[36]

Tiempo antes, en el primer encuentro entre Kissinger y Breznev, éste le expuso su posición por medio, de un cuento: "Esta es la historia de un zar que tenía frente a sí a un hombre arrestado para decidir si se le ejecutaba o se le conmutaba la pena. El zar escribió tres palabras en un papelito: *"ejecución imposible perdonar"*, pero faltaba una coma. El zar quería decir *"ejecución imposible, perdonar"*, pero el funcionario que recibió la sentencia entendió *"ejecución, imposible perdonar"*. No, no fue exactamente así. En realidad el zar lo escribió sin coma y luego los abogados tuvieron que determinar el significado. "¿Qué pasó con el reo?", preguntó Kissinger. "Se lo diré al final de las deliberaciones", contestó el secretario general.

Nixon y Brezhnev firmaron acuerdos de control de armas y un acuerdo comercial y un entendimiento "de principios básicos" que busca el compromiso de ambas superpotencias a mantener una relación basada en criterios de equidad, reciprocidad y mutuos beneficios.[37] Pocas semanas más tarde, el 8 de julio de 1972, el presidente Nixon anunciará un acuerdo por 750 millones de dólares de ventas de cereales a la Unión Soviética.

La gira no estuvo exenta de amabilidades. Nixon tuvo "el raro privilegio" de ser alojado en el Kremlin

---

[33] Gelman, p. 107.

[34] *Pravda*, 19 de junio de 1968.

[35] Dornberg, p. 267.

[36] *Town Car Diplomacy*.

[37] William Tompson: *"The Soviet Union Under Brezhnev: Foreign Policy from Cuba to Helsinki*, p. 47.

durante su estadía en la capital soviética.[38] Su permanencia en Moscú coincidió con su cumpleaños. Nada menos que el general de la KGB a cargo de la seguridad del Kremlin se presentó ante el presidente de los EEUU con una enorme torta. Brezhnev, por su parte, le regaló un *hidrofoil*, que Nixon utilizaría meses después de su reelección, en noviembre de ese año, en las costas de Key Biscayne (Florida), donde tenía una residencia. Asimismo, Nixon visitó Lenigrado, acompañado por el primer ministro Kosygin. En el traslado a la antigua capital de los zares, Nixon demostró su humor. Resulta que momentos antes de partir, a bordo de un avión soviético, el piloto demoró la salida durante varios minutos, por problemas técnicos. Kosygin, indignado, le aseguró a Nixon que el piloto sería duramente castigado por no tener la máquina en condiciones. El presidente, por el contrario, respondió que él lo hubiera condecorado "por el coraje demostrado al animarse a decirle nada menos que al primer ministro soviético que no podían partir".[39]

Dobrynin sostiene que "la cumbre fue un suceso mayor en el cambio de nuestras relaciones y en la instalación de la política de *detente*".[40]

Un año más tarde, en junio de 1973, Brezhnev mantendría un nuevo encuentro con Nixon: en Washington y en su residencia de San Clemente (California). En la capital norteamericana, Brezhnev fue alojado en Blair House, un privilegio que la Casa Blanca reserva para distinguidos invitados. Nixon y Brezhnev impulsaron una iniciativa conjunta para Medio Oriente. Meses más tarde, la URSS se verá favorecida cuando estalle el conflicto árabe-israelí y se dispare el precio del petróleo, como se verá más adelante. Dobrynin recuerda que el viaje a los EEUU significó para Brezhnev "el momento de mayor triunfo. ¿Qué podía ser más importante que ser equiparado con el presidente de los Estados Unidos, con la Unión Soviética como equivalente a los EEUU, en todos los poderes, en su poder nuclear, en sus misiles, y en sus cabezas de guerra?"[41]

A fines de junio de 1974, al borde del juicio político por las derivaciones del caso Watergate, el presidente Nixon realizó una nueva visita a la URSS. A fin de ese año, tuvo lugar la cumbre de Vladivostok, donde se sientan las bases para el acuerdo SALT II. En esta ocasión, la contraparte norteamericana será el nuevo mandatario, Gerald Ford.[42] Nixon había renunciado el 9 de agosto de 1974, jaqueado por el caso Watergate y cuando comprobó que no contaba con al menos un tercio de los cien senadores para bloquear su destitución en juicio político.

La reducción de armamentos resultaba, además de los propósitos políticos, una necesidad económica para ambas potencias. Para Moscú, se transformaría en una necesidad imperiosa. La carrera armamentística, en búsqueda de la paridad bipolar, obligaba a la URSS a someterse a exigencias económicas de envergudura, una situación que se volverá insostenible en la década siguiente, acelerando la crisis final del sistema soviético. Ya en mayo de 1976, el *Pravda* señalaba que "la carrera

---

[38] Dobrynin recuerda que por temor a ser escuchados a través de micrófonos, Nixon y Kissinger solían reunirse encerrados en la limusina presidencial especialmente traída desde Washington para los desplazamientos terrestres del presidente. Obra citada, p. 259.

[39] Dobrynin, p. 260.

[40] Dobrynin, p. 261.

[41] Dobrynin, p. 281.

[42] Después de la cumbre de Vladivostok, Brezhnev sufrió un derrame cerebral. Sin embargo, vivió casi diez años más.

de armamentos consume grandes cantidades de dinero y de recursos materiales que, aplicados a fines pacíficos, mejorarían las condiciones de la vida humana en forma considerable".[43]

El punto máximo de la política de *detente* llegará el año siguiente, con los Acuerdos de Helsinki, como se verá más adelante.

Westpolitik

Otro viaje de Brezhnev fue clave en esta etapa de distensión con Occidente. Alemania Federal sería el destino en el que en mayo de 1973 mostró al primer secretario junto a Willie Brandt en una promocionada visita. Era la primera visita de un líder soviético a Alemania Occidental. La política de *Ostpolitik* de Willy Brandt, quien llegó al poder en 1969, encontró eco en la *Westpolitik* de Brezhnev.[44] La gira revela el interés económico de Moscú por intensificar sus relaciones comerciales con Occidente: en 1955, Konrad Adenauer había viajado a la capital soviética. A la vez, una de las iniciativas que había irritado a sus colegas del Presidium, en 1964, fue la iniciativa de Kruschov de planear una visita a Bonn, "un pecado mortal".[45] Los tiempos habían cambiado ahora y Brezhnev tuvo su ansiado encuentro con Brandt. Un punto central de este acercamiento con el gobierno de Bonn sería el estratégico gasoducto siberiano.[46]

Durante años, la política soviética busco fomentar los temores de los pequeños países europeos en relación con el avance de la Comunidad Económica Europea, tildada de "monstruo monopólico". Gromyko llegó a llamar al bloque como un "dinosaurio nacido en un zoológico", que no tardaría en sucumbir, por ser "enorme, anacrónico y que dificilmente sobreviva". La política de Brezhnev hacia 1972-73 significaría necesariamente una ruptura. El 20 de marzo de 1972, sostuvo que: "La Unión Soviética no desconoce la realidad que ha emergido en Europa Occidental, particularmente la existencia de un grupo de países capitalistas conocidos como "Mercado Común".. nuestra postura hacia ellos dependerá de la extensión en la que, por su parte, reconozcan la realidad de la parte socialista de

---

[43] *Pravda*, 12 de mayo de 1976.

[44] Some three years earlier, in 1969, West Germany, which until then had been repeatedly singled out by Moscow as the main culprit in East-West tensions (in addition to the United States), embarked on Chancellor Willy Brandt's *neue Ostpolitik* and quickly proceeded to improve relations with its eastern neighbors. East Germany was for the arst time accepted by a West German government to be a "state."

El 6 de octubre de 1969, durante un discurso en el 20 aniversario de la fundación de la RDA, Brezhnev expresó su voluntad de intensificar la cooperación con Alemania Occidental.

[45] Angela E. Stent: *"From Embargo to Ostpolitik..."*, p. 191. Por su parte, las dos Alemanias alcanzaron un acuerdo de normalización de sus relaciones el 20 de diciembre de 1972 que permitió que ambos gobiernos intercambiaran misiones permanentes y habilitó el acceso de ambas a las Naciones Unidas. (Basic Treaty)

En sus Memorias *"My Life in Politics"* (1992) Willie Brandt relata detalladamente sus encuentros con Brezhnev en 1970, 71 y 73.

[46] Stone, p. 543.

Europa..."

Foreign Affairs publicó en octubre de 1973: "es indudable que el liderazgo soviético ha adoptado una política exterior más flexible y moderada, especialmente respecto a las potencias occidentales. Algunos ya hablan de una "apertura al Oeste". Este cambio aparentemente fue adoptado a comienzos de 1969 y se vio reflejado, entre otras cosas, en el tratado entre Alemania Occidental y la Unión Soviética en agosto de 1971; en el acuerdo de Berlín de 1971; y más claramente en los recientes viajes del secretario general Leonid Brezhnev a Alemania Occidental y los Estados Unidos (...) además, el tono en el que la prensa soviética se refiera a Occidente ha sido moderado y debe ser re-evaluado". El artículo señalaba que "(sin embargo) la moderación y la flexibilidad que ha caracterizado a la política exterior soviética desde 1969 no tiene un eco en los asuntos domésticos" y reseñaba que desde la caída de Kruschov hubo un "endurecimiento" interno.[47]

Conviene tener presente, ante todo, que durante los años 70, la confrontación bipolar parecía mostrar una genuina "paridad" entre las superpotencias. En rigor, EEUU atravesaba por un período plagado de dificultades: recesión, inflación, el shock petrolero de 1973, el escándalo Watergate y la derrota de Vietnam. La presidencia de Jimmy Carter (1977-81) no logró tampoco alterar esa tendencia. La pronunció: durante su mandato, EEUU vio surgir nuevos desafíos a su hegemonía en Irán, en Nicaragua y en Granada.[48] En tanto, en Europa el panorama no era mucho más alentador. Gran Bretaña encontraba en un período declinante. Turquía parecía estar al borde de una guerra civil. Los gobiernos italianos se sucedían requiriendo el auxilio del comunismo local.[49] En ese marco, puede entenderse la idea de la dirigencia soviética de entonces. El período de "estancamiento" de la URSS coincide con una etapa de crisis en la alianza atlántica y por lo tanto es dable suponer que la cúpula del Kremlin entendiera que nada debía cambiar..

En sus *Memorias*, el ex presidente Gerald Ford afirma que al tiempo del traumático final de la guerra de Vietnam "a fines de la primavera de 1975, quizás el problema más serio de la OTAN era psicológico. En el velorio de Vietnam, ¿los Estados Unidos se mantendrían firmes frente a las agresiones del Comunismo en cualquier parte?"[50]

Las dificultades en la Alianza Atlántica son bien analizadas en la obra de Stone. Señala allí el clima de preocupación en la dirigencia de los países industrializados en la primera reunión del G-6 (más tarde G-7 con la incorporación de Canadá) en Rambouillet, en noviembre de 1975. La cumbre sería un anticipo de lo que más tarde se daría en llamar el "Consenso de Washington".[51]

---

[47] "The Domestic Politics of the New Soviet Foreign Policy", *Foreign Affairs*, October 1973 Issue.

[48] "America was also in no happy state. President Carter, grinning and maladroit, did not inspire respect". Stone, p. 353.

"Oil and the Decline of the West", *Foreign Affairs*, Summer 1980.

[49] Stone, p. 354.

[50] Ford, Gerald: *"A time to heal"*, p. 285.

[51] Stone, p. 382-383. El autor describe el clima adverso para los países más ricos del mundo: Portugal había estado cerca de caer en manos del comunismo poco antes, después de la revolución de 1974 que puso fin al régimen salazarista. Italia se encontraba enfrentando una más de sus continuas y cíclicas crisis de

Helsinki: ¿Exito o fracaso?

En ese marco, tienen lugar los acuerdos de Helsinki, en agosto de 1975, cuyo contenido hace creer -en principio- que de los mismos surge un triunfo diplomático soviético.[52] Conocida como "Acta final", los acuerdos sobre seguridad en Europa alcanzados tras varios años de negociaciones parecen haber sido el resultado de una iniciativa soviética que busca el reconocimiento de la extensión comunista en Europa Oriental de posguerra. El régimen expone los acuerdos como un éxito diplomático de envergadura, aunque esconde puntos conflictivos, es decir, los vinculados a Derechos Humanos. En rigor, los acuerdos de Helsinki parecen ser un intercambio del reconocimiento formal por parte de EEUU y Europa occidental sobre la delimitación de la Europa de postguerra a cambio de la admisión soviética de avanzar en la protección de los derechos humanos. Sectores conservadores sostuvieron que, detrás de la propaganda que muestra al tratado como el resultado de una política exitosa de Brezhnev y el canciller Andrei Gromyko, el contenido del tratado merecía sospechas. En este plano, parecen haber planteado sus suspicacias Andropov (jefe de la KGB) y Suslov (a cargo de la ideología del Partido). En Occidente, en tanto, los acuerdos de Helsinki también merecieron críticas. Ronald Reagan quien era entonces gobernador de California y ya aspiraba a la Presidencia, por caso, sostenía que "los americanos debemos estar en contra".[53] De todos modos, el reconocimiento formal de los límites del mapa de la Europa de post-guerra, un sueño acariciado durante décadas por la dirigencia soviética, quedará para siempre en el activo de la era-Brezhnev.[54]

El acta final de los acuerdos de Helsinki incluía tres "canastas". En la primera, respecto a la seguridad en Europa, se reconocía la inviolabilidad de las fronteras surgidas en la postguerra, incluyendo la división de Alemania y clausuraba la revisión de las mismas al declarar inadmisibles los intentos de modificarlas que no se realizaran a través de negociaciones pacíficas de acuerdo con el derecho internacional. Este punto constituyó sin dudas un triunfo diplomático de la URSS y de Brezhnev en particular. El segundo "canasto" estaba dedicado a la cooperación en el campo científico y tecnológico. El tercer "canasto" incluía el sensible asunto de la protección de los derechos humanos, a menudo

---

inestabilidad política. La caída de Saigón se había producido tan solo meses antes, Inglaterra había tenía una tasa de inflación del 24 por ciento en ese año 1975 y hasta la ciudad de Nueva York estaba en bancarrota desde 1974..

[52] Brown, Archie, p. 399.

Las negociaciones iniciadas en 1972 concluyen en el Acuerdo de Seguridad y Cooperación en Europa de 1975.

[53] "Chasing Hitler out of the Soviet Union back to Berlin presented Stalin with the irresistible opportunity of regaining some of the tsarist territories not reconquered in 1917-21, and with the swallowing much of Eastern Europe. Not content merely to exercise political and military domination, the Soviet Union attempted from 1948 to clone satellite regimes. Yet Sovietization of Eastern Europe took place not during the 1930s Great Depression and fascist militarism but during the post-war capitalist boom and deployment of comprehensive welfare states". Kotkin, p. 21.

[54] Kotkin, p. 24.

Gerald Ford: *"A Time to Heal"*, p. 298 y 299.

desconocidos por las autoridades de los países del Pacto de Varsovia.

La importancia del asunto de los derechos humanos se intensificará a partir de la llegada de Jimmy Carter a la Presidencia de los EEUU, en enero de 1977. Zbigniew Brzezinski afirmó veinte años más tarde que: "El Presidente Carter, en mi visión, estaba profundamente comprometido con los derechos humanos como una materia de principios, como una materia de una convicción moral, y estaba comprometido con los derechos humanos en todo el mundo. Me explico, sentía fuertemente la situación de los derechos humanos en Argentina, así como en la Unión Soviética. Yo estaba comprometido con los derechos humanos; creía que era importante, pero no ocultaré el hecho de que también pensaba que era útil instrumentalmente en nuestra búsqueda de los derechos humanos vis a vis frente a la Unión Soviética, dado que en ese tiempo la Unión Soviética estaba colocándonos ideológicamente a la defensiva. Se veían a si mismos como representantes de las fuerzas del progreso de la humanidad, marchando hacia un futuro definido ideológicamente; y elevar el asunto de los derechos humanos apuntaba a una de las debilidades fundamentales del sistema soviético: que era un sistema basado en la opresión, el terror masivo y las matanzas extraordinarias de su propio pueblo. Enfocarnos en los derechos humanos era una forma de enfocarnos en una de las mayores vulnerabilidades soviéticas".[55]

Dobrynin escribió que la Conferencia de Helsinki fue la reunión de Jefes de Estado europeos "más representativa desde el Congreso de Viena de 1815", a la que se agregaba la participación de EEUU y Canadá. "La actitud del Kremlin hacia la tercera canasta estaba afectada por la psicología de las negociaciones. El texto propuesto fue preparado durante muchos meses en agitados debates entre las delegaciones, palabra a palabra, frase a frase. El ministro de Asuntos Exteriores soviético no podía preguntar al Politburó a cada rato solicitando aprobación. Gromyko, de tanto en tanto, le informaba a Brezhnev y a otros en el Politburó sobre el progreso de las negociaciones, pero ellos le prestaban poca atención a la compleja fraseología. Para ellos, todo parecía el rutinario trabajo diplomático. Pero cuando el tratado estuvo terminado y emergió la tercera canasta ante los miembros del Politburó, estuvieron estupefactos (...) Muchos en el Politburo (Podgorny, Suslov, Kosygin y Andropov) tenían serias dudas sobre asumir compromisos internacionales que pudieran abrir el camino a la interferencia internacionale en nuestra vida política..." Dobrynin recuerda que Gromyko terminó de convencer a sus pares argumentando que el principal objetivo de la Unión Soviética durante años había sido obtener el reconocimiento de las fronteras de postguerra y el existente mapa de Europa. "Brezhnev jugó un rol decisivo en apoyar a Gromyko".[56]

Por su parte, Ford niega en sus *Memorias* que los acuerdos de Helsinki hayan refrendado la doctrina Brezhnev de intervención en países fraternales ni que se le hubieran condonado poderes en Alemania por parte de los EEUU, Gran Bretaña y Francia, aunque sí reconoce que los soviéticos obtuvieron "una victoria de propaganda". Ford recuerda que al volver a la Casa Blanca, se encontró con "122 cartas condenando los acuerdos y solo 11 que respaldaban lo que habíamos hecho" y admitió que la firma del tratado "me hizo perder varios puntos en las encuestas".[57]

En los Estados Unidos, en cambio, la firma de los Acuerdos de Helsinki costarían caro al presidente Ford, en momentos en que se acercaba la campaña presidencial de 1976. El gobernador de California y aspirante presidencial interno Ronald Reagan y el senador conservador Jesse Jackson cuestionaron

---

[55] 13 de junio de 1997, archivos de la George Washington University.

[56] Dobrynin, p. 350-351.

[57] Ford, p. 284.

duramente la actitud de Ford por considerarla como demasiado complaciente frente a Moscú. Ford enfrentó dificultades extraordinarias para hacerse de la candidatura con la que aspiraba a ganar un mandato por derecho propio en la Casa Blanca. En agosto de 1976, Ford consiguió la nominación republicana por escasos 1187 votos frente a 1070 de Ronald Reagan.

La política de *detente* no era popular frente al discurso de la ultra-derecha. En marzo, Ford había pedido a su staff que dejara de utilizar esa palabra y la reemplazó por el eufemismo de "paz a través de la fuerza".[58]

En cambio, el 18 de enero de 1977, en su discurso en Tula, Brezhnev hizo una fuerte apuesta por reafirmar la política de detente. Ese día, anunció que la URSS renunciaba a la búsqueda de la superioridad militar. Dobrynin escribió: "la Unión Soviética no aprobaba ello ni siquiera como una cuestión de doctrina, dado que nuestra política simplemente era mantener la capacidad de detener a cualquier agresor que intentara lanzar un ataque a la Unión Soviética (era nuestra primera formulación del principio de suficiencia militar)." Dobrynin recuerda que Brezhnev "definió la detente en nuestros términos: "Sobre todas las cosas, Detente es la derrota de la Guerra Fría, la transición a relaciones normales y equivalentes entre estados. Detente es una disposición para resolver las diferencias y los conflictos no a través de la fuerza ni amenazas ni de alardes de poder, sino por medios pacíficos en la mesa de negociación. Detente es una cierta confianza y la habilidad de tener en consideración los legítimos intereses del otro". El discurso tuvo lugar dos días antes de la asunción del nuevo presidente de los EEUU, Jimmy Carter.[59]

Una muestra del punto al que había alcanzado la política de distensión entre la URSS y los EEUU tuvo lugar dos semanas antes. El 4 de enero de 1977, poco antes de la entrega del poder por parte de la administración Ford, Henry Kissinger organizó un desaryuno en el Departamento de Estado con su sucesor, Cyrus Vance, y el embajador soviético, Anatoly Dobrynin. Una reunión de estas características no tenía precedentes: Kissinger sostuvo que quería traspasar sus responsabilidades en el campo de las relaciones soviético-americanas a su sucesor en presencia del embajador soviético.[60]

Años después, Brezhnev firmó los acuerdos SALT II con el presidente Carter, Viena, a mediados de junio de 1979. Este fue el único encuentro entre el nuevo presidente y Brezhnev en los cuatro años de su presidencia. El acuerdo, sin embargo, nunca sería ratificado. Dobrynin escribió: "la reunión llegó muy tarde. Fue en el medio del tercer año del mandato de Carter y para entonces la influencia negativa del pasado era muy fuerte". El senador Jackson, recuerda Dobrynin, comparó el viaje de Carter a Viena con el de Chamberlain a Munich en 1938.[61] En 1980, tras la invasión soviética a Afganistán, el presidente Carter ordenó suspender la ratificación. El discurso de promoción de derechos humanos a escala global del presidente Carter molestaría al Kremlin. Ya en junio de 1977, pocos meses después de la asunción del nuevo presidente norteamericano, Brezhnev había planteado ante el embajador Malcon Toon que la política exterior de Carter estaba impidiendo el "desarrollo constructivo" de las

---

[58] Gromyko: *"Memories"*, p. 366.

[59] Dobrynin, p. 384-385.

[60] Dobrynin recuerda en sus *Memorias* que Vance hizo mención al irritante asunto de los derechos humanos. Dobrynin, p. 385-386.

[61] Dobrynin, p. 427-428.

relaciones entre las dos potencias.[62]

1979 marcaría derrotas para EEUU: la crisis en Irán y la caída de Somoza en Nicaragua se transformaron en serias dificultades para la administración Carter. *El País* daba cuenta el 7 de julio de ese año "del deterioro por el que atraviesan las relaciones entre Washington y Moscú, después de cinco años de distensión y casi veinticinco de «guerra fría». Los soviéticos acusan a la nueva Administración estadounidense de inmiscuirse en sus asuntos internos, mediante el apoyo a los disidentes y la «cruzada» pro derechos humanos, y aseguran que Carter está avivando la carrera de armamentos al intentar obtener ventajas unilaterales en las conversaciones SALT".

"Vistos desde Moscú, los tardíos años setenta no fueron una mala época; incluso terminaron con una pieza clásica de triunfalismo: los Juegos Olímpicos de 1980, para los que Moscú fue limpiada, y para los que se construyeron importantes edificios, y un complejo hotelero...", afirma Stone.

El final de la década, en cambio, había sido traumática para la alianza occidental. *Foreign Affairs* describió: "Vivimos 1979 con Irán en el desorden, con la crisis del petróleo, aun cuando no hubo faltantes extendidas, y con los soviéticos invadiendo Afganistán. Fue un año ilustrativo de la impotencia de Occidente y el fracaso nacional en el liderazgo internacional".[63]

Hacia inicios de 1980, el optimismo recorría las oficinas del Kremlin. Gromyko lo puso en palabras cuando resumió que la crisis en Irán había creado "un enorme agujero" para Washington.[64] En tanto, el jefe encargado de Ideología, el influyente Suslov declaró el 12 de febrero de 1980 ante un grupo de líderes partidarios polacos que: "el mundo capitalista esta afiebrado... entre los varios signos de exacerbación de la crisis general del capitalismo, una particular importancia corresponde a la obvia declinación del sistema neocolonial". Días más tarde sostuvo que "las posiciones del socialismo en el mundo están fortaleciéndose. El cambio en la correlación de fuerzas en favor del socialismo están creando condiciones favorables para el crecimiento de la lucha popular para la liberación. En los últimos años, grandes victorias fueron ganadas por fuerzas de liberación nacional y progreso social en países de Asia, Africa y Latinoamérica".[65]

Centroamérica también dio alegrías a Moscú. El 20 de julio de 1979, después de la caída de Somoza y su reemplazo por el izquierdista Ortega en Nicaragua, el *Sovetskaya Rossiya* se había entusiasmado aventurando que la influencia norteamericana en Latinoamérica "estaba decayendo rápidamente" y que en su lugar la influencia cubana estaba aumentando. Asimismo, se alegraba de la "creciente participación regional en el movimiento no alineados". Tres días antes, el *Pravda* había adelantado que

---

[62] "Brejnev advierte a Estados Unidos sobre su Política exterior", *El País*, 6 de julio de 1977.

En tanto, el embajador norteamericano en Moscú, Malcom Toon intentó bajar el tono y dijo que había encontrado a Brezhnev "gozando de buena salud y vigoroso". En 1978, las relaciones americano-soviéticas volverían a deteriorarse por el conflicto en Etiopía y Somalía. Dobrynin, p. 407-409.

[63] Stone, p. 353.

Walter Levy: "Oil and the Decline of the West", *Foreign Affairs*, Summer 1980.

[64] *Pravda*, February 19, 1980.

[65] *Pravda*, February 21, 1980.

la llegada del Sandinismo en Nicaragua anticipaba una prospectiva similar en El Salvador. Casi simultáneamente el pro-cubano Maurice Bishop tomó el poder en Granada.[66]

La invasión a Afganistán

Los tiempos de la *detente* se agotaron en coincidencia con el final de la década del setenta. El 27 de diciembre de 1979, tuvo lugar la invasión a Afganistán, generando una fuerte reacción en Occidente. «La intervención soviética en Afganistán afectará gravemente las relaciones futuras y actuales entre Estados Unidos y la Unión Soviética», declaró Jimmy Carter, quien a su vez señaló como "manifiestamente falsas" las explicaciones dadas por el líder soviético sobre la invasión.

En esta operación intervinieron una combinación de fuerza bruta y escasa astucia, que se convertiría en un error fatal para la supervivencia del régimen soviético. La decisión misma de invadir el país se probaría equivocada desde un inicio: la guerra resultante se tornaría imposible de ganar. A diferencia de los casos de Hungría en 1956 y Checoslovaquia en 1968, se trató de la primera actuación del Ejército Rojo fuera de Europa.

En Occidente, en tanto, se observó la invasión no como una decisión personal de Brezhnev sino como el resultado de fuerzas internas dentro del Politburo que el primer secretario no quiso ni pudo reprimir. Así lo reflejó el diario *El País*, pocos días después de la invasión: "Ni el presidente soviético, Leónidas Brejnev, ni el primer ministro, Alexei Kosiguin, han jugado un papel importante en la decisión del Politburó del PCUS, sobre la intervención militar en Afganistán, afirmó el pasado miércoles en Washington una alta personalidad oficial norteamericana. La misma fuente, que solicitó permanecer en el anonimato, adelantó simplemente que el precario estado de salud de los dos máximos líderes soviéticos justificaba su oscurecimiento, pero se negó a especular sobre eventuales cambios en el equipo del poder en la URSS. Según otras fuentes oficiales norteamericanas, la intervención soviética en Afganistán fue decidida por una facción del Politburó que comprendía al ministro de Defensa, Dimitri Ustinov, Andrei Kirilenko, el ideólogo Mijail Suslov, Yuri Andropov, jefe de la KGB, así como el ministro de Asuntos Exteriores, Andrei Gromiko. Una de las razones de la intervención habría sido la inevitabilidad a medio plazo de la misma. Era preferible llevarla a cabo ahora que esperar a la desaparición de Brejnev para no dar la impresión de un cambio fundamental de política del nuevo equipo en el poder. De esta manera interpreta Estados Unidos la decisión del Politburó. En EEUU se estima la intervención como infinitamente más grave que la de Hungría en 1956 o en Checoslovaquia en 1968, puesto que es la primera vez que la URSS sale militarmente del área comunista (...) Por otra parte, la agencia *Efe* informa desde Moscú que, según fuentes fidedignas de la capital soviética, la intervención contra Afganistán fue aprobada por el Politburó el pasado 26 de noviembre, un mes antes del golpe contra Hafizullah Amin. tratando de desmentir con ello ciertos rumores acerca de que Brejnev no asistió a la importante reunión del organismo soviético que dictaminó la invasión. Sin embargo, una publicación alemana, el semanario *Der Spiegel*, insistió de nuevo ayer, como un día antes lo hicieron los periódicos alemanes *General Anzaiger y Frankfúrter Rundschau,* en que el «ala militarista» se impuso en el Politburó soviético sobre los «moderados», después de que los altos mandos militares de la URSS expresaran el temor de que un eventual triunfo islámico en Afganistán, derrocando un régimen prosoviético, podría provocar una reacción peligrosa en las nacionalidades musulmanas de la URSS. Según la información de la agencia española, la decisión soviética se tomó tras oír un informe de su embajador en Kabul, Alexander Puzanov, un hombre mal visto por el derrocado Amin. El nuevo

---

[66] La invasión a Granada, en 1983, será analizada más adelante.

embajador soviético en Kabul, de origen musulmán, Fikrat Tabeyev, se incorporó a su puesto en Kabul a mediados de noviembre con las instrucciones precisas sobre la operación «refuerzo», que se concretaría un mes después, mientras EEUU denunciaba la misma el 7 de diciembre pasado. Con ello se descartan también ciertos rumores sobre que la intervención fuera motivada por el asesinato en Afganistán del general soviético Víctor Paputin."[67]

En el mismo sentido, Dobrynin escribió en sus *Memorias* que el rol central en la decisión no correspondió a Brezhnev sino a Ustinov y Andropov, titulares de Defensa y de la KGB y que la "falta de decisión de Brezhnev y el pobre estado de su salud" terminaron beneficiando a "los miembros más activos del Politburó". Dobrynin apunta que "Gromyko, que era prudente y experimentado en los asuntos diplomáticos, no lo era en materia militar y aparentemente decidió confiar en el conocimiento de los miembros más resueltos de sus colegas del Politburo.." Dobrynin, asimismo, recuerda que Brezhnev le aseguró que la operación solo duraría "tres o cuatro semanas".[68]

Estados Unidos comenzó a financiar clandestinamente a los mujaidines, es decir, los grupos locales rebeldes que resisten la ocupación soviética.[69] La CIA proveyó armamentos a los mujaidines, a través de Pakistan, al punto que Frank Andersen dirá: "fue una guerra que se peleó con nuestro oro, pero con su sangre".[70] La guerra de Afganistán será conocida como "el Vietnam soviético".

---

[67] "Estados Unidos cree que Brejnev se opuso en el Politburó a la invasión de Afganistán", *El País*, 11 de enero de 1980.

[68] Dobrynin, p. 443-445.

[69] Zbigniew Brezinski: "We immediately launched a twofold process when we heard that the Soviets had entered Afghanistan. The first involved direct reactions and sanctions focused on the Soviet Union, and both the State Department and the National Security Council prepared long lists of sanctions to be adopted, of steps to be taken to increase the international costs to the Soviet Union of their actions. And the second course of action led to my going to Pakistan a month or so after the Soviet invasion of Afghanistan, for the purpose of coordinating with the Pakistanis a joint response, the purpose of which would be to make the Soviets bleed for as much and as long as is possible; and we engaged in that effort in a collaborative sense with the Saudis, the Egyptians, the British, the Chinese, and we started providing weapons to the Mujaheddin, from various sources again - for example, some Soviet arms from the Egyptians and the Chinese. We even got Soviet arms from the Czechoslovak communist government, since it was obviously susceptible to material incentives; and at some point we started buying arms for the Mujaheddin from the Soviet army in Afghanistan, because that army was increasingly corrupt.

El rol de la CIA en el financiamiento de los grupos rebeldes en Afganistán durante los años 80 está descripto detalladamente en *"National Insecurity: US Intelligence after the Cold War"*, de The Center for International Policy, Temple University, 2000. ver: p. 30 y ss.

[70] *"1989"*, p. 199

President Jimmy Carter immediately declared that the invasion jeopardized vital U.S. interests, because the Persian Gulf area was "now threatened by Soviet troops in Afghanistan. But the Carter administration's public outrage at Russian intervention in Afghanistan was doubly duplicitous. Not only was it used as an excuse for a program of increased military expenditure that had in fact already begun, but the U.S. had in fact been aiding the mujahideen for at least the previous six months, with precisely the hope of provoking a Soviet response. Former CIA director Robert Gates later admitted in his memoirs that aid to the rebels began in June 1979. In a candid 1998 interview, Zbigniew Brezinski, Carter's national security adviser, confirmed that U.S.

Dobrynin escribió que estaba en Moscú a fines de 1979 cuando "me enteré por la radio que tropas soviéticas habían entrado a Afganistán a pedido de su gobierno. Para mi, era una completa sorpresa. Llamé a mis amigos en el Ministerio de Asuntos Exteriores. Me confirmaron las noticias pero pocos pudieron darme detalles o explicaciones: toda la operación había sido organizada por el Politburo en profundo secreto. Ese fue el inicio de la larga y sangrienta tragedia afgana, con las tristes consencuencias que el mundo y especialmente mi país aun siente".[71]

"Desde comienzos de diciembre de 1979, la situación afgana fue intensamente discutida en el Kremlin por el pequeño círculo consistente en Gromyko, el jefe de la KGB Andropov y el ministro de Defensa Ustinov. Amin estaba fuertemente sospechado de inclinarse hacia los EEUU. Entonces fueron ante Brezhnev y le insistieron que debían tomarse pasos para "no perder Afganistán". Lo convencieron. Pero lo que se probó decisivo fue una carta privada en la que Andropov alarmó a Brezhnev con que la situación soviética en Afganistán se deterioraría rápidamente si nuestras tropas no intervenían en contra de la oposición. De otro modo, los EEUU llenarían el vacío, escribió, subrayando que Amin ya estaba explorando una apertura hacia Occidente. (...) Tarde en la noche del 12 de diciembre de 1979, una reunión secreta tuvo lugar en el Kremlin. Una vez más, una decisión crucial no fue planeada ante el Politburo en pleno sino a través de un grupo de sus miembros más influyentes. Además de Andropov, Gromyko y Ustinov, también estuvieron presentes Mikhail Suslov, el jefe de Ideología; Victor Grishin, secretario del Partido en Moscú; Kyrilenko, asesor cercano a Brezhnev; y Ponomarev, jefe del departamento internacional del Partido. Brezhnev presidió la reunión (...) la decisión final fue tomada sin objeciones -una decisión que tendría consecuencias desastrosas en las relaciones internacionales por años."[72]

Tanto en el caso de la invasión a Checoslovaquia como en la de Afganistán, Brezhnev estuvo en el centro de los acontecimientos, pero sin haber iniciado él mismo las acciones. Su rol parece haber sido, en ambos casos, el de quien avaló a los *halcones* del Politburo y de la todopoderosa KGB.[73] Sin embargo, cualquiera haya sido su voluntad, Brezhnev parece haber comprendido que su propia situación personal al frente del poder estaría comprometida en caso de negarse a la invasión. En enero de 1980, en respuesta al boicot decretado por EEUU, Brezhnev declaró que "nadie nos sacará de nuestro curso".[74]

Dobrynin apuntó en sus *Memorias* que "no hubo ningún gran plan estratégico diseñado por Moscú con miras a poner un pie en las riquezas petroleras de Medio Oriente" y que la invasión respondió a "una reacción soviética a una situación local en la que la seguridad de nuestra frontera sur estaba seriamente amenazada por la creciente inestabilidad interna en Afganistán por la obvia ineptitud del gobierno de Amin". Dobrynin, crítico de la decisión, sostuvo que la invasión supuso la elección "del expansionismo por sobre la detente" y al adoptar esa medida el Politburo cometió "un grosero error de cálculo". El

---

aid to the rebels began before the invasion.

By February 1980, *The Washington Post* reported that the mujahideen was receiving arms coming from the U.S. government.

[71] Dobrynin, p. 439.

[72] Dobrynin, p. 442-443.

[73] Volkogonov, p. 283.

[74] *TASS*, January 13, 1980.

experimentado diplomático escribió que "ninguno de los líderes soviéticos supusieron jamás que una guerra en un pequeño estado vecino podría durar diez años a causa del levantamiento de una guerrilla de resistencia o que el pueblo ruso tendría que pagar un precio tan elevado..."[75]

El día 4 de enero de 1980, el gobierno norteamericano decretará un bloqueo comercial y boicoteará los Juegos Olímpicos de Moscú, con apoyo de numerosos aliados de Europa occidental[76]. Las relaciones entre la URSS y los EEUU quedarían seriamente dañadas después de la invasión e incluso llevarían al presidente Carter, en mayo de ese año 1980, a cancelar su participación en los funerales del Mariscal Tito y delegar en el vicepresidente Walter Mondale su representación, ante la presencia de Brezhnev en Belgrado.[77]

Por su parte, Deng Xiao Ping denunciaría la "atroz agresión soviética", en enero de 1980. La Argentina no adhirió al boicot cerealero contra la Unión Soviética y aumentará notoriamente el comercio exterior con el bloque comunista.[78]

En el Consejo de Seguridad, la URSS ejerce su veto en la sesión del día 9 de enero de 1980 cuando se pretende imponer la resolución 462 de condena a la invasión. Acompaña en la negativa Alemania del Este. A mediados de enero, la Asamblea General de la ONU votó una resolución de condena a la actitud soviética por 104 votos a 18.[79]

---

[75] Dobrynin, p. 447.

[76] Apenas conocida la invasión, el subsecretario de Estado, Warren Christopher -número dos de la diplomacia norteamericana- viajó de inmediato a Londres y Bruselas en busca de una rápida adhesión de los aliados de Europa Occidental, enviado por el presidente Carter.

La entrevista celebrada entre el presidente francés Giscard D´Estaing y Brezhnev, semanas más tarde, en Varsovia, molestaría a la Casa Blanca. Un rol decisivo jugó entonces Michel Poniatowski, ex ministro del Interior y hombre de confianza del presidente galo. El secretario de Estado norteamericano, Edmund Muskie, criticó al presidente francés, Giscard d'Estaing, por no haber consultado con Estados Unidos antes de reunirse con su colega soviético. "Dura crítica del secretario de Estado norteamericano a la política exterior francesa", *El País*, 21 de mayo de 1980.

[77] "La presencia de Leónidas Breznev destaca la ausencia del presidente Carter en Belgrado", *El País*, 8 de mayo de 1980.

La ausencia de Carter en Belgrado -en plena campaña por su reelección- le generaría críticas del candidato a vicepresidente republicano, George Bush quien señaló que "Tito resistió la dominación soviética" y advirtió que "su desaparición abre interrogantes sobre el futuro de Yugoslavia". *The Ledger*, May 9, 1980.

[78] En su libro de *Memorias*, publicado después de su muerte, José Alfredo Martínez de Hoz, entonces ministro de Economía argentino, relata las razones por las cuales la Argentina no adhirió al embargo, pese a la retórica anti-comunista del gobierno militar.

[79] The resolution was a victory for U.S. diplomats, who had been pushing for a statement from the international organization denouncing the Soviet invasion. The successful and overwhelming passage of the resolution indicated that Cold War alignments were perhaps undergoing an important and far-reaching alteration. Many of the so-called non-aligned nations and Third World countries were appalled by the Soviet

Casi en simultáneo, se produce la toma de los rehenes en la Embajada de los EEUU en Teherán (Irán). El hecho tendrá un efecto "devastador" para el presidente Carter.[80] La caída del régimen del Sha se había producido meses antes, a comienzos de aquel año 1979. Por su parte, los gobiernos de los Emiratos Arabes Unidos, Qatar y Venezuela deciden un aumento del 33% en el barril de petróleo crudo tras la crisis iraní. El precio del petróleo se duplicó como consecuencia de este "segundo shock".[81]

El 23 de enero de 1980, en su discurso del Estado de la Unión, ante las dos cámaras del Congreso, el presidente expuso lo que se daría en llamar la "doctrina Carter" al declarar que cualquier intento de controlar el Golfo Pérsico por parte de fuerzas extranjeras sería considerado un ataque directo a los vitales intereses de los Estados Unidos. Dobrynin apuntó que el mensaje del presidente constituyó "la hora de triunfo" de Brzezinski y que "sonó como la doctrina Truman de 1947, que fuera el primer paso de la política americana de contención al comunismo".[82] Poco después del discurso de Carter, Brzezinski mantuvo una reunión con altos directivos de las principales compañías norteamericanas en las que acusó a la URSS de "todos los pecados mortales".[83]

La invasión soviética a Afganistán y la pretensión del establecimiento de un gobierno títere en ese país (controlado por Moscú), llevaron al punto más bajo a las relaciones entre la URSS y los EEUU. La administración del Presidente Carter pide el día 2 de enero posponer las negociaciones del tratado de reducción de armas nucleares SALT-II, al tiempo que llama "en consulta" al embajador norteamericano ante el Kremlin, Thomas J. Watson Jr., y declara el boicot cerealero. La invasión clausura la etapa de la *Detente* establecida en los tiempos de Nixon. Por su parte, Carter perderá su reelección meses más tarde, a manos de un candidato que promocionará una política exterior aun más anti-comunista: Ronald Reagan.

Dobrynin recuerda que el asesor presidencial lo invitó poco después -el 18 de marzo- a cenar en su casa de campo con el objeto de distender la relación y le aseguró que no era el propósito del presidente hacer de la retórica anti-soviética un tema de campaña en su búsqueda de la reelección en noviembre de ese año, pese a que cinco días antes había hecho un llamado público a boicotear los Juegos Olímpicos de Moscú. Brzezinski explicó al embajador soviético cuál era el status que los EEUU pretendían para Afganistán: el de la neutralidad, bajo una política de amistad con la URSS tal como la que tenía Finlandia, pero no la de un vasallo como Mongolia.[84]

La invasión soviética a Afganistán y la dura reacción que esta generó en Occidente no escapó a la

---

action and drew closer to the United States. With the Cold War itself destined to last another decade, U.S. relations with such nations would take on more significance than ever before.

[80] Zbigniew Brzezinski sostiene que "creo que fue desvastador. Pienso que la crisis de los rehenes en Irán fue una de las dos razones centrales de la derrota de Carter en 1980. La otra razón era doméstica: la inflación..."

[81] Stone, p. 497.

[82] Dobrynin, p. 453.

[83] Dobrynin, p. 454.

[84] Dobrynin, p. 455-456.

atención de los líderes comunistas en ocasión de la cumbre por el aniversario del Pacto de Varsovia, celebrada en la capital polaca a mediados de mayo de ese año.[85] Brezhnev concurre acompañado por Kosigyn (primer ministro), Gromyko (ministro de Asuntos Exteriores) y Chernenko (miembro del Poliburo). El ministro de Defensa, Ustinov no asiste, por enfermedad. Prácticamente la totalidad de los líderes comunistas participan de la cumbre: Todor Yizkov (presidente búlgaro), el marical Kulikov (comandante en jefe del bloque), Nicolae Ceaucescu (Rumania), Gustav Husak (Checoslovaquia), Janos Kadar (Hungría), Erich Honecker (Alemania oriental), Gierek (premier polaco). *El País* reseñó: "En opinión de los observadores, la *cumbre* de Varsovia tiene una doble vertiente. En primer lugar, reforzar la solidaridad del campo europeo oriental, lo que demostraría la presencia de Brejnev en la reunión. Y, en segundo término, ciertas presiones de los aliados de la URSS para que Moscú tome en consideración algunas medidas a favor de la distensión. Si bien Gierek no hizo mención al tema afgano en su discurso, el número 1 del régimen polaco subrayó «el momento delicado de la situación internacional» y el peligro que para la paz y la distensión suponían «tanto la guerra fría como las potencias imperialistas»."[86]

Dobrynin recuerda en sus Memorias que a comienzos de abril de ese año, pocos meses después de la invasión, fue llamado en consulta por el Politburó para informar sobre el deterioro de las relaciones soviético-americanas. Dobrynin explicó que "el punto importante es que (Carter y su mentor Brzezinski) lograron convencer al pueblo norteamericano que nosotros éramos los agresores en Afganistán y que nosotros estábamos tratando de expandirnos a lo largo de Medio Oriente, en contra de los intereses norteamericanos allí".[87]

Diez años más tarde, el gobierno soviético reconoció los errores cometidos en la guerra de Afganistán.[88]

Dobrynin apunta en sus *Memorias* que los años de Carter (1977-81) significaron una de las páginas "desafortunadas" en la relación americana-soviética. Dobrynin afirma que "la política de derechos humanos, apuntada hacia la Unión Soviética y la comunidad socialista, fue lanzada por Carter desde el primer día en el cargo para cimentar la política exterior occidental bajo el liderazgo de los Estados Unidos. Carter la veía como la continuación del su rol en el movimiento americano por los derechos civiles y lo presentaba como el establecimiento de nuevos estándares morales en la política exterior en contraste con lo que veía como el período inmoral de Nixon, Kissinger y Ford. La campaña ideológica tenía el rol auxiliar de movilizar el apoyo popular a la política exterior de su administración y ayudar a vencer las profundas divisiones que habían dejado la guerra de Vietnam y el Watergate. Pero fue llevada

---

[85] 14 – 15 May 1980 Agreed paragraph concerning Afghanistan. *The members of the Council also underlined the necessity to normalize the situation that has arisen concerning Afghanistan politically. Such a regulation should effectively guarantee the total cessation and prevent the resurgence of any form of interference from outside directed against the government and the people of Afghanistan. Together with the total cessation of any form of interference from abroad directed against the government and the people of Afghanistan, the withdrawal of the Soviet armies from Afghanistan should take place in accordance with the affirmations of the USSR.*

[86] "La "cumbre" del Pacto de Varsovia ataca el proyecto de rearme de la OTAN", *El País*, 15 de mayo de 1980.

[87] Dobrynin, p. 457.

[88] Publicó *The New York Times*, el 24 de octubre de 1989: "Moscow Says Afghan Role Was Illegal and Inmoral; Admits Breaking Arms Pact".

a cabo a expensas de las relaciones soviético-americanas".[89]

El 19 de mayo de 1977, cuando habían pasado tan solo cuatro meses desde la asunción de Carter, Brezhnev emitió un documento de veintinueve páginas titulado "Instrucciones para los embajadores soviéticos en conexión con el Revuelo en Occidente sobre la cuestión de los Derechos Humanos". La circular expresaba que "la campaña anti-soviética bajo la falsa máscara de la defensa de los derechos humanos perseguía el objetivo de distraer a las masas populares de los países capitalistas de las severas dificultades que enfrentaban las sociedades burguesas". El documento resaltaba que "debe recordarse que la revolución, llevada adelante sesenta años atrás en Rusia, fue desarrollada precisamente para garantizar los derechos básicos y las libertades de los individuos y que solamente en la Unión Soviética los derechos humanos y las libertades se han realizado en sentido pleno y con gran consistencia".[90]

La elección de Karol Wojtyla como nuevo Papa, bajo el nombre de Juan Pablo II, el 16 de octubre de 1978, sería vista con inquietud en Moscú. Sebestyen anotó que, apenas informado, Andropov entendió: "el jefe de los espías soviéticos comprendió inmediatamente la importancia de la noticia. Con un tono sombrío, comenzó a llamar a sus poderosos colegas del Kremlin y les repitió lo que sería una advertencia profética: "Wotyla representa una amenaza a la seguridad soviética". Esa noche, enojado, telefoneó a Boris Aristov, el embajador soviético en Varsovia y le espetó: "¿Cómo pudo ocurrir esto?"[91]

En 1981, nuevos elementos contribuirían al surgimiento de una "nueva guerra fría": escalaría la crisis polaca[92], con las represiones a los movimientos de los trabajadores mineros y el gobierno de Reagan pondría en marcha un programa de aumento del gasto militar norteamericano.

En mayo de 1981, la cúpula del poder en Moscú parece convencida de que la llegada de Ronald Reagan a la Presidencia de los EEUU abriría la posibilidad esta vez real de una confrontación nuclear. Hacia 1982, la URSS tenía malas relaciones con los EEUU, con China y con Europa Occidental.[93]

---

[89] Dobrynin, p. 380-381.

[90] Volkogonov, p. 283.

[91] Juan Pablo II realizó un espectacular viaje a Polonia, su tierra natal, pocos meses después de su elección como jefe de la Iglesia Católica, en la primera semana de junio de 1979. Las multitudes que lo recibieron pusieron de manifiesto la crisis del comunismo en Polonia. Una de sus misas congregó a más de dos millones de personas. El 10 de junio, en Cracovia, en su mensaje final convocó la mayor concentración de personas en toda la historia del país. Los mensajes del Sumo Pontífice fueron cuidadosamente guionados. El Vaticano y el régimen polaco habían acordado que el Papa no diría nada que pudiera ser considerado "incendiario" ni que constituyera una cruzada anti-soviética. Sin embargo, dijo: "Vengo a hablar de la dignidad del hombre y de la amenaza a la humanidad, a los derechos del hombre y cómo los derechos inalienables pueden ser pisoteados por el hombre".

[92] "Poland was in many ways an exception, the semi-anarchic state that even the one of the Soviet leaders recognized as "the Achilles heel" of communism. Sebestyen, p. 64.

[93] Brown, p. 418.

En tanto, ya desde el último año del gobierno de Carter, el nuevo titular de la Reserva Federal, Paul Volcker, impulsó una drástica política tendiente a bajar la inflación en los EEUU. En la reunión del Fondo Monetario Internacional en Belgrado, en octubre de 1980, Volcker dijo que vencer la inflación era "la principal

Mini-culto a la personalidad

El cimbronazo provocado por la invasión a Afganistán, sin embargo, no logró arruinar los Juegos Olímpicos de Moscú, en julio de 1980. Ochenta y un países participaron de los Juegos, que fueron inaugurados el 19 de julio de ese año, con una imponente celebración en el Estadio Lenín de Moscú. Estuvieron ausentes varios países, entre ellos Estados Unidos, Alemania Federal, Canadá y Japón. La ceremonia de apertura no fue transmitida por la televisión norteamericana. La URSS se vengaría cuatro años más tarde, boicoteando los Juegos Olímpicos de Los Angeles.

Políticamente, la fiesta fue el acto final de la era-Brezhnev y el secretario general pudo disfrutar de una suerte de coronación de su liderazgo. Para ese entonces, llevaba más de quince años al frente de la URSS.

Durante la larga estadía de Brezhnev al frente de la URSS, parece hacerse consolidado un régimen oligárquico y no una autocracia.[94] No obstante, paralelamente, se fue estableciendo un creciente culto a la personalidad del líder, aunque de características muy reducidas frente a la experiencia del pasado estalinista. Numerosos autores han recurrido a la repetida frase de Marx según la cual la historia se repite, primero como tragedia y luego como farsa, para explicar este tipo de fenómenos. En efecto, durante la segunda mitad de la década del 70, se fue desarrollando una política de adulación en torno a la figura de Brezhnev, un hombre fascinado con la alimentación de su vanidad. "Una suerte de culto a la personalidad, *sin una personalidad*", dijeron los críticos. La tendencia del líder a acumular condecoraciones llegará al absurdo de que uno de los frecuentes chistes que se hacían en su tiempo sobre el secretario general lo imaginara sometiéndose a una cirugía para ensanchar su pecho para tener más espacio para nuevas insignias y cucardas. En 1978, por caso, Brezhnev recibió la Orden de la Victoria, el mayor reconocimiento al valor militar y un año más tarde, fue galardonado con el Premio Lenin de Literatura por sus memorias fantasma.

Dos años antes, en 1976 el líder había sido promovido al cargo de Mariscal del Ejército, la más alta graduación de las Fuerzas Armadas del país.[95] El 19 de diciembre de aquel año, Brezhnev se daría el

---

prioridad" de la FED y que las tasas de interés se incrementarán "todo lo que sea necesario" para conseguir ese objetivo. Stone, p. 402.

[94] "(Brezhnev) podía aparecer como el gobernante indiscutido de un gran imperio, pero en rigor era más el jefe títere de un sistema totalitario, un rol que él llevaba adelante a la perfección". Volkogonov, p. 283.

[95] Así lo reflejó la prensa española: "El nombramiento fue firmado por el *Presidium* del Soviet Supremo (parlamento) de la Unión Soviética, que tiene como presidente a Nikolai Podgorny (jefe del Estado). Hace exactamente un año, el 8 de mayo de 1975, Breznev fue nombrado general del Ejército en la conmemoración del XXX aniversario de la victoria soviética en la segunda guerra mundial. (...) El nombramiento de Dimitri Ustinov como sustituto de Grechko en el ministerio de Defensa supuso, dicho con las reservas propias que se desprenden de la trayectoria *independiente* de Ustinov, la consolidación de una línea organizativa y pragmática en el seno de los militares, cosa del agrado de Breznev, que siempre gustó de tener a su lado a militares comprensivos con la *detente,* frente a líneas *duras* en el *Politburó* y el Ejército. En esta coordenada se inscribiría el ingreso de Grechko en el más importante organismo directivo de la URSS en 1973. *Tass* informaba además, que Breznev se afirmaba como número uno y que el cargo de mariscal se le otorgaba por ser presidente del Consejo de Defensa, organismo que supervisa funciones *militares y políticas,* lo que puede interpretar se como una consolidación personal de Breznev en sentido absoluto". "Breznev consolida su

gusto de celebrar su cumpleaños número 70 junto con los líderes de los países aliados. Ese día, recibió -por tercera vez- la "Orden de Lenín" y la de "Héroe del trabajo socialista", es decir, las máximas condecoraciones que otorgaba la URSS. Las ceremonias, señaló *El País* eran "la culminación de semanas de adulación oficial no vistas en este país desde «el culto a la personalidad» registrada durante la época del desaparecido Josef Stalin".

No obstante, el líder no buscaba establecer un régimen unipersonal o una dictadura en sentido estricto, esto es, el mando unificado en una sola voluntad. Bajo Brezhnev, se consolidó en la URSS el esquema de división del poder: regía una suerte de "oligarquía" colectiva en la que el líder "dejaba hacer". Sin embargo, a mediados de 1977, Brezhnev mismo reemplazará a Podgornyi como jefe de Estado (chaiman of the Presidium), sumando esta a sus funciones de líder del Partido.[96] *El País* lo describió sagazmente el 9 de mayo: "Maniobrero como sus antecesores, Lenin, Stalin y Kruschev, Leónidas Breznev posee una característica aún más acusada: la seguridad. Siempre partidario del equilibrio, mueve los *peones* necesarios para sentirse arropado con toda seguridad. El Ejército no es una excepción y Breznev siempre ha hecho lo posible para mantener el apoyo que le dispensa una buena parte del *establishment* militar soviético".

Brezhnev había logrado desplazar a Podgony y convertirse en jefe de Estado, un objetivo que perseguía desde los primeros años de la década del 70. El cargo de presidente del Presidium, si bien formal, otorgaba un rol protocolar al que Brezhnev no estaba dispuesto a renunciar. Ya en diciembre de 1971, *Time* había reflejado que "como secretario general del Partido Comunista, es el funcionario más poderoso de la Unión Soviética, pero en las listas del protocolo diplomático, se ubica en el tercer lugar. Primero está Nikolai Podgorny, chairman del Presidium y jefe de Estado. Segundo está Aleksei Kosygin, que cumple funciones de premier, es decir jefe de gobierno. De acuerdo a la costumbre diplomática, Brezhnev no está titulado para acceder al tratamiento de alfombra roja reservado para jefes de estado extranjeros".[97]

Hacia fines de la década del 70, en el apogeo de la "gerontocracia", Ustinov (ministro de Defensa), Chernenko (Partido), Tikhonoy (Economía), Andropov (KGB), Suslov (responsable de la ideología) y el eterno Gromyko (Asuntos Exteriores)[98] son los hombres que rodean a Brezhnev. Kotkin señala que cada uno de ellos "ejercía un poder ilimitado en sus dominios a través de mantener a un debilitado Brezhnev en su lugar", al tiempo que asumían una actitud conservadora: "eran perpetuamente informados sobre los innumerables problemas del país, pero permanecían reticentes a las propuestas de reformas profundas, especialmente después de la experiencia checoslovaca de 1968.. de todos modos, el dinero del petróleo fluía hacia las arcas del Kremlin.."[99]

Así lo reflejó la prensa española: "Junto a Leónidas Brejnev se encuentran en el Politburó cinco de sus llamados «clientes» (hicieron carrera tras él). Son: Andrei Kirilenko (73 años), Constantin Chernenko

---

poder personal", *El País*, 9 de mayo de 1976.

[96] Una nueva Constitución fue adoptada en ese año 1977.

[97] Nikolai Podgorny ocupaba el cargo de titular del Presidium (Jefe de Estado) desde 1965, cuando sucedió a Anastasas Mikoyan.

[98] Fue ministro de Asuntos Exteriores de la URSS durante 28 años, hasta 1985.

[99] Kotkin, p. 49.

(67), ambos también secretarios del PCUS; Dimokamed Kunaev (68), Alexander Chertbiski *(62)* y Nicolai Tijonov *(73)*, *premier* en funciones. A este grupo de viejos amigos podrían unirse, a partir de la caída de Kruschev, Andrei Gromiko *(70)*, y el *benjamín* Grigori Romanov *(56)*. Procedente del campo económico se sienta en el Politburó Alexei Kosiguin *(76)*, jefe del Gobierno, ahora enfermo y retirado de toda actividad. Los supervivientes de la «vieja guardia» son Mijail Suslov *(77)*, líder de los ideólogos intransigentes; Arvid Pelche (80), de salud deficitaria y vencedor de la prueba estalinista, y Víctor Grichin *(69)*, jefe del partido en Moscú y típico burócrata. Completan el grupo el mariscal Dimitri Ustinov, ministro de Defensa y secretario del Comité Central, que compartió honores con Kirilenko el pasado 7 de noviembre en la conmemoración del 62.º aniversario de la revolución en la plaza Roja, y Yuri Andropov, jefe de la poderosa policía política, KGB, el primer «chekista» que ingresó en el Politburó tras Beria, ascendido a general en 1976."[100]

Al cerrar el XXVI Congreso del Partido, en marzo de 1981, Brezhnev expresó su complacencia con el estado del país y anunció la reelección de los catorce miembros que entonces integraban el Politburo (con un promedio de 70 años) y los ocho candidatos (con voz pero sin voto, con un promedio de 65 años) y los diez integrantes del Secretariado del Comité Central (con 68 años promedio).

La paridad bipolar

Durante los años de Brezhnev, la URSS pareció alcanzar un punto de paridad -relativa- con los EEUU en el plano militar. No obstante, naturalmente, dicha paridad solo puede ser entendida en términos relativos: mientras para los soviéticos mantener el aparato militar que le otorgaba el estatus de superpotencia exigía esfuerzos gigantescos para una economía que distaba de ser una superpotencia económica, para los EEUU el mantenimiento de su complejo militar requería un presupuesto proporcionalmente menor para el tamaño de su economía.

Volkogonov reseña: "Un factor que reflejaba la estabilidad era el logro soviético de haber alcanzado la paridad militar y estratégica con los Estados Unidos (...) sin embargo, ello costaría tanto a la Unión Soviética que amenazaba con degradar aún más el ya de por si bajo nivel de vida".[101]

Un artículo en *Foreign Affairs* en su edición de verano de 1981 señalaba que: "La era Brezhnev está llegando a su fin. Es altamente probable que el 26 Congreso -celebrado en febrero-marzo de 1981- haya sido el último en el que Leonid Ilich y sus ancianos compinches hayan podido defender sus posiciones de poder. Por supuesto, predicciones similares fueron hechas después del 25 Congreso del Partido y nos alertaron sobre la necesidad de actuar con cautela en la anticipación de la partida del liderazgo actual. De todos modos nuestras expectativas sobre la aproximación del final de la era Brezhnev no solo se asientan sobre el paso de la generación de Brezhnev, algo que finalmente sucederá. Igualmente significativos son los rápidos cambios en las condiciones domésticas e internacionales que han tallado el carácted de la última década y media. Así, aún sin Brezhnev y sus contemporáneos permanecieran en el poder por otro año o dos, alteraciones dramáticas en el ambiente internacional e interno de la Unión Soviética influirán las percepciones, comportamientos y políticas del régimen soviético respecto de los tiempos en que Brezhnev estaba en lo más alto de su gobierno. Mientras que el 26 Congreso del Partido mostró un cierto reconocimiento respecto a los cambios en el medio

---

[100] "Los catorce hombres que dirigen la URSS", *El País*, 11 de enero de 1980.

[101] Volkogonov, p. 276.

internacional y doméstico, los intentos de cambio fueron mínimos. El PCUS no puede darse ese lujo mucho tiempo más. La era Brezhnev, particularmente entre 1965 hasta aproximadamente 1976, probablemente pase a la historia como el período soviético más satisfactorio en su desarrollo internacional y doméstico. Internacionalmente, fue un período en el que la Unión Soviética alcanzó su mayor sueño de posguerra: lograr la paridad estratégica con los Estados Unidos y convertirse en una verdadera potencia global. El mando soviético sobre su imperio fue legitimizado internacionalmente y la llamada doctrina Brezhnev implicando el derecho y la obligación de la Unión Soviética de intervenir en cualquier estado comunista para mantener intacto el sistema fue desarrollada para securitizar la continuación del imperio por cualquier medio."[102]

La cultura

En general, la era Brezhnev es señalada por los historiadores como la de un retorno a una política cultural represiva. La reversión de las políticas del período anterior no supuso un retorno al estalinismo.[103] Existió, sin embargo, un freno a las reformas liberales de Kruschov y un retroceso en la libertad cultural. El juicio a los escritores Yuli Daniel y Andrei Sinyavsky en 1966 fue un ejemplo de esta actitud del Kremlin frente a la vida cultural: fueron juzgados, sentenciados y condenados a prisión por producir "propaganda anti-soviética".

La actuación de la KGB -bajo la jefatura de Andropov- en esos años restableció facultades de tiempos de Stalin aunque de ninguna forma se volvió a las purgas de los años 30 y 40. A lo largo de su extendido liderazgo, Brezhnev se manifestó siempre o casi siempre contrario del uso de la violencia o los castigos excesivos.

La figura de Stalin, en tanto, fue rehabilitada aunque solo parcialmente. El cambio del nombre del Presidium y la restauración de la antigua denominación de "Politburó" en el 23 congreso partidario en febrero-marzo de 1966 fue interpretada como una reivindicación del stalinismo. En sus Memorias, Willie Brandt recuerda que durante una visita a Moscú, Brezhnev "estaba ansioso por dejar claro desde un comienzo que no quería que se lo identificara con las ideas anti-estalinistas de Kruschov. Stalin, me dijo, había logrado mucho, y después de todo, el país había ganado la guerra bajo su liderazgo".[104] Sin embargo, la puesta en valor del dictador se limitó al plano de sus triunfos bélicos. Sus logros militares fueron reconocidos y se lo reivindicó como el héroe que logró ganar la Gran Guerra Patriótica, pero su reputación solamente fue valorada en el plano bélico. Así fue reconocido durante el discurso de Brezhnev del día de la Victoria, el 9 de mayo de 1965. Sus crímenes, por el contrario, no fueron olvidados aun cuando se frenó el proceso de des-estalinización de la era Kruschov.[105] Las críticas al

---

[102] Seweryn Bialer: "The Harsh Decade: Soviet Policies in the 1980s", *Foreign Affairs*, Summer 1981.

[103] "The "soft repression" of the Brezhnev years was far less arbitrary and unpredictable than the repression of the Stalin period". Thompson, William: *The Soviet Union Under Brezhnev*, Pearson Longman, London, 2003, p. 103.

[104] Willie Brandt: *"My Life in Politics"*, Viking (Penguin Group), NY, 1992, p. 183.

[105] El 30 de enero de 1966, el *Pravda* advirtió sobre el uso de la expresión "culto a la personalidad".

culto a la personalidad de Stalin serían una de las causas de la ruptura de las relaciones sino-soviéticas.

Stalin se había convertido, a partir de su muerte y del discurso de denuncia de sus crímenes por parte de Kruschov en 1956, en un no-tema en la Unión Soviética. Durante tres décadas, ninguna biografía de Stalin fue escrita en el país. En la Gran Enciclopedia de la Unión Soviética aparecida en los años 70 y que ocupaba dos docenas de volúmenes, Stalin solo merecía una página y media.[106] Una prueba del "silencio oficial" sobre el dictador la ofrecían los textos utilizados en las escuelas de la URSS en los treinta y cinco años que siguieron a la muerte de Stalin. La última edición de los libros de texto escolar anterior a la *Glasnost* (1986) dedicaba solamente diez líneas a la figura de Stalin y no hacía mención a las víctimas de las hambrunas que acompañaron a la colectivización de la agricultura (entre 7 y 10 millones de personas) ni a las grandes purgas de su período.[107]

A mediados de la década de 1970, se estimaba que había unos diez mil presos políticos en la Unión Soviética, una cifra elevada pero sin dudas infinitamente menor a la que existió durante la dictadura de Stalin. Para tener una idea, conviene recordar que en los años posteriores a su muerte, fueron liberadas unas 7 u 8 millones de personas de los *gulags*.

Durante el período posterior, a lo largo del país, muchos de estos prisioneros permanecían detenidos bajo la acusación de tener alteraciones psiquiátricas y eran hospitalizados en asilos mentales. Un ejemplo de esa política fue la que se le aplicó al desertor del ejército soviético Viktor Ilyn quien el 22 de enero de 1969 intentó asesinar a Brezhnev y fue diagonosticado como "enfermo mental" y aislado en reclusión en un hospital psiquiátrico.

El caso del académico científico Andrei Sakharov -inventor de la bomba de hidrógeno- llevaría a las autoridades soviéticas a someterlo a un "exilio interno" en la ciudad de Gorky (hoy Nizhny Novgorod) en la convicción de que detenerlo o expulsarlo del país significaría un escándalo mundial.[108] El científico, una autoridad en materia de ciencia termonuclear, había sido detenido en enero de 1980 por su campaña en contra de la invasión a Afganistán. Sakharov fue liberado en 1986, en tiempos de Gorbachov y en 1989 fue elegido diputado al Congreso.

Pero el caso más notorio fue sin dudas el de Alexander Solzhenitsyn. En 1969 fue expulsado de la

---

[106] Hochschild, Adam: *"The Unquiet Ghost. Russians Remember Stalin"*, Mariner Books, NY, 2003, P. xxi-xxii.

[107] En 1988, las autoridades educativas de la URSS directamente cancelaron los exámenes sobre la historia del siglo XX en las escuelas secundarias. El periódico gubernamental, *Izvestia,* lo explicó sencillamente: sostuvo que los libros de textos "estaban llenos de mentiras". Hochschild, p. 131-132.

[108] "On January 22, 1980 I was detained on the street and taken by force to the USSR Procurator's office. First Deputy Procurator General Alexander Rekunkov informed me that a decree of the presidium of the USSR Supreme Soviet had deprived me of the title of Hero of Socialist Labor and of all other decorations and awards. I was taken that same day on a special flight to Gorky together with my wife, Elena Bonner, who was allowed to accompany me." *"Exile in Gorky".*

Premio Nobel de la Paz en 1975, el físico ruso Andréi Dimitriévich Sájarov (1921-1989) es ante todo el inventor de la bomba de hidrógeno. Preocupado por las consecuencias de sus trabajos para el futuro de la humanidad, su pretensión es que se tome conciencia del peligro de la carrera de armamentos nuclear. Obtiene un éxito parcial mediante la firma del Tratado contra los ensayos nucleares en 1963. Considerado en la Unión Soviética como un disidente de ideas subversivas, crea en el decenio de 1970 un Comité por la Defensa de los Derechos Humanos y la Defensa de las Víctimas Políticas. Sus esfuerzos se vieron coronados con el Premio Nobel de la Paz en 1975.

Unión de Escritores Soviéticos por sus denuncias sobre la censura oficial que le impedía la publicación de determinados trabajos. Al año siguiente, fue galardonado con el Premio Nobel de Literatura pero temiendo no poder reingresar al país, optó por no viajar a Estocolmo a recibir la distinción. En 1973, se publicó en París la primera parte de *Archipiélago Gulag*, su obra monumental, en la que recogió decenas de testimonios de sobrevivientes de campos de concentración soviéticos o gulags y en el que denunció las monstruosidades del estalinismo. En febrero de 1974, fue detenido y acusado de "traición" y se lo expulsó del país. Primero viajó a Alemania, y luego, a los EEUU.[109]

La actividad cultural durante la era Brezhnev transcurría en el marco de "zonas grises". La *intelligentsia* de entonces no vio claros cambios respecto de los años de Kruschov, pese a que la literatura histórica posterior ha presentado el golpe de palacio de octubre de 1964 como una suerte de "restauración" estalinista. La realidad, lejos de ello, permite advertir que Kruschov, en rigor, no fue sino un reformista inconsistente, que puso en marcha reformas "a medio camino" y que, como suele ocurrir con estas, quedaron truncas una vez que se agotó el tiempo político de su impulsor.

La economía y la calidad de vida de la población

Los historiadores-economistas han coincidido, en general, en destacar que el desempeño económico durante la era Brezhnev tuvo dos etapas: hasta 1970, aproximadamente, el país vivió un período de expansión. Más tarde, comenzó a experimentar una disminución permanente en los indicadores de crecimiento dando inicio al período del "estancamiento" (stagnation) que quedó para siempre asociado al final de la era-Brezhnev (desde 1976 en adelante). Sin embargo, ya a fines de 1969, en un discurso secreto, Brezhnev criticó el estado económico del país. Las palabras del líder implicaban un cuestionamiento encriptado respecto a la política de reformas impulsadas por el premier Kosigyn. El contenido del mensaje de Brezhnev se "filtró" y fue publicado en el *New York Times* semanas después.[110]

El descubrimiento de grandes yacimientos en el norte del país, en Siberia, y un nuevo cambio en la economía global trajeron fortuna al Kremlin: la economía soviética se vio beneficiada, a partir de 1973, tras el shock petrolero derivado del conflicto de medio oriente desatado ese año, al cuadruplicar en tan solo unos meses el precio del petróleo. El fenómeno afectó duramente a las economías de los países centrales: EEUU, Europa Occidental y Japón. Kotkin recuerda que "entre 1973 y 1975, el producto

---

[109] Solzhenitsyn volvería a Rusia recién después de la caída de la URSS, en 1994. En 2006 fue galardonado con el Premio Estatal de la Federación Rusa para la actividad humanística. Hasta su muerte, fue considerado un referente político y moral por la inmensa mayoría de los rusos. Solzhenitsyn murió el 3 de agosto de 2008 en Moscú. A su velorio acudieron miles de rusos y entre ellos, nada menos que Vladimir Putin, entonces primer ministro.

"Nobel laureate and former Soviet dissident Aleksander Solzhenitsyn in a newspaper interview accused the United States and NATO of seeking to encircle Russia, and praised President Vladimir Putin for working to restore a strong state. In a rare interview, the reclusive 87-year-old author, who rose to prominence for his accounts of Soviet dictator Josef Stalin's repression and labor camps, told the liberal weekly Moscow News that NATO's ultimate aim was the loss of Russia's sovereignty, according to a full text of the interview posted on its Web site edition Thursday." *English Pravda*, April 27, 2006.

[110] *The New York Times*, January 17, 1970.

bruto de los EEUU cayó un 6 por ciento, mientras que el desempleo trepó hasta el 9 por ciento. Europa Occidental, que era muy dependiente del petróleo del Golfo Pérsico, sufrió proporcionalmente. Japón, que era probablemente el país más dependiente del petróleo de Medio Oriente, vio caer su PBI por primera vez en el período de posguerra"[111] La dependencia de la economía soviética respecto a la variación de los precios de los recursos naturales -en especial energéticos- era una constante a lo largo de la historia rusa que aun hoy persiste. Durante el período soviético, esa dependencia del precio del petróleo constituyó el "talón de Aquiles" de su sistema rentístico a lo largo de décadas. En 1953, el golpe promocionado por la CIA en Irán impidió que los soviéticos accedieran al petróleo iraní, pero seis años más tarde, al comenzar a explotar las enormes reservas de petróleo sumergidas en Siberia permitieron que el Kremlin se conviertiera de importador en exportador de petróleo. Pero lo cierto es que el Kremlin se verá beneficiado a partir de la segunda mitad de la década del 70 por el aumento de la renta energética. Numerosos analistas coinciden en señalar que de no haber sido por esta realidad, el sistema comunista habría colapsado mucho antes. Kotkin aventura que "de no haber sido por el descubrimiento del petróleo en Siberia, la Unión Soviética podría haber colapsado décadas antes".[112]

La persistencia de las dificultades de una economía basada en un sistema contrario a la generación de riqueza, no obstante, no impidieron que durante los años de Brezhnev, los habitantes de la URSS gozaran de una relativa estabilidad en sus vidas. Durante su reinado, Brezhnev ofreció a la nomenklatura el mantenimiento de sus privilegios al tiempo que permitió a la población mantener un esquema de cierta paz y predictibilidad en sus vidas, mejor al conocido hasta entonces y muy superior al que experimentarán a partir de su muerte.

Por caso, en el "antiguo régimen" soviético, es decir hasta el final de la era -Brezhnev, no había tal cosa como "desempleo" (paro) y por lo tanto no existía algo llamado seguro de desempleo. Los trabajadores permanecían toda la vida en una misma empresa y se les facilitaba vivienda y jubilación. Naturalmente, la calidad de vida (material) distaba de la de sus contemporáneos occidentales, pero era comparativamente mejor que la de muchos de los países del tercer mundo. El sistema soviético, aparentemente eficiente, escondía obviamente enormes distorsiones y anidaba un inmenso cinismo, sintetizado en las palabras que, silenciosamente, se reproducían por todo el país: *"el Estado hace como que nos paga; nosotros hacemos como que trabajamos"*.

La corrupción extendida parece haber alcanzado su apogeo durante el régimen comunista. Un chiste recorría las ciudades a mediados de los setenta y decía: *"dime donde trabajas y te diré qué te llevas a tu casa"*. Konstantin Simis, en su célebre *"U.S.S.R.: The Corrupt Society"*, escrito en esa década, llamó a la Unión Soviética "la tierra de la cleptocracia" y describió el "horrible estado moral" del país. El primer ministro de la era Gorbachov, Nikolai Ryzhkov llegó a afirmar que "nos robamos entre nosotros mismos, cobramos coimas y nos regodeamos en mentiras".

Los críticos de la era Brezhnev no han dudado en calificar al período como la consolidación de la

---

[111] Kotkin, p. 10-11.

"Más de mil fabricas cerraron en los EEUU durante la década del 70", Kotkin, p. 13.

[112] Kotkin, p. 15.

"El liderazgo soviético usó los derivados de la renta petrolera para amortiguar el impacto del shock petrolero sobre los países satélites de Europa del Este. El dinero del petróleo también solventó el gigantesco aparato militar soviético que increíblemente permitió al país lograr una relativa paridad con los Estados Unidos. Y ayudó a costear los costos de la guerra en Afganistán, lanzada a fines de los años 70". Kotkin, p. 16.

burocracia, los privilegios, el cinismo y el doble discurso.[113] La atmósfera de corrupción parece alcanzar su apogeo: el lema del gobierno bien pudo haber sido... *"robar y dejar robar"*. Hacia fines de la década del 70, la imagen de una elite que solo busca reproducir el régimen, justificándose a si misma, prohijando una corte de ancianos jefes tribales de enquistados nichos de corrupción en torno a un ridiculizado líder rodeado por la *mafia de Dnipier*[114] ilustra la visión occidental del perimido sistema soviético. Hacia 1976, Brezhnev comenzó a presentar síntomas evidentes de fatiga e incapacidad: algunas sesiones del Politburó duraban veinte minutos. El clima de corrupción extendida, el amiguismo en todos los niveles de la administración y el creciente cinismo completaban el cuadro.[115] Los estudios de la era-Brezhnev coinciden en describir su tiempo como el de un liderazgo basado en un gigantesco sistema de corrupción. La propensión del secretario general a llevar un vistoso tren de vida colaboraría a crear esa imagen. En cierta ocasión, para impresionar a un visitante norteamericano[116], Brezhnev apretó un botón en su *dacha* del Mar Negro y una enorme pared de movió eléctricamente detrás de la cual emergió una piscina de tamaño colosal. El propio hijo de Andropov, Igor, relató años después que rodeaban a Brezhnev "un círculo de ladrones y canallas" y citó los "poco transparentes negocios" de Galina, la hija del líder.

El nepotismo, en tanto, comenzaba a instalarse. A comienzos de 1977, por caso, se conoció el nombramiento de Yuri Brezhnev, hijo del líder, como viceministro de Comercio Exterior. Por su parte, el hijo de Gromyko, el africanista Anatoli, fue designado "director del Instituto de Estudios Africanos".[117]

Como siempre en la historia rusa, el aparato de inteligencia y de seguridad cumplía un rol central. La cercanía con Brezhnev garantizaba protección mutua. Su vecino del número 24 de Kutuzovski Prospekt en Moscú, el ministro del Interior Nicolai Shchelokov, vivía un piso abajo de Brezhnev. Y Yuri Andropov, el jefe de la KGB y quien sería su sucesor en 1982, un piso más arriba.

La comparación sobre su estandar de vida respecto al pasado o respecto a sus vecinos, como es imaginable, variaba teniendo en cuenta el lugar. Dentro del interminable imperio soviético, a medida en que se tratara de poblaciones asentadas alejadas de Moscú, la comparación con la realidad de la vida allende la frontera era favorable a la idea de que el comunismo soviético no era un mal sistema: para los habitantes de las zonas de la Rusia asiática, la URSS ofrecía una vida de gran tranquilidad frente a las aberraciones que sufrieran los chinos durante la Revolución Cultural (1966-1976) o la calidad de

---

[113] "Fue durante el reinado de Brezhnev que la maquinaria alcanzó su apogeo". Volkogonov, p. 274.

[114] Se conoce con el nombre de "Mafia de Dnipier" a los protegidos de Brezhnev, en referencia a los "compinches" que rodean al líder soviético y al tendido de una red de corrupción institucionalizada en un país plagado de regulaciones. Un rol importante, en el final de su reinado, correspondió a su hija Galina. Escándalo de los diamantes... Veinte años más tarde, la hija de Yeltsin repetirá la historia.

[115] Kaiser, p. 50.

[116] Era Peter Peterson, secretario de Comercio de la Administración Nixon. Sheehy, p. 109.

[117] Yuri Brezhnev fue destituido de su cargo de viceministro de Comercio Exterior el 8 de agosto de 1986, "por razones de salud". Tenía 53 años.

vida que tenían sus vecinos fronterizos de Afganistán.[118]

En palabras del moldavo Ion Druta: *"Entonces llegó Brezhnev... vivimos fabulosamente, robando silenciosamente, bebiendo silenciosamente..."*[119]

Esta realidad no obstaba obviamente que la población más educada no creyera prácticamente en ninguna de las estadísticas ofrecidas por el gobierno y tuviera una tendencia natural a creer en las publicaciones occidentales que legal o ilegalmente podían circular en el país. Un informe confidencial, elaborado por el economista soviético Abel Aganbegyan a mediados de 1965 mostraba que la tasa de crecimiento de la URSS era notoramente menor a la norteamericana y que los indicadores en la calidad de vida soviética sufrían importantes deterioros, a causa de la exhorbitante cantidad de recursos derivados a las Fuerzas Armadas y debido al manejo central extremo de la economía.[120]

La incredulidad respecto del relato oficial soviético se observaba claramente por la preferencia de la población por seguir las radios occidentales, que pese a las interferencias oficiales, se podían escuchar en la URSS.[121] Pero no solamente los ciudadanos no creían en el sistema. Los propios jerarcas soviéticos reconocían las ineficiencias pese al discurso autocomplaciente. En ese marco, ya había tenido lugar el lanzamiento del programa de reformas económicas del primer ministro Aleksei Kosygin en septiembre de 1965, en el que se buscaba flexibilizar las empresas y rebalancear el gasto militar en relación con el tamaño de la economía. Analistas optimistas señalarán que el plan de Kosygin obtendría resultados "modestos". Otros indican que el mismo desembocó en un total fracaso. Entre otras causas, la rigidez burocrática existente hacía que los ministros fueran "recalcitrantes" ante las reformas y se negaran a sacrificar porciones de su autoridad centralizada en el manejo de la producción.[122]

Así las cosas, mientras que según las cifras oficiales de la URSS la economía se había expandido al 6,5 por ciento en el período 1960-65, para la CIA esa cifra debía corregirse hasta llegar al 4,8 por ciento. Para el lustro siguiente, 1965-70, las cifras serían de 7,7 por ciento según los soviéticos y 4,9 por ciento de acuerdo a la estimación norteamericana. Para el período 1970-75, serían de 5,7 y 3 por ciento, respectivamente. Para 1975-80, serían 4,2 y 1,9 por ciento y para 1980-85, 3,5 y 1,8 por ciento en cada caso.

En el terreno de la Agricultura, el panorama resultaba desolador: la cosecha de 1979 había alcanzado las 179 millones de toneladas de cereales y la de 1980, 189 millones, cuando en 1978 había alcanzado los 237 millones. Los datos de las cosechas de 1981 y 1982 simplemente no fueron publicados, un dato que resulta revelador del fracaso evidente y que sería conocido recién varios años más tarde en tiempos

---

[118] Brown, p. 417.

[119] Kotkin, p. 10; "Land of kleptocracy". Kotkin, p. 28.

[120] Kotkin, p. 62-63.

[121] Brown, p. 473.

[122] "Khruschev reforms were reversed, and a re-reform, given the name of Brezhnev's (for a time) head of government associate, Koygin, restored the powers of central ministries, twenty-seven of them by 1975, with two dozen "main administrations" covering assorted products". Stone, p. 355.

de la *glasnost*: se supo que en esos años las cifras fueron 158 y 187 millones, respectivamente.[123]

Kaiser explica: "El sistema era cruel, estúpido e ineficiente, pero ofrecía las necesidades básicas, en una nación de seguidores del estilo de las ovejas (la metáfora es de Pushkin), cuyos temores de caer en el desorden y la anarquía sobrepasan largamente los deseos de libertad o democracia".[124]

Stone sostiene que "en esta perspectiva, Brezhnev se vuelve entendible, porque la URSS funcionaba, mientras que Occidente no. Leonid Brezhnev estaba ahora a cargo de un vasto sistema en el que solamente la KGB sabía qué estaba sucediendo, a través de su inmensa red de informantes, y debajo de él esa organización pasó a ser totalmente importante (...) el sistema funcionó durante algún tiempo, y bastante bien, especialmente gracias a un factor externo: el aumento del precio de los commodities, fundamentalmente el petróleo y el oro. (...) con esas sumas de moneda extranjera, Moscú podía permitirse algunas muestras de megalomanía..".[125] Sin embargo, la era Brezhnev pasará a la historia como el tiempo del "quedantismo" y el "inmovilismo" (*stagnation*), tan bien reflejado en el chiste del tren señalado anteriormente.

En sus discursos, Brezhnev solía resaltar a la "estabilidad" como valor máximo en la conducción del país. El 20 de noviembre de 1972, por caso, informó al Secretariado del Partido: "En general, estoy feliz de anunciar que todo está muy bien, todos están en sus trabajos trabajando duro y fructíferamente, en general todas las metas se están llevando a cabo en tiempo y correctamente y tanto los asuntos de rutina como los problemáticos se están resolviendo".[126]

Lo cierto es que los tiempos que corrieron desde la invasión a Checoslovaquia (1968) hasta la invasión a Afganistán (1979) fueron los de mayor estabilidad de la historia de la Unión Soviética. A lo largo de sus dieciocho años en el poder, Brezhnev persiguió un solo y único propósito fundamental: conservar la estabilidad del sistema. El orden y tranquilidad de su era contrastó, sin dudas, con los tiempos turbulentos que lo antecedieron (la crisis de los misiles de 1962 y la caída de Kruschov) y sobre todo con los años de agitación que siguieron tras su muerte y la de sus dos breves sucesores Andropov y Chernenko. Aún a costa de reducir su figura a una caricatura de sí mismo, Brezhnev buscó en todo momento consolidar un modelo de conducción política que propendía al consenso y estableció un esquema conservador que terminaría por transformarse en un mero aparato de reproducción del poder (burocracia en sentido estricto).

El País así lo reflejó: "Investigar cuál fue el verdadero motivo de la destitucion de Jruschov por sus pares puede llevarnos a la suposición, nada desechable de que el poder personal se paga caro en la URSS si no se es tan sanguinario como Stalin o no se sabe compartir a tiempo como hizo Breznev. La dirección en la Unión Soviética ha sido durante largos periodos patrimonio aparente de un solo individuo, pero se ha basado siempre en un tipo de poder colegiado sobre el que el se han tenido que apoyar y del que se han tenido que defender las primeras figuras. La etapa Breznev, marcada por una creciente absorción de protagonismo y poderes en su sola persona a partir de 1969, comenzó así con un gobierno de a tres, pero después ha sido además marcada por el triunfo de la burocracia y la

---

[123] El responsable de Agricultura, desde mediados de 1978, era Mikjail Gorbachov. Su "fracaso" en al área no afectará su carrera política, tal como se verá más adelante. Kaiser, p. 51-52.

[124] Kaiser, Robert: *"Why Gorbachev Happened"*, Simon and Shuster, NY, 1991.

[125] Stone, p 357-358.

[126] Volkogonov, p. 275.

nomenklatura. Probablemente avisado por el mal fin de su predecesor -Jruschof es uno de los pocos dirigentes que no esta enterrado junto a las murallas del Kremlin- el peso del aparato durante la etapa de Breznev ha rebasado con mucho lo imaginable por cualquier teórico del socialismo científico. Paradojas de la historia: mientras sucumbian a las conspiraciones o a la muerte, o a ambas cosas a la vez, los, detentadores de los hilos del Politburó -Podgorny, Chelepin, Kosiguin, ahora Kirilenko- ascendían de importancia y capacidad de decisión los jefes de la policía, los servicios secretos y el Ejército. Puede decirse que Breznev, que contaba con una biografía personal tan apagada y gris como su propia figura, fue sin embargo un alumno aplicado de las historias ajenas. Su represión de las libertades que en cierta medida trataron de aflorar tras los aparentes intentos liberalizadores de Jruschov fue definitiva, pero no empleó para nada los métodos brutales y sanguinarios de Stalin. Cambió el paredón del fusilamiento y las purgas por los sanatorios psiquiátricos. No asesinó a los disidentes: los envió fuera del país o los deportó. En política internacional supo hurtarse a las responsabilidades de la normalizacion de Praga, que cargó sobre Kosiguin, pero aprendió también la lección, que le ha llevado a resistirse hasta el final a una intervención directa en Polonia. Su prudencia, y su innegable dependencia de sus pares, le permitieron consolidar poco a poco su situación personal. Con el poder de Breznev crecia así el poder de los burócratas: y se acrecentaba y consolidaba la gerontocracia soviética, en una rara combinación de servicio al aparato político del nuevo régimen y al respeto tradicional que en los pueblos de Oriente sienten por los consejos de ancianos. Hacer un balance por eso de la época Breznev es asumir que en gran parte la época misma ha terminado. Terminó, como decimos, con la invasión de Afaganistán, que marca un hecho clave para la ruptura de la distension y que permite la llegada al poder en los Estados Unidos de un nuevo tipo de gerontocracia -o de representante del antiguo régimen- como es Reagan. Hasta ese momento, hay que decir que en política exterior Breznev había jugado un papel moderador y moderado, tanto por necesidad como quizá por convencimiento. Si no detuvo la política de rearme, a sus esfuerzos se debe en gran parte lo que de éxito se atribuya a la conferencia de Helsinki y las relaciones entre las dos Europas crecieron y se consolidaron durante su mandato. Puede decirse que Breznev ha sido un pragmático, fiel a su composición mental de burócrata. La distensión europea le permitía acumular tropas en la frontera china; la retirada del apoyo al proceso revolucionario de muchos paises en América Latina le facilitó la penetración en Africa del brazo de los cubanos. El pragmatismo se ha visto lo mismo en los cambios de rumbo y dirección sostenidos por el Kremlin en la guerra de Etiopía, que en las recientes conversaciones con China o en el abandono espectacular en que ha dejado a la Organización para la Liberación de Palestina tras la invasión israeli del Líbano. El mismo pragmatismo que en el exterior lo practicó en la política interna. El crecimiento de la burocracia de todo tipo fue empujando el depósito del poder en manos de la policía politica (KGB) y de las Fuerzas Armadas. Los primeros rictus de un desarrollo económico semejante a lo que en su día pueda ser la sociedad de consumo soviética han dado paso a la corrupción administrativa del inmenso aparato de poder que gobierna el país. La importancia del PCUS (Partido Comunista) ha ido en definitiva decreciendo paulatinamente, deteriorándose, desvaneciéndose en sus viejos ideales revolucionarios y asumiendo los nuevos de potencia imperialista que presume ante sus ciudadanos no de la capacidad de igualitarismo y justicia que el comunismo ha generado, sino de la fuerza bélica y de los espectaculares éxitos en la carrera del espacio. El comunismo se ha ido desmoronando como idea, como sistema, como esperanza. Los comunistas del mundo -incluso del tercer mundo- han dejado de querer que su país fuera un día algo parecido a la URSS. Ya no estimula la imagen de la potencia armada hasta los dientes, y prácticamente invulnerable: estimula la calidad de vida y la esperanza de futuro, y en la URSS no existe. Jruschov supo dar esa versión de esperanza, aunque quizá no fuese mas que un ilusionista distinguido. Breznev fue la losa de los sueños. La duda que se abre ahora sobre el saldo de su personalidad no es meramente histórica o académica: representa una inquietud para el futuro. Breznev era el producto de un sistema al que prestaba la cara, la voz, el vocabulario requerido. Un sistema que se abría sobre las contradicciones antes indicadas: pacifismo/armamentismo, apertura/represión. Pero era además el último representante de la segunda generación de revolucionarios. La tercera tiene que enfrentarse a una Unión Soviética muy diferente a la de Lenin. Es hoy la segunda potencia mundial, posee un desarrollo económico notable que sin embargo no ha beneficiado directamente a sus ciudadanos, componentes de una población culta y ordenada que se ahoga por falta de libertad.

Breznev representaba y encarnaba el aparato de un Estado arcaico frente a una sociedad cada día más necesitada de renovación a la que las estructuras políticas le impiden seguir adelante. Quizá su muerte pueda arrojar alguna luz sobre donde residía, y reside verdaderamente, el poder en la Unión Soviética. Hay indicios de que lo tienen los militares. Es la única burocracia no inmovilizada en el país. Ha seguido progresando incesantemente en la invención y la industria del armamento, de la investigación espacial, en la de las ciencias del poder por la fuerza. La URSS es un Estado arcaico con un ejercito futurista. No puede imaginarse peor combinación: la fuerza sin dirección moral. Que ese mismo poder mílitar haya querido conservar la imagen moderada y negociadora de Breznev mientras ganaba tiempo en la carrera de armamentos no es una contradicción, aunque sólo sea una especulación. El fenómeno tampoco es exclusivo de la URSS. Sólo la pasión política o la propaganda interesada puede seguir diciendo, por ejemplo, que Polonia es un país comunista: es una dictadura militar dentro del Pacto de Varsovia. A los militares no les ha importado que hayan perecido las formas de gobierno comunistas. Hacer por eso previsiones de futuro sobre la sucesión es del todo arriesgado. Aunque es general el convencimiento de que tanto el KGB como las Fuerzas Armadas tendrán en este tema un peso decisivo ya entrevisto con el reciente ascenso de Andropov. Tampoco es previsible un cambio espectacular, ni interiór ni exterior, en poco tiempo. Las *transiciones* en la URSS duran más de un lustro. Las fuerzas que allí gobiernan tienen su dinámica propia y original. Aunque es preciso reconocer que de todo ello tenemos una ignorancia inmensa. No sabemos lo que pasa en los círculos interiores soviéticos por su propio secreto, y porque las informaciones de la "inteligencia" occidental están frecuentemente adulteradas y expresan más unos deseos que unos datos. Pero en principio, la muerte de Breznev no tiene por qué producir un cambio significativo en el corto plazo, ni en la política interior ni en la internacional. Y esto, que algunos lo presentarán como signo de estabilidad y continuidad de un sistema, es preciso decir que responde también y sobre todo a la obsolescencia y falta de dinamismo de las estructuras políticas del país. A la petrificación de unos ideales revolucionarios, basados nada menos que en proyecto de socialismo científico y aniquilados materialmente por la práctica del poder y la pasión de la fuerza."[127]

Roy Medvedev escribió: "La época de Breznev no fue una de terror. Al revés, en muchos sentidos fue el período más tranquilo de la historia soviética, un período en el cual el pueblo vivía en condiciones de paz y en el que su bienestar mejoró sensiblemente. Pero, durante los últimos 10 años, este progreso se ralentizó, e incluso dió marcha atrás. Parecía que se había agotado la energía de la dirección, por todas partes empezaban a revelarse los rasgos de la decadencia y del relajamiento moral, y la crítica se hizo cada vez más débil. Y aún más, las adulaciones a la gestión de Breznev se multiplicaban a medida que empeoraban los asuntos del país y del partido. Se ignoraban importantes problemas, el ritmo del crecimiento económico apenas sobrepasó el de la población, empeoró el suministro de las ciudades, los ingresos de la población rural empezaron a bajar. La decadencia ideológica y cultural se hacía cada día más evidente. Los abusos del poder no adoptaron la forma de una represión masiva como en la época de Stalin, pero sí la de una corrupción generalizada, de privilegios injustificados. de robos y dejadez. Paralelamente, se multiplicaron los intentos de rehabilitar a Stalin."[128]

Pero, ¿quién fue Leonid Brezhnev, el hombre que reinó más tiempo en la URSS, con la sola excepción de Stalin? ¿Era el pequeño hombre vanidoso, ridiculizado en chistes, amante de los automóviles importados, los lujos mundanos, las chicas jóvenes y las eternas condecoraciones, dispuesto a decirle que si a todo el mundo para permanecer en el poder a cambio de no interferir en los asuntos de ningún poderoso de la oligarquía del Kremlin, prohijando camarillas y *mafias de Dnipier*? ¿O era el estadista

---

[127] "La historia del pragmatismo soviético", *El País*, 12 de noviembre de 1982.

[128] Roy Medvedev: "Una oportunidad para romper el círculo vicioso", *El País*, 25 de febrero de 1986.

prudente, consciente de sus limitaciones, carente de paranoias estalinianas[129], conocedor de la naturaleza profunda de un sistema que en pos de planificarlo todo acababa por ser incapaz de casi todo, y que sin embargo dotó a ese inmenso imperio bajo su mando de los mejores años de estabilidad y relativa prosperidad y que pudo impulsar políticas de coexistencia pacífica con Occidente? Probablemente haya sido uno y haya sido el otro. Lo cierto es que los años de Brezhnev marcarán para siempre la antesala a los violentos cambios que se sucederán en la década siguiente a su muerte y que cambiarán radicalmente a su país. Y al mundo entero.

Tres funerales y una esperanza

La muerte de Suslov, en enero de 1982, inauguró una serie de fallecimientos que determinaron el final de una generación de líderes del poder soviético. El responsable de la ideología, hasta entonces número dos en la jerarquía del Partido, murió a los 79 años y abrió un conflicto sucesorio: pujaron por su lugar Andropov y Chernenko. Brezhnev mismo moriría el 10 de noviembre de 1982 provocando la pelea por el poder.

Los últimos días de Brezhnev fueron duros para el viejo líder. En diciembre de 1981, estalló el escándalo de los diamantes, un caso de corrupción que tocaba a la propia familia del secretario general del PCUS dado que involucraba a su propia hija. Los sucesos tendrían consecuencias años más tarde, como consecuencia de la política de promoción de combate a la corrupción iniciada por Andropov. La salud de Brezhnev, además, mostraba signos de agotamiento evidente. Su última función pública, el haber permanecido de pie durante dos horas en el mausoleo de Lenin el 7 de noviembre, Día de la Revolución, aceleró su final. Tres días más tarde, murió.

El año de Andropov

Auspiciado por Ustinov -ministro de Defensa-, Andropov llega al poder, relegando las aspiraciones de Chernenko, quien es el verdadero "protegido" de Brezhnev. El antiguo jefe de la KGB llega a la Secretaría General enfermo: para fines de 1983, su salud estaba seriamente comprometida. Sus últimos meses en el poder los pasaría postrado.[130] No obstante, Andropov podrá poner en marcha su programa de lucha contra la corrupción estructural enquistada en casi la totalidad del aparato estatal soviético y podrá colocar en lugares claves a sus adherentes. Entre estos últimos cabe destacar a Gorbachov.[131]

Al instalarse en el Kremlin, Andropov reconoció ante sus camaradas: "no podemos pretender avanzar solamente en base a *slogans*" y lanza una campaña de promoción de la "disciplina".[132] El contraste con

---

[129] Una prueba de la falta de delirio persecutorio en la personalidad de Brezhnev lo ofreció su actitud frente al intento de asesinato que sufrió en enero de 1969. El líder le dió escasa significación a este episodio. "Al revés que Stalin, (Brezhnev) no sufría manías persecutorias". Volkogonov, p. 279.

[130] Tenía complicaciones pulmonares y deteriorados su hígado y sus riñones. Kotkin, p. 51.

[131] Sobre la relación entre Gorbachov y Andropov, ver: Kaiser, p. 41.

[132] Kaiser, p. 60.

el "quedantismo" de Brezhnev resultó evidente de inmediato. Andropov era conciente de que las políticas anunciadas parecían quedar en el plano discursivo. Los pronósticos, diagnósticos y las medidas tomadas apenas conseguían convertirse, en el mejor de los casos, en una editorial del *Pravda*. Durante sus escasos 15 meses al frente del Kremlin, Andropov sacudió el statu quo: despidió ministros y secretarios regionales. El propio estilo de Andropov contrastaba con el de su antecesor. El nuevo secretario general era un auténtico producto de la nomenklatura: creyente en la ideología, era fundamentalmente ascético e indiferente al lujo. Consciente pleno de los problemas del país, sabía que los cambios eran indispensables.

Ya antes de convertirse en secretario general, Andropov había alimentado el mito de una KGB incorruptible frente a la atmósfera de corrupción que rodeaba a Brezhnev. Asimismo, Andropov se había ocupado especialmente de que el organismo tuviera fama de ser integrado por cuadros inteligentes y desterrar la imagen de una brutal policía secreta.[133]

"El año memorable" de Andropov en el poder actuaría como "antesala" a la llegada de Gorbachov en marzo de 1985 y las políticas de reforma (Perestroika) y apertura (Glasnost).[134] La temprana muerte de Andropov, en 1984, impidió que se concretaran los planes que tenía previstos. A diferencia de sus antecesores Kruschov y Brezhnev, que habían alcanzado el poder a los 59 y 58 años, Andropov no tendría tiempo para terminar de consolidarse en el Politburó, una tarea que demandaba años en el campo de batalla en que se había convertido el Kremlin post-estalinista. *El País* anticipó pocos días después de su asunción que el suyo sería un liderazgo "de transición".[135] Algunos estudios posteriores sostuvieron que, aparentemente, Andropov ya tenía en mente, a comienzos de los 80, un programa de apertura económica al modelo chino.[136] El 23 de noviembre, ante el Comité Central, Andropov había formulado críticas al estado del país al describir la "inercia, burocracia y la ineptitud" que reinaba en el aparato estatal.

Roy Medvedev escribió: "Yuri Andropov efectuó durante el año en que estuvo al frente del Kremlin una serie de cambios que debilitaron moral y políticamente al equipo directivo de Breznev. Sus esfuerzos para crear una nueva base y un programa de poder que sustituyeran a las normas y métodos de la camarilla de Breznev fueron continuados tras su muerte, en 1984, por su sucesor y más cercano colaborador, Mijail Gorbachov. Este cambio de rumbo, no sólo por lo que se refiere a la política socioeconómica sino también en los métodos de dirección, se halla en el marco del socialismo real, ya que su objetivo no es plantear la democracia sino eliminar la corrupción y abusos de poder de los anteriores Gobiernos. En la primavera de 1983, Yuri V. Andropov, que acababa de regresar al Kremlin procedente del hospital, recibió a uno de sus más fieles amigos. Andropov no ocultaba la gravedad de su enfermedad. Levantándose con dificultad del asiento y acercándose a la ventana, dijo: "Los médicos pronostican de dos hasta siete años de vida. Pero tú ya sabes cuánta mierda hay que limpiar aquí aún". Y echó una ojeada al reluciente patio del Kremlin. Después de esa conversación, el destino no regaló a Andropov ni siquiera un año de vida. Pero con todo, hizo bastantes cosas, habiendo cambiado sensiblemente el ambiente político en la sociedad y poniendo en primer plano al grupo de los líderes más jóvenes y enérgicos. Andropov consiguió reducir considerablemente el *equipo* de Breznev, debilitándolo en el sentido político y moral. De todos los miembros del Politburó, Mijail Gorbachov llegó a ser la persona más cercana a Andropov, quien en los últimos meses de vida sólo mantenía

---

[133] *The New Nobility*, p. 11.

[134] Yegor Ligachev: *"Inside Gorbachev's Kremlin"*, p. 27-28.

[135] *El País*, 21 de noviembre de 1982.

[136] *The New Nobility*, p. 95.

contactos con él.¿Qué fue lo que atrajo la atención y provocó la simpatía y confianza del inteligente y cerrado Andropov en relación a su compatriota Gorbachov, cuando los dos se conocieron a principios de los años setenta en uno de los balnearios de Stavropol? Como jefe de la policía secreta soviética, y siendo uno de los más informados, y por ello de los más poderosos líderes del Kremlin, Andropov se insertaba mal en la camarilla de Breznev y nunca participaba en sus diversiones primitivas. Amante de la pintura contemporánea, de la música de Sviridov y las novelas inglesas, Andropov era un político por vocación y desde hacía tiempo preparaba una nueva base, un nuevo programa y una plantilla nueva y propia de poder, preparando atentamente su equipo entre la gente más descontenta con las normas y métodos de la dirección brezneviana. El núcleo de este grupo estaba formado por M. Gorbachov, E. Ligachov, V. Chebrikov, N. Rizhkov y V. Vorotnikov. No podemos saber tan rápidamente cuáles fueron los resortes principales de esta unión política y personal, con el apoyo de la cual Gorbachov pudo acceder al cargo di secretario general del Comité Central del PCUS de una forma relativamente fácil tras la muerte de Chernenko. Se había perdido demasiado tiempo y Górbachov, apoyado por sus aliados políticos, no se demoró. Ya en abril de 1985 propuso un nuevo rumbo, que preveía no sólo una decidida aceleración del desarrollo socioeconómico del país, sino también nuevos métodos de dirección. En la composición del Politburó se realizaron cambios considerables."[137]

Andropov se convirtió en el primer jefe de la KGB en alcanzar la cima del poder. Al hacerlo, logró lo que no pudo materializar Laurenti Beria en 1953. La figura de Andropov, una de las más interesantes del liderazgo soviético, fue revitalizada años más tarde por quien sería su sucesor, primero como jefe de la FSB -sucesora de la KGB- y luego como presidente ruso, Vladimir Putin.[138]

---

[137] *El País*, 7 de febrero de 1986.

[138] But Putin wanted to restore more than Andropov's name. He also, it seems, wanted to restore the old KGB boss's way of thinking. Andropov, in Soviet terms, was a modernizer—but not a democrat. On the contrary, having been the Russian ambassador to Budapest during the Hungarian Revolution in 1956, Andropov understood very precisely the danger that "democrats" and other freethinking intellectuals posed to totalitarian regimes. He spent much of his KGB career stamping out dissident movements of various kinds, locking people in prison, expelling them from the USSR, and sending them to psychiatric hospitals, a form of punishment invented during his tenure.

Deputy Mitrofanov suggests that a monument to former KGB chairman Andropov should be erected on Lubyanka Square
When autumn begins, political life in Russia traditionally gets busy; however, no significant events have happened yet this autumn, but some deputies have decided to focus on trivial problems: they cracked down on beer advertising and began discussions on which monument should stand on Lubyanka Square (this is the place in Moscow where the former KGB building stands). Deputy Chairman of Russia's Liberal-Democratic Party (LDPR) faction in the Duma, Alexey Mitrofanov, suggested that a monument to former KGB Chairman Yury Andropov should be erected on Lubyanka Square. In Mitrofanov's words, "Yury Andropov isn't such a controversial figure as Felix Dzerzhinsky, a monument to whom used to stand on the square in the Soviet era." The deputy says that KGB Chairman Andropov used to enjoy great authority in the USSR and abroad. He also added that it was under his watch that majority of today's authorities started successful careers. However, Duma deputies declined the suggestion to include the question of erecting a monument to Andropov on Lubyanka square on today's agenda. Only 23 deputies supported Mitrofanov's initiative. Any reasonable man understands what Deputy Mitrofanov implied when he mentioned today's officials who started their career under Andropov in the KGB; his words are directly associated with President Putin. And the initiative itself sounds like a suggestion: Let's not waste time on trifles and erect a monument to Putin. From time to time, political cataclysms occur in Russia in October instead of August (it is known that several cataclysms that were tragic for Russia occurred in August). *Pravda*, English Edition, September 19, 2002.

Como jefe de la FSB -sucesora de la KGB- Putin se ocupó de que se colocaran flores en la tumba de Andropov y emplazó una placa conmemorativa a quien fuera el jefe del organismo que más tiempo ejerció su cargo (1967-82) en la sede de Lubyanka, el tradicional edificio moscovita en el que funciona su cuartel general. Más tarde, como Presidente de la Federación Rusa, Putin hizo colocar otra placa en honor a Andropov en el edificio que habitaba en Moscú y una estatua en un suburbio de San Petersburgo.

El nombre de Andropov como sucesor de Brezhnev era un secreto a voces desde hacía años. El 21 de diciembre de 1977, *Le Figaro* había anticipado que, "según fuentes fidedignas del Kremlin", el jefe de la KGB sería el nuevo primer secretario del PCUS.

Enfriamiento de la relación con EEUU y una segunda guerra fría[139]

Durante "el año de Andropov", tuvo lugar el punto más bajo de las relaciones con los EEUU desde la Crisis de los Misiles en octubre de 1962.[140] Dobrynin, que continuó en su puesto de embajador en Washington hasta 1986, calificó en sus *Memorias* a los años de la primera presidencia de Reagan (1981-85) como "los más difíciles y desagradables de mi largo ejercicio como embajador" en los que "no había prácticamente espacio para trabajo diplomático constructivo" y durante los cuales "se rompieron los útiles contactos directos que había establecido con la Casa Blanca a lo largo de muchos años".[141]

Los sólo 30 minutos que Andropov concedió al vicepresidente George Bush a continuación de los funerales de Brezhnev confirmaron la frialdad con EEUU: el presidente de la República Federal Alemana, Karl Carsten había sido recibido durante una hora.

Días más tarde, el ministro de Comercio Exterior soviético, Nikolai Patolichev, pidió a los EEUU "renunciar a la doctrina de utilizar el comercio como arma contra nuestro país".[142]

A comienzos de enero de 1983, en tanto, Andropov realizó su primer viaje oficial como secretario general del PCUS. En Praga, presidió una nueva cumbre del Pacto de Varsovia. La reunión se desarrolló, como de costumbre, "en el más estricto secreto" aunque trascendieron nuevas rispideces entre el liderazgo soviético y el jefe rumano Nicolae Ceaucescu. Una semana más tarde, Andropov recibió en Moscú al titular de la OLP, Yasser Arafat.[143]

1983 marcó un período de "calentamiento" de la Guerra Fría. El 8 de marzo de aquel año, durante la convención anual de la National Association of Evangelicals en Orlando, Florida, Reagan denominó a

---

[139] Stone, p. 437.

[140] *Never, perhaps, in the postwar decades was the situation in the world as explosive and hence, more difficult and unfavorable, as in the first half of the 1980s.* --Mikhail Gorbachev, February 1986

[141] Dobrynin, p. 484.

[142] *El País*, 18 de noviembre de 1982.

[143] *TASS*, 12 de enero de 1983.

la Unión Soviética como "el imperio del mal".[144] Días más tarde el presidente lanzó la iniciativa de Defensa Estratégica, conocida con el genérico nombre de Guerra de las Galaxias.[145]

El experimentado ministro de Exteriores soviético, Andrei Gromyko advirtió de inmediato que "detrás de todas las mentiras está el claro cálculo de que la Unión Soviética tendrá que explotar sus recursos hasta quedar exhausta... y así ser forzada a la rendición". *El País* tituló el 23 de febrero: "La política exterior soviética no ha variado ni un milímetro durante los cien días de Andropov".

Ya en enero de 1983, apenas asumido como secretario general, Andropov había convocado a los jefes de los países satélites del Pacto de Varsovia a una cumbre secreta en Moscú en la que había advertido que las relaciones entre las dos superpotencias se encontraban en el punto más bajo desde la crisis de los misiles en 1962. Andropov sostuvo que: "el desafío militar de los Estados Unidos es especialmente peligroso" y reconoció que para las autoridades soviéticas resultaba "difícil saber qué es chantaje y qué son genuinos preparativos para la decisión fatal". Andropov acusó a EEUU de pretender "desarmar" a la URSS y exclamó que la política exterior norteamericana "amenaza al mundo entero".[146]

La turbulencia centroamericana también separaba a la URSS de los EEUU. A fines de marzo de ese año, el presidente de Nicaragua Daniel Ortega llegó a Moscú, en una de sus habituales peregrinaciones a la capital soviética.[147] Andropov le aseguró al jefe sandinista que contaba con la "solidaridad" de la

---

[144] El 25 de septiembre de 1987, Reagan dirá en Arlington, Virginia: "Un comunista es alguien que lee a Marx y a Lenin. Un anticomunista es alguien que entiende a Marx y a Lenin".

[145] Reagan made his Star War Speech. Stone, p. 545.

El discurso de Reagan fue pronunciado el 23 de marzo de ese año y fue instrumentada a través de la *Presidential Directive No 119*.

SDI was denounced, in the words of *The New York Times*, as 'a projection of fantasy into policy.'

La iniciativa de Reagan mereció críticas dentro de los EEUU. Por caso, Robert McNamara, que fue Secretario de Defensa de Kennedy y Johnson sostuvo que la SDI era un proyecto "enormemente caro, que no garantiza en absoluto la defensa de Estados Unidos contra un ataque nuclear". McNamara advirtió que "La URSS dispone de unas 8.000 cabezas nucleares "de largo alcance", y ningún sistema podría impedir que al menos 500 penetraran en el espacio aéreo norteamericano. Quinientas son más que suficientes para asegurar la destrucción del país. Por el contrario, la puesta a punto del SDI sería un paso de consecuencias imprevisibles. Si la URSS cree en algún momento que puede quedar ciega o sus misiles destruidos antes de llegar al blanco, sus reacciones pueden ser precipitadas y el riesgo de un error fatal sería mucho mayor. Mac Namara atacó muy duramente los proyectos de la Administración Reagan. "El presidente", afirmó, "tiene que elegir entre seguir adelante con la *guerra de las galaxias* o lograr una reducción de armamento nuclear. Ambas cosas no serán posibles". Otros expertos temen que las pruebas del misil ASAT, previstas para marzo, supongan un punto sin retorno. "Una mujer no puede estar *un poco embarazada*. Aquí tampoco se puede hablar de ambigüedades: o poseemos la tecnología y el sistema para destruir los satélites soviéticos o no los poseemos", escribió otro especialista estadounidense. *El País*, 6 de enero de 1985.

Reagan sostuvo días después que su discurso sobre el escudo antimisiles había sido "malinterpretado". *The Sunday Times*, March 20, 1983.

[146] *Pravda*, 27 de marzo de 1983.

[147] Entre 1982 y 1985, Ortega viajó al menos en seis ocasiones a Moscú. En mayo de 1982, firmó acuerdos de suministro petrolero con Brezhnev. En noviembre de 1982, asistió al funeral de Brezhnev, en marzo de

URSS. Ortega por su parte, condenó el carácter "invasor" e "imperialista" de los EEUU. Tras llegar al poder en 1979, Ortega había iniciado una política pro-cubana que inquietaba a Washington al amenazar la situación en El Salvador. Mientras Ortega visitaba Moscú, de regreso de la cumbre del Movimiento No Alineados que ese año sesionó en Nueva Delhi, su régimen continuaba su política de expropiaciones (confiscatorias) en una proclamada reforma agraria al modelo comunista. Una muestra de la influencia soviética en Nicaragua lo ofrecen las propias estadísticas del comercio exterior del país. En 1980, la relación comercial entre Nicaragua y los EEUU representaban el 30,4 por ciento de su comercio exterior. En 1984, ese porcentaje era del 14,9 por ciento y en 1985 se había reducido al 5,4 por ciento. Mientras tanto, el comercio con los países de Europa del Este (principalmente la URSS), había pasado del 1 por ciento en 1980 al 15,4 en 1984 y al 27,1 por ciento del total en 1985.[148] Para la mitad de la década del ochenta, el 35,8 por ciento de las importaciones a Nicaragua provenían del bloque socialista.

En tanto, el *Washington Post* publicó el 24 de marzo de ese año que el líder soviético sufría "nefritis crónica" y que había estado internado secretamente en las últimas semanas, información que habría sido "ocultada" de oficio por el Kremlin. A mediados de junio, resurgieron los rumores sobre la salud de Andropov. El 11 de ese mes, se lo había visto notoriamente desmejorado en la despedida del presidente de Finlandia. El 15, cumplió 69 años. Dos días más tarde, fue nombrado titular del Presidium, es decir, Jefe de Estado.[149]

"Continuismo" era la palabra con la que los analistas definían la situación en el país. El 22 de junio, en respuesta a una intesa ola de rumores en los principales diarios occidentales sobre una inminente cumbre entre las dos superpotencias, *TASS* informaba que el ministro Gromyko consideraba "prematura" una reunión entre Andropov y Reagan.

Una prueba de la extrema frialdad en la relación entre la URSS y EEUU durante la primera mitad de la década del 80 la ofrece el creciente número de expulsiones de agentes soviéticos de los Estados Unidos. A mediados de 1983, ese número alcanzaba 90 personas, según el Departamento de Estado. En 1982, la cifra total de expulsiones había sido de 47 y en 1981, de 27.[150]

La denuncia del gobierno de Reagan sobre el comunismo soviético se intensificará meses más tarde cuando, el primer día de septiembre, se produzca el incidente del vuelo KAL 007, uno de los episodios más trágicos de la guerra fría. Casi en simultáneo, tiene lugar el caso Able Archer. La dirigencia soviética parece convencida de que con Reagan en la Casa Blanca, los EEUU contaban esta vez con un líder dispuesto a emprender una aventura nuclear.

El 1 de septiembre de 1983 un Boeing 747 de Korean Airlines con 269 personas a bordo es derribado por cazas soviéticos cuando sobrevuela territorio de la URSS sin autorización. Se trata de uno de los más serios incidentes de la historia de la guerra fría. Entre los pasajeros, viaja un congresista

---

1983 viajó para entrevistarse con Andropov, en Febrero de 1984, concurrió al entierro de éste. En junio de 1984, tuvo visitó a Chernenko. Y en marzo de 1985 viajó para asistir a su funeral y entrevistarse con Gorbachov. Ver: Robert Kagan: *"A Twilight Struggle: American Power and Nicaragua, 1977-1980"*.

[148] Ministry of Foreign Trade, Nicaragua.

[149] Tres semanas más tarde, la prensa alemana destacó que al máximo líder soviético "le temblaba la mano" en la entrevista con el canciller Kohl celebrada durante el viaje del jefe de gobierno alemán a Moscú. En tanto, el 20 de julio *Newsweek* publicó que Andropov "sufre trastornos cardíacos".

[150] *The New York Times*, August 4, 1983.

norteamericano. El vuelo se dirigía de Nueva York a Seúl, con una escala intermedia en Anchorage (Alaska). Las autoridades soviéticas afirmarán luego que desconocían que se trataba de un vuelo comercial. El episodio contribuyó a deteriorar más aun la mala imagen del régimen comunista en todo el mundo.

El embajador soviético en Washington -lo fue durante más de dos décadas-, Anatoly Dobrynin, reconoció en sus Memorias que el régimen de Moscú "esperó hasta el 6 de septiembre cuando una declaración oficial de la Agencia *TASS* reconoció que el avión fue derribado por error por un caza soviético. Para ese entonces ya se habían dañado seriamente los intereses permanentes de la Unión Soviética. Las semillas de la campaña anti-soviética, siempre presente en Occidente, se propagaron en forma inmediata y tomaron nueva vida".[151]

El día 5, en un discurso desde el salón oval, el presidente Reagan declaró que el piloto no pudo confundir el hecho de que se trataba de un avión comercial y calificó el hecho como "un crimen contra la humanidad"[152]. La embajadora Jeanne Kircpatrick denunció ante la Asamblea General de la ONU dos días más tarde que "los soviéticos decidieron derribar un avión civil asesinando a doscientos sesenta y nueve personas a bordo y después mintieron al respecto". El 7, tituló *Clarín*: "Admitió la URSS haber derribado el avión". El senador ultraconservador Jesse Helms, que tenía previsto tomar ese vuelo y canceló a último momento, exigió que Moscú fuera sancionado y que los diplomáticos soviéticos fueran expulsados de los EEUU.

Numerosas versiones conspirativas se tejieron en torno al caso del vuelo KAL 007, pero lo cierto es que las relaciones entre los EEUU y la URSS quedaron envenenadas después del episodio.

El malestar encontrará un nuevo incidente días más tarde: Able Archer, prácticamente desconocido.[153] El episodio que puso al mundo al borde de un conflicto nuclear tuvo inicio cuando las autoridades

---

[151] Anatoly Dobrynin: *"In Confidence – Moscow´s Ambassador to America´s six Cold War Presidents"*, Random House, New York, 1995, p. 542-543.

[152] Glain writes: "Of course, the White House reaction to the tragedy included no reference to the fact that Soviet frontier units had for the better part of two years been on hair-trigger alert in response to aggressive U.S. maneuvers throughout the Russian Far East. Nor did it mention a crucial piece of information: shortly after detecting KAL 007, Soviet radar had picked up a U.S. Air Force RC-135 reconnaisance aircraft, a converted Boeing 707, east of Kamchatka, which was snooping about in anticipation of a Soviet missile test. Reagan was informed in his daily briefing by CIA director Casey that "confusion between the U.S. reconnaisance plane and the KAL plane could... have developed as the (reconnaisance) plane departed and the Korean airliner approached the area northeast of the Kamchatka Peninsula. In his memoirs, published in 1996, Robert Gates makes clear that a majority of CIA and Defense Intelligence Agency analysts believed that the Soviets on the ground misidentified the plane. (That conclusion was confirmed a decade after the attack, when the Russian prime minister Boris Yeltsin handed over transcriptions of KAL 007 ´s black box recordings, which the Soviets had recovered soon after the craft eas shot down, to the United Nation´s International Civil Aviation Organization.)" Obra citada, p. 263.

Mariano A. Caucino: "El triste recuerdo del vuelo KAL 007", *Infobae*, 23 de julio de 2014.

[153] "If Reagan, as the evidence presented by Shultz, Matlock and other strongly suggests, wished to pursue a dual-track approach, -anti-Communist values combined with military strength on the one hand, and a desire for dialogue and wish to reach concrete agreements on the other- the Soviet leadership in the first half of the 1980s thought Reagan sincerely believed only in the first of these tracks. As a result, nothing changed for the better in the US-Soviet relationship during Reagan´s first term. The Cold War got colder and there were even moments when nuclear war could have broken out by accident, as in 1983, when there was concern in Moscow that the United States was preparing a first strike against the Soviet Union. A NATO exercise was

soviéticas confundieron un ejercicio militar de la OTAN iniciado el 2 de noviembre creyendo que se trataba de un verdadero ataque a la Unión Soviética.[154] El Armagedón pareció inminente, aunque tan solo un puñado de personas lo supieron entonces. La dirigencia de Moscú creyó realmente que los EEUU, ahora en manos de un hombre como Reagan, podían iniciar una acción militar contra la URSS. Los discursos de Reagan habían alimentado una verdadera paranoia en el Kremlin. Las semanas que siguieron rememoraron las de octubre de 1962 cuando el mundo estuvo al borde de un conflicto nuclear que pudo poner en riesgo la seguridad del planeta entero. La crisis de 1983, sin embargo, se mantuvo oculta a los ojos del mundo. Se sustanció en el submundo de las redes de espías y secretos. El entonces director de la CIA (y luego secretario de Defensa del presidente George Bush h.) Robert Gates reconoció años después que "pudimos estar al borde de una guerra y no lo supimos". Tonny Rennell escribió dos décadas más tarde que en ese año 1983, todos tarareaban el hit de Sting *"Every Breath You Take - 'Every breath you take, every move you make, I'll be watching you."* es decir "precisamente lo que los rusos y los americanos estaban haciendo".[155]

Andropov por su parte ordenó la puesta en marcha de la Operación RYAN (*Raketno-Yadernoye Napadenie*-"Nuclear Missile Attack"), a través de la cual los agentes de la KGB distribuidos a lo largo de todo el mundo fueron instruidos de recolectar cualquier evidencia que hiciera suponer que los EEUU estaban realmente involucrados en planificar un ataque nuclear. Un rol importante en esta tarea le fue asignado a Oleg Gordievsky, un agente de la KGB que actuaba bajo la pantalla de un diplomático asignado a la embajada soviética en Londres más tarde acusado de ser un doble agente y a quien se le ordenó detectar signos de que los británicos estuvieran estoqueando comida, petróleo o bancos de sangre.

Según Christopher Andrew y Oleg Gordievsky decidieron la puesta en marcha de la Operación RYAN "una combinación letal de retórica reaganista y paranoia soviética", en la que los principales autores de la iniciativa fueron Andropov y Ustinov.[156]

En medio de esa atmósfera de suspicacias y de creciente enfrentamiento entre las superpotencias, tuvo lugar la invasión norteamericana a Granada, en octubre de 1983. El 25 de ese mes, EEUU se apoderó del minúsculo país -su población apenas superaba los 100 mil habitantes- por orden del gobierno del presidente Reagan después de producirse un sangriento golpe de Estado de inspiración cubana en el que fuera asesinado el primer ministro Maurice Bishop junto con miembros de su gabinete (el día 19). La población local recibió con apoyo la intervención norteamericana pero a lo largo del globo se

---

altered to make it abundantly clear that this was, indeed, only an exercise and not lead-up to a surprise attack". Brown, p. 477.

"Admitió la URSS haber derribado el avión", *Clarín*, 7 de septiembre de 1983.

[154] El ejercicio, de rutina, tenía una duración de diez días y tenía como propósito chequear los sistemas de comunicaciones en caso de guerra. El ejercicio consistía en simular una invasión soviética con armas convencionales que Occidente no fuera capaz de resistir y el climax de la operación sería una simulación de un ataque nuclear. La frase "EXERCISE ONLY" se repitió en cada mensaje pero el liderazgo soviético, creyendo que Reagan era capaz de cualquier aventura, simplemente no creyó que se trabaja de un ejercicio sino que tuvo la convicción de que se trataba de una operación real y no quisieron repetir el error de la Segunda Guerra Mundial cuando Stalin fue sorprendido por Hitler cuando lanzó su Operación Barbarossa.

[155] "September 26th, 1983: The day the world almost died". By TONY RENNELL. *Daily Mail*, December 29, 2007.

[156] Christopher Andrew y Oleg Gordievsky: *"Comrade Kryuchkov's Instructions. Top Secret Files on KGB. Foreign Operations 1975-1985"*, Stanford University Press, 1991, p. 67.

extiende una ola de condena ante lo que es visto como un acto imperialista de los EEUU.[157] En marzo de 1979 Maurice Bishop, líder de un movimiento autoproclamado marxista, había tomado el control de la isla. Pocas semanas después, recibió asistencia militar cubana y el caso de Granada fue exhibido como un triunfo de la política castrista de "expandir la revolución" en centroamérica. Más tarde, una vez afianzado el régimen de Bishop, la Unión Soviética apoyará a su gobierno abiertamente. Bishop fue derrocado por Bernard Coard, hasta entonces su ministro de Hacienda y vice-primer ministro. Cinco días más tarde, tuvo lugar la intervención de los EEUU.

Participaron de la operación junto a los EEUU otros seis países caribeños: Barbados, Jamaica, Dominica, Santa Lucía, St. Vincent y Antigua proveen tropas que luchan contra los soldados cubanos apostados en el país. Un comunicado difundido por el Kremlin calificó la invasión como "un descarado acto de bandidaje y terrorismo internacional".

La URSS, en tanto, consumía el 16 por ciento de su PBI en gastos de defensa. EEUU por su parte, requería el 6,2 por ciento para satisfacer su aparato militar, el más grande y desarrollado del mundo. Alemania Federal gastaba el 3,4 por ciento; Francia, el 4,1 por ciento; Gran Bretaña, el 5,6 por ciento.[158]

Hacia fines de 1983, al acercarse el epílogo del "año de Andropov", parecían haberse confirmado las inquietudes del líder soviético cuando en enero de ese año había advertido que las relaciones entre las dos superpotencias atravesaban el momento más crítico desde 1962. Por su parte, Reagan escribiría en sus *Memorias*, años más tarde, que al terminar su tercer año en la Casa Blanca "había aprendido algo sorprendente de los rusos. Muchos en la jerarquía del poder soviético estaban genuinamente preocupados de América y los americanos. Quizás esto no debería haberme sorprendido, pero lo hizo".[159]

A fin de año, *Time* publicó una imagen de Reagan y Andropov, de espaldas, bajo el título de "El hombre del año".

La salud del líder, en tanto, no daba para más. A fines de octubre, había tenido que suspender su viaje a Sofía (Bulgaria). Tampoco asistió, como estaba previsto, a la inauguración del Congreso Médico de Moscú. La agencia *TASS* habló de un "resfriado", pero los diarios occidentales advertían que hacía dos meses que el líder soviético no se mostraba públicamente. Andropov faltó también al acto central de conmemoración de la Revolución, en la primera semana de noviembre, lo que alimentó rumores sobre su muerte. El 8 de noviembre, el *Washington Post* describió que Andropov estaba "hospitalizado" y "gravemente enfermo". A mediados de diciembre, la información oficial indicaba que el líder había presidido una reunión del Politburó y que había firmado decretos. Sin embargo, el 20 de diciembre *Newsweek* aseguró que solo le quedaban, como máximo, "dos años de vida". Diez días más tarde, *El País* reseñó: "Andropov ha faltado a cuatro citas importantes en los últimos dos meses: no estuvo en la ceremonia conmemorativa de la revolución bolchevique ni presidió tampoco el desfile militar con el que se conmemora cada año esta fecha. Además, no asistió al último pleno del Comité Central ni estuvo en el lugar que le correspondía como presidente que es del Presidium durante el pleno del Soviet Supremo.Su silla ha estado vacía estos dos días en la sala del unánime Parlamento de la URSS. El hecho de que un *segundón* -el miembro suplente del Politburó, Boris Ponomarev-, fuese el encargado de leer

---

[157] "Tropas de EEUU combaten contra mil cubanos en Granada", *Clarín*, 28 de octubre de 1983.

"The Granada Papers".

[158] *El País*, 8 de octubre de 1983.

[159] Ronald Reagan: *"The Reagan Diaries"*, p. 346.

ayer la resolución final del Soviet Supremo sobre la política exterior, que estaba nominalmente firmada por el ausente Andropov, ha sido interpretada por diplomáticos occidentales como una demostración de que el Kremlin ha decidido tomarse tiempo, en ausencia de líder, antes de pronunciarse con mayor firmeza y claridad sobre el diálogo con Occidente."

Chernenko

En febrero de 1984, Andropov cayó en coma. Murió el día 10. Tenía 69 años.[160] Había sido visto en público por última vez el 18 de agosto de 1983. Una combinación de nefritis, neurosclerosis, hipertonía secundaria y diabetes lo llevó a la tumba, después de un misterioso apartamiento de la vida pública de medio año de duración. El 25 de enero, había emitido sus últimas declaraciones a la agencia *TASS*: pidió a Washington que diera el "primer paso" hacia el diálogo entre las potencias. Diez días más tarde, el anuncio de la suspensión "por algún tiempo" de la visita del ministro de Defensa Ustinov a la India incrementó los rumores de que el desenlace era inminente.[161]

Konstantin Chernenko, de 72 años, fue elegido para presidir las ceremonias del funeral, un signo que indicaba que era el favorito para ocupar la Secretaría General del Partido.

De inmediato, comenzaron las pujas por el poder. Así lo reflejó *El País*: "Mientras observadores políticos occidentales opinan que la sucesión de Andropov va a despejarse en breve plazo, otras fuentes creen que ésta puede demorarse debido a lo reñido de la lucha por el poder. El ministro de Defensa, mariscal Dimitri Ustinov, de 75 años, y el veterano ministro de Asuntos Exteriores, Andrei Gromiko, de 75, son considerados los principales puntales que ha tenido Andropov en la gestión cotidiana de la política exterior. Ambos miembros del Politburó pasan por ser hombres de confianza del dirigente fallecido y se les atribuye un antagonismo compartido hacia Chernenko. Algunos observadores opinan que el Politburó decidirá esta vez decantarse por algún personaje que ofrezca unas garantías de permanencia, lo que en realidad quiere decir buena salud o relativa juventud. Si se establece la edad de 60 años como línea divisoria, dos personas, Gueidar Aliev y Grigori Romanov, antiguo jefe del Servicio de Seguridad del Estado (KGB) en Azerbaiyan y antiguo secretario del partido en Leningrado, respectivamente, se encuentran precisamente en ella. Por debajo, con menos edad, están Mijail Gorbachov (52), al que expertos políticos atribuyen posibilidades de salir victorioso, y Vitafl Vorotrikov (57), un hombre de fulgurante carrera en los últimos tiempos, antiguo embajador en Cuba. Por encima de los 60 años, se encuentran todos los demás miembros del Politburó, comenzando por Chernienko y acabando por Gromiko y pasando por Vladimir Cherbitski (65 años), Víctor Grichin (69 años), Dinmujamed Kuriaev (71 años), Nikolai Tijonov (75 años), Mijail Solomentsev (70 años). Si el relevo se hace en función de la edad, tanto Ustinov como Gromiko estarían excluidos de la sucesión, en tanto que Gorbachov resultaría demasiado joven y Romanov tendría la edad apropiada. También se barajan los nombres de Aliev y Vorotnikov. Hay incluso quien apunta la posibilidad de una dirección

---

[160] La prensa norteamericana describió que "The first indication that Mr. Andropov had died came when radio stations switched to solemn music. This continued for several hours before the announcement, which was read by the regular television newsreader, Igor Kirillov, while a portrait of Mr. Andropov bordered with red and black bands filled the screen." *The New York Times*, February 11, 1984.

"La muerte de Yuri Andropov aumenta la incertidumbre sobre el futuro político de la Unión Soviética", *El País*, 11 de febrero de 1984:

[161] El día 9, el *Washington Post* informaba que el líder soviético llevaba 173 días sin ser visto en público y que padecía una enfermedad que minaba su apariencia física.

colectiva. Tanto Vorotnikov, actual presidente del Consejo de Ministros de la federación rusa, la mayor y más importante de la URSS, como Mijail Solomentsev, salieron reforzados del último pleno del comité central, celebrado en diciembre de 1983, ya que ambos fueron ascendidos a miembros de pleno derecho del Politburó."

La elección, esta vez, beneficiará a Chernenko. Las versiones más fundadas sostienen que era este el verdadero candidato de Brezhnev a su propia sucesión, un año y medio antes. Chernenko "gobernará" tan solo un año y un mes. Buena parte de este tiempo, estuvo hospitalizado.

Ya en el funeral del Andropov, Chernenko había mostrado la plenitud de su decrepitud: apenas pudo leer su mensaje y para acceder al Mausoleo, debió tomar el recientemente instalado elevador para descender ayudado por dos guardaespaldas. La reunión del Politburo del 13 de febrero de 1984 parece confirmar el colmo de la gerontocracia. "Todos, incluyendo a Chernenko, carecían del coraje para admitir que no era apto para el cargo. Nadie quería que el oficial mayor del Partido se convirtiera en su Secretario General, pero nadie lo objetó ni nadie propuso abiertamente alguna alternativa. Nadie podría haberlo hecho. El sistema creado por Lenin y perfeccionado por Stalin aún funcionaba. El nombramiento de Chernenko no fue un accidente. Fue el productor de la omnipotencia de la burocracia y de la degeneración bolchevique. Chernenko era incapaz de liderar el país o el Partido hacia el futuro. Su ascenso al poder simbolizaba la profundidad de la crisis de la sociedad, la falta total de ideas positivas en el Partido y la inevitabilidad de las convulsiones que más tarde llegarían."[162]

La llegada de Chernenko al Politburó había sido quizás el mayor desafío que Brezhnev había provocado al establishment oligárquico del Kremlin. Carente de méritos y con una carrera intrascendente, Chernenko fue sucesivamente promovido por Brezhnev. A fines de 1976, el líder había impuesto a su protegido como miembro del Secretariado. En octubre del año siguiente, lo impulsó como candidato al Politburó y en noviembre de 1978 llegó a ser miembro pleno. La promoción de Chernenko había sido un raro capricho de Brezhnev, casi la única ofensa que se había permitido frente a sus colegas de la cúpula del poder. Su mediocre trayectoria no fue interrumpida cuando llegó a la máxima posición de la Unión Soviética.

Durante los escasos trece meses en los que Chernenko estuvo al frente de la URSS nada cambió. Aun las tímidas reformas emprendidas por Andropov quedaron truncas y el nuevo líder asumió un rol híper-conservador. Apenas dedicó algún esfuerzo a rehabilitar al antiguo ex ministro de Exteriores de Stalin, V. Molotov[163] y a recibir a numerosos dignatarios extranjeros. Entre estos, la visita más rimbombante

---

[162] Volkogonov, p. 388.

[163] Vyacheslav M. Molotov fue ministro de Asuntos Exteriores de la URSS durante buena parte del largo reinado de Stalin. En el comienzo de la Segunda Guerra Mundial firmó el tratado de cooperación y amistad entre la Unión Soviética y la Alemania nazi que lleva su nombre y que fue cancelado tras la invasión de Hitler en 1941. En 1953, Molotov integró junto a Malenkov y Beria la troika que reemplazó al dictador tras su muerte. En 1957, cayó en desgracia y fue destinado -en castigo- como embajador en Mongolia y más tarde, como representante soviético ante la Organización Internacional de Energía Atómica, con sede en Viena. En 1961 se retiró y pasó más de dos décadas en la obscuridad. Al final de la era-Brezhnev se habilitó la inclusión de su nombre en ciertas enciclopedias soviéticas y fue en 1984 cuando se lo rehabilitó. Murió en 1986, a los 96 años.

Según Isidoro Gilbert, Gromyko habría evaluado enviar a Molotov como embajador a la Argentina en 1957, pero luego se optó por Mongolia como destino. *El oro de Moscú*, p. 245.

fue la que hizo, a fines de mayo, Kim il-Sung, el dictador norcoreano.[164]

La temprana muerte de Andropov dio un breve respiro a los *brezhnevianos*. Aparentemente, un acuerdo en el Politburo permitió que el *brezhnevista* Chernenko alcanzara el cargo de secretario general del PCUS mientras que Gorbachov ejercería el Secretariado al tiempo que ganaría alguna experiencia en materia de política exterior. Esta tesis pareció confirmarse un año después, cuando Gromyko postuló a Gorbachov para el cargo de primer secretario y describió que el candidato ya "ejercía el Secretariado".[165]

Ligachev escribió: "para comprender los "trece meses de Chernenko" mejor, creo que es útil describir la personalidad de quien ocupaba el puesto del secretario general. Poco se sabe de él en el país o en el mundo. Konstantin Chernenko era un clásico *apparatchik* -de los pies a la cabeza, hasta el tuétano-. Se pasó años trabajando en oficinas, a una distancia respetable de la vida real. Estuvo junto a Brezhnev en Moldavia, luego en el Comité Central y luego en el Soviet Supremo de la URSS; más tarde nuevamente en el Comité Central. Yo llamaría a Chernenko un apparatchik virtuoso, con condiciones para una carrera de esos tiempos, pero con desventajas para una personalidad política. Es decir, mientras Chernenko estuvo bajo el ala de Brezhnev, el arte del apparatchik fue su mayor virtud. Pero cuando se transformó en una figura política independiente, su falta de contacto con la vida real se convirtió en una carga. No obstante, aún en su período tomó una serie de decisiones sensatas y pensadas, carentes de egoismo, entre las cuales la más importante fue la promoción de Gorbachov como número dos del Partido".[166]

Gorbachov, entonces de 53 años, se convirtió en el número dos del Politburo. En julio, quedó a cargo del país por espacio de algunas semanas, durante las vacaciones de Chernenko. Poco después, el joven Gorbachov -para los parámetros de la gerontocracia del Kremlin- realizaría un viaje que servirá de antesala a su llegada al poder. En una visita oficial a Londres, Gorbachov cautiva a Margaret Thatcher. La primera ministra birtánica tiene palabras de elogio para el soviético: "Me gusta Gorbachov. Se puede trabajar con él". (*"I like Mr Gorbachev. I can do business with him"*).[167]

En sus *Memorias* ("Los años de Downing Street"), Margaret Thatcher recuerda: "Geoffrey Howe quería

---

[164] Kim llegó a Moscú a bordo de un tren especial de acuerdo a la tradición paranoica de su régimen que lo llevaba a abstenerse de utilizar aviones.

[165] Tucker, p. 148.

[166] Ligachev, p. 34.

[167] Mikhail Gorbachev, the man widely tipped as the next leader of the Soviet Union, has spent five hours in "very friendly" talks with the British Prime Minister, Margaret Thatcher, according to British Government officials. But Soviet officials described the talks much less enthusiastically as "business-like". Topics discussed at Mrs Thatcher's country residence Chequers included ending the arms war and improving communications between the Eastern Bloc and the West. It came after Mr Gorbachev signalled his desire for reduced tensions when he arrived at Heathrow airport yesterday. "Opportunities for the prevention of nuclear war exist. These opportunities must be used to the full," he said yesterday.
But talks between Mrs Thatcher and the second-in-command at the Kremlin did not include contentious issues such as human rights in the Communist state. Official sources remained tight-lipped on the exact exchange of words but did reveal the two delegations did not agree on the causes of world problems but were united on the importance of diffusing them. *BBC News*

Gorbachov in London 1984 - Stone, p. 542.

que nosotros extendiéramos una invitación a Chernenko para venir a Gran Bretaña pero yo le dije que era demasiado temprano para ello. Debíamos ver un poco más hacia donde el nuevo líder soviético estaba apuntando. Pero estuve de acuerdo en invitar a otras altas figuras soviéticas, incluyendo a Gorbachov. Rápidamente, surgió el interés del propio Gorbachov por venir en lo que sería su primera visita a un país europeo capitalista y quería hacerlo pronto. Hasta entonces habíamos tomado nota de sus antecedentes y del hecho de que su esposa, Raisa, a diferencia de las otras mujeres de los políticos soviéticos, era vista en público habitualmente y era una mujer atractiva y educada. Decidí que los Gorbachov debían venir a Chequers, donde la atmósfera de una casa de campo es ideal para una buena conversación. Le dí a la entrevista una gran significación potencial. En efecto, antes de su llegada, tuve un seminario con expertos sovietólogos para conocer los temas y armar las propuestas para aproximarme a ellos. Los Gorbachov viajaron desde Londres en la mañana del domingo 16 de diciembre, llegando a tiempo para almorzar. Durante los tragos, en el gran hall, Gorbachov me contó su interés en conocer el campo en el camino a Chequers y comparó los diferentes sistemas agrícolas de nuestros países. Esta había sido su responsabilidad durante varios años y aparentemente había conseguido solo progresos modestos en reformar las granjas colectivas, pero casi el 30 por ciento de las cosechas se perdían por fallas en los procesos de distribución. (...) Durante el almuerzo, me acompañaron Willie Whitelaw, Geoffrey Howe, Michael Heseltine, Michael Jopling, Malcolm Rifkind (Minister of State at the Foreign Office), Paul Channon y sus asesores; él y Raisa, junto a Zamyatin, el embajador soviético, y el discreto Alexander Yakolev, el asesor que jugaría un papel importante en las reformas de los años de Gorbachov (...) Me contó sobre los programas económicos del sistema soviético, el paso de las grandes plantas industriales a los pequeños proyectos y empresas (...) Yo le pregunté si no era más sencillo reformar en base a los principios de la libre empresa, con los incentivos y la libertad para las empresas de actuar según sus propios criterios en lugar de que todo sea dirigido desde el poder central. Gorbachov negó que todo fuera dirigido desde el centro. (...) Gorbachov insistió en la superioridad del sistema soviético. Sostuvo que no solamente existían tasas de crecimiento elevados sino que si yo viajaba a la URSS iba a comprobar como vivía la población soviética -"felizmente"-. Si esto fuera así, pregunté, ¿por qué las autoridades soviéticas no permitían a la gente salir del país con la facilidad con la que podían salir de Gran Bretaña? En particular, critiqué la situación de la emigración judía a Israel. El me aseguró que el ochenta por ciento de quienes expresaban su deseo de salir de la Unión Soviética eran habilitados a hacerlo. Le dije que tenía otra información pero me repitió el libreto soviético, en el que no creí, de que aquellos a los que se les prohibía salir del país eran trabajadores de áreas relacionadas con la seguridad nacional. Me dí cuenta que no tenía sentido insistir, pero el punto había quedado establecido. (...) Luego dejamos el comedor y tomamos café en el salón principal. Todo mi equipo se retiró, con excepción de Geoffrey Howe, mi secretario privado Charles Powell y el intérprete. Denis le mostró la casa a la señora Gorbachov. A esa altura, si le hubiera prestado atención solamente a las expresiones de Gorbachov, típicamente en la línea marxista, habría llevado a la conclusión de que él estaba formado en el molde comunista usual. Pero su personalidad no podía ser más diferente de la madera ventriloquista promedio de los *apparatchik* soviéticos. El sonreía, se reía, usaba sus manos para enfatizar, modulaba su voz, profundizaba en sus argumentos y era sagaz en el debate. (...) Su línea de discurso no era diferente respecto a lo que yo esperaba. Su estilo lo era. En la medida que avanzaba el día, yo me di cuenta que era el estilo y no la retórica marxista lo que realmente expresaba la sustancia de su persona. Comencé a tenerle aprecio. El punto más concreto que discutimos en esta ocasión fue el control de armas. Era un momento importante. El Secretario de Estado Shultz y el ministro Gromyko estaban por encontrarse en el año nuevo en Ginebra para ver si podían revivir las conversaciones sobre armamento que estaban detenidas. (...) El otro punto que surgió fue la desconfianza que generaba en los soviéticos la intención de la Administración Reagan en general y sus planes para una Iniciativa Estratégica de Defensa en particular. Yo enfaticé en más de una ocasión que podía confiar en el Presidente Reagan y que lo último que podía querer era la guerra. (...) En esto, él continuaba algo que siempre fue característico en Norteamérica. Los Estados Unidos nunca mostraron deseos de dominar el mundo. Cuando, justo después de la guerra, disfrutaron del monopolio en la posesión de armas nucleares, nunca usaron ese monopolio para amenazar a otros.."[168]

En la capital británica, Gorbachov, número dos del Politburó, explicó que las conversaciones de Ginebra podrían fracasar estrepitosamente si Estados Unidos sigue adelante con las pruebas, previstas para el próximo mes de marzo, del misil antisatélite conocido como ASAT. Según Gorbachov, si esas pruebas se llevan a cabo, Moscú estará obligado a colocarse al mismo nivel antes de sentarse en ningún foro de negociación. La amenaza es clara: una nueva carrera de armamentos, esta vez en el espacio, y la imposibilidad de discutir sobre nada más.

Pocos días después del encuentro de Gorbachov con Margaret Thatcher en Londres murió el mariscal Dimitri Ustinov, ministro de Defensa desde 1976. Había estado ausente de toda actividad oficial por espacio de tres meses, durante los cuales, como de costumbre, no se informó nada oficialmente. La muerte de Ustinov encontró a Gorbachov en Edimburgo, donde cumplía una última etapa de su visita al Reino Unido. De inmediato, regresó a Moscú.

Chernenko, en tanto, brillaba por su ausencia.[169] Un chiste recorría la Unión Soviética. Decía así: *"¿Cuál es la diferencia entre el régimen zarista y el régimen comunista? Pues es esta: en el régimen zarista el poder se transmitía de abuelo a nieto mientras que en el régimen comunista se transmite de abuelo a otro abuelo"*.

En enero se anunció que Chernenko se ausentaría de la cumbre del Pacto de Varsovia que se celebraría poco después en Sofía (Bulgaria). El 24 de febrero de 1985, el máximo dirigente soviético, Konstantín Chernenko, de 73 años de edad, demacrado y con aspecto frágil, apareció brevemente en público, por primera vez desde hacía casi dos meses. Así lo describió la prensa occidental: "Al presentarlo en televisión, el pasado mes de febrero, cuando ya no podía andar, ni de hecho hablar, los dirigentes soviéticos hicieron de él una figura patética y digna de piedad, y en lugar de dar confianza a la población, le ofrecieron el espectáculo del derrumbe físico irremediable del hombre que debía gobernarlos y de toda la gerontocracia que se aferraba, con él, al poder".[170] Le quedaban dos semanas de vida. Murió el 10 de marzo de 1985.[171]

---

[168] *The Downing Street Years*, p. 459-463.

[169] En una de sus últimas apariciones públicas, en las celebraciones del día de la Revolución, el 7 de noviembre de 1984, Chernenko pronunció un discurso "incomprensible". Volkogonov, p. 426.

[170] *El País*, 12 de marzo de 1985.

Gromyko escribió en sus *Memorias* que poco antes de morir, Chernenko lo llamó por teléfono y le consultó si no debía retirarse. Gromyko, p. 339-340.

[171] "Murió el tirano que jamás existió. Konstantín Chernenko no ha sido un tirano -de hecho, no ha sido nada-, pero, desde hace 13 meses, todo el mundo, en su país y en el extranjero, esperaba su muerte como sólo sucede al fin del reinado de personajes temidos y temibles de la historia contemporánea. Su desaparición parecía necesaria, no a causa del mal que él hacía, sino porque representaba el inmovilismo estéril de una de las principales potencias del mundo en un momento en el que el diálogo internacional es más indispensable que nunca. En tanto que hombre político, Konstantín Chernenko simplemente no ha existido, de manera que no se le puede comparar ni a Leónid Breznev ni a Yuri Andropov, que, cada uno a su manera, tenían personalidad propia. (...) En la mayor parte de los países, un dirigente enfermo habría pasado las riendas del poder a un hombre joven, llevándose consigo a la jubilación a su secretario personal -Chernenko- y al resto de su equipo. En la Unión Soviética, sin embargo, el líder supremo continúa en su puesto hasta el último suspiro y, además, su entorno se obstina en hacer retroceder la posibilidad de un cambio, optando por

períodos de transición. (...)" *El País*, 12 de marzo de 1985.

"Chernenko no dejó nada -ni papeles de trabajo importantes, ni notas personales o algo que se le parezca-. (...) Cuando se abrió su caja fuerte, se encontró que misma estaba abarrotada de atados de dinero. Más dinero fue encontrado en los cajones de su escritorio. Nadie pudo explicar el origen de tal cantidad de efectivo y para qué Chernenko pudo quererlo. Nadie quiso averiguar, suponiendo que, como secretario general, y antes como jefe del Departamento General, controlaba el presupuesto del Comité Central y todos sus gastos". Volkogonov, p. 430.

Segunda Parte:
El fracaso más exitoso de la Historia.
Las reformas de Gorbachev (1985-1991)

El momento más difícil para un mal gobierno es cuando intenta reformarse a sí mismo.

Alexis de Tocqueville

El imperio soviético colapsó como un castillo de naipes... porque siempre fue un castillo de naipes

Martin Malia

Camaradas, en el pasado hemos pasado varias veces del "congelamiento" al "deshielo", pero lo que necesitamos es, simplemente, buen tiempo.

Yegor Ligacheb, durante el XXVII Congreso del PCUS (1986)

La disolución de la Unión Soviética es la catástrofe geopolítica más grande del siglo veinte.

Vladimir Putin,
25 de abril de 2005

Moscú, marzo de 1985

La programación de la televisión no se interrumpió la noche del 10 de marzo de 1985 cuando Chernenko murió. La cúpula del Kremlin decidió anunciar la muerte del líder una vez que tuvieran elegido al sucesor.[172]

La elección, esta vez, recaería en el miembro más joven del Politburó. Agotada la "gerontocracia", era evidente para todos que el país requería la llegada al poder de una nueva generación. Los chistes sobre los gerontes del Kremlin se reproducían por doquier. Uno de ellos mencionaba un diálogo imaginario entre Margaret Thatcher y Ronald Reagan en el que la primer ministra, al volver al número 10 de Downing Street después de asistir a rendir homenaje ante la muerte del secretario general de la URSS le decía al presidente: "Ronald, te has perdido un fantástico funeral, no dejes de venir al del año próximo".[173] En efecto, tres se sucedieron en un período de poco más de dos años entre noviembre de 1982 y marzo de 1985.

Al buscar una renovación, las cabezas del Politburo buscaron inmediatamente la figura de Gorbachov, entonces de 54 años. La sucesión de Chernenko fue decidida con gran rapidez, dejando la sensación que la decisión ya estaba adoptada de antemano.[174]

Al parecer, Victor Grishin -jefe partidario de Moscú- fue el candidato más serio que tuvo que enfrentar Gorbachov en el Politburó. El futuro líder se movió con rapidez: a cargo del funeral de Chernenko, se fue consolidando como sucesor. El apoyo de Gromyko sería decisivo en esta instancia crucial en su carrera política, tal como había sido Andropov en la década anterior.[175] El ministro de Exteriores se

---

[172] Las autoridades norteamericanas advirtieron que algo podría estar sucediendo en la URSS cuando el jefe partidario de Ucrania, Vladimir Shcherbitsky de visita en California, viajó de urgencia a Moscú. *Autopsy*... p. 45.

Chernenko murió a las 7 de la tarde del día 10 de marzo de 1985. Kotkin revela que Gorbachov se convirtió en el primer miembro del Politburó en ser informado del deceso por el médico del Kremlin y que de inmediato convocó a una reunión cumbre para las once de la noche. Kotkin, p. 53.

[173] Brown, A.: *The Rise and Fall of Communism*.

[174] Esa fue la percepción del corresponsal del *New York Times*, Serge Schmemann.

[175] Destinado como primer secretario del Partido en Stavropol a partir de 1967, Gorbachov tuvo como una de sus principales tareas recibir a los jerarcas del Kremlin que a menudo visitaban su ciudad en busca de descanso o curas medicinales. Uno de los más asiduos huéspedes durante la década del 70 Yuri Andropov, jefe de la KGB, quien además era oriundo de la región. Hábilmente, Gorbachov aprovechará la relación para escalar en la nomenklatura a través de una relación que resultaría central en su carrera. La muerte de Fyodov

convertirá en *king-maker* cuando nomine a Gorbachov para el cargo de Secretario General.[176] Gromyko se reserva para si el cargo de Presidente del Soviet Supremo -jefe de Estado-, en una negociación en la que tuvo un rol central su hijo.[177] La reconstrucción de testimonios y sucesos parecen hacer suponer que Gorbachov consiguió ser elegido y vencer a Grishin por un escaso margen de cinco a cuatro votos en el Politburó. Otras versiones apuntan a que, simplemente, los opositores a Gorbachov no contaban con votos para impedir su elección. Finalmente, Grishin acompañó con su voto.[178]

Desde hacía meses, Gorbachov venía desempeñando las tareas del cargo. "Las riendas del Partido y del estado ya estaban en sus manos", describe Volkogonov.

Raisa Gorbachov contó tiempo después que la noche del 10 de marzo, su marido le anticipó que tenía grandes chances de ser elegido secretario general. Caminando por el parque de su casa, desafiando el intenso frío de la noche moscovita, pero seguro de no estar siendo escuchado a través de micrófonos ocultos, Gorbachov le confió a su mujer que "no podemos seguir viviendo de esta forma".

Una nueva generación había llegado al poder supremo en la Unión Soviética. Con Gorbachov arriba a la cima la generación de hijos del 20 Congreso (1956), concientes de la devastación de la guerra y menos admiradora que su antecesora de la Gran Guerra Patriótica de la que la URSS emergió con la categoría de superpotencia.[179] A diferencia de Kruschov y sus reformas de medio camino, Gorbachov llegaría desprovisto de complicidades con los crímenes del estalinismo.

Anota Kotkin: "Gorbachov era el producto de la quintaesencia del sistema soviético, y el fiel representante de la trayectoria del sistema al entrar en la segunda mitad de los años 80. Su séquito lo clamaba como el largamente esperado "reformador", un segundo Kruschev. Estaban en lo cierto. La

---

Kulakov -en torno a la cual se tejieron innumerables versiones- abrió paso a nuestro hombre: lo reemplazó como secretario de Agricultura del Comité Central, en 1978. Un año más tarde, fue elegido candidato a miembro del Politburó (sin voto). Contaba entonces 49 años. En 1980 fue elegido miembro pleno, pese a que su desempeño como responsable de Agricultura ofreció menos exitos que fracasos. El dato es revelador de una constante del período soviético: la eficiencia de "gestión" no es un dato crucial en la promoción de los cuadros.

[176] Kotkin, p. 54.

Gromyko ocupó el estratégico cargo de ministro de Relaciones Exteriores durante 28 años, entre 1957 y 1985. Anteriormente, fue embajador soviético en EEUU, antes la ONU y en Londres. Era conocido como *"Mister Nyet"* (Mr No) por su habitual tendencia a ejercer el veto soviético en el Consejo de Seguridad de las Naciones Unidas. En 1988 se retiró del Politburó y sus funciones de jefe de Estado fueron absorvidas por Gorbachov.

[177] *How did Gorbachev happened.*

[178] Una dura derrota de su contendiente la habría provocado la muerte, en diciembre de 1984, de Ustinov, el ministro de Defensa. Una elección de Grishin habría "extendido" la "inercia" de la era Brezhnev por algunos años, según Mattlock.

Mattlock, Jack Jr.: *Autopsy on an Empire*, p. 46-47.

Grishin, por su parte, será reemplazado a fines de 1985 por Boris Yeltsin en su cargo de primer secretario del Partido en Moscú. Poco después fue removido del Politburó.

[179] Kaiser, p. 15.

creencia en un socialismo humano había reemergido desde el propio sistema, y esta vez, en manos políticas más habilidosas, resultaría fatal".[180]

La prensa española destacó: "El hecho es, sin embargo, que, después de haber iniciado pronto su ascenso hacia la cumbre, Mijail Gorbachov ha perdido los siete años siguientes en la antecámara de tres grandes enfermos que encarnaban teóricamente el poder. Durante estos años de espera y de interregno, la URSS ha perdido mucho terreno en relación con el mundo exterior. Paradójicamente, los dos únicos dirigentes estables desde la muerte de Stalin, Nikita Jruschov, en 1953, y Leónid Breznev, en 1974, inauguraron su reinado prometiendo un gran impulso económico, como si la Unión Soviética tuviera ahí un arma con la que no cuentan sus competidores occidentales. Sin embargo, basta referirse a las estadísticas oficiales del *Gosplan* soviético para comprobar que el crecimiento del país oscila entre el 2% y el 3% anual, lo que le coloca lejos, detrás de Estados Unidos y de Japón, y al mismo nivel que la Europa de los *diez*, tan duramente afectada por la crisis. Por mil razones, políticas, sociológicas y de otro tipo, la URSS no ha sabido efectuar esa *revolución técnica y científica* que Leonid Breznev deseaba de todo corazón, mientras que Occidente, al contrario, está en camino de lograrla. En el campo de la informática y de la automatización a traves de robots, los soviéticos no han dado más que sus primeros pasos, e incluso sus viejas industrias, premodernas, no consiguen realizar sus planes. Este hecho ha llevado a algunos economistas y teóricos soviéticos a preguntarse, al menos desde 1982, sobre las razones de la vitalidad de Occidente y de la paralización de la URSS. (...) "No hable demasiado bien de Gorbachov, porque eso le perjudicaría en el Kremlin", dijo un diplomático soviético a un ministro inglés durante la reciente visita a Londres del sucesor de Konstantín Chernenko. Quiere decirse que la *vieja guardia* del Politburó no se inclina más que delante de una elección inevitable, que no ha podido impedir, pero que desconfia mucho del "modernismo" y de la "apariencia occidental" de ese joven líder, que, pese a no tener todavía 54 años, ha hecho todo su camino después de la muerte de Stalin, en un clima de rápida desideologización y de esperanzas de "milagros económicos" que no han tenido lugar. Mijail Gorbachov, él solo, no hará tampoco ningún milagro, pero, si es verdad que tiene una sensibilidad próxima a la de la *Escuela de Novosibirsk,* acabará tal vez de ocultar la vida real de la URSS con una fachada de otra época y discursos sin contenido. De todas formas, representa la última posibilidad de una tentativa de reforma *desde lo alto,* comparable a la de Nikita Jruschov. La mayoría de sus compatriotas espera, en todo caso, simplemente un nuevo Jrushov y eso crea a Gorbachov ciertas obligaciones. Si no se muestra a la altura de la tarea -o no tiene las manos libres para realizarla-, las contradicciones que corroen la sociedad soviética tomarán formas más y más graves y paralizantes."[181]

La llegada de Gorbachov resultó conmovedora desde un inicio.[182] El nuevo líder se mostraba hiperactivo. El solo hecho de que atendiera en su oficina del Kremlin todos los días y no desde una cama postrado en un hospital era una revolución. Una "novedad" en el estilo de Gorbachov se puso de manifiesto dos meses después de asumir el poder cuando, el 15 de mayo de 1985, realizó una visita a Leningrado (hoy San Petersburgo). Hacía dos años y medio que ningún líder soviético salía de Moscú. Semanas antes, Gorbachov había recorrido las instalaciones de la automotriz ZIL por la Proletarsky región en las afueras de la capital, mostrándose con trabajadores y familias. En junio, viajará a Kiev. El rol de su esposa, Raisa, jugaría un papel importante en la nueva imagen de la URSS: por primera vez existía una primera dama al estilo occidental. La prensa internacional la comparó de inmediato con

---

[180] Kotkin, p, 57.

[181] *El País*, 12 de marzo de 1985.

[182] "Russia", said Peter, is "a country in which things that just don´t happen happen". (...) Peter´s own contribution -creating a beautiful new capital on a swamp at the edge of the Gulf of Finland, yanking Russia into Europe by the scruff of the neck- was unimaginable before it happened, like Gorbachev´s reforms". Kaiser, p. 13.

Nancy Reagan. Hasta ese momento, las mujeres de los líderes soviéticos vivían en la oscuridad. Por caso, el pueblo soviético recién supo que Andropov tenía una esposa el día de su funeral.

Raisa Gorbachov fue la primera -y quizás única- primera dama rusa con alto perfil. En 1989, cuando ya sus relaciones estaban deterioradas con Gorbachov, Boris Yeltsin se negó a viajar con su esposa durante una gira a los EEUU y sostuvo que no repetiría el estilo de su antecesor.

En cierta ocasión, un periodista le consultó a Kissinger qué creía que podría haber sucedido en el mundo en noviembre de 1963 si en vez de haber sido asesinado el presidente Kennedy hubiera sido asesinado el secretario general de la URSS, Nikita Kruschov. Kissinger pensó unos segundos y respondió: "No tengo la menor idea. Solo estoy seguro de una cosa: Aristoteles Onassis no se habría casado con la viuda de Kruschov".

La presencia de Raisa Gorbachov, una mujer distinguida y formada académicamente, era toda una novedad. Los jerarcas soviéticos, casi sin excepciones, eran extremadamente reservados en cuanto a su vida privada. En cierta ocasión, consultado por temas personales, el eterno ministro de Asuntos Exteriores, Andrei Gromyko había llegado a afirmar "no estoy interesado en mi propia vida".[183] Los ciudadanos soviéticos, por caso, habían descubierto que Andropov tenía esposa tan solo el día de su funeral, cuando su viuda fue vista en público.

Tituló *Time*, tan solo días después de su consagración: "Moscow´s New Boss: Younger, Smoother and Probably Formidable".[184]

Pero, ¿qué sucedió mal?

El país que heredó Gorbachov parecía exhibir los logros de la fachada gloriosa de la URSS: la ciencia soviética logró la hazaña de haber colocado el primer hombre en el espacio. Los atletas y artistas soviéticos se contaban entre los mejores del mundo. El sistema educativo mostraba índices según los cuales la gran mayoría del país tenía un alto grado de alfabetismo y las oportunidades de educación universitaria alcanzaban a una importante parte de la población. Sin embargo, al mismo tiempo, miles de prisioneros políticos permanecían detenidos en distintas cárceles y centros de detención para disidentes. No existía la prensa independiente, ni se permitía el ingreso de literatura extranjera no autorizada, ni el derecho de reunión, ni el derecho a emigrar, y hasta el ejercicio de las creencias religiosas estaba fuertemente limitado. El derecho a criticar al gobierno estaba prácticamente prohibido y no existían formas ni siquiera simbólicas de democracia. En tanto, la economía exhibía limitaciones crecientes. Para sobrevivir, la población recurría a formas creativas de sortear las rígidas estructuras. La corrupción generalizada se había transformado en un medio de vida.[185] El alcoholismo era una suerte de forma de vida. Los poderes omnímodos de la KGB y la policía permitían que cualquier ciudadano fuera detenido sin orden judicial.

Lilia Shevtsova describió: "Cuando Mikhail Gorbachov llego al poder, el sistema soviético ya no era un sistema totalitario. En rigor, hacia mediados de los años 80, el sistema pudo haber sido definido como un estado "post-totalitario" en descomposición (...) para 1985, las instituciones soviéticas ya no tenía el control total de las vidas de los ciudadanos comunes. La observación del dogma comunista fue

---

[183] *The Andropov File*.

[184] *Time*, March 25, 1985.

[185] *The Corruption in the USSR*.

volviéndose gradualmente cada vez más simbólico y a pocas personas les preocupaba más allá de las maneras formales y superficiales. Un sentido de pragmatismo y cinismo había comenzado a dominar los escalones superiores de la elite política soviética. (...) una "economía en las sombras" (negra) o "gris" se había desarrollado al punto socavar la economía planificada (...) la propia debilidad de los líderes comunistas del período -Leonid Brezhnev, Konstantin Chernenko, Yuri Andropov- ayudaron a liberar a la sociedad de sus antiguos miedos".[186]

El embajador Anatoly Dobrynin escribió: "En Occidente muchos creían que el secretario general del Partido Comunista era un dictador que no debía responder ante nadie. Esto, desde luego, fue cierto en tiempos de Stalin, pero no en el de sus sucesores..."[187] Dobrynin, por caso, recuerda en sus *Memorias* que todas las cartas que Brezhnev enviaba a pares extranjeros debían ser aprobadas por el Politburo.

La herencia de la era Brezhnev

Este era el panorama a mediados de los años 80: "Jruschov había prometido que para 1980 se habría alcanzado el comunismo -es decir, el paraíso de la abundancia y la igualdad- y que, por supuesto, ya entonces la URSS habría superado a todas las potencias occidentales. La promesa del orondo líder comunista ucraniano no parecía del todo sorprendente. La economía soviética crecía a un ritmo del 6% anual, y todo lo mejor era previsible. En la actualidad, el ritmo de crecimiento viene a ser de, aproximadamente, la cuarta parte. Pero Jruschov fue derrocado después del fracaso de sus experimentos para la reforma del aparato del partido -o a causa de su *voluntarismo* como puede leerse hoy en la *Gran enciclopedia soviética*-, que le hicieron ganarse las iras de buena parte de sus funcionarios. Breznev se encontró, pues, con un inmenso país cuya economía ya empezaba a *hacer agua*, pero sus preocupaciones se centraron en dotar al país de una estabilidad política y contentar a todos. Las esperanzas de alcanzar el paraíso a principio de los ochenta se iban instalando cada vez en un horizonte más lejano. El prometido *radiante porvenir* terminaría convirtiéndose para buen número de jóvenes de la era Breznev en un simple, pero llamativo, rótulo propagandístico callejero. Para los jóvenes del campo, el mayor triunfo consistía en poder emigrar a la ciudad, donde las colas ofrecen, al menos, ciertas esperanzas de convertirse en *consumidor*. El campo fue el gran problema de la era Breznev. Desde 1951 a 1975, las cosechas de grano fueron incrementándose en un 2% anual, pasando de noventa millones de toneladas a doscientos millones. Entonces se inició una curva descendente, que ha costado a los soviéticos muchos millones de dólares, ya que han tenido que comprar sus déficits de grano en los mercados exteriores. Aún hoy, el 25% de la población soviética vive en el campo, mientras en Estados Unidos (gran exportador de grano) sólo lo hace el 4%. Los campesinos han oído muchas promesas, pero -según datos occidentales- todavía hoy el 36% de las viviendas rurales no tienen agua corriente. En las ciudades, el panorama es menos desalentador, pero la vivienda continúa siendo un problema: fuentes oficiales de la URSS admiten que el 20% de la población sigue viviendo en apartamentos comunales, donde tienen que compartir con otros inquilinos todos los servicios. El fenómeno de urbanización intensiva de la URSS ha generado -al igual que en Occidente- el problema generacional. A lo largo de dos años de residencia en Moscú hemos podido escuchar muchas veces las mismas quejas en boca de personas de edad madura: "Los jóvenes no ponen interés en nada... Han nacido con todas las comodidades... Si hubieran vivido la guerra o, tan siquiera, la posguerra... En nuestro tiempo era diferente... Hace falta mano dura... Con Stalin no pasaba esto...". En esas ocasiones, los hijos, por lo general, ni se tomaban la molestia de llevar la contraria a sus padres, limitándose a desviar la

---

[186] Shevtsova, L. p. 5-6.

[187] Dobrynin, p. 224.

conversación hacia cuestiones que parecían apasionarles: las biografías de Julio Iglesias o Adriano Celentano y los últimos usos indumentarios de Occidente. Nuevamente -y a nivel casero- se reproducía la vieja dicotomía de la historia rusa: mantenimiento de las esencias patrias contra modernización y apertura al exterior. Pero incluso algunos partidarios de la modernización afirmaban que preferían a Stalin antes que a Breznev, ya que encontraban que el primero tenía una "energía" de la que carecía el segundo."[188]

El historiador y militar soviético Dmitri Volkogonov escribió: "La adulación, el servilismo y el proteccionismo eran la norma durante (la era) Brezhnev. Su "sociedad estable y pacífica" albergaba tendencias que conducían al estancamiento y finalmente a la desintegración del estado totalitario. No fue Gorbachov quien originó la perestroika. Las fuentes del cambio inevitable, aunque indefinido, se entretejían en la propia estructura de la sociedad socialista. La era Brezhnev en efecto creo la cabecera de puente de las convulsiones sociales y políticas que llevarían al desmembramiento de la URSS".[189]

Hacia mediados de los años 80, la economía, dependiente de los precios del petróleo, comenzó a mostrarse fuertemente en crisis. La falta de competencia había terminado de anquilosar la economía soviética. Además, el país venía soportando la carga de la interminable guerra de Afganistán, iniciada en 1979.

Las cifras de crecimiento se acercaban a cero, la agricultura mostraba una crisis terminal y el Politburo tenía que destinar anualmente recursos en oro para comprar alimentos de Occidente para abastecer al país, las faltantes en los comercios se reproducían y fomentaban la corrupción a toda escala pero la dirigencia parecía ignorarlo todo.[190]

Ya a partir de 1983, la producción petrolera en Siberia comenzó a declinar. A esta realidad se le sumará, a partir de 1985-86, una fenomenal caída del precio del petróleo: ese año Arabia Saudita decidió aumentar exponencialmente la producción de petróleo, incrementando de dos a diez millones de barriles diarios provocando una espectacular caída en el precio del crudo que se derrumbó de 32 a 10 dólares por barril.[191] Los dramas económicos de la URSS no terminarán allí: el aumento del gasto de

---

[188] "Los soviéticos se volvieron escépticos durante la era Brezhnev", *El País*, 14 de noviembre de 2014

[189] Volkogonov, p. 279.

[190] En el 27 Congreso del PCUS, en febrero de 1986, Mikhail Gorbachov admitió que los objetivos del plan quinquenal 1981-1985 no se habían cumplido y que hubo retrasos en la fabricación de maquinaria, industria petrolera y hullera, electrotécnica, siderurgia y química. Gorbachov reconoció que tampoco se cumplieron los objetivos de cara al aumento del nivel de vida de la población.

[191] El rey saudí Fahd realizó una importante visita de Estado a Washington a comienzos de 1985.

Recientemente lo recordó Thomas Friedman: "The Russians have noticed. How could they not? They've seen this play before. The Russian newspaper Pravda published an article on April 3 with the headline, "Obama Wants Saudi Arabia to Destroy Russian Economy". It said: "There is a precedent [for] such joint action that caused the collapse of the U.S.S.R. In 1985, the Kingdom dramatically increased oil production from 2 million to 10 million barrels per day, dropping the price from $32 to $10 per barrel. [The] U.S.S.R. began selling some batches at an even lower price, about $6 per barrel. Saudi Arabia [did not lose] anything, because when prices fell by 3.5 times [Saudi] production increased fivefold. The planned economy of the Soviet Union was not able to cope with falling export revenues, and this was one of the reasons for the collapse of the U.S.S.R." Indeed, the late Yegor Gaidar, who between 1991 and 1994 was Russia's acting prime minister, observed in a Nov. 13, 2006, speech that: "The timeline of the collapse of the Soviet Union can be traced to

defensa de los EEUU, impulsado por la administración Reagan, obligará a Moscú a actuar en espejo, para mantener la *relativa* paridad armamentística.

Kaiser explica: "una de las causas por las cuales Gorbarchov fue posible es que el sistema soviético nunca funcionó tal como era publicitado" y "el colapso del comunismo fue más el resultado de que estaba exhausto que de las innovaciones de Gorbachov".[192] Gorbachov se convierte en protagonista de una generación que ha lamentado los resultados de la invasión a Checoslovaquia en 1968 y que es plenamente conciente de la necesidad de introducir cambios al agotado modelo de economía planificada centralmente.[193] "Las políticas de reestructuración de Gorbachov reflejaban los intereses de una generación joven y dinámica de burócratas soviéticos, especialmente de aquellos de las regiones y las repúblicas, que querían deshacerse del yugo de la gerontocracia del estilo Brezhnev que se había enquilosado en Moscú", explica Shevtsova.[194]

Un duro golpe para la URSS fue la demora en la construcción del gasoducto siberiano. En 1986, tras defeccionar a Occidente, Oleg Gordievsky reveló que el mismo llevaba dos años de atraso según el cronograma originario y que las turbinas existentes resultaban inadecuadas.[195] El propio gasoducto transiberiano fue objeto de un peculiar caso de sabotage en 1982.

Daniel Treisman sostiene que "la caída del precios del petróleo en los años 80 no hizo que la apertura política de Gorbachov fuera inevitable. Por el contrario, una estrategia de autopreservación política más pragmática hubiera ajustado más el control doméstico, hubiera recortado el gasto y se hubiera ajustado sacrificadamente a las nuevas condiciones internacionales. Eso es lo que Andropov hubiera hecho. La forma en que Gorbachov respondió debe ser atribuida a él en forma personal. En ciertos momentos, las ideas de los líderes son extremadamente importantes".

En la concepción del nuevo líder, la imagen externa de la URSS requería un cambio radical. El diplomático Sergei Tarasenko explicó: "habíamos amasado un legado muy negativo... lo primero que teníamos que hacer era cambiar la imagen del país. Teníamos que convertirnos en un "país normal". No podíamos seguir desempeñando el rol del país-paria. En todos los aspectos estábamos contra un muro de ladrillos. En la opinión pública mundial estábamos en el nivel de los bárbaros. Eramos temidos pero al mismo tiempo, nadie nos respetaba. Eramos el "imperio del mal". Teníamos que salirnos del rincón en el que habíamos sido conducidos en el respeto por los derechos humanos, la libertad para

---

Sept. 13, 1985. On this date, Sheikh Ahmed Zaki Yamani, the minister of oil of Saudi Arabia, declared that the monarchy had decided to alter its oil policy radically. The Saudis stopped protecting oil prices. ... During the next six months, oil production in Saudi Arabia increased fourfold, while oil prices collapsed. ... The Soviet Union lost approximately $20 billion per year, money without which the country simply could not survive." Thomas Friedman: "A Pump War?", *The New York Times*, October 14, 2014.

Entre 1980 y 1989 el precio del petróleo cayó más del 50 por ciento. Treisman, p. 31.

[192] Kaiser, p. 16.

[193] Kotkin, p. 3.

[194] Shevtsova, p. 7.

[195] Stone, p. 547.

emigrar, Afganistán y todo eso. Pero todo lo que podíamos hacer era romper con el pueblo. Había demostraciones en todos lados contra nuestro ministro de Asuntos Exteriores, Gromyko. Poca gente leía el *Pravda*, pero todo el mundo leía el *New York Times*. La gente que leía el *Pravda* eran Fidel Castro... y el Consejo de la Paz Mundial, cuyos servicios eran pagados por nosotros..."[196]

Primeros pasos

En mayo de 1985, pocas semanas después de acceder al poder, Gorbachov lanzó una nueva campaña contra el alcoholismo. Una iniciativa similar había sido intentada, sin exito, por Andropov. El consumo excesivo de alcohol era señalado como una de las causas de la caída de la productividad en el país. Hacia el final de la era soviética, las autoridades estimaban que había unas 40 millones de personas reconocidas como alcohólicos sobre un total de 270 millones de habitantes, aunque se creía que la cifra era aun mayor. Se elevó la edad legal para consumir alcohol de 18 a 21 años y se restringieron los puntos de venta. La política le traería "pocos amigos" a Gorbachov. Tucker sostiene que "ninguna iniciativa tomada por Gorbachov en sus primeros tiempos en el poder le granjeó más el rol de líder del cambio como esta que atacaba uno de los patrones de conducta más extendidos del país".[197] Tres años más tarde será abandonada.

Semanas antes, había recibido a Tip O´Neill, *Speaker* de la Cámara de Representantes de los EEUU. El influyente legislador (demócrata) había sido enviado por el presidente Reagan en una misión bipartidaria a Moscú. O´Neill, célebre por su famoso libro *All Politics is Local*, sostuvo que Gorbachov "es un maestro en el uso de las palabras, en el arte de la política y la diplomacia".[198] Por su parte, el nuevo líder soviético llamó a terminar con la "era de hielo" entre las superpotencias.[199] En mayo recibió a Bettino Craxi, entonces primer ministro italiano. El 25 de ese mes, Gromyko mantuvo una reunión con su par George Shultz en Viena.

Al cumplir cien días de gobierno, el escritor Roy Medvedev[200] reflexionó sobre el estilo de Gorbachov: "Los cambios más notables sucedidos en el Kremlim son de estilo y manera de actuar. El estilo se ha hecho más simple y democrático. La manera de actuar de Gorbachov está lejos del aplomo y el humor brutal de Jruschov, y también de la seguridad de Breznev. Todo indica que Gorbachov llegará a ser, por lo visto, el primer líder soviético para quien la televisión será una compañera y no una enemiga.

---

[196] *1989*, p. 139.

[197] Tucker, p. 149.

[198] *International Herald Tribune*, 11 April 1985.

[199] "Gorbachev, Receiving O´Neill, Urges U.S. to End "Ice Age", *The New York Times*, April 10, 1985.

[200] Roy Medvedev nació en Tbilisi (Georgia) en 1925. Escritor e historiador, fue un crítico del estalinismo. Su obra más conocida es "Que la historia me juzgue" *("Let History Judge. The Origins and Consequences of Stalinism")* escrita a fines de los años 60 y publicada en 1972 y constituye un duro cuestionamiento del período de Stalin, una tendencia extendida en la intelectualidad de la época. Durante la era Brezhnev, Roy Medvedev sufrió arrestos domiciliarios y acoso de la KGB. Con la llegada de Gorbachov, se convirtió en asesor del líder y en 1989 fue elegido miembro del Congreso de los Diputados y fue nominado para integrar el Soviet Supremo.

Cuando en el pasado Breznev leía con gran dificultad simples palabras rusas, la mayoría de los soviéticos desconectaban sus aparatos de televisión. La mayoría de los soviéticos acogió la elección de Gorbachov con satisfacción. Este apoyo ha crecido en los tres meses pasados. Pero hace falta no solamente poner en marcha nuestro país, sino también asegurar su dirección en un sentido correcto."[201]

Ya el 23 de abril de 1985, en el Plenario del Comité Central, Gorbachov comenzó el proceso de reorganización del liderazgo soviético incorporando como miembros plenos del Politburo (con derecho a voto) a Igor Ligachev, de 64 años, y Nikolai Ryzhkov, de 55. Este último, sería nombrado primer ministro meses más tarde.[202] La incorporación de nuevas figuras al Politburo tenía el propósito indudable de "compensar" la influencia de los septuagenarios remanentes de la era-Brezhnev.

La campaña de "limpieza" de antiguos cuadros acusados de corrupción tuvo una expresión notoria a fines de ese año cuando se despidió al primer secretario partidario en Turkmenia, Mukhamednazar Gapurov, acusado de deficiencias económicas en su gestión. Días más tarde, el *Pravda* expresó: "bajo su mando los cuadros eran promovidos a menudo en base a la lealtad personal, los vínculos familiares o el lugar de nacimiento. Existía un terreno fértil para el nepotismo, la adulación y el arribismo, lo que creó una atmósfera de laxitud y mutuo compadraje y dio nacimiento al servilismo y la irresponsabilidad. Y esto condujo a una variedad de abusos".[203]

Gorbachov parecía ser plenamente conciente de la necesidad de reformar la economía soviética, tal como hemos visto. La influencia de Yakolev parece ser determinante en sus ideas, que quedaron evidenciadas durante el viaje a Londres de diciembre de 1984 que se analiza en el capítulo anterior. El antiguo embajador en Canadá es nombrado jefe del departamento de Propaganda del Comité Central. Una prueba de su convencimiento en la ineficiencia del sistema puede encontrarse cuando un periodista francés le preguntó desde cuando existían problemas en la agricultura en la URSS, Gorbachov respondió "desde 1917". En 1984, durante unas vacaciones en el Mar Negro, Gorbachov coincidiría en que "todo funciona mal" con quien sería su ministro de Asuntos Exteriores, Eduard Schevardnadze.[204] Pocos días después del 12 de marzo de 1985, después de la llegada de Gorbachov a la Secretaría General del Partido, el *Izvestia* -órgano oficial del gobierno soviético- informaba que "era hora de entrenar a los gerentes al estilo occidental".[205]

---

[201] "Los cien días de Gorbachov", *El País*, 19 de junio de 1985. "First 100 Days of Gorbachev: A New Start", *The New York Times*, April 16, 1985.

[202] Nikolai Ryzhkov reemplazó a Nikolai Tikhonov como premier en septiembre de 1985.

[203] *Pravda*, January 21, 1986.

[204] O´Connor.. p. 17.

Shevardnadze fue nombrado ministro de Asuntos Exteriores el 2 de julio de 1985, una vez que el Soviet Supremo aprobó la nominación de Gromyko como jefe de Estado (titular del Presidium). Schevardnadze, un hombre con fama de eficiente en la tarea de combatir la corrupción, carecía absolutamente de experiencia en materia de política exterior. Esta parece haber sido la causa de su elección para reemplazar nada menos que a quien durante tres décadas había conducido las relaciones internacioneles del país (Gromyko). Más tarde, Schevardnadze llegará a ser presidente de Georgia.

[205] "Gorbachev Pushes Corruption Drive", *The New York Times*, March 25, 1985.

Paralelamente, convivían dos realidades en la Unión Soviética. Dos mundos separados cada vez más distantes el uno del otro. Por un lado, "la aristocracia comunista, las familias de los funcionarios del gobierno y del Partido, en su capullo de privilegios, con sus autos con choferes, tiendas y clínicas especiales, escuelas de elite, *dachas* en las afueras (casas de campo), vacaciones en resorts del Mar Negro, viviendas de lujo y una red de nepotismo para ubicar a las próximas generaciones. Mientras tanto, los alrededores de la metrópolis estaban derruidos. Sórdidos bloques de apartamentos se desparramaban en las afueras, con sus sistemas de redes corroídas, con sus vandalizados zaguanes hedientos de orina. El sistema de transporte público sobrecargado y peligroso, el mercado negro plagado de corrupción, la basura y los cortes de energía.."[206]

Un síntoma del "cambio de época" en la URSS pudo observarse en la publicación de un artículo en el *Pravda*, órgano oficial del PCUS, en noviembre de 1985, en ocasión del tercer aniversario de la muerte de Leonid Brezhnev. Sin nombrar al ex secretario general del Partido, se condenaba "la lisonja y la adulación hacia los dirigentes y se colocan estas actitudes al mismo nivel que el culto a la personalidad y el subjetivismo y voluntarismo, los eufemismos con los que se critica en la URSS la gestión de José Stalin y Nikita Jruschov, respectivamente".

El artículo no mencionaba a Brezhnev, pero en la opinión de observadores soviéticos y occidentales no dejaba ninguna duda de que está dirigido contra el estilo de trabajo y gestión que Breznev representaba. En la línea de Yuri Andropov, el dirigente Mijail Gorbachov y su equipo continuaban una campaña en favor de la disciplina y la eficiencia, que tocaba directamente a los representantes del viejo estilo brezneviano, quienes no temían por la estabilidad de sus cargos y ejercían sus privilegios como algo natural". *Pravda* señalaba: "Recordemos los tiempos más cercanos, cuando las alabanzas irrefrenables hacia algunos dirigentes adquirieron tan gran amplitud". "En el período actual", proseguía el artículo, "la situación ha mejorado radicalmente. El comité central emprendió una lucha intransigente contra todo esto. (...) Que cada dirigente ponga más en primer plano la modestia leninista, la simplicidad en las relaciones con los trabajadores, la eficacia". De hecho, las críticas a Breznev comenzaron ya en vida de éste, especialmente durante los últimos años de existencia. En Moscú proliferaron las historias de corrupción y escándalos que tocaban a su familia, y especialmente a su hija Irina, esposa del viceministro del Interior de entonces, general Yuri Churbanov. Breznev fue objeto de mofa en un artículo publicado por la revista Aurora en 1981, cuando el dirigente cumplió 75 años. En su página 75, Aurora trazaba un retrato de un viejo escritor decrépito que apenas si podía leer. El parecido con Breznev era tan obvio como lo ha sido este año el de un personaje teatral moscovita que actuaba en la obra *Noé y sus hijos*. El actor Sergei Koltakov, en una parodia de intervención de Breznev ante la ONU, afirmaba haber concluido acuerdos sobre la prohibición de. armas nucleares -alusión al SALT-, al tiempo que confesaba ignorar todo sobre cohetes de medio alcance.

Meses después, publicó *El País*: "Comienzan las acusaciones de corrupción contra dirigentes de la era Breznev. Un alto funcionario de la época brezneviana, el fallecido Sharaf Rashidov, miembro suplente del Politburó y primer secretario de la República centroasiática del Uzbekistán, ha sido tratado en público por sus herederos políticos como un delincuente degenerado. El desmantelamiento de la imagen de Rashidov, presentado en su día como un comunista ejemplar, se ha producido en el congreso del Partido Comunista del Uzbekistán y ha hecho aumentar la expectación sobre el eventual tratamiento que dará el próximo 27º Congreso del Partido Comunista de la Unión Soviética (PCUS) a las figuras de Leonid Breznev, muerto en 1982, y de sus allegados más íntimos. La fase preparatoria del congreso culmina esta semana con los congresos de las Repúblicas de Kazajstán y Ucrania, consideradas reductos de la *vieja guardia* y representadas en el Politburó por Dinmohamed Kunaiev y

---

[206] *The Return*, p. 44

Vladimir Cherbitski, respectivamente (...) La corrupción era tal que el primer secretario reconoció que fue necesaria la intervención de Moscú para poner orden. Usmanjodzhaev se refería al pleno del comité central del partido, de junio de 1984, en el que se reveló la extensión de la corrupción. En aquel pleno intervino el secretario del comité central Igor Ligachov, hoy miembro del Politburó, considerado como el brazo derecho de Gorbachov y encargado de cuestiones ideológicas. Al parecer, los destituidos en las purgas de Uzbekistán tratan de defenderse, según se desprende del informe de Usmanjodzhaev, quien acusó a los represaliados de querer presentar las acciones contra ellos como una "fustigación de cuadros" y de presentarse a sí mismos como "Ofendidos y víctimas" en nombre de los intereses de la República. Usmanjodzhaev denunció los "intentos aislados y velados de presentar la lucha por el restablecimiento del orden como una campaña antinacionalista". [207]

La edición del verano de 1985 de *Foreign Affairs* destacaba que Gorbachov había afirmado ante una audiencia partidaria que "hubo fallas en la percepción de la necesidad de cambiar en aspectos centrales de las relaciones de producción" y había alertado sobre "el conservadurismo y el estancamiento en las relaciones de producción soviéticas". La publicación advertía que "en términos marxistas-leninistas, este tipo de afirmaciones es tan crítica en materia económica como la contenida en el discurso secreto de Kruschov en 1956 en materia política". El artículo reseñaba que "después de la larga parálisis de los últimos años de Leonid Brezhnev y el pasaje fugaz de Yuri Andropov y Konstantin Chernenko, una suerte de demanda hambrienta por cambios profundos se instaló en la elite soviética así como en los estadistas, analistas y periodistas occidentales".

Perestroika

El 25 de febrero de 1986, en el 27 Congreso del PCUS, Gorbachov lanzó su ambicioso programa de reformas: *Perestroika* (reestructuración). Su objetivo era liberar variables para permitir mayores grados de iniciativa privada y favorecer un clima de transparencia a través de la *glasnost* (apertura). En el diseño de las reformas, tiene influencia Alexander Yakolev.[208] Denuncia la corrupción y la inercia. El cinismo parecía haberse adueñado de la sociedad: "el pueblo hacía *como que* trabajaba. El gobierno hacía *como que* le pagaba".

Un editorial en el órgano partidario *Pravda* señalaba que los problemas del país llamaban a la necesidad de "intensificar la economía; acelerar el progreso científico y tecnológico; alcanzar niveles elevados mundialmente en la productividad laboral y el perfeccionamiento del gerenciamiento y la planificación. Y es necesario asimismo elevar la calidad de la producción, intensificar la lucha contra el malmanejo y el gasto excesivo".[209]

---

[207] *El País*, 5 de febrero de 1986.

[208] En 1983, Yakolev era embajador soviético en Canadá. Durante una visita oficial en mayo de ese año, Gorbachov lo conoció. A los pocos días descubrieron que compartían su visión sobre el estado de crisis terminal de la economía soviética. De alguna manera, la Perestroika nació en una granja de Ontario. Christopher Shulgan: *"The Soviet Ambassador"* (2011).

[209] *Pravda*, April 20, 1985.

Los estudios más profundos del período parecen demostrar que el programa de reformas que pasaría a la historia con el nombre de *Perestroika* no fue, hasta 1987, sino una suerte de "cuestión de discurso".[210] La iniciativa se traduciría en planes concretos recién después de dos años desde la llegada al poder de Gorbachov. Durante los primeros tres años, Gorbachov parece buscar introducir reformas económicas a través de las instituciones existentes. Las dificultades que encontrará lo llevarán a ensayar un programa de cambios en la estructura política y jurídica de la URSS y terminará de alterar el statu-quo de la conservadora elite política.[211]

En febrero de 1986, un artículo en el *Pravda* sostenía que las reformas emprendidas por el gobierno "no son una purga, sino una purificación".[212]

Sebestyen escribió: "Gorbachov nunca quiso abandonar el comunismo. Creyó que su destino era salvar el comunismo y purificarlo. En los tempranos días, perestroika -reestructuración- significaba un proceso de modestas reformas para mejorar la disciplina laboral (...) Gorbachov creía en el socialismo y estaba convencido de que Lenin había diseñado un camino de verdad, pero que el proyecto había fallado cuando Stalin lo había desviado y lo había mal-representado. Esta ilusión era compartida por muchos genuinos comunistas. Gorbachov creyó que la Perestroika retornaría a los ideales de Lenin".[213]

Glasnost

La segunda batería de reformas e iniciativas de Gorbachov pasaría a la historia con el nombre de "glasnost" (transparencia). Buscando estimular soporte político y social a la Perestroika, el nuevo líder soviético comenzó a implementar medidas de reforma y liberación de la censura. La apertura significaría el levantamiento de la restricción de publicaciones, exhibiciones y otras manifestaciones artísticas.

El "deshielo cultural" tiene un alcance mucho más extendido que el de treinta años antes, cuando Kruschov denunció los abusos del estalinismo. La prensa occidental destacó: "La revista *Nasch Sovremeniv* publicó una novela de Víctor Astafiev. El mensual *Novi Mir* va a publicar la novela de V. Dudinzev sobre la situación anormal de la ciencia soviética. Se debate en estos momentos la publicación de la excelente novela antiestalinista de A. Ribacov *Los niños del arbar*. Las revistas sobre economía, historia, filosofía, incluso las del partido, han ganado en interés; por ejemplo, la revista *Comunist* publicó recientemente una carta pidiendo la abolición de todos los privilegios de los que gozan los dirigentes del partido. Como es sabido, los *sobres* con grandes sumas de dinero, que fueron abolidos en tiempos de Jruschov, se transformaron en tiempos de Breznev en abundantes *raciones* de alimentos para los cuadros dirigentes y los miembros de sus familias a precios simbólicos. En el repertorio de los teatros moscovitas y de Leningrado han aparecido espectáculos impensables hace 10 e incluso dos

---

[210] Stone, p. 547.

Volkogonov afirma que Gorbachov: "No tenía un plan ni una gran estrategia". Volkogonov, p. 433.

[211] *Power and Purpose*, p. 18.

[212] *Pravda*, February 13, 1986.

[213] Sebestyen, p. 136.

años. La puesta en escena de los famosos ensayos de V. Oviechkin *Días en el distrito*, publicados en 1952-1956, o la novela de F. Abramov *Hermanos y hermanas,* publicada en 1958, se presentan ahora como obras actuales sobre los problemas contemporáneos. Lo mismo ocurre con la pieza *Crónica de Nerón y Séneca*. En las pantallas cinematográficas se ha proyectado la película *Control en los caminos*, rodada ya hace 15 años, pero prohibida hasta hoy por su contenido antiestalinista, es una cinta no solamente sobre la guerra, sino sobre la característica falta de confianza hacia la gente propia de los tiempos de Stalin."

Aquel 25 de febrero de 1986, al inaugurar el 27 Congreso del PCUS, el líder soviético, Mijail Gorbachov, formuló ayer duras críticas con los fallos y la ineficacia en la URSS durante la *era Breznev*. Ese día, se cumplían 30 años del histórico discurso de Kruschov de denuncia de los abusos del estalinismo. La prensa española reseñó: "A lo largo de la misma intervención, el dignatario soviético mencionó, por primera vez desde que accedió a la secretaría general del partido, la palabra "reformas", en el contexto de sus planes para el futuro. Gorbachov habló prácticamente de todo durante su largo discurso, desde los grandes problemas de la humanidad, como la militarización del espacio, las armas nucleares y los recursos ecológicos, hasta de pequeñas cuestiones burocráticas o de carácter técnico. En sus numerosas acusaciones contra la "la inercia, el anquilosamiento de las formas y los métodos de gestión", apenas citó ningún nombre propio. El de Breznev fue mencionado en una sola ocasión. La situación "exige cambios", dijo el líder, que se refirió a continuación a una "psicología peculiar" imperante en sectores de los órganos del Estado, fundamentalmente preocupados porque las cosas no varíen. Gorbachov pronunció duros ataques contra Estados Unidos, aunque ratificó su voluntad de negociar el desarme y destacó algunos puntos de esperanza en la propuesta sobre euromisiles que el presidente norteamericano, Ronald Reagan, le envió el pasado domingo."[214]

En 1986, solamente cuatro de los catorce integrantes del Politburo de 1981 continuaban en el poder: Gorbachov, Gromyko, Shcherbitskii y Kunaev y solo el secretario general era miembro del Politburo y el Secretariado. El congreso del Partido de ese año 1986 mostraba la consolidación del poder de Gorbachov. El cincuenta por ciento de los miembros del secretariado y del Politburó habían sido nombrados por el nuevo líder. La edad promedio se había reducido a 60 años y las purgas en todos los niveles eran comparables a las que tuvieron lugar a partir de 1953 con la muerte de Stalin.[215]

Incertidumbre en Occidente

Durante sus dos primeros años como secretario general del PCUS, Gorbachov era visto con "suspicacia" en Occidente. En ese contexto, Milovan Djilas escribió a mediados de 1985: "(Gorbachov) es más el sucesor de Andropov que del pasivo e inmóvil Chernenko... las complejidades y dificultades del cambio post-industrial llevarán a Gorbachov a prestar más atención a la política exterior. Pero ello no lo llevará a ignorar los intereses del imperio soviético o a abolir la posición suprema de la burocracia partidaria".[216] Una prueba de las dudas que generaba Gorbachov en los comienzos de su gobierno llevó

---

[214] "Gorbachov critica la "era Brezhnev" al inaugurar el 27 Congreso del PCUS", *El País*, 26 de febrero de 1986.

[215] Stone, p. 542.

[216] *Kontinent*, No. 46, Munich, 1985.

a Donald Regan -jefe de gabinete de Reagan- a asegurar durante una reunión confidencial con los principales columnistas del *Washington Post* en febrero de 1986 que el nuevo líder era aun más peligroso que Andropov.[217]

Una muestra concreta del cambio de política exterior llevará a Gorbachov a desprenderse del histórico ministro de Asuntos Exteriores, Andrei Gromyko, quien llevaba 28 años al frente de la diplomacia soviética. Su reemplazante, Eduard Shevardnadze, carecía de experiencia en la materia: había pasado prácticamente toda su vida en Georgia. La búsqueda de un nombramiento novedoso y de una persona totalmente identificada con el nuevo liderazgo parecen ser las causales de Gorbachov. Al nominar a Shevardnadze, Gorbachov descartó a valiosos y experimentados diplomáticos soviéticos, como Dobrynin.[218] Este, por su parte, apuntó en sus *Memorias* que durante una estadía en Moscú, a fines de ese año, asistió a una sesión del Politburó en la que Gorbachov planteó la necesidad de encontrar una solución a la crisis en Afganistán. "Es tiempo de irnos", sostuvo.[219]

A mediados de octubre de 1985, Gorbachov realizó su primer viaje a Occidente en su calidad de líder de la URSS: viaja a Francia. Sería la antesala de su gran entrada en la escena internacional, semanas más tarde. En París, el líder soviético se mostraría "amante de la paz, flexible, razonable, vigoroso, persuasivo y urbano".[220]

La cumbre de Ginebra

En efecto, entre el 18 y el 21 de noviembre de aquel año tiene lugar la cumbre de Ginebra entre Gorbachov y Reagan. La reunión concita gran interés mundial, habida cuenta que, desde hacía seis años no había tenido lugar una cumbre entre líderes de ambas superpotencias. La última vez que un presidente norteamericano y un secretario general de la URSS se habían reunido había sido en 1979, cuando Carter y Brezhnev firmaron el tratado SALT II en Viena. Esta reunión de Ginebra es el primer paso que conducirá al final de la Guerra Fría. Al estrechar la mano de Gorbachov, en el Chateau Fleur d´Eau, Reagan le aseguró: "apuesto que los halcones de nuestros dos países deben estar furiosos al ver esta imagen".

Los líderes de las superpotencias volverán a reunirse un año después, en Reykjavik (Islandia) en octubre de 1986. Se acuerdan políticas de reducción de arsenales nucleares existentes y que buscan detener la carrera armamentista. A partir del segundo mandato del presidente Reagan (1985-1989) y de la llegada de Gorbachov al Kremlin (marzo de 1985), se inicia el fin de la llamada "segunda Guerra Fría" que había comenzado en 1980 con la llegada de Reagan a la Casa Blanca y su Iniciativa de Defensa Estratégica (más conocida como "Guerra de las Galaxias").

---

[217] Volkogonov, p. 493-494.

[218] Volkogonov, p. 491.

[219] La sesión del Poliburó tuvo lugar el 17 de octubre de 1985. Dobrynin, p. 447.

[220] "It will be a visit organized and arranged like *nouvelle cuisine* --high on decorative presentation and delicate in flavor, but low in sustenance and not much to take away other than the impression of having dined elegantly and well." "Politesse Over Realities", *Los Angeles Times,* September 29, 1985.

La cumbre tuvo lugar en el marco de una "nerviosa cordialidad", según describe la prensa norteamericana.[221] Al término de la cumbre, Gorbachov voló de Ginebra a Praga, para informar a sus aliados del Pacto de Varsovia. Al llegar a la capital checa, el líder soviético "se sintió un conquistador" y habló a sus socios sobre su encuentro con Reagan "con tono de triunfo".[222] Al volver a Moscú, Gorbachov podrá avanzar en la política interna: reemplaza a Grishin por Boris Yeltsin al frente del Partido en la sede de la capital. Poco después, Grishin sería removido del Politburó y Yeltsin será nominado candidato para sucederlo.[223]

El último día del año, Gorbachov y Reagan desearon un futuro de paz a la población de la URSS y EEUU. El líder soviético lo hace a través de la televisión norteamericana y el presidente Reagan por medio de la cadena oficial soviética. En un hecho "inusual", tal como lo describió el *New York Times*, Gorbachev deseó "buena salud, paz y alegría" a cada familia norteamericana.[224] Las suspicacias entre los líderes, sin embargo, no habían desaparecido. En enero de 1986, el secretario Shultz le aseguró a sus colaboradores que Gorbachov era un líder "aun más duro" que sus antecesores al frente de la URSS.

Chernobyl

Cuando Gorbachov llevaba apenas poco más de un año al frente de la URSS, una tragedia de dimensiones tocó la puerta del Kremlin. La explosión, el 26 de abril de 1986, de la central nuclear de Chernobyl, en las cercanías de Kiev (Ucrania), dejó a la luz las enormes deficiencias del sistema soviético y puso de relieve las limitaciones de la política de glasnost impulsada por Gorbachov. La catástrofe reveló la crisis del régimen: a la ineficacia del sistema hiper-secreto soviético se suma la incapacidad de dar respuesta rápida a la tragedia. "Psicológicamente, Chernobyl trastornó a la Unión Soviética y se transformó en el único tema de conversación aquel verano", escribió Kaiser.[225]

El hecho de que en un primer momento las autoridades soviéticas aseguraron que solamente habían muerto dos personas y que no había riesgos de radiación, terminó de dañar la imagen del país y del comunismo como sistema. Durante las primeras 36 horas, el gobierno apenas emitió dos comunicados

---

[221] "Reagan, Gorbachev Hold Extended Talks", *The Washington Post*, November 20, 1985; *The Reagan Diaries*, 11/19/85-11/20/85, p. 369-371.

[222] Volkogonov, p. 492.

Por su parte, Reagan informó a sus aliados de la OTAN. Venue: NATO Supreme Headquarters, Brussels, November 21, 1985 - Reagan Library: Robert E. Linhard Files (Folder: Geneva Summit Records, Nov 19-21 1985 [4 of 4]) OA 92178

[223] Yeltsin fue nominado el 18 de febrero de 1986. Días más tarde, durante el 27 Congreso del PCUS, dio un discurso en el que trató el espinoso asunto de los privilegios.

[224] "Reagan Exchanges Greetings on TV with Gorbachev", *The New York Times*, January 2, 1986.

[225] *Why Gorbachev Happened*, p. 128.

que reunían tan sólo 250 palabras en conjunto, como destacó la prensa norteamericana.[226] Solamente el *Izvestia* -el periódico gubernamental- reconoció los hechos en su edición del día 29 de abril. El gobierno no informó el verdadero alcance del accidente y se niega a suspender las celebraciones del 1 de mayo, Día de la Solidaridad Internacional de los Trabajadores y del 9 -día de la Victoria-, ni suspendió la visita del presidente de Angola. Un vocero gubernamental sostuvo que la presa occidental estaba actuando con "histeria anti-soviética". Boris Yeltsin, entonces jefe partidario de Moscú y miembro-candidato del Politburó dijo, durante una visita a Alemania Federal, que "nuestros oponentes ideológicos no pierden oportunidad para lanzar una campaña en contra de la Unión Soviética". El 13 de mayo, el *Pravda* reconoció que "esto es una agonía para nuestra Patria. Y llevará mucho tiempo sanar esta herida. Chernobyl". Un demacrado Gorbachov habló al país recién el día 14 de mayo -casi tres semanas más tarde- y denuncia el aprovechamiento que la prensa occidental ha hecho del desastre. La tragedia de Chernobyl puso de manifiesto las inconsistencias profundas de una superpotencia militar que convivía con una infraestructura interna propia del tercer mundo.

Desde Tokio, donde sesionaba la cumbre del G-7, el presidente Reagan afirmó que "la Unión Soviética le debe al mundo una explicación".[227] La población soviética pudo informarse sobre el verdadero alcance del desastre a través de la *Voice of America* o la *BBC* y por medio de la prensa oficial. Un comunicado de la Oficina de Prensa de la Casa Blanca, emitido el 1 de mayo aseguraba que "las autoridades soviéticas continúan manteniendo una cerrado hermetismo respecto a la información sobre el accidente nuclear y sus consecuencias".

Gorbachov, a pesar de daño causado a la imagen del país, aprovechó el desastre para impulsar más la necesidad de reformar el sistema. En efecto, durante sus dos primeros años en el Kremlin, Gorbachov solidificó su base de poder en el Politburó.

En julio de ese año 1986, durante una visita del presidente francés Francois Mitterand a Moscú, el líder soviético llamó a renovar los esfuerzos por una alianza europea "del Atlántico a los Urales", citando la famosa fórmula del general De Gaulle.

En septiembre, Shevardnadze viajó a Washington por segunda vez (su primer viaje fue en septiembre de 1985), donde se entrevistó con el Secretario de Estado George Shultz. El *New York Times* reflejó el 21 de ese mes el estilo "menos calculado, más informal y relajado" del nuevo ministro soviético, en comparación con su antecesor, Andrei Gromyko.

La guerra imposible de ganar

---

[226] "Nuclear Disaster: How Could It Happen? Soviet keep Lid on News Coverage", *The New York Times*, April 29, 1986.

[227] "A nuclear accident that results in contaminating a number of countries with radioactive material is not simply an internal matter," Reagan declared in his regular Saturday radio address, which was taped in Tokyo where he and the leaders of six other major industrialized democracies will open their 12th economic summit meeting today. "The Soviets owe the world an explanation," the President said. "A full accounting of what happened at Chernobyl and what is happening now is the least the world community has a right to expect." *Los Angeles Times*, May 4, 1986.

Lou Cannon: *President Reagan: The Role of a Lifetime*, p. 679.

Desde un inicio, la guerra de Afganistán se transformaría en un drama para Gorbachov y constituiría una de las más graves herencias de la era-Brezhnev. El 13 de noviembre de 1986, el líder reconocería frente a sus colegas que: "hemos estado peleando durante seis años" y que "si no cambiamos nuestro enfoque, podremos estar 20 o 30 años más. Debemos salir cuanto antes. No necesitamos el Socialismo allí, ¿o si?". Anatoli Chernayev, el principal asesor de Gorbachov en política exterior, sostuvo que Afganistán "es nuestro Vietnam".[228]

El mariscal Sergei Akhromeyev le había asegurado a Gorbachov que era imposible controlar el territorio fuera de Kabul y algunos centros provinciales y admitió que solo una minoría del pueblo afgano era partidaria del régimen títere que sostenía Moscú. Yakolev reconoció que "Gorbachov, Schevardnaze y yo creíamos que había que salir cuanto antes".[229]

Gorbachov terminará anunciando el retiro de las tropas de Afganistán en 1988, una operación que terminaría de completarse a comienzos de 1989.

Foreign Affairs publicaba en su edición anual de 1986: "Gorbachov: ¿una nueva política exterior?" y destacaba que desde que el nuevo secretario general había asumido el poder "mejoró la política exterior soviética" tanto en las formas como en el fondo. La publicación recordaba que en un discurso en Vladivostok, en julio, Gorbachov había afirmado que "el estado actual del desarrollo de la civilización, requiere el dictado de una ruptura radical y urgente con muchas de las aproximaciones de política exterior, una ruptura con las formas tradicionales del pensamiento político".

La cumbre de Reyjavik

La segunda reunión Reagan-Gorbachov tendrá lugar en octubre de 1986, en Reyjavik (Islandia). Los resultados de la misma fueron materia de discusión entonces. Las negociaciones fracasaron "a último minuto". Sin embargo, la historia demostró más tarde que Reykjavik fue un paso fundamental en el camino a la firma del tratado INF (Intermediate-Range Nuclear Forces Treaty) en Washington, a fines

---

[228] *"1989"*, p. 200-201.

Thousands of Soviet troops intervened to prop up the pro-communist regime, leading to a major confrontation that drew in the US and Afghanistan's neighbours. During the Soviet occupation about a million Afghans lost their lives as the Red Army tried to impose control and millions more fled abroad as refugees. Soviet deaths were estimated to be around 15,000. The Soviet authorities hailed the withdrawal from Afghanistan as a victory although many people felt the exit marked a major humiliation of the Red Army's military power.

[229] *"1989"*, p. 202.

"Hemos perdido la batalla. La mayoría de la población afgana es partidaria de la contra-revolución", afirmó el mariscal Sergei Akhromeyev, en Noviembre de 1986, ante el Politburó. Aseguró que el 80 por ciento del territorio estaba en manos de las fuerzas contra-revolucionarias. *Ghosts of Afghanistan: Hard Truths and Foreign Myths*, By Jonathan Steele, p. 107.

de 1987.

Al volver a Moscú, Gorbachov criticó a Reagan, en su informe al Poliburo. Señaló que "en Reykjavik conseguimos más puntos que en Ginebra" y advirtió que "la nueva situación demanda nuevas aproximaciones en nuestra doctrina militar, en la estructura de nuestras fuerzas armadas, su desarrollo y por lo tanto, en la industria para la defensa. Tenemos que pensar detenidamente qué debemos hacer si no habrá más misiles de medio alcance, qué tipo de armas deberíamos desarrollar, si es que no habrá más armamentos ofensivo de largo alcance". Gorbachov prometió que "no podemos permitir que el pacifismo penetre nuestras fuerzas armadas o la industria militar". En resúmen, sostuvo que "la cumbre de Reykjavik nos mostró que en los representantes de la administración norteamericana, estamos negociando con gente que no tiene conciencia ni moral (...) y que en Reagan estamos luchando no solo contra un enemigo de clase sino con alguien extremadamente primitivo, que parece un troglodita y exhibe una incapacidad mental".[230]

Una prueba de la subsistencia en las diferencias con los EEUU la aportó el renovado apoyo que el Kremlin otorgó al régimen sandinista de Nicaragua en mayo de ese año 1986.[231] En diciembre, Gorbachov cerró la agenda internacional de su segundo año en el poder con un viaje a la India.

En 1987, durante un pleno del Comité Central a fines de enero, Gorbachov lanza su programa de reformas políticas que pasará a la historia con el nombre de *Perestroika*. Sin saber exactamente qué significaba, *Perestroika* será una marca personal del nuevo líder soviético. Durante este período, Gorbachov parece actuar en base a una política de "ensayo y error". Nikolay Petrakov compara a Gorbachov con Cristobal Colón quien descubrió América pero creyó hasta el último de sus días que había llegado a la India.[232]

El propio Gorbachov se convirtió en un éxito editorial al vender cinco millones de ejemplares de su libro precisamente llamado "Perestroika", en el que presentó su programa de reformas como una "urgente necesidad". Entre otras iniciativas, Gorbachov persigue la introducción de candidatos en las elecciones a través de boletas secretas y la promoción de no-miembros del Partido para puestos superiores del gobierno. Asimismo, propone la participación de los trabajadores en la elección de la dirección de las empresas y recomienda esquemas de propiedad cooperativa.[233] Un decreto del Politburó, emitido el 24 de septiembre, permitirá que pequeños negocios sean administrados por individuos o cooperativas. Al mismo tiempo, Yakolev es presentado como candidato al Politburó (es decir miembro sin voto o *no pleno*). Yakolev será atacado por los conservadores, pero logrará ser miembro pleno en junio de 1987.[234]

---

[230] *Politburo minutes*, October 14, 1986, p. 3-4. Citado en Volkogonov, p. 495.

[231] En respuesta, la Administración Reagan logró que el Congreso votara una ayuda de cien millones de dólares a los "Contras".

[232] *Why Gorbachov Happened* - Begginings...

[233] Kaiser, p. 431.

[234] Yakolev murió en 2005, en Moscú, a los 81 años. Entonces Gorbachov dijo de él: "hizo una enorme contribución al proceso democrático y a la transformación del país". *Declaraciones a la Agencia ITAR-Tass*, en Londres, donde el ex secretario general se encontraba de gira.

En paralelo, comienza un proceso de liberación de disidentes y disminución sensible de la censura: la obra de Boris Pasternak´s, *Doctor Zhivago* fue finalmente publicada en la URSS en ese año. Pocos meses después *Literaturnaya Gazeta* publicará fragmentos de "1984" de George Orwell. La política de levantamiento de la censura quedó evindenciada cuando, sobre todo a partir de 1987, comentaristas occidentales comenzaron a participar en emisiones televisivas.[235] Incluso a fines de marzo de ese año, Yakolev pide a los funcionarios del poderoso área de Prensa "ser más abiertos y críticos".[236] Poco después, cesan las interferencias al programa *Voice of America*, cuya emisión radial en ruso es altamente popular en la población, ansiosa por obtener información no adulterada por las autoridades.

La ruptura con el pasado se expresó en algunas situaciones "simbólicas": el 3 de febrero, el marido de la hija de Brezhnev, Yuri Churbanov, queda detenido acusado de corrupción.[237] Será condenado a doce años de prisión meses más tarde.

Las reformas gorbachianas provocaron una ola de perplejidad en los países aliados. Europa del Este se muestra dividida ante las reformas soviéticas. Los países socialistas de Europa del Este han reaccionado de forma muy diferenciada, en algunos casos con cautela, al discurso del líder soviético, Mijail Gorbachov, ante el pleno del Comité Central del PCUS.[238]

En la primera semana de febrero de 1987, el ministro de Exteriores explicó en Berlín y Praga la renovación anunciada por Gorbachov. La gira de Shevardnadze buscaba el propósito de despejar la "notable confusión" que las políticas anunciadas en Moscú han provocado en los regímenes de la RDA y Checoslovaquía. El jefe de Alemania oriental, Erich Honecker, había reaccionado con "sentimientos encontrados" ante los planes de Gorbachov para democratizar el aparato del partido y fomentar la autocrítica, la transparencia y la eficacia, al punto que el discurso del *número uno* soviético ante el pleno del Comité Central del PCUS se publicó en la RDA con recortes considerables omitiéndose los pasajes más controvertidos y las críticas al pasado. El diario oficial *Neues Deutschland* omitió en su publicación del texto de Gorbachov los pasajes mas duros con el pasado y la actuación de la clase política soviética.

---

[235] *Autopsy..*, p. 106 y 107.

[236] Kaiser, p. 431.

[237] Kaiser, p. 431.

Yuri M. Churbanov, the son-in-law of the late Soviet leader Leonid I. Brezhnev, admitted on the fourth day of his trial Thursday that he abused his office as a top police official but denied that he took bribes. Churbanov, 51, a former first deputy interior minister, has been accused of being at the center of a multimillion-dollar, nationwide web of corruption. A bribery conviction could carry the death penalty, his lawyer said Thursday. Abuse of office carries a 10-year jail sentence. *Los Angeles Times*, September 9, 1988.

Accustomed to all the luxuries of life, Yuri M. Churbanov, the disgraced son-in-law of the late Soviet President Leonid I. Brezhnev, reportedly has had to give up only his Adidas jogging suit since entering the prison camp where he is to serve a 12-year sentence for corruption. Churbanov, once the Soviet Union's first deputy interior minister, has not done a day's work since he was incarcerated in Labor Camp No. 12 near the city of Nizhny-Tagil in the Ural Mountains, the newspaper Socialist Industry reported Wednesday. *Los Angeles Times*, April 20, 1989.

Churbanov fue condenado el 30 de diciembre de 1988. Galina Brezhnev murió en Moscú, en julio de 1998, a los 69 años de edad.

[238] "Gorbachev Draws a Mixed Reaction", *The New York Times*, February 12, 1987.

El texto del secretario general del PCUS, publicado habitualmente en su totalidad, fue considerablemente recortado. En materia económica, el régimen comunista alemán consideraba que ya había realizado reformas y que no había motivos de autocrítica. Por otra parte, Honecker se mantuvo firme en una postura conservadora en materia política: los conceptos de "democratizaación de la sociedad", "elecciones secretas", "transparencia" y "pluralidad" nunca generaron entusiasmo en el reluctante líder de la RDA.[239] En Praga, en cambio, las reformas de Gorbachov encontraron apoyo: el órgano oficial del partido comunista, *Rude Pravo,* expresó el incondicional apoyo de los comunistas checoslovacos al proceso iniciado en la URSS y a las palabras de Gorbachov ante el pleno del comité central. El 9 de abril de ese año, Gorbachov fue recibido como un héroe en Praga. La población de la capital checha ofreció la bienvenida más calurosa y sincera hecha en esta ciudad a un dirigente soviético desde la llegada del Ejército Rojo, al final de la II Guerra Mundial.

En Hungría se ha percibido una lógica satisfacción, por ver confirmadas en la URSS algunas iniciativas aplicadas ya por el régimen de Budapest, como son la pluralidad de candidatos en las listas electorales y la admisión de independientes.[240] Asimismo, en Polonia, el diario del Partido Obrero Unificado *(POUP), Tribuna Ludu,* elogió el discurso de Gorbachov y las resoluciones del pleno que, según señaló, dejan atrás actitudes triunfalistas con efectos negativos.

En tanto, las reformas de Gorbachov fueron duramente rechazadas por el dictador rumano Nicolae Ceaucescu. El 4 de febrero de 1987, en un discurso considerado como un desafío a los planes renovadores del dirigente soviético, Mijail Gorbachov, Ceaucescu advirtió que "la propiedad privada, sea pequeña o grande, siempre será capitalista" y que "el socialismo de mercado es irreconciliable con los principios y reglas del socialismo científico". A fines de mayo de ese año, durante una visita de Estado a Bucarest, Gorbachov y Ceaucescu no ocultarían sus profundas divergencias.[241] El corresponsal del *New York Times*, Henry Kamm, describió en esa ocasión que el líder soviético fue aplaudido 16 veces durante su discurso mientras que el rumano fue interrumpido 30 veces por sus seguidores y que 18 de esos aplausos fueron "de pie" y en medio de una inmensa ovación. También

---

[239] "Las autoridades de la RDA se niegan a seguir la línea reformista de Gorbachov", *El País*, 4 de febrero de 1987.

[240] Hungría ya había adoptado un camino progresivo en la elección del Parlamento a través del voto.

[241] Ceaucescu dirigía con mano férrea, desde 1965, el único país aliado de la URSS en el que no se realizó el proceso de desestalinización encauzado por Nikita Kruschov tras el 20º congreso del PCUS.

Gorbachov fue recibido fríamente por Ceaucescu a fines de mayo de ese año. Nicolae Ceaucescu, en una cena de gala dada en honor de Gorbachov (visita 24-25 de mayo de 1987) expresó tan sólo su "interés" por la política de reestructuración soviética, que no apoyó explícitamente en su mecanismo concreto, aunque deseara "éxitos" a la Unión Soviética, "como vecinos y amigos". Ceaucescu, que mantiene una férrea política de control centralizado del país, se pronunció por el reforzamiento del papel del partido y opinó que "no podemos hablar de democracia socialista a menos que reforcemos la dirección del partido". El líder soviético, Mijail Gorbachov, expresó el 26 de mayo en Bucarest su amplio desacuerdo con la línea política, social y económica del presidente rumano, Nicolae Ceaucescu, por medio de la explicación de la Derestroika (reestructuración) soviética más completa a que han tenido hasta ahora acceso los rumanos. En un discurso pronunciado durante un mitin, Gorbachov, con gran habilidad dialéctica, salió al paso, punto por punto, a las características más notables de la gestión rumana une habían sido expresadas inmediatamente antes por Nicolae Ceaucescu. El conducator (líder) rumano había sido interrumpido una treintena de veces por los aplausos del público de funcionarios y cuadros del partido que llenaban la sala de Palatul.

relató que en un momento, mientras Gorbachov emitía su mensaje, el líder rumano miró su reloj.[242]

En todos los países de Europa del Este, la población observa con gran interés las nuevas iniciativas de la dirección soviética que, por primera vez en la posguerra, demuestra un dinamismo que muchos ya no esperaban.[243]

Lo cierto es que, hacia fines de enero de 1987, más allá de apoyos y rechazos cosechados en los países aliados del Pacto de Varsovia, Gorbachov logró consolidar su poder interno en el seno del Partido. Para lograrlo, no dudó en remover a figuras ligadas estrechamente al *antiguo régimen* heredado de la era-Brezhnev: perdieron sus puestos en el Politburó el ex jerarca de Kazakistán Dinmujamed Kunaev (de 74 años) y Mijail Zimianin (de 72 años), hasta entonces secretario del comité central. El *Pravda* informó, en su edición del 16 de marzo de 1987: "la *operación limpieza* de Mijail Gorbachov va a alcanzar en todo su rigor a Dinmujamed Kunaev, de 75 años, el principal superviviente de la era de Leonid Breznev. El *número uno* del Kremlin está dispuesto a imponer un castigo ejemplar, que podría incluso sentar al anciano dirigente en el banquillo de los acusados" y revelaba que la gestión de Kunaev al frente de la república asiática de Kazakistán "favoreció el culto a la personalidad, el nepotismo, el soborno y la corrupción".

En cambio, fueron promovidos, Aleksandr Yakovlev[244], Nikolai Slinkov y Anatoli Lukianov.

En ese marco tuvo lugar la visita que la primera ministra británica Margaret Thatcher realizó a Moscú a fines de marzo de 1987. Al arribar al aeropuerto Vnukovo, la *zheleznava dama* (Iron Lady) fue recibida por el premier Nikolai Ryzhkov: se trataba entonces del primer viaje oficial de un jefe de gobierno occidental de importancia a la Unión Soviética en los últimos años. De inmediato, fue trasladada con

---

[242] "Gorbachev Speaks to Rumanians on "Openness" to Cool Response", The New York Times, May 27, 1987.

[243] "Europa del Este se muestra dividida ante las reformas soviéticas", *El País*, 31 de enero de 1987.

Por su parte, el secretario general del Partido Comunista Francés, George Marchais expresó su "firme apoyo" a Gorbachov. *Pravda*, 9 de febrero de 1987.

Gorbachov cosecha elogios al más alto nivel mundial. El 24 de febrero, el secretario de Estado de los EEUU, George Schultz lo califica como "extraordinariamente capaz".

[244] Aleksandr Yakovlev, de 63 años, es una de las figuras políticas cuya estrella ha subido más rápidamente con la llegada al poder de Mijail Gorbachoy. El secretario del Comité Central y jefe del departamento de Agitación y Propaganda de éste se ha convertido ahora, además, en miembro suplente del Politburó, cuando hace apenas un año no era aun siquiera miembro del Comité Central. Yakovlev es considerado como uno de los cerebros tras la campaña de *nuevo pensamiento político* emprendida por Gorbachov, y a él se atribuye un papel decisivo en los cambios liberalizadores que tienen lugar actualmente en la ideología y en la vida cultural en la URSS, incluida una libertad mayor para la música moderna, el *rock y los* conciertos *pop*. Miembro del partido desde 1944, Yakovlev desempeñó diversos puestos en el aparato en el sector de la agitación y la propaganda. Trabajó en los medios de comunicación hasta que en 1973 cayó en desgracia y fue enviado corno embajador a Canadá, un puesto en el que permaneció hasta 1983. Los motivos de su apartamiento político están en un artículo que escribió contra el nacionalismo chauvinista ruso. En Canadá, Yakovlev tuvo la suerte de impresionar a Mijail Gorbachov cuando éste visitó aquel país en 1983. Poco después del regreso de Gorbachov a la Unión Soviética, Yakovlev pasaba a ocupar la dirección del Instituto de Relaciones Internacionales y Economía Mundial (Imemo) en Moscú.

honores al Kremlin al encuentro con Gorbachov. La prensa norteamericana siguió con atención la gira de la jefa de gobierno inglesa. El *Los Angeles Times* señaló que "a pesar de que no se espera que Thatcher se encuentre personalmente con el Presidente Regan inmediatamente después de su visita, sus impresiones y el contenido de las discusiones sin duda jugarán un rol en las preparaciones para los contactos de alto nivel que se mantendrán próximamente con los soviéticos". La nota destacaba asimismo que el Kremlin observaba a Thatcher como una figura decisiva a la hora de influir sobre el jefe de la Casa Blanca. En la relación triangular entre Gorbachov-Reagan-Thatcher, la primera ministra cumpliría un rol de intermediación decisivo: "el liderazgo soviético reconoce en Thatcher a una amiga personal, cercana y respetada por Reagan que ha influido en su pensamiento sobre las cuestiones de la relación Este-Oeste en el pasado".[245]

En tanto, al cumplirse un segundo aniversario desde la llegada al poder de Gorbachov, las expectativas sobre las mejoras en la economía sobrepasaban la realidad. El *New York Times* adelantaba el día 24 de marzo que "para alcanzar los objetivos que se ha trazado, Gorbachov eventualmente se verá forzado a adoptar medidas de tipo radical, incluyendo prácticas de negocios occidentales, que pueden ser una anatema para las instituciones establecidas".

Días más tarde, apareció un video clandestino en el que se revelaban imágenes de la primera dama soviética, Raisa Gorbachov, comprando joyas en una reconocida joyería londinense durante la visita a Gran Bretaña realizada junto a su marido en diciembre de 1984, pocos meses antes de llegar al poder. La grabación mostraba a Raisa pagando con una tarjeta de crédito American Express Gold y en otras imágenes se la veía en boutiques en París durante la visita de Gorbachov a Mitterand en octubre de 1985. Los ataques a la esposa de Gorbachov parecían provenir de los sectores conservadores del Kremlin que resistían las reformas iniciadas.

Aterrizaje en la Plaza Roja

En medio de las propuestas de reforma y apertura, un curioso episodio tiene lugar: el 28 de mayo de ese año de 1987, un joven alemán (occidental) llamado Mathias Rust aterriza un pequeño monomotor en plena Plaza Roja. El hecho pone en ridículo a los servicios de Inteligencia de lo que se supone es una superpotencia militar.

El caso impactó en el mundo entero. Así lo reflejó la prensa occidental: "El nombre de Mathias Rust pasará sin duda a la historia por ser la primera persona en el mundo que logra posar un avioneta en la plaza Roja moscovita, a escasa distancia del Kremlin, el corazón del poder político soviético, punto final de un periplo que inició el pasado día 13 en el Aeroclub de Hamburgo (RFA), donde alquiló una avioneta para un viaje de tres semanas. De allí se dirigió al norte, haciendo escalas en las británicas islas Shetland e Islandia. En su ruta de regreso, Rust, a quien sus padres definen como un joven callado de conducta irreprochable, voló hasta Bergen, en la costa noruega, y luego a Helsinki, donde por algún motivo no aclarado decidió emprender la aventura de poner rumbo a la URSS, desafiando la vigilancia aérea fronteriza y corriendo el peligro de que su aparato fuera abatido por los sistemas de defensa

---

[245] "Thatcher in Moscow for Crucial Talk", *Los Angeles Times*, March 29, 1987.

soviéticos."[246]

El incidente abre una oportunidad política inesperada para Gorbachov: anunció el "retiro" del ministro de Defensa, el Mariscal Sergei Sokolov y el despido del Comandante de la Fuerza Aérea, Mariscal Alexander Koldunov. Este último fue acusado de "negligente". Sokolov, en tanto, era un conocido conservador, opositor a la política de reestructuraciones que impulsaba Gorbachov. Es bastante aceptado suponer que Gorbachov "aprovechó" el pretexto del bochornoso episodio para realizar una purga en la cúpula de las Fuerzas Armadas. El beneficiario de los cambios sería Dmitry Yazov, promovido al estratégico cargo de ministro de Defensa.[247]

Treisman sostiene que "retrospectivamente, es llamativo cómo Gorbachov consiguió neutralizar la oposición del establishment militar y diplomático para quienes sus concesiones unilaterales sonaban a capitulación..."[248]

El incidente del aterrizaje, el pasado jueves, en plena plaza Roja de Moscú, de la avioneta pilotada por el joven alemán occidental Mathias Rust, ha servido al líder soviético, Mijail Gorbachov, para reforzar su control e introducir su política de perestroika (reestructuración) en el Ejército Rojo donde las reformas eran resistidas. Quizás sin saberlo, el jóven aventurero le hizo un enorme favor a Gorbachov.[249]

Mr Gorbachev, tear down this wall

Dos semanas después del incidente del aterrizaje en la Plaza Roja, el presidente norteamericano, Ronald Reagan, hizo un llamado público a Gorbachov para que este demostrara su voluntad de liberalización derribando el muro de Berlín. En un discurso histórico con el fondo de la puerta de Brandemburgo, ante unas 30 mil personas y ante las cámaras de la televisión mundial Reagan afirmó: "Secretario general Gorbachov: si usted busca la paz, la prosperidad para la Unión Soviética y para la Europa del Este, si persigue la liberalización, venga a esta puerta, ábrala, derribe este muro".

---

[246] "Un joven de la RFA burla la vigilancia y aterriza con una avioneta en la plaza Roja de Moscú", *El País*, 30 de mayo de 1987.

[247] Kotkin, p. 98.; *Autopsy...* p. 136. "Soviet Ousts Military Chief and Head of Its Air Defense for Kremlin Plane Incident; Intruder Was Seen", *The New York Times*, May 31, 1987.

Yazov "traicionaría" a Gorbachov cuatro años más tarde, al convertirse en uno de los cabecillas de la conspiración conservadora que pretendió desalojarlo del poder en agosto de 1991.

Por su parte, Mathias Rust fue sentenciado a cuatro años de prisión, pero fue liberado en agosto de 1988, cuando solo había estado detenido poco más de un año. El legendario D-ECJB -un pequeño Cessna 172- se exhibe en el Museo de Técnica de Berlín (Deutsches Technikmuseum Berlin).

[248] Treisman, p. 12.

[249] "Gorbachov usa la crisis de la avioneta para reorganizar el Ejército", *El País*, 1 de junio de 1987.

El presidente sostuvo que echar abajo el muro, levantado en 1961, sería una "señal inconfundible" de que el sistema soviético estaba cambiando. El presidente dijo en su discurso que la única verdad, 40 años después de la división de Europa, es que el sistema capitalista y la libertad han triunfado. "En el mundo comunista", afirmó, "vemos fracaso, retraso tecnológico, niveles sanitarios cada vez más bajos. Incluso les falta lo más elemental, la comida, y la URSS no puede aún hoy alimentarse a símisma... Mientras esta puerta de Brandemburgo siga cerrada y la cicatriz del muro se mantenga, no sólo es la cuestión alemana la que sigue abierta, sino la cuesfión de la libertad para toda la humanidad. Pero no vengo aquí para lamentarme. Encuentro en Berlín un mensaje de esperanza, incluso, a la sombra del muro, un mensaje de triunfo".[250]

Reagan, por su parte, se encuentra cuestionado como consecuencia de las revelaciones en torno al escándalo Irán-Contras.[251]

El 70 aniversario de la Revolución de Octubre permitió Gorbachov pronosticar que los próximos tres años serían "complicados, decisivos y críticos" para el proceso de reformas emprendido y reconoció que "existe una determinada intensificación de la resistencia que oponen las fuerzas conservadoras". Gorbachov puso en guardia contra a acción de las "fuerzas del conservadurismo", que, en su opinión, "aprovecharán sin falta cualquier dificultad para tratar de desacreditar la *perestroika* y provocar el descontento de los trabajadores". Por otra parte, el líder soviético acusó a Stalin de ser plena e imperdonablemente culpable de represiones y arbitrariedades" cuya envergadura no desveló, y anunció que se ha creado una comisión especial encargada de continuar el proceso de rehabilitación suspendido

---

[250] "El presidente aprovechó su estancia en Berlín, años después de la famosa afirmación de John Kennedy Yo también soy berlinés"-, para prometer a Europa, y especialmente a la RFA, que EE UU mantendrá la capacidad [militar] para disuadir una agresión soviética a cualquier nivel". A pesar del evidente tono propagandístico de su discurso ante la puerta de Branderiburgo, Reagan aseguró que Occidente está dispuesto a "cooperar con el Este para promover una verdadera apertura, para romper las barreras que separan a los pueblos y para crear un mundo más seguro y más libre. Y no hay un lugar más adecuado para comenzar que Berlín". (...) Preguntado después si pensaba que Gorbachov derribaría el muro, Reagan contestó: "Bueno, Jericó no duró siempre". (...) Reagan, que aterrizó en el aeropuerto norteamericano de Tempelhof y recibió honores de tropas estadounidenses, británicas y francesas (las tres naciones aún responsables de Berlín, junto con la URSS, por el acuerdo cuatripartito de 1971), participó también en una ceremonia conmemorativa del 750º aniversario de Berlín, motivo formal de su visita. Por la tarde, Ronald Reagan hizo una breve escala en Bonn y regresó a Washington, donde el lunes pronunciará un discurso televisado al país en el que, posiblemente, anunciará la respuesta formal a la oferta soviética para eliminar los misiles de alcance intermedio de Europa." *El País*, 13 de junio de 1987.

"Reagan Challenges Soviets To Dismantle Berlin Wall", *The Washington Post*, Saturday, June 13, 1987.

[251] En sus *Memorias*, Reagan reconoció que como consecuencia del Irangate, "por primera vez el pueblo no me creía". Ronald Reagan: *"An American Life"*, Threshold Editions, NY, 1990, p. 532.

En noviembre de 1987, Reagan perderá a uno de sus principales ministros al renunciar el secretario de Defensa, Caspar Weinberg. Su reemplazante fue Frank Carlucci. La prensa reseñaba: "Realmente, el presidente Reagan ha llegado a este punto con fatiga y no sin evidentes oscilaciones: ahora debe explicar a sus compatriotas por qué ha aceptado pactar con quien hasta ayer definía como "el imperio del mal". Pero era la única manera de salvar su imagen después de la catástrofe del *Irangate* y tenía poco tiempo por delante: dentro de un año serán las elecciones. El viejo actor es lo suficientemente inteligente como para saber que la carta que tiene que jugar para pasar de una manera no completamente indigna a la historia no es el coronel North, sino Edvard Shevardnadze. *El País*, 20 de septiembre de 1987.

a mediados de los años sesenta.[252] Pocos días después, a mediados de noviembre, Gorbachov acusó a Yeltsin de "demagógico", de "poner sus ambiciones personales por encima del partido", de "irresponsabilidad", "inmoralidad" y de dañar con su comportamiento "lo que más necesitamos ahora: la unión de todas las fuerzas, la movilización de todas las posibilidades para solventar los temas concretos de la *perestroika*". Yeltsin "debilitó" la dirección de la organización municipal y el trabajo con los cuadros, y durante su mandato la situación en la capital empeoró, según dijo Gorbachov.

En abril de 1986, Yeltsin, como líder partidario de Moscú había reconocido que en la capital del país, con 8,7 millones de habitantes, había 2,5 millones con carencias de vivienda.

Gorbimanía

En diciembre de 1987, Gorbachov hace una fuerta apuesta en su política exterior: viaja a Londres y Washington, donde mantiene promocionadas entrevistas con Margaret Thatcher y Ronald Reagan. Al arribar a la capital norteamericana, Gorbachov deja su marca personal. Durante un traslado por las calles de Washington, ordena detener su automóvil -en el que viajaba acompañado por el vicepresidente Bush- y se entrega a un encuentro con ciudadanos americanos de pie, una decisión que altera a los agentes de la KGB y del Servicio Secreto pero que permitirá que más tarde el líder soviético pueda decirle a su par norteamericano en la Casa Blanca que "recién vi los rostros de amigos".[253]

El 8 por la noche, Gorbachov fue recibido en una cena de gala en la Casa Blanca. Asisten entre otros, los presidentes de la Ford y la General Motors y el banquero David Rockefeller. En el campo de la cultura estaban los actores Claudette Co1bert y James Stewart y el violonchelista exiliado de la URSS Mstislav Rostropovich. Por sugerencia del Departamento de Estado, había entre los comensales algunos duros de esta Administración y de otras, como el ex secretario de Estado Henry Kissinger, el

---

[252] "Gorbachov afirma que los próximos 3 años decidirán el futuro de la URSS", *El País*, 3 de noviembre de 1987.

[253] *Autopsy..*, p. 150-151

Durante este primer viaje de Gorbachov a los EEUU, mantiene un encuentro con importantes dirigentes empresarios norteamericanos en la Embajada soviética en Washington. Entre otros, asiste David Rockefeller quien le explica al líder soviético la importancia de internacionalizar el rublo. *The New York Times*, December 11, 1987.

Manhattan's two most famous capitalists - Malcolm S. Forbes and Donald J. Trump - got a chance to meet the top Communist this week, and both came away impressed. "The fact that he mixes a little venom with the candor - he unloaded on the press people he met - to me, it lends credence to the fact that he's not trying to snow job us," Mr. Forbes said. Mr. Trump said he was still suspicious and hoped that the Americans were not overly eager to make a deal with Mr. Gorbachev. "In the art of deal making," he said, "you should not want to make the deal too much." But the Russians softened up even Mr. Trump when they told him they loved Trump Tower and invited him to build a hotel in Moscow. "So maybe capitalism is right around the corner," he said. "THE SUMMIT; As 'Gorby' Works the Crowd, Backward Reels the K.G.B.", *The New York Times*, December 11, 1987.

Zbigniew Brezezinsky escribe: "Una estrategia para la reconciliación". *The New York Times*, 2 de diciembre de 1987.

ex secretario de Defensa adjunto Richard Perle, la antigua embajadora en la ONU Jeane Kirkpatrick y el ex consejero de Seguridad Nacional Zbigniew Brzezinski. Tales personajes no habían sido invitados para molestar a, los soviéticos, sino para satisfacer su interés, según el Departamento de Estado.En el elenco figuraba también un reducido número de periodistas especializados en la URSS, tales como el ex corresponsal de *The New York Times* Hedrick Smith, o Trobe Talbott, autor del libro *Gambitos mortales*. El deporte estaba representado por la gimnasta olímpica Mary Lou Retton y la tenista Chris Evert. Amenizaba la velada el pianista Van Cliburn, que fue el primer norteamericano ganador del concurso de plano Chaikovski y quien ya tocó durante la estancia de los Kruschov en 1959.[254]

El viaje del líder soviético a los EEUU se produce en el marco de una verdadera "Gorbimanía". Un sondeo de Gallup mostraba que el dirigente soviético goza de un 54 por ciento de popularidad en los Estados Unidos. Un rol importante lo cumplía Raisa, la esposa del líder. *El País* relata: "Aquí no suscita los recelos que provoca en la URSS, y se habla de ella como si fuera la Jackie Kennedy de Gorbachov. "Puede ser la primera verdadera primera dama de su país desde la revolución bolchevique", comenta la Prensa popular, que saca muy poco partido a las *babushkas* como Viktoria Breznev o Anna Chernenko. Todo lo que rodea a la URSS está en alza: las agencias de viajes prevén un aumento del 60% de los viajes a ese país, y la demanda por estudiar ruso ha aumentado un 13% en colegios y universidades desde la llegada de Gorbachov al poder." A fin de año, la revista *Time* lo consagrará "el hombre del año".

El mismo día 8, los Gorbachov ofrecen una recepción en la Embajada soviética. Entre otros, asisten Yoko Ono, Paul Newman y Robert de Niro, el sovietólogo Stephen Cohen, el médico Bernard Lown, galardonado con el Premio Nobel de la Paz, el ex embajador en la URSS George Kennan y el economista John Kenneth Galbraith, además de los ex secretarios de Estado Henry Kissinger y Cyrus Vance y novelistas como Norman Maller, William, Styron. El líder soviético defendió la teoría de la interrelación entre socialismo y capitalismo como parte de 1a misma civilización".La viuda de John Lennon, asesinado precisamente 7 años antes. "Esta *cumbre* es un paso decisivo hacia la paz. Me reconforta en un día triste para mí. Siento que el espíritu de John nos ayuda todavía".[255]

Al regresar a Moscú, Gorbachov se detuvo en Berlín para una nueva cumbre del Pacto de Varsovia. Allí, el día 11 los aliados de Europa del Este -con la notoria ausencia de Ceaucescu- rindieron homenaje al secretario general del PCUS. El anfitrión del encuentro, el jefe del Estado de la RDA, Erich Honecker, calificó el viaje de Gorbachov a Washington de "misión de paz", y el acuerdo INF, como "un hito en el camino hacia un mundo sin armas nucleares. Este acuerdo es una victoria de la razón y el realismo".

El entusiasmo, sin embargo, no se extendía a toda la administración Reagan. El número dos de la CIA, Robert Gates -más tarde Secretario de Defensa de los presidentes Bush (h.) y Obama- planteó su incredulidad al presidente. En un memorando secreto, Gates informó a Reagan, el 24 de noviembre de ese año 1987: "Existe un acuerdo general entre los líderes soviéticos sobre la necesidad de modernizar su economía, no tanto en su propio beneficio o para hacer la vida de sus ciudadanos más próspera sino para fortalecer internamente a la Unión Soviética, para incrementar su propio poder personal y permitir la expansión y consolidación ulterior del poder soviético en el exterior (...) Se advierten claramente cambios en marcha, en la diplomacia soviética. Sin embargo, es difícil encontrar cambios fundamentales, actualmente o prospectivamente, en la forma en que los soviéticos se gobiernan internamente o en sus objetivos internacionales (...) El Partido ciertamente mantendrá el monopolio

---

[254] "La cena del año", *El País*, 9 de diciembre de 1987.

[255] *The New York Times*, December 9, 1987.

del poder (...) Un propósito clave de la modernización económica -tal como fue durante la Rusia en los días de Pedro el Grande- se encuentra en el incremento posterior del poder militar soviético y su influencia política. Durante siglos, los occidentales han esperado que la modernización económica y la reforma política -aun la revolución- significara el fin del despotismo y el comienzo de la occidentalización. Repetidamente desde 1917, Occidente se ha esperanzado en que los cambios en el plano doméstico en la URSS condujeran a cambios en el régimen comunista coercitivo interno y a una política menos agresiva en el plano internacional. Estas esperanzas fueron discontinuadas una y otra vez..."[256]

Pocos meses más tarde, Reagan retribuyó la visita de su par. Su llegada a Moscú, a fines de mayo de 1988, es casi una novedad. Hacía 14 años que un presidente norteamericano no pisaba la capital soviética.[257] La gira tiene notas de simpatía: el presidente Reagan besa niños rusos en la Plaza Roja, como si estuviera en campaña electoral. Más tarde, le regala una campera de jean a Gorbachov y se da en lujo de bromear sobre si le calzará la talla. El líder soviético, en tanto, le regala un elogio: le cuenta que decenas de familias rusas han puesto "Ron y Nancy" a sus hijos. El comunicado oficial da cuenta que en las conversaciones, los líderes han hablado de la perestroika, del capitalismo, de los cubanos en Miami y hasta de motocicletas Harley Davidson.[258]

Cuando, durante su visita al Kremlin, un reportero abordó a Reagan y le preguntó por su discurso sobre "el imperio del mal" de 1983, el presidente contestó: "hablaba de otros tiempos, de otra era". Mientras tanto, en la residencia del embajador norteamericano ("Spaso House"), el día 30, Reagan mantuvo un encuentro con 42 disidentes soviéticos, el punto que el embajador Jack Matlock describió como el más significativo de la gira.[259] En tanto, el *New York Times* sostuvo al día siguiente que Gorbachov se había "irritado" por el énfasis del presidente norteamericano respecto al asunto de los Derechos Humanos. No obstante, el 3 de junio, en Londres, de regreso a Washington, Reagan sostuvo optimista: "posiblemente se esté entrando en una nueva era histórica, una época de cambio duradero en la Unión Soviética".

Poco antes de este cuarto encuentro con Reagan, Gorbachov había anunciado el retiro de las tropas soviéticas de Afganistán, objetivo que se completaría en 1989.[260] El 8 de febrero de 1988, la agencia *Tass* informó que el jefe del PCUS ha reconocido que "el conflicto militar en Afganistán lleva ya mucho tiempo y se ha convertido en uno de los más dolorosos y amargos conflictos regionales". Más tarde

---

[256] Sebestyen, p. 223-224.

[257] "Kissing babies on Red Square", *Autopsy..*, p 123.; Ronald Reagan: *"An American Life"*, p. 705.

[258] Antes de llegar a la capital soviética, en una escala en Helsinki, Reagan recibió una buena noticia: un sondeo publicado en Washington 48 horas antes de la *cumbre* señalaba que el 70% de los norteamericanos aprueba su política con el otrora *imperio del mal*. Y un 66% creía que las relaciones con la otra superpotencia eran "excelentes". *El País*, 28 de mayo de 1988.

[259] Matlock reports that the reception "went off without a hitch, thanks in part to KGB and militia cooperation," that the President's speech was "vigorously applauded," and that "Soviet media commentary followed swiftly and was biting and sarcastic."

[260] El retiro de las tropas comenzó el 15 de mayo de 1988. Diez días más tarde, por primera vez se conocieron cifras oficiales sobre los costos en vidas humanas de la guerra: 13.310 muertos, 35.478 heridos y 311 desaparecidos.

sostuvo que Afganistán se había convertido en "una herida sangrante" para la URSS. Gorbachov reveló que la cuestión fue tratada en el 27 Congreso del Partido y que allí se expresaron "las reflexiones de nuestro nuevo pensamiento y visión del mundo" que reflejaban "la reafirmación de nuestro compromiso con la tradición de buena vecindad, buena fe y mutuo respeto heredada de Vladimir Lenin y el primer tratado soviético-afgano firmado en 1921".[261] En la decisión han jugado un rol importante consideraciones internas e internacionales. A las presiones que desde el exterior existían para que la URSS desistiera de su invasión a un país extranjero, se sumó a lo largo de los años un gran descontento en la población respecto de la larga guerra. Los reveses militares y la gran cantidad de bajas experimentadas por los soviéticos en el país acumulados desde 1980 habían generado la profunda impopularidad de la guerra. En febrero de 1988, la prensa occidental se preguntaba hasta qué punto Gorbachov "es capaz de superar tradiciones nefastas y de introducir cambios sustanciales en la política exterior de la URSS" y recordaba que "la URSS nunca se ha retirado de ningún país al que han llegado sus tropas".[262]

El 18 de ese mes, durante un discurso dirigido al pleno del Partido, Gorbachov se refirió a los temores de "revisión" de las "enseñanzas del marxismo leninismo", y aseguró a sus "defensores" y a "los llorones por el socialismo" que no tiene ninguna intención de apartarse de estos conceptos. Sin embargo, denunció "las lacras de otros tiempos" y pidió la "regeneración" de la política de Lenin, limpia de "deformaciones" y "trabas" tales como el "culto a la personalidad", los "métodos de ordeno y mando", el "burocratismo", el "voluntarismo" y la "arbitrariedad".

Meses después, Gorbachov afirmaría que la *Perestroika* no se detendría y que "no me pasará lo mismo que a Kruschov".[263] La frase de Gorbachov tuvo lugar en el marco de un debate en torno al alcance de las reformas y la valoración de la historia reciente del país, un dato central de análisis político en la URSS. El 13 de marzo de aquel año, el diario *Sovietskaia Rossia* publicó, en una página entera, la carta abierta de cierta Nina Andreieva, profesora de química en Leningrado, que con pico y garras defiende el patrimonio del estalinismo. Su tono es agresivo. La profesora acusa a los reformadores de los peores ataques contra las conquistas de la Revolución de Octubre, y les adjudica la intención de querer restaurar el antiguo régimen. Un ataque tan brutal no podía quedar sin respuesta, con más razon ahora que, en la era de la *glasnost,* los directores de cada publicación disponen de gran autonomía y, si cometen un error, ya no corren el riesgo de ser enviados a los lejanos rincones de Siberia. Sin embargo, con excepción de una publicación semanal moscovita y de un diario de Tambov, nadie ha contestado a Nina Andreieva. Más aún: muchos periódicos regionales reproducen su diatríba sin comentarios. Una buena cantidad de soviéticos de base reaccionan, pero de modo inexplicable sus cartas no son publicadas en las secciones de correo de los lectores. Las cosas cambian desde el 5 de abril en adelante, cuando *Pravda* ataca a Nina Andreieva acusándola de haber elaborado una plataforma política de oposición a la *perestroika*. Desde la fecha citada, una verdadera avalancha de textos antiestalinistas se precipita hacia las columnas de la Prensa soviética. En su libro "En el Kremlin de Gorbachov", (*Inside*

---

[261] "Text of Gorbachev Statement Setting Forth Soviet Position on Afghan War", *The New York Times*, February 9, 1988.

Finally, after several years of UN-supported negotiations, an accord was signed in Geneva on 14 April 1988, under which the Kremlin committed itself to begin pulling out its estimated 115,000 troops on 15 May, and to complete the process by 15 February of the next year.

[262] "La retirada de Afganistán", *El País*, 13 de febrero de 1988.

[263] Lo afirmó en una entrevista en el *Washington Post* el 22 de mayo de 1988, en vísperas del viaje de Reagan a Moscú.

Gorbachev's Kremlin: The Memoirs of Yegor Ligachev. Pantheon Books: 1993) Ligachev analiza detenidamente este proceso.

En tanto, la política exterior de Gorbachov seguía provocando críticas en la cúpula del poder. El 5 de agosto de 1988, Ligachev -número dos del Partido- contradijo al ministro de Relaciones Exteriores Eduard Shevardnadze al afirmar que "demasiada conversación sobre cooperación pacífica con los países capitalistas crean confusión en la mente de los soviéticos y en nuestros amigos del exterior". Días antes, el ministro había señalado en declaraciones reflejadas por la agencia *TASS* que "la lucha entre dos sistemas opuestos ya no es una tendencia determinante en esta era".

En agosto de ese año tuvo lugar el 20 aniversario de la invasión soviética a Checoslovaquia. Una muestra de los nuevos tiempos que corrían la ofreció un artículo aparecido en el *Moscow Times* el 24 de ese mes en el que seis ex corresponsales soviéticos que habían cubierto los hechos veinte años antes sostenían que la invasión había sido "una error". La ruptura con el pasado se profundizó en el plano institucional semanas más tarde, cuando a fines de septiembre, Gorbachov pareció consolidarse, al menos en el plano formal. El 30 de ese mes fue elegido titular del Presidium y se convirtió en jefe de Estado. El ejercicio simultáneo del cargo de Secretario General del Partido y jefe de Estado lo equiparó con Brezhnev, quien había conseguido lo propio en 1977, cuando logró reemplazar a Nikolai Podgorny. El cambio provocó que Gromyko perdiera su membresía en el Politburó. También perdió su cargo de secretario del Comité Central Anatoly Dobrynin, quien fuera embajador en Washington durante dos décadas. Una generación pasaba definitivamente a retiro.

A fin de año, una reforma electoral puso fin al monopolio del Partido Comunista. El nuevo sistema -aprobado el 1 de diciembre por abrumadora mayoría- se pondría en práctica en la elección parlamentaria, celebrada en mayo de 1989, para cubrir el Congreso de 2250 miembros, elegidos un tercio por distritos territoriales, otro tercio por distritos adminstrativos y un tercio digitados por el PCUS.[264] La reforma política resultaría crucial en el debilitamiento del Partido: para un partido cuyo poder derivaba del monopolio de la representación política, era el "principio del fin".[265] Un mes más tarde, en Lituania se habilitó a una agrupación política independiente del Partido Comunista, fijando un antecedente novedoso.

En ese año 1988, se habían aprobado otras reformas de importancia. Por caso, se había anunciado que los ciudadanos soviéticos podrían viajar sin visado a los países de Europa del Este. Asimismo, en materia religiosa, la URSS había dado un paso importante. En abril, Gorbachov había mantenido un encuentro "altamente inusual" con la jerarquía de la Iglesia Ortodoxa Rusa.[266] El líder soviético llamó a una actitud "más tolerante" hacia la religión "en interés a la unidad nacional" y condenó la antigua represión anti-religiosa.[267]

---

[264] El 88 por ciento de los nuevos diputados eran miembros del Partido y el 72 por ciento habían pertenecido a Soviet Supremo. *The Return...* p. 17

[265] Shevtsova, p. 8.

"Soviet´s Moves to Curtail Communist Party´s Power", *The New York Times*, May 27, 1988.

[266] Así la calificó el corresponsal del *New York Times*.

[267] Como es sabido, uno de los objetivos ideológicos de la Unión Soviética fue eliminar la religión reemplazándola por el ateísmo universal. Después de la Revolución, se confiscaron las propiedades de la

En octubre, se celebró la primera misa en casi cincuenta años en la Catedral de Vilnius (Lituania). El 24 de ese mes, durante una visita a Moscú, el canciller alemán (occidental) Helmut Kohl asegura que la URSS liberará a los prisioneros políticos remanentes, tras una entrevista con Gorbachov. "El hielo se ha roto", dijo Gorbachov al darle la bienvenida.

Exitos en Nueva York; tragedia en Armenia

El final de aquel año 1988 confirmaría una tendencia en la carrera de Gorbachov. A sus éxitos en el plano internacional lo seguirían amarguras locales. En diciembre de ese año, el líder soviético protagonizó una espectacular presentación ante la Asamblea de las Naciones Unidas, en Nueva York. Allí, Gorbachov deslumbró al mundo al anunciar recortes drásticos en la presencia militar soviética en Europa del Este y en la frontera china, un movimiento que ofrecería a los aliados de la URSS la posibilidad de buscar caminos propios. Su mensaje a la Asamblea General fue un "triunfo personal sin precedentes": la sala a pleno se paró y lo ovacionó.[268]

Gorbachov declaró que "la desideologización de las relaciones entre los estados se ha vuelto una demanda de los nuevos tiempos. No significa que renunciemos a nuestras convicciones, a nuestras filosofía y a nuestras tradiciones. Tampoco pedimos a otros que renuncien a las propias (...) Hemos completado la primera etapa del proceso de reforma política con las recientes decisiones del Soviet Supremo para enmendar la Constitución y adoptar la legislación electoral. Sin detenernos, estamos embarcados en una segunda etapa de reformas. La misión más importante será el trabajo de interacción entre el gobierno central y las repúblicas estableciendo las relaciones entre los nacionalismos y el principio internacionalista leninista que es el legado de la gran revolución (...) Hoy les puedo informar lo siguiente: la Unión Soviética ha decidido reducir sus fuerzas armadas. En los próximos dos años, su fuerza numérica será reducida en 500 mil personas y el volumen de armamento convencional también será reducido considerablemente. Estas reducciones serán llevadas adelante de manera unilateral, es decir, desconectadas de las negociaciones en base al mandato de la reunión de Viena... De acuerdo con nuestro aliados del Pacto de Varsovia, hemos decidido retirar seis divisiones de tanques de la República Democrática Alemana, de Checoslovaquia y Hungría y disolverlas para 1991. Las formaciones de fuerzas de asalto, incluyendo tropas de asalto de cruce de ríos, con su armamento y su equipamiento de combate serán retiradas de los grupos de fuerza soviéticos situadas en esos países. Las fuerzas soviéticas situadas en esos países serán recortadas por un total de 50 mil personas y sus armas por 5 mil tanques (...)".[269]

En su discurso, Gorbachov afirmó que las bases de la nueva política exterior soviética eran "los comunes intereses de la humanidad" -y no más la lucha de clases- y consagró la libertad de elección para los países del Pacto de Varsovia, en lo que constituyó un abandono rotundo de la idea de soberanía limitada que Moscú impuso durante décadas a los países satélites y que pasaría a la historia con el nombre de la Doctrina Brezhnev.

Iglesia y se inició una campaña anti-religiosa. Lenín había dicho que "la religión es el opio de los pueblos" y en 1929, Stalin había impuesto una legislación fuertemente restrictiva hacia la actividad religiosa.

[268] Volkogonov, p. 497.

[269] Gorbachev speech before the 43 U.N. General Assembly, December 7, 1988.

La promesa de Gorbachov era clara: "asistimos a la emergencia de una nueva realidad histórica, el abandono del principio del superarmamento y el surgimiento del principio de defensa suficientemente razonable".[270]

En Occidente, las palabras de Gorbachov generaron una mezcla de estupor e incredulidad. *The New York Times* editorializó que "quizás desde que Woodrow Wilson presentó sus catorce puntos en 1918 o desde que Franklin Roosevelt y Winston Churchill promulgaron la carta atlántica en 1941, nunca una figura mundial demostró la visión que Mikhail Gorbachov demostró ayer en las Naciones Unidas". El senador Daniel Patrick Moynihan sostuvo que el discurso consagró "la rendición más asombrosa en la historia de la confrontación ideológica".

Chernyaev recuerda que semanas antes, en una sesión del Politburo el 3 de noviembre de ese año, Gorbachov presentó su decisión de anunciar recortes unilaterales al Politburó evidenciando "nerviosismo" ante la naturaleza radical de los pasos que estaba dando y por la presencia del ministro de Defensa quien tendría que aprobar los cortes.[271] En tanto, en la última Sesión del Politburo de aquel año, celebrada del 27-28 de diciembre de 1988, Shevardnadze se habría referido críticamente a los miembros de las fuerzas armadas que mantenían lo que denominó una "mentalidad retrógrada" ante los cambios en la política exterior y en especial, a raíz de las críticas que el discurso del secretario general ante las Naciones Unidas había despertado entre los militares.

Después de pronunciar su histórico discurso ante la ONU, Gorbachov mantuvo un nuevo encuentro con su par norteamericano, en Governor´s Island, en Nueva York. En esta ocasión, también participó de la reunión el presidente electo George Bush. El hasta entonces vicepresidente estaba, entonces, preparando su equipo de gobierno. La transición de la administración Reagan a la administración Bush, de acuerdo a numerosos observadores, marcó el tránsito de "palomas a halcones". Entre los últimos, se destacaba el asesor de seguridad nacional de Bush, Robert Gates.[272] De acuerdo a algunas evidencias, las palabras de Gorbachov en Naciones Unidas buscaron impresionar positivamente al nuevo líder de los EEUU.[273]

Gorbachov acepta ayuda occidental (por primera vez). Yevgeny Chazov, el ministro de Salud soviético, reconoció que los muertos ascendían a una cifra en torno a los 50 a 70 mil personas. De inmediato, el ministro de Asuntos Exteriores soviético Eduard A. Shevardnadze anunció en conferencia de prensa que Gorbachov volaría de regreso a Moscú hoy, cancelando el último de una estadía de tres días en Nueva York y las previstas visitas a Cuba y Gran Bretaña. "En la República de Armenia miles de personas han muerto", dijo Schevardnadze. "A pesar de todas las medidas necesarias que fueron

---

[270] *The Guardian*, December 8, 1988.

[271] Source: *Anatoly Chernyaev Diary Manuscript, donated to the National Security Archive* - Translated by Anna Melyakova for the National Security Archive.

[272] Gates fue secretario de Defensa durante el último tramo de la gestión de George Bush (h.) y en los comienzos de la presidencia de Barack Obama.

[273] *"Reagan, Gorbachev and Bush at Governor´s Island", Previously Secret Documents from Soviet and U.S. Files*
On the 1988 Summit in New York, 20 Years Later. National Security Archive Electronic Briefing Book No. 261. Edited by Dr. Svetlana Savranskaya and Thomas Blanton. Posted - December 8, 2008 - George Washington University.

tomadas... Mikhail Gorbachov cree que cuando la gente está sufriendo, él tiene que estar allí personalmente para liderar los esfuerzos".[274]

El terremoto volvió a la realidad al líder soviético. "El sistema inventado por Stalin había creado una superpotencia del tercer mundo", reflexionó Kaiser.[275] Gorbachov llegó al lugar el día 10, donde fue recibido en medio de protestas. El líder acusó a los cabecillas del movimiento separatista armenio de "aprovechar políticamente" la tragedia.

La prédica comunista se mostraba insuficiente una vez más para ofrecer respuestas concretas. El 3 de julio de ese año 1988, el *New York Times* relató una sesión del Comité Central: la crónica señalaba que mientras los jerarcas de Moscú insistían en hablar de historia e ideología, los jefes regionales (de las provincias) exigían tratar los temas concretos de los faltantes, la escasez de mercaderías y los graves problemas en los servicios de salud

Ese año 1988 fue también el escenario del conflicto (étnico) entre Armenia y Azerbaiján, por la anexión armenia de Nagorno-Karabakh. Estallaron protestas violentas en ambas repúblicas. Ya en febrero de ese año, Gorbachov había llamado a terminar los reclamos nacionalistas en Armenia. El terremoto terminó de complicar la región. La catástrofe en Armenia sería la antesala a 1989, el año que haría de bisagra de la historia.

1989, el año en que cambió la Historia

Las últimas tropas soviéticas abandonaron Afganistán el 15 de febrero de 1989, en cumplimiento de la promesa realizada por Gorbachov un año antes. El último militar soviético en abandonar el país fue el Teniente General Boris Gromov, comandante de las tropas del Ejército Rojo en Afganistán.[276]

El 24 de enero de ese año, el ministro de Asuntos Exteriores soviético, Eduard Shevardnadze había reconocido, tras visitar Kabul, que su país dejaba Afganistán en un "estado lamentable". El ministro admitió que las ciudades estaban destruidas, que la población sufría hambrunas y que la economía

---

[274] "Speculation on Return. The sudden change in plans prompted speculation that Gorbachev might be returning to Moscow because of opposition to his program for internal reform, including his decision, announced on Wednesday at the United Nations, to reduce the size of the Soviet armed forces by half a million troops and thousands of tanks. But Shevardnadze dismissed a reporter's inquiry on the subject. "I am sorry to say this, but this is not a serious question," he said. "If we did not go back now, that would be immoral, and that would be impossible to understand in the situation," he added." *Los Angeles Times*, December 8, 1988.

[275] *"Why Gorbachev Happened"*, p. 252.

[276] Gromov fue el último soldado ruso en cruzar el "Puente de la Amistad", construido sobre el río Amu Darya. Abandonaron el país por el mismo lugar por donde habían entrado, casi diez años antes. Para entonces, los mujaidines controlaban cuatro quintas partes del país. Victor Sebestyen, en su obra *"Revolution 1989"* describe con precisión los detalles de la operación. Obra citada, p. 254 y ss.

estaba prácticamente paralizada.

En diciembre del año anterior, el Parlamento soviético había condenado la invasión retrospectivamente, declarando que la decisión había sido adoptada por un pequeño círculo de poder de la era-Brezhnev. El ex secretario general, junto con Ustinov, Andropov y Gromyko fueron señalados como "chivos expiatorios" por la nueva dirigencia soviética. Pero más allá de la búsqueda de culpables, el país había vivido una verdadera tragedia a lo largo de la última década, en la que se sumaron las pérdidas humanas y la humillación por la ignominia de la derrota militar ("el síndrome Vietnam"), causando un verdadero "shock" en todo el régimen soviético. Haber perdido la guerra en Afganistán en los años 80 terminó de convencer a la dirigencia soviética de la imposibilidad de mantener el "imperio exterior" (*outer empire*) y a arribar a la conclusión de que la URSS era materialmente incapaz de enviar tropas a batallar a ninguna parte. Esta convicción sería determinante en el abandono de la llamada "doctrina Brezhnev" y en el retiro de Europa del Este.

En total, entre diciembre de 1979 y febrero de 1989, 546.255 mil efectivos del Ejército Rojo participaron en la operación. De ellos, 13.826 perdieron la vida.[277]

Semanas antes, George Bush había asumido la presidencia de los EEUU. En tanto, la URSS continuaba acumulando dificultades internas. El 17 de enero, el *New York Times* reflejó la realidad de la agricultura soviética: el país había alcanzado 40 millones menos de toneladas de grano respecto a las 235 millones que eran su meta para 1988 y que la cosecha de ese año había sido "la peor de los últimos tres". Los resultados catastróficos llevaron a que Gorbachov se viera obligado a plantear la necesidad de "revertir la política de sesenta años de agricultura soviética".[278]

De La Habana a Pekín

A comienzos de abril, Gorbachov realizó una histórica visita oficial a La Habana. Se trata del segundo viaje de un líder soviético a Cuba: el primero fue Brezhnev, quien visitó la isla en 1974. El viaje de Gorbachov coincidió con el inicio del recorte presupuestario soviético al régimen castrista.[279]

---

[277] Volkogonov, p. 462.

[278] *The New York Times*, March 15, 1989.

[279] Andrés Oppenheimer: "Castro´s Final Hour", p. 229.

En tanto, el diario español *El País* tituló "Diálogo de sordos entre Gorbachov y Castro". Mijail Gorbachoy respaldó en su discurso las medidas democratizadoras -así las llamó- puestas en marcha en Nicaragua, pidió a Estados Unidos que cese la ayuda a la contra y abogó por la solución "por medios políticos" del conflicto centroamericano y por "el cese del suministro bélico a América Central, de cualquier parte que éste proceda". Con respecto a la tan traída crisis cubano-soviética, el dirigente soviético afirmó que esa propaganda "huele a naftalina vieja de los tiempos de la guerra fría" y añadió, al referirse a las relaciones económicas entre

Gorbachov anunció que la URSS dejaría de asistir militarmente a América Latina y firmó un tratado de amistad con Cuba condenando el uso de la fuerza como instrumento de la política exterior. Según la prensa norteamericana, durante un discurso ante la Asamblea Nacional "no presentó iniciativas específicas" y alimentó la especulación de que podría diseñar un "plan para Centroamérica o que cancelaría la enorme deuda cubana".[280] El líder cubano Fidel Castro, en tanto, se deshizo en diatribas antiimperialistas.

Detrás del protocolo, se debate la estratégica cuestión del abastecimiento de petróleo a Cuba por parte de la Unión Soviética. La misma, "no está, *por el momento*, en peligro", según manifestó en La Habana un alto funcionario del Gobierno de la URSS, que planteó, sin embargo, "cambiar las formas de colaboración" económica entre los dos países. "No está planteada la reducción del suministro de petróleo", dijo el viernes en una conferencia de prensa el viceministro soviético de Relaciones Comerciales Exteriores de la URSS, Aleksandr Kachanov. El funcionario aseguró que "el suministro de petróleo cubrirá siempre las necesidades del desarrollo cubano". Hacia fines de los años 80, el ciento por ciento del crudo que consumía la isla era procedente de la Unión Soviética.

"Ambos países", manifestó Castro en el mismo foro, "ambos partidos, parten de los mismos principios: los principios de la aplicación del marxismo-leninismo a las condiciones concretas de cada país".[281]

El *New York Times* publicó el día 5 que "después de elogiar a Gorbachov como pacifista y reformador, Castro dejó pocas dudas de que no tiene intenciones de seguir los pasos de Gorbachov en aproximarse a los Estados Unidos o en formular cambios económicos o políticos". El diario señaló que Gorbachov escuchaba con una expresión "adusta" cuando el dictador cubano afirmó que "nosotros no tenemos certezas de que el imperialismo haya asimilado la nueva realidad internacional, mientras que tenemos razones, más que suficientes, para tener sospechas de su comportamiento". El diario norteamericano reflejó que Castro sostuvo "jocosamente" que Cuba no tenía que "lidiar con un legado de terror y colectivización forzosa heredada de Stalin, salvo que usted me considere una especie de Stalin", para agregar que "en ese caso, todas mis víctimas están gozan de perfecta salud".

Tras una estadía de tres días en Cuba, Gorbachov viajó a Londres, el día 5. Ese mismo día, *The Times* publicó un anuncio a toda página suscrito por más de 200 parlamentarios de todo el arco ideológico que denunciaba las violaciones de derechos en la URSS. Un portavoz soviético calificó de positivo este interés. En el 10 de Downing Street, Gorbachov cosechó elogios: la premier Margaret Thatcher apoyó su "Revolución pacífica". El líder soviético afirmó que: "Las realidades de hoy han dejado al descubierto

---

Moscú y La Habana que debían ser "más dinámicas, más eficientes y debe haber más rigor y disciplina para que se cumplan los compromisos contraidos". En la conferencia de prensa, Gorbachov dijo que está dispuesto a estudiar con Cuba la posibilidad de condonar la deuda a este país conforme a su declaración de diciembre pasado en la ONU sobre la necesidad de una moratoria de 100 años a la deuda externa latinoamericana. Por su parte, Fidel Castro, que dedicó el grueso de su discurso a explicar su interpretación de la *perestroika*, rechazó toda comparación entre su país y la Unión Soviética y mencionó, en primer lugar, que en Cuba no había habido un Stalin. "A menos que me consideren a mí un Stalin de este país", dijo entre las sonrisas y los aplausos de Gorbachov. 'En ese caso', añadió, 'yo diría que todas mis víctimas gozan de excelente salud'...". *El País*, 5 de abril de 1989.

[280] *The New York Times*, April 5, 1989.

[281] *Granma*, 5 de abril de 1989.

los fallos del enfrentamiento" y que "décadas de *guerra fría* nos han costado mucho, tanto al Este como al Oeste".

Durante su visita a Gran Bretaña en abril de 1989, Gorbachov presentó a Thatcher sus inquietudes respecto al nuevo presidente de los EEUU, George Bush y le expresó que la "pausa" impuesta por la nueva administración había paralizado el proceso de control de armamentos, un punto central en la agenda entre las dos superpotencias. Las conversaciones con Margaret Thatcher se desenvolvieron, una vez más, en un clima de cordialidad y empatía. La primera ministra, después de escuchar de boca del presidente soviético las dificultades en la implementación de su programa de reformas, le aseguró que "yo también debería emprender una *Perestroika* en Gran Bretaña".[282]

Mientras tanto, en Polonia, el gobierno y Solidaridad firman un acuerdo legalizando el sindicato y llamando a elecciones en las que la oposición podría competir por el 35 por ciento de los escaños de la cámara baja y por la totalidad de las cien bancas senatoriales en el nuevo Parlamento. El 4 de junio de 1989, unas elecciones semilibres en Polonia fueron el punto de partida del fin del comunismo en todo el bloque soviético.[283]

Los cambios vertiginosos no se detienen a lo largo del imperio soviético, o de lo que queda de él. También en abril, tuvieron lugar hechos de violencia durante manifestaciones en la capital georgiana, Tbilisi. Hay 19 muertos como consecuencia de una dura represión policial y militar. El 2 de mayo, las autoridades húngaras remueven las verjas alambradas a lo largo de la frontera con Austria, conviertiendo al país en la primera nación de Europa del Este en tener una frontera abierta con Occidente.

La política exterior de Gorbachov provocó críticas una vez más. En esta ocasión, de manera abierta: el día 27 de abril de ese año, el *Pravda* publicó que durante la sesión del Comité Central se cuestionaron las principales líneas de la conducción política.

El 12 de mayo, el presidente de Estados Unidos, George Bush, manifestó en Texas, en su primer discurso sobre las relaciones Este-Oeste, su deseo de que la Unión Soviética se integre en la "comunidad de naciones". Bush declaró que este objetivo -"el más ambicioso que cualquiera de mis predecesores pudo pensar"- está supeditado a la demolición del *telón de acero* y al abandono de la do*ctrina Breznev*. "Ha llegado la hora de ir más allá de la política de contención y pasar a una nueva política para los años noventa, una política que reconozca el alcance total del cambio que se está produciendo en el mundo y en la propia Unión Soviética".[284]

Días después, Gorbachov, comunicó a Estados Unidos que desde finales del año anterior, la URSS había dejado de enviar armas a Nicaragua, según informó el diario *The Washington Post* en su edición del

---

[282] *The National Security Archive, George Washington University, Record of Conversation between Gorbachev and Thatcher - London, April 6, 1989.*

[283] El Partido Comunista polaco resulta derrotado: los candidatos de Solidaridad obtienen las 161 bancas en juego en la cámara baja (solamente un tercio del total eran cubiertas a través del voto popular) y 99 de las 100 bancas del Senado.

[284] *Out Of The Shadow: George H. W. Bush and the End of the Cold War*, By Christopher Maynard, p. 22.

16 de mayo de ese año. La decisión de Gorbachov se debía a que la Casa Blanca ya no apoyaba militarmente a la *contra* nicaragüense y había optado por resolver los problemas centroamericanos por la vía diplomática.

Poco antes, Condoleezza Rice, asesora en temas soviéticos del presidente Bush -y futura secretaria de Estado de su hijo- escribió: "El proceso que Gorbachov puso en marcha está llamado a durar y a marcar el comportamiento soviético".[285]

El 14 de mayo, Gorbachov realizó una nueva visita de dimensión histórica: viajó a Pekín. El viaje de un líder soviético a China Popular tiene lugar después de una larga espera. El último secretario general de la URSS presente en Pekin había sido Kruschov, treinta años antes. A pesar de que pocas semanas después estallaran las protestas y la masacre de la Plaza de Tiananmenn, la cumbre Gorbachov-Deng Xiaoping termina de consolidar la imagen de este último (con 84 años) como estadista mundial.[286]

Gorbachov se negó a recibir a estudiantes chinos que, en medio de las protestas contra el régimen del PCCH, pidieron audiencia en la embajada soviética. La delegación soviética quedo "estupefacta" por el tamaño de las manifestaciones. Yevgeny Primakov, confidente de Gorbachov (y futuro ministro de Exteriores y premier en la era Yeltsin) concluyó que "esto es una revolución". Antes de partir, el día 19, Gorbachov recordó que "los que me proponían tomar el camino chino ahora ven a donde conduce ese camino. No quiero que la Plaza Roja parezca como la Plaza de Tiananmen". Dos semanas más tarde, estalló la represión, cuyo punto más algido tuvo lugar el 4 de junio, sin que se haya podido establecer el número total de muertos.[287]

Las elecciones parlamentarias de marzo

En marzo de 1989 tuvieron lugar las elecciones para cubrir el Parlamento. De los nuevos diputados, el 88 por ciento eran miembros del Partido y el 72 por ciento habían integrado el Soviet Supremo.[288] Entre otros, es elegido el jefe partidario de la ciudad de Moscú, el ascendente Boris Yeltsin. El 25 de mayo, la primera sesión del Congreso del Pueblo tiene lugar en Moscú. El hecho es aún más revolucionario por un detalle no menor: la sesión es televisada. Millones de ciudadanos soviéticos pueden ver un debate parlamentario por primera vez. Gorbachov es elegido presidente.

Un tiro de gracia se había producido sobre el monopolio del Partido en la representación política: las elecciones fueron competitivas. Un golpe decisivo si se recuerda la máxima de Stalin: *"la sociedad es el*

---

[285] National Intelligence Estimate 11-4-89. "Soviet Policy Towards the West". USNSA.

[286] *Why Gorbachev Happened*, p. 277.

"Army Rift Reported in Beijing; Shooting of Civilians Goes On; Bush Bars Arms To China", *The New York Times*, June 6, 1989.

Richard Evans: *"Deng Xiaoping and the Making of Modern China"*, Penguin Books, 1993, p. 292-293.
[287] "I Do Not Want Red Square to Look Like Tiananmen Square", *Foreign Policy*, June 6, 2014.

[288] Treisman, p. 17.

caballo y el Partido es el jinete". El siguiente paso sería la disolución del imperio, el fin del monopolio del PCUS sobre el gobierno del Estado (artículo 6 de la Constitución soviética).

Las elecciones tienen lugar un un contexto extremadamente complejo. La situación económica de la URSS era "pésima, y el abastecimiento, desastroso". Los observadores occidentales señalaban que la crisis económica era "el talón de Aquiles de la reforma de Gorbachov" y que "el soviético de a pie no ha recibido ninguna ventaja material de la *perestroika*, aunque ésta tenga efectos políticos y culturales fundamentales. Estas dificultades en el plano económico no se pueden separar de la lucha en el seno del PCUS entre reformistas y conservadores". En tanto, un nuevo actor aparecía en la escena política moscovita: las encuestas. Los sondeos mostraban que "con Breznev se vivía mejor" y que la *perestroika* ha empeorado las cosas. Casi todas las obreras de una fábrica de 7.000 trabajadores, mayoritaríamente mujeres, de la localidad de Kursk (al sur de Moscú) dijeron en una encuesta que sus familias no notaban ninguna consecuencia positiva de la *perestroika*, y un 20% opinan que las cosas habían empeorado. Sólo tres de las encuestadas por *Komsomolskaia Pravda* opinaban que las cosas habían mejorado. (día anterior a las elecciones del 26 de marzo). Semanas más tarde, Gorbachov se vio obligado a anunciar un recorte del 14 por ciento en el presupuesto militar.[289]

A fines de mayo, por primera vez, el Kremlin reveló un presupuesto de defensa verosímil, al anunciar el líder Mijail Gorbachov que los gastos militares de la URSS ascendían a 77.300 millones de rublos, lo que suponía según los calculos de los economistas soviéticos, un 12,36% de la renta nacional. En su informe político ante el Congreso de los Diputados de la URSS, Gorbachov propuso reducir esta cantidad en 10.000 millones de rubios, es decir, un 14% en los próximos dos años (1990-1991). La reducción de los gastos militares forma parte del programa de transferencia de fondos de la economía militar a la civil y la reconversión industrial en ese sentido. "Los gastos militares soviéticos estuvieron congelados en 1987 y 1988, con lo que la economía obtuvo 10.000 millones de rublos en comparación con el quinquenio", manifestó Gorbachov en la sesión del día 30.

El Parlamento había comenzado a funcionar días antes, el 25 de mayo. Gorbachov, en tanto, fue elegido Presidente del Soviet Supremo, es decir, Jefe de Estado. Es votado por 2123 diputados. Hay 87 votos en contra y 11 abstenciones. Andrei Sajarov, el diputado símbolo de los valores democráticos en la época de Leonid Breznev, expresó su "apoyo de todo corazón" a la política de *perestroika* iniciada por Gorbachov. En la sesión, televisada, Yeltsin manifestó que está "lleno de energía", que apoya la política de perestroika y que está dispuesto a dar a ésta un "carácter más enérgico y radical". Anatoli Lukianov, antiguo compañero de estudios de Mijail Gorbachov y entonces miembro suplente del Politburo, fue elegido vicepresidente del Soviet Supremo de la URSS tras una compleja sesión de aprobación el día 29.

En tanto, el 12 de junio, Gorbachov parece adelantarse a lo que sucederá meses más tarde: durante una visita a Alemania Federal (Occidental), reconoce que "nada es eterno en este mundo", en relación con el Muro de Berlín. La llegada de Gorbachov se produce, una vez más, en el marco de la "gorbimanía" que rodea al líder fuera de la URSS. Un corresponsal español escribió: "Nunca un político extranjero gozó de tanta popularidad en la RFA como el líder soviético, Mijail Gorbachov. El 90% de los alemanes occidentales confía en él, según una encuesta publicada en vísperas de su llegada a Bonn. Ni siquiera el presidente norteamericano John F. Kennedy en los momentos más duros de la guerra fría, ni el

---

[289] "Soviet Military Budget: $128 Billion Bombshell", *The New York Times*, May 31, 1989.

presidente francés Charles de Gaulle, artífice de la reconciliación franco-alemana, alcanzaron cotas semejantes. El líder soviético no sólo ha conseguido este éxito para su persona. Gorbachov ha cambiado totalmente la percepción que de la URSS tiene la población de la RFA. El 84% de los alemanes occidentales no se siente amenazado militarmente por Moscú".[290] Gorbachov firma una declaración conjunta con Kohl en la que se establece que: "El hombre, su dignidad y sus derechos y la preocupación por la supervivencia de la humanidad deben ser el centro de la política".[291]

El diario sensacionalista *Bildzeitung*, profundamente anticomunista, refleja la *gorbimanía*. En su portada publicaba una foto del beso que Gorbachov dio a la estudiante Annete Lang en la sede de la presidencia de la República en Bonn. "Un beso para Annete. Un beso para Alemania", rezaba el monumental titular. En la Marketplatz de la capital alemana (occidental) Gorbachov se declaró ayer emocionado por la recepción que le otorga el pueblo de Bonn: "Estamos haciendo la política correcta si nos recibe así la gente. Me siento como en la plaza Roja de Moscú, entre mi gente". Malas lenguas sugerían que si tuviera en Moscú el apoyo que tiene en Bonn, menores serían sus quebraderos de cabeza.

En noviembre, enormes manifestaciones en Berlín desembocarán en la caída del muro.[292]

Durante una visita de Estado a Francia, el 4-5 de julio, Gorbachov declaró que "estamos condenados al éxito". Después de almorzar en el Eliseo con el presidente Mitterand, compartió un encuentro con un millar de intelectuales y estudiantes en La Sorbona. Allí, ante una consulta del escritor Regis Debray, Gorbachov se sumó a la idea de De Gaulle sobre la Europa del Atlántico a los Urales. También se mostró receptivo ante una posible rehabilitación del escritor Alexandr Solyenitsin, por su "confianza en las opiniones de la Unión de Escritores", que acaba de autorizar la publicación de El *archipiélago Gulag*, novela que refiere las sangrientas purgas y deportaciones durante la época estalinista.

De la Doctrina Brezhnev a la Doctrina Sinatra

En la cumbre del Pacto de Varsovia que tuvo lugar el 7 y 8 de julio de 1989 en Bucarest, la Unión Soviética reafirmó su abandono de la *Doctrina Brezhnev* de "soberanía limitada" de sus estados miembros.

---

[290] "Enamorados del líder soviético", *El País*, 13 de junio de 1989.

[291] En diciembre de ese año, Gorbachov era visto como el líder que debería desempeñar el papel político más importante en Europa, según los resultados de la encuesta *Eurobarometro*, realizada en los 12 países de la Comunidad Europea. Un 93% de los ciudadanos comunitarios apoya la apertura al Este y acoge calurosamente los cambios democráticos, mientras que un 78% está de acuerdo con la reunificación de Alemania. Gorbachov, con el 66% de a su favor, aventaja al presidente francés, François Mitterrand (64%) y al líder polaco Lech Walesa (59%). Felipe González ocupa el sexto lugar (48%), detrás del canciller de la RFA, Helmut Kohl (55%) y del presidente de la Comisión Europea, Jacques Delors (49%). "Gorbachov, el líder preferido por los ciudadanos de la CE", *El País*, 15 de diciembre de 1989.

[292] "Un millón de personas invadió ayer las calles de Berlín Este, dando lugar así a la mayor manifestación convocada hasta el momento en la ROA. El Gobierno, por su parte, autorizó la movilización, convocada por el sindicato de artistas, y las impasibles fuerzas. Desde primeras horas de la mañana de ayer, los manifestantes se congregaron frente a la sede central de la agencia ADN y comenzaron a desfilar en dirección a la Alexanderplatz, situada apenas a un kilómetro del muro de Berlín, patrullado por helicópteros.." *ABC*, 5 de noviembre de 1989.

Al anunciar la libertad de elección para los países, Moscú terminaría de desentenderse de su antigua zona de influencia. Ya en mayo de ese año, Hungría había comenzado a flexibilizado los controles fronterizos con Austria, permitiendo que decenas de miles de alemanes del este pasaran al oeste a través de Austria.[293]

Parecen incidir en la decisión soviética las fricciones existentes entre Gorbachov y Honecker. Este último manifestó importante resistencia en aplicar políticas semejantes a la Glasnost y Perestroika en su país. El líder de Alemania Democrática sostuvo ante Gorbachov: "nosotros ya hemos hecho nuestras reformas y no tenemos nada que reestructurar".[294] El descontento del líder soviético respecto a Honecker llevaría a que el primero calificara al alemán, junto al búlgaro Todor Zhivkov, al checoslovaco Gustav Husak y al rumano Nicolae Ceaucescú como "la banda de los cuatro".

"Ellos están hartos de nosotros; y nosotros estamos hartos de ellos", explicaría Gorbachov a Anatoly Chernayaev.[295]

En marzo de 1988, durante una visita a Belgrado, Gorbachov había asegurado que "Yugoslavia y la Unión Soviética confirman su disposición a desarrollar y enriquecer sustancialmente sus relaciones desde los principios de independencia, igualdad y no injerencia, la responsabilidad de cada partido a la clase obrera y al pueblo de su propio país y el respeto a los diferentes caminos de construir el socialismo y establecer sus posiciones internacionales". *El País* destacó el 6 de abril de ese año que era "la primera gran declaración del nuevo dirigente soviético sobre la aplicación del denominado "nuevo pensamiento político" en las relaciones entre países socialistas y una clara condena a la *doctrina Breznev* de la hegemonía limitada de los países socialistas en pro de la seguridad común. La Declaración de Belgrado 1988 trata sobre las relaciones de la URSS con un país que no forma parte de su comunidad político-militar. Establece sin embargo un modelo de relaciones entre países socialistas exento de restricciones. Es el primer paso que da la URSS en su historia hacia el establecimiento de unas relaciones con los países del Este sobre las bases de estricta igualdad e independencia, sin veleidades hegemónicas. Dado que ratifica el rechazo a toda intención hegemónica es tan aplicable a las relaciones de la URSS con Yugoslavia, un país no alineado, como a las que mantiene con sus aliados del Pacto de Varsovia".

Las crecientes diferencias entre Gorbachov y Ceaucescu afloraron una vez más. La prensa soviética reflejó en esos días el dramático estado de desabastecimiento que sufría la población rumana.[296] Ya en diciembre de 1982, durante una reunión entre el recién asumido Andropov y Ceaucescu, el líder

---

[293] "The Soviet leader´s dramatic nonintervention to retain Eastern Europe should be viewed in the light not only of the USSR mishandling of its relations with its satellites between 1985 and 1989 -when Gorbachev formally and unambiguously repealed the Brezhnev doctrine- but also of France´s long, futile war to hold Algeria or the brutal tenacity of the Dutch and Portuguese throughout Asia and Africa. Domestically, the Soviet leader´s aides pitched the "sacrifice" of Eastern Europe as essential for improving relations with the West, which they argued was itself an imperative, since the USSR could no longer afford the superpower competition. But for the Soviet military and security establishment, now burdened with the logistics of a hurried, humiliating retreat, Gorbachev´s "transformation" of the international system meant the surrender of all the gains of the Second World War".

[294] *The Return..*, p. 83.

[295] *The Return..*, p. 11.

[296] *Pravda*, 7 de julio de 1989.

rumano había aseguado al secretario general del PCUS que de salirse del Pacto de Varsovia, su país "no perdería nada".[297]

El "retiro" soviético de Europa del Este será un disparador para resolver las situaciones en las repúblicas soviéticas en favor de esquemas de liberalización que estallarán pocos meses más tarde. El abandono de la doctrina Brezhnev tendría consecuencias decisivas en la pérdida del imperio y terminará de enquistar a los sectores más conservadores, apoyados en el poderosísimo y estratégico complejo militar y de seguridad.

Ante el Consejo de Europa, en Estrasburgo, Gorbachov anunció en la primera semana de julio que su meta era contribuir a la formación de un "hogar común europeo" y que "cualquier interferencia en los asuntos internos de otro estado, o cualquier intento de limitar la soberanía de otro país, resulta inadmisible".[298]

Vaclav Havel escribió tres años después que "No todo fue tan suave. Por ejemplo, las negociaciones sobre la partida de las tropas soviéticas (...) asimismo, las negociaciones para liquidar el Pacto de Varsovia y el Comecon fueron difíciles. En la política soviética, el prestigio siempre jugó un gran rol, y cuando los soviéticos finalmente comprendieron que no se podrían salvar esas organizaciones, estaban preocupados de que el desmantelamiento no fuera percibido como una derrota.."[299]

En paralelo, el país experimentaba un creciente deterioro económico. Desde antes de la llegada de Gorbachov al poder, la caída del precio del petróleo ya había comenzado a afectar la economía soviética, dependiente de la renta energética.[300] El precio del barril de petróleo llegará a caer de 40 dólares en 1980-81 a 14 en 1986. Un artículo aparecido en la edición de primavera de aquel año de *Foreign Affairs* así lo explicó: "la respuesta puede encontrarse en las decisiones tomadas en Arabia Saudita en el verano y otoño de 1985. Los saudíes decidieron inundar un mercado débil, con la intención de presionar los precios a la baja rápidamente". Años más tarde, Yegor Gaidar (primer ministro en los primeros años de Yeltsin) llegará a afirmar que la línea de tiempo del colapso de la Unión Soviética marca el 13 de septiembre de 1985. Ese día, el Sheik Ahmed Zaki Yamani, ministro de Petróleo de Arabia Saudita, declaró que la monarquía había decidido alterar radicalmente su política petrolera. Los saudíes dejaron de proteger el precio del petróleo y durante los seis meses siguientes, incrementaron la producción en Arabia Saudita hasta cuadruplicarla, mientras los precios colapsaban.. La Unión Soviética perdió aproximadamente 20 billones de dólares por año, dinero sin el cual el país simplemente no podía sobrevivir".[301]

---

[297] Volkogonov, p. 373.

[298] Gorbachev speech before the Council of Europe, July 6, 1989.

[299] Vaclav Havel: *"Summer Meditations"*, 1992, p. 81.

[300] "After the Fall: the Politics of Oil", *Foreign Affairs*, Spring 1986.

[301] Thomas Friedman: "A Pump War?", *The New York Times*, October 14, 2014.

Mariano Caucino: "Ganadores y perdedores de una nueva era petropolítica", *Clarín*, 3 de noviembre de 2014.

El daño provocado a la URSS resultó dramático para una economía sometida a las exigencias de un presupuesto militar que debía buscar mantener la equidistancia con los EEUU. Michael Reagan escribió años después que su padre pudo derrotar a la URSS "sin tirar un solo tiro, pero tenía una super-arma... el petróleo. Y el petróleo era lo único que los soviéticos tenían en los 80 (...) dado que la única riqueza del Kremlin deribaba del recurso de vender petróleo, mi padre logró que los saudíes inundaran el mercado con petróleo barato, lo cual devaluó el rublo, causando la bancarrota de la URSS, que condujo a la Perestroika y a Gorbachov y al colapso del imperio soviético". En 1986, los saudíes usaron "el arma del petróleo" para establecer cierta disciplina en la OPEP.[302]

Herbert S. Meyer, el asesor del jefe de la CIA William Casey para asuntos económicos, había calculado que por cada dólar que caía el precio del barril de petróleo, Moscú disponía de mil millones de dólares menos de presupuesto, al tiempo que por cada cinco dólares en que caía el precio, el producto bruto norteamericano se incrementaba en un 1.4 por ciento.[303]

El verano de 1989 mostraba una combinación de factores que anunciaban una "tormenta perfecta": crisis económica, reclamos nacionalistas secesionistas y tironeos internos en la cúpula del poder entre reformistas y conservadores. En agosto, continuaron las multitudinarias manifestaciones en el Báltico, donde se han oído llamamientos a luchar por la independencia de Estonia, Letonia y Lituania. Y en el sur, las huelgas paralizaban gran parte de la industria moldava y azerbayana.

Al volver de sus vacaciones de verano, el 9 de septiembre de ese año, Gorbachov advirtió que "la situación en la URSS se complica y no mejora", en una inesperada intervención televisada, y anunció medidas económicas excepcionales e "impopulares". Gorbachov denunció también que los sectores conservadores tratan de desacreditar el proceso reformista y propagan rumores sobre la posibilidad de un golpe de Estado o una guerra civil.

Dos semanas más tarde, en medio de un clima de desánimo y desmoralización por la marcha del proceso político interno, Gorbachov recibió un nuevo respaldo de un jefe de gobierno occidental. El 23 de septiembre, al volver de Tokio, la primera ministra británica Margaret Thatcher hizo una escala en Moscú y tras reunirse con el presidente soviético afirmó que "la URSS ha ido más lejos y más deprisa

---

"Casey and the Saudies did a deal. The US would make things difficult for the USSR (and of course Iran) and the Saudies would do their best to push down prices (in itself this naturally helped the the depressed american economy)". Stone, p. 545.

[302] Writing of the episode, political science professor Paul Kegnor in his book *The Crusader: Ronald Reagan and the Fall of Communism* writes: "In an amazingly innovative, gutsy and largely unknown plan, Reagan and Casey convinced (King) Fahd to help the administration hurt the Soviets economically via control on oil flows. In late 1985, the Saudis agreed to increase oil production dramatically – ultimately raising the output from less than two million barrels a day in mid-1985 up to nine million barrels a day by fall 1985." And then he writes: " the price plunged from $30 a barrel in the fall of 1985 to $10 in April 1986." And the USSR disintegrated.

[303] Stone, p. 545.

de lo que pensábamos" y se mostró abiertamente optimista sobre el futuro de la reforma soviética.

Los archivos sobre la reunión permiten conocer que la primera ministra le expresó a Gorbachov su preocupación por la situación en Alemania del Este y le explicó que "Gran Bretaña y Europa Occidental no están interesados en la unificación de Alemania". Thatcher le recomendó a Gorbachov no darle importancia a las palabras del comunicado de la OTAN en ese sentido y le reiteró que "no queremos la unificación alemana porque podría llevan a cambios en las fronteras de posguerra". La primera ministra también le aseguró que "no queremos la disolución del Pacto de Varsovia" y le reiteró que cumplía con un pedido de Bush al transmitirle que esta visión era compartida por Washington.[304]

La caída del Muro de Berlín

Quizás como ningún otro símbolo, la caída del Muro de Berlin, en noviembre de ese año, marcó el cambio de época y las transformaciones vertiginosas que vivía el mundo.

Merecen reseñarse los hechos inmediatamente anteriores. El 6 de octubre, durante las celebraciones por el 40 aniversario de la fundación de la RDA en Berlín, Gorbachov pidió reformas ante un reluctante Erich Honecker: le advirtió que "quien llega con retraso es castigado por la vida". Solamente en los dos meses anteriores, se había producido un éxodo masivo de 55 mil personas hacia Alemania Occidental. Buena parte huía a través de la "ventana húngara". "Hay que identificar las nuevas necesidades de la sociedad y satisfacerlas", le dijo Gorbachov a Honecker.

"Nada que celebrar", tituló *El País*. El periódico español señalaba en su edición del día 9 de octubre que "En pocas ocasiones, las pruebas de un fracaso histórico han sido tan evidentes como en el 40º aniversario de la creación de la República Democrática Alemana (RDA), que acaba de conmemorarse en Berlín Este en presencia de numerosas delegaciones del mundo socialista. Al éxodo de unas 50.000 personas a Alemania Occidental hay que agregar las decenas de miles de manifestantes que, a pesar de brutales medidas policiacas, han expresado su repudio al régimen de Honecker en las calles de Berlín, Leipzig, Dresde, Jena, Potsdam y otras ciudades.Los manifestantes gritaban que ellos se quedan en la RDA, pero que aspiran a vivir en un país con libertad, diálogo, sin represión ni censura, significando a la vez su simpatía por Gorbachov como símbolo de la reforma. Desde 1953, cuando los tanques soviéticos aplastaron la revuelta de los obreros de Berlín, ha sido la mayor demostración popular y juvenil de protesta contra el régimen".

Convertido en un símbolo de los horrores del sistema totalitario comunista, el Muro de Berlín había sido alzado en 1961 como una medida desesperada de las autoridades de la RDA como manera de detener el incesante paso de ciudadanos hacia el Oeste. El régimen comunista alemán llegaría a la práctica de inimaginables atropellos contra los derechos humanos. En los años siguientes a la construcción del oprobioso muro, el gobierno descubriría una lucrativa forma de ingresos para las arcas estatales: la comercialización de personas, a través de la oferta de liberación de prisioneros políticos a

---

[304] Record of Conversation between Mikhail Gorbachev and Margaret Thatcher Moscow, September 23, 1989

cambio de pagos. Se calcula que unas 34 mil personas fueron "vendidas" en este sistema.[305]

Como vimos, ya el 12 de junio de 1989, durante una visita a Alemania Federal (Occidental), el líder soviético Mikjail Gorbachov había reconocido en una conferencia de prensa que *"nada es eterno en este mundo"*, en referencia al Muro de Berlín. En octubre, Honecker se mantuvo reacio. Sin embargo, sus días estaban contados: caería poco después, para huir a Moscú y ser reemplazado por Egon Krenz.[306]

En los días que siguen, las manifestaciones en contra del régimen solo fueron en aumento en Berlín, Dresden y Leipzig. Cerca de 200.000 personas se movilizaron en esta última ciudad, la segunda del país, el día 23, con gritos de "Gorby, Gorby" (en alusión al líder soviético) y "Egon, ¿quién nos ha preguntado nuestra opinión?", y con la exigencia unánime de que se convoquen de forma inmediata elecciones libres. Un corresponsal español escribía: "La ola reformista que sacude a varios de los países que hasta hace apenas unos años eran considerados como satélites de la Unión Soviética ha llegado hasta uno de los máximos bastiones de la ortodoxia, Alemania Oriental. Los acontecimientos se suceden con rapidez y en un sentido que recuerda las espectaculares transformaciones de Polonia y Hungría. En el primero de estos países, un no comunista encabeza el Gobierno. En el segundo, el partido se ha autoinmolado y ha abierto el camino hacia el pluralismo y la cesión del poder que monopolizó durante 40 años".

El clima de "cambio de época" había tenido expresiones muy visibles días antes. El 4 de junio de aquel año crucial, en Polonia, en unas elecciones "semilibres", los seguidores de Solidaridad, el movimiento sindical de Lech Walesa, se alzaron con todas las bancas de la cámara baja que estaban en juego -solo el 35 por ciento del cuerpo era elegido por voto directo- y con 99 de las 100 bancas senatoriales del nuevo Parlamento. Ese mismo día, al otro lado del mundo, tuvo lugar el pico de violencia de la fuerte represión con que el gobierno comunista de Deng Xiapoping tuvo que reprimir las manifestaciones de estudiantes en la Plaza de Tiananmen, en pleno centro de Pekín. Sin embargo, la "atmósfera de crisis" que Alemania del Este vivió durante las semanas previas no hacía prever un desenlace tan inmediato. El propio Helmut Kohl -entonces Canciller de Alemania Federal- no lo podía creer: horas antes, en la mañana del mismo día 9, durante una visita a Varsovia, le había dicho a Lech Walesa que el proceso de apertura llevaría varios años cuando el líder de Solidaridad le aseguró que el muro caería en poco tiempo.[307]

---

[305] Usualmente, las autoridades comunistas exigían pagos en dinero a cambio de liberar prisioneros y dejarlos viajar a Occidente pero en determinadas ocasiones, lo hicieron a cambio de pagos en especias. En cierta oportunidad, se aceptó un cargamento de bananas. Sebestyen: *"1989"*, p. 9-10.

[306] Honecker -quien durante el nazismo permaneció diez años en prisión- se vió obligado a dejar el poder el 18 de octubre de 1989. Buscó asilo en la URSS y se refugió en la Embajada de Chile en Moscú. Tras la disolución del imperio soviético, fue detenido entre 1992 y 1993. Más tarde fue autorizado a viajar a Santiago, donde residía una hija suya, por su delicado estado de salud. Murió en la capital chilena, el 29 de mayo de 1994, a los 81 años de edad.

De Honecker, dijo Wolfgang Leonhard, ex colega suyo: "tenía la principal característica, esencial para ser exitoso como joven funcionario: inteligencia absolutamente promedio. En el sistema comunista de modelo estalinista, uno tiene que tener buena memoria y la habilidad para absorver montones de resoluciones y transformarlas en directivas, para lo cual se necesita una inteligencia básica. No se puede ser un completo idiota, como era requisito bajo el nazismo, porque la ideología es mucho más complicada. Pero no se puede ser demasiado inteligente..."

[307] Mariano Caucino: "A 25 años del triunfo de la libertad en Berlín", *Infobae*, 9 de noviembre de 2014.

Al día siguiente del derribo del muro, publicó *The New York Times*: "Alemania del Este liberó el jueves las restricciones para emigrar o viajar al Oeste, y en horas decenas de miles de berlineses del este y el oeste se transformaron en una manada en torno al infame Muro de Berlín en una sonora celebración. Los guardias de frontera en el cruce de Bornholmer Strasse, en Checkpoint Charlie y otros cruces abandonaron sus esfuerzos por chequear documentos (...) El cruce en masa comenzó unas dos horas después de que Gunter Schabowski, miembro del Politburo, anunciara en una conferencia de prensa que los permisos de viaje o emigración serían otorgados sin precondiciones y que los alemanes del este serían habilitados a cruzar".

El presidente norteamericano George Bush confesó años después que no fue sino hasta que vio con sus propios ojos la caída del Muro por televisión que creyó en las genuinas intenciones de los soviéticos por desmantelar el imperio. La incredulidad del mandatario norteamericano tenía lugar pese a que, el 27 de octubre, durante una cumbre del Pacto de Varsovia, Gorbachov había declarado la libertad de sus miembros a elegir su propio camino político, en lo que constituyó la reversión y el abandono de la "Doctrina Brezhnev" de soberanía limitada de las naciones de la órbita soviética. Las dudas de Bush no eran infundadas: Berlín fue, durante décadas, la más preciada posesión del imperio soviético. El altísimo costo que insumió su conquista, durante el final de la guerra, en 1945, convirtió a la ciudad en el símbolo del triunfo del Ejército Rojo en la Gran Guerra Patriótica.

La CIA, una vez más, se había equivocado. En un informe presentado al presidente Reagan, poco más de un año antes, en septiembre de 1988, las máximas autoridades de inteligencia de los EEUU planteaban: "No hay razones para dudar de la voluntad de (Gorbachov) para intervenir para preservar el mando del Partido Comunista y la decisiva influencia soviética en la región. Para Gorbachov, al igual que para sus antecesores, la importancia de Europa del Este difícilmente pueda ser exagerada. Sirve como una zona neutral de amortiguamiento militar e ideológica entre la URSS y Occidente, una base de proyección del poder soviético y de influencia a lo largo de Europa y un conducto para el comercio con Occidente y un canal para obtener tecnología. Es un pilar externo clave del sistema soviético en si mismo. No hay razones para dudar de la inclinación soviética para emplear las fuerzas armadas para mantener la regla del Partido y la preservación de la posición soviética en la región (...) La visión de Gorbachov de un "hogar común europeo" de incremento de la cooperación intra-europea implica un grado de autonomía nacional que supera ampliamente lo que él o cualquier otro líder soviético puede consentir (...) Moscú encontrará un incremento en las dificultades para promover esta línea en Occidente sin introducir divisiones también en Europa del Este. El muro de Berlín permanecerá.."[308]

Por su parte, Gorbachov admitió años más tarde que "en el verano de 1989 ni Helmut Kohl ni yo esperábamos que todo fuera a pasar tan rápido, no creíamos que el muro caería en noviembre. Por cierto, esto es algo que ambos reconocimos después. No pretendo ser ningún profeta. Estas cosas pasan: la historia a menudo acelera su marcha y castiga a los que llegan tarde. Pero castiga con mayor dureza a quienes intentan interponerse en su camino. Habría sido un gran error aferrarse al telón de acero. Por eso, por nuestra parte, no hubo ninguna presión sobre el gobierno de la RDA".[309]

Lo cierto es que la caída del Muro de Berlín provocó un efecto dominó en Europa del Este y aceleró el proceso político de liberación que culminaría dos años más tarde con la disolución de la Unión

---

[308] Sebestyen, p. 224.

[309] Entrevista Mikhail Gorbachov. *Russia Beyond the Headlines*, elaborado por *Rossiyskaya Gazeta*, (suplemento junto al diario *La Nación*), 5 de noviembre de 2014.

Soviética.

La situación en la URSS, en tanto, seguía siendo grave. El 25 de octubre el *Pravda* informaba que Gorbachov era atacado tanto por la derecha como la izquierda que tratan de sacar partido de la "gravedad de la situación". La prensa occidental por su parte, habla de "sensación de vacío de poder".[310]

La ola de cambios que recorre Europa del Este provocá la caída de Todor Yivkov, de jefe del Estado y del Partido Comunista Búlgaro, quien dimitió en un pleno del comité central. La dimisión de Yivkov, el dirigente comunista más veterano de Europa oriental, en el poder desde hace 35 años, causó una gran sorpresa en Sofía.[311]

Camino a Malta: hacia el fin de la Guerra Fría

Por su parte, en su discurso con motivo del Día de Acción de Gracias, en la última semana de noviembre, el presidente Bush afirmó que: "La lucha entre lo libre y lo que no es libre ha estado simbolizada por una isla de esperanza enclavada detrás del telón de acero: Berlín" y que "en el umbral de la década de los noventa, extiendo mi mano al presidente Gorbachov y le pido que trabajemos juntos para derribar las últimas barreras hacia un nuevo mundo de libertad. Avancemos más allá de una política de contención y terminemos de una vez para siempre con la guerra fría". El presidente utilizó sin citarlo la frase de Victor Hugo -"nada puede parar una idea cuando su tiempo llega"- para referirse a la situación en la Europa del Este.

Gorbachov aseguró a Bush que: "nunca daremos comienzo a una guerra contra los Estados Unidos" y reflexionó: "el mundo está dejando una épocas para entrar a otra. Estamos en el comienzo de una larga ruta a una era de paz. La amenaza de la fuerza, la desconfianza y la lucha ideológica y psicológica deben ser cosas del pasado".

La cumbre entre Gorbachov y Bush tuvo lugar el 2 de diciembre, en La Valetta, Malta. Un día antes, Gorbachov había dado un paso histórico: había realizado una visita oficial al Vaticano. El encuentro con Juan Pablo II era la primera entrevista de un líder soviético con un Papa y simbolizaba el fin de siete décadas de persecución religiosa.

El 16 de diciembre, en ocasión de la muerte de Sakarov, en un artículo necrológico en el *Pravda*, firmado por Gorbachov, el máximo líder soviético sostuvo que se había cometido una "severa injusticia" cuando el académico fue obligado a un exilio interior en Gorki entre 1980 y 1985. *Time* lo elige "el hombre de la década".

---

[310] *El País*, 26 de octubre de 1989.

[311] *El País* reseñó: "Eran notorias desde hace tiempo las diferencias entre la dirección soviética y el anciano Yivkov, al que sus compatriotas llaman el "viejo zorro". Este había demostrado hasta ayer una insólita capacidad de supervivencia política. Accedió al cargo aún bajo Nikita Jruschov, encontró un gran mentor y aliado afin en Leonidas Breznev y sobrevivió a Yuri Andropov, Constantin Chernenko, y cinco años bajo Gorbachov."

La caída de Ceaucescu

En la Navidad de ese año crucial, caería la dictadura de Nicolás y Elena Ceaucescu en Rumania.[312] El régimen rumano se había transformado quizás en el más sanguinario y despiadado del mundo comunista. Internamente, mientras tanto, a través de un ejercicio ilimitado del poder, Ceaucescu impuso un culto a la personalidad que no conoció límites. Su rostro y el de su mujer aparecían en todos lados a lo largo del país. Obsesionados por un delirio persecutorio sin paralelo, los Ceaucescu veían enemigos en todas partes.[313]

A mediados de los años 80, Ceaucescu quiso inmortalizarse a través de la construcción del palacio presidencial más grande de la historia. Para ello, no titubeó en derribar varias manzanas de un barrio histórico de la capital, sin importarle el patrimonio cultural de la zona. Quien haya estado alguna vez en Bucarest habrá podido observar el monstruoso edificio, símbolo de una megalomanía sin límites.

A través de la siniestra Securitate, la policía secreta, convirtió al país en una red de espías, entregadores y delatores en el que casi ningún vestigio de libertad individual sobrevivió. Los crímenes sobre disidentes y las torturas en las cárceles del régimen alcanzaron proporciones inimaginables. Durante la década del 80, la economía comenzó a experimentar las limitaciones materiales de un sistema cada vez más ineficiente. Durante su largo coqueteo con las potencias occidentales, Ceaucescu endeudó al país hasta el hartazgo, con el fin de desarrollar delirantes proyectos industriales carentes de base y cálculo económico, así como en la construcción de el majestuoso palacio presidencial cubierto de marmol y también, la verdad sea dicha, con el evidente fin de enriquecerse en forma personal. Al final de su régimen, se estimaba que había robado miles de millones de dólares de las arcas públicas y las había desviado a cuentas personales, principalmente en Austria. La caída del régimen del Sha de Irán, en 1979, agregó complicaciones a la economía comunista rumana. El precio del petróleo subió considerablemente y el país debió exigirse esfuerzos mayúsculos para abastecerse energéticamente. Los cortes de luz y el desabastecimiento se hicieron moneda corriente durante los años ochenta.

Para cumplir con los compromisos externos, a los efectos de satisfacer el pago de los intereses de la deuda, Ceaucescu decidió exportar prácticamente la totalidad de la producción agrícola e industrial del país. Los rumanos, en tanto, se convirtieron en meros sobrevivientes que debían recorrer las calles para alimentarse. Racionamientos de comida fueron introducidos y se le dio la orden a los hospitales de no atender a aquellos enfermos que superaran los sesenta años. Virtualmente se desactivó la red de comunicaciones y la televisión -controlada por el régimen naturalmente- quedó reducida a unas pocas horas diarias en las que el pueblo era instruido sobre las inmensas virtudes de estadista del "Conductor" y su esposa.[314]

El malestar de la población alcanzaría, hacia fines de la década, el nivel del hartazgo. En noviembre de 1989, un mes antes del desenlace, el Partido Comunista Rumano confirmó una vez más a Ceaucescu como secretario general e hizo una fuerte condena a las políticas de apertura iniciadas en el lustro

---

[312] *"1989"*.

[313] Innumerables historias, verídicas o verosímiles, se tejieron en torno a su régimen. Una de ellas relata que, temeroso de ser asesinado a través de células radiactivas, Ceaucescu exigía utilizar un nuevo traje cada día. Las prendas del dictador debían ser elaboradas por sastres italianos y eran presentadas envueltas en envases al vacío y una vez utilizadas eran quemadas. Ion Pacepa: *Red Horizons*.

[314] Ceaucescu prometió en 1982 pagar la totalidad de la deuda del país para 1990. En abril de 1989, anunció triunfalmente que habían alcanzado ese objetivo siete meses antes del plazo previsto. En busca de "independencia económica", sometió a la población a la escasez y la miseria.

anterior por Gorbachov en la Unión Soviética y por los distintos regímenes comunistas de Europa Oriental. Simultaneamente, caía el Muro de Berlín.

A comienzos de diciembre de ese año, importantes demostraciones en contra del régimen estallaron en la ciudad de Timisoara, cercana a la frontera con Hungría. El día 17, la Securitate y las fuerzas armadas comenzaron a reprimir las manifestaciones. Ceaucescu, en tanto, tuvo que volver anticipadamente de una gira a Irán. El día 20, denunció en un discurso televisado que los sucesos de Timisoara eran producto de la "interferencia extranjera en los asuntos internos de Rumania" y que constituían un "ataque a la soberanía de la Nación". La población, por su lado, se informaba sobre la verdadera dimensión de los acontecimientos a través de las estaciones de radio occidentales como *The Voice of America* y *Radio Free Europe* y por el siempre eficaz e incensurable sistema del boca a boca. El día 21, Ceaucescu encabezó un acto multitudinario en pleno centro de la capital. La prensa oficialista describió la concentración como el resultado de "un espontáneo movimiento de apoyo al Conductor".

La realidad, naturalmente, era muy distinta. Ceaucescu comenzó a repetir las virtudes del comunismo y los logros de sus veinticinco años "revolucionarios". Calificó a las protestas en Timisoara como "agitaciones fascistas de quienes quieren destruir el socialismo". El tirano, sin embargo, había comprado su propia mentira: la población, esta vez, le daba la espalda. Acostumbrado a un pueblo manso, sometido y sojuzgado, creyó que le hablaba nuevamente, como siempre, a una multitud indefensa y domesticada. Sin embargo, a los pocos minutos, comenzaron los chiflidos. Desde el fondo de la plaza -hoy llamada "de la Revolución"- decenas de personas gritaron *"Timisoara, Timisoara!"*. Lo inimaginable había sucedido. Concretatando el viejo cuento del rey desnudado, Ceaucescu, en cuestión de minutos, pasó de ser un cruel dictador a un aterrado anciano. El miedo había cambiado de bando.

Ceaucescu y su mujer huyeron del palacio presidencial a bordo de un helicóptero. Intentaron escapar del país, buscando un exilio involuntario pero bien provisto por los cientos de millones de dólares depositados en cuentas secretas en paraísos financieros. Sin embargo, el destino les jugaría una mala pasada. Los miembros de su guardia, de pronto, pasaron a ser sus carceleros. Detenidos por ex integrantes de sus fuerzas armadas, los Ceaucescu fueron sometidos a un juicio sumario, en la mañana del 25 de diciembre de 1989. El tribunal militar, formado de urgencia, los declaró culpables de haber practicado un "genocidio y de haber robado los bienes del país sometiendo a la población a la escasez y la miseria" y los fusilaron. El pelotón recibió la orden de no apuntar a las cabezas de la pareja a los efectos de que la población pudiera ver los rostros muertos de Nicolae y Elena Ceaucescu.

Los Ceaucescu protagonizaron el único caso de final violento de la caída de los regímenes totalitarios socialistas producidos en 1989 y que desembocarían finalmente, dos años más tarde, en la disolución del imperio soviético en la Navidad de 1991.

El culto a la personalidad había adquirido la mayor expresión en la Rumania de Ceaucescu. El país entero se había transformado en un espectáculo para un solo espectador: el dictador.

A miles de kilómetros, otro dictador cayó en esa Navidad de 1989. La invasión norteamericana a Panamá, pocos días después de la cumbre de Malta entre Bush y Gorbachov confirmó que solo quedaba en el mundo una única superpotencia: los EEUU.

Así lo reflejó un corresponsal español: "La intervención en Panamá no viene a fortalecer a Gorbachov. Por el contrario, puede resultar contraproducente para la *perestroika,* al reforzar a los conservadores que han criticado al dirigente soviético la cesión de poder por parte de la URSS.(...) Sólo queda ya una superpotencia. Antes creíamos que había dos, pues la URSS lo era en términos militares. Finalmente nos hemos dado cuenta de que para alcanzar la categoría de superpotencia no sólo basta lo militar, aunque este componente resulta imprescindible. Ahora sí que ha llegado el momento de eso que Raymond Aron llamaba la *República imperial.* Y sobre esta base se va a fraguar el nuevo mundo".

En su discurso de fin de año, Gorbachov, describió el año 1989 como "unos de los turbulentos" en la historia reciente para la Unión Soviética y el Pacto de Varsovia, y reafirmó su convencimiento de que se había marcado "el final de la guerra fría". Gorbachov dijo que la división de Europa "era un recuerdo del pasado". El líder soviético señaló que se había formulado la concepción de "socialismo humano y democrático, sociedad de libertad y justicia social". Entre los principales acontecimientos de 1989, Gorbachov destacó "la celebración de las primeras elecciones verdaderamente libres en varios decenios de historia soviética", así como las dos primeras sesiones del nuevo Congreso de Diputados, que "permitieron acumular experiencia parlamentaria e incrementar bruscamente la cultura democrática del pueblo".

Victor Sebestyen escribió: "Esta es una historia con un final feliz. Nadie que haya atestiguado la alegría en las calles de Berlín, Praga o Budapest a fines de 1989 puede olvidar aquellas extraordinarias escenas de celebración. El pueblo había triunfado sobre la tiranía (...) aquí es donde la narrativa termina, en un punto de esperanza brillante, optimismo inteligente y sincero agradecimiento y grandes festejos. Uno de los imperios más brutales de la historia estaba de rodillas. Los poetas y filósofos que languidecieron en las cárceles se convirtieron en presidentes y ministros. Cuando el Muro de Berlín cayó en una fría noche de noviembre, pareció que las heridas abiertas del cruel siglo veinte podrían por fin comenzar a curarse. Esto no eran solo tontos sueños. Algunos comentaristas -el más notorio, pero no único, Francis Fukuyama- se entusiasmaron y predijeron el fin de la historia y de los conflictos ideológicos. Los comentarios eran correctos en cuanto a la escala y la importancia de los cambios de 1989 pero no sobre el fin de la historia. Una forma de vida, y una mirada de la realidad, el comunismo inspirado en Marx, Lenin y Stalin, fue revelado como un horripilante experimento fracasado. En pocas semanas, se logró la libertad y la independencia de buena parte de una Europa prisionera durante décadas. A comienzos de 1989 nada de ello era imaginable en los años venideros. La Guerra Fría fue declarada terminada..."[315]

Lituania da el primer paso

El nuevo año se inició con renovadas dificultades. El 20 de diciembre, durante la sesión del Congreso del Partido Comunista Lituano (PCL) se había proclamado su independencia de Moscú. Una semana más tarde, Gorbachov se había negado a reconocer la decisión lituana de romper con Moscú. "Si cruzamos esta línea, podemos decir que estamos deliberadamente rompiendo la Unión Soviética. Y el actual partido y liderazgo no permitirán que la unidad se rompa", dijo Gorbachov entonces.

Dos días más tarde, observadores occidentales advertían que "La firme condena formulada por el liderazgo soviético a los comunistas lituanos, tras el intento de éstos de romper con Moscú, puede acabar ayudando a mejorar la tambaleante imagen del partido en la independentista república báltica, donde el martes se manifestaron unas 30.000 personas en apoyo a la decisión adoptada la pasada semana por el Partido Comunista Lituano."[316]

---

[315] *"1989"*.

[316] *El País*, 28 de diciembre de 1989.

La crisis lituana siguió agravándose. El 11 de enero, Gorbachov viajó a Vilnius. Fue recibido por 300.000 manifestantes al grito de "libertad, libertad, Lituania será libre". Gorbachov tuvo que reconocer "que hasta ahora los pueblos de la URSS no han vivido en una federación auténtica".

La situación volvió a acelerarse: dos meses más tarde, el 11 de marzo, el Parlamento lituano votó la secesión rozando la unanimidad (124 a favor a 0 en contra y solo 9 abstenciones).[317] Armenia siguió sus pasos y se independizó. Estonia y Latvia siguieron su camino, aunque a través de una independencia "progresiva". Un duro golpe para la unidad soviética tuvo lugar el 12 mayo de ese año cuando los presidentes de las repúblicas bálticas de Letonia, Estonia y Lituania mantuvieron ayer una histórica reunión en la capital estonia, Tallin, con el objetivo de impulsar sus relaciones económicas y establecer una política común en su proceso de independencia de la Unión Soviética.[318]

Rusia misma declaró su soberanía, el 12 de junio de 1990 y los parlamentos de Ucrania, Bielorrusia y Moldavia continuaron su senda. Naturalmente, esta declaración y la introducción de la figura del "Presidente de la Federación Rusa" un año después, en junio de de 1991 terminarían de disociar el estado ruso de la Unión Soviética y estimularían las aspiraciones de soberanía de las otras repúblicas.

Gorbachov se vio obligado a buscar formar un nuevo tratado de Unión que reemplazara al original de 1922. Los pasos del líder, entre mediados de 1990 y mediados de 1991, lo llevan a girar hacia la izquierda y luego a la derecha, y así sucesivamente, en búsqueda de fórmulas para salvar la unión.[319]

Paralelamente, los acontecimientos en Azerbaiján volvían a mostrar la peor cara de la crisis. El 20 de enero, en una alocución televisada al país, Gorbachov se vio obligado a justificar la intervención del Ejército para aplastar la revuelta nacionalista en Azerbaiyán, que, según cifras oficiales, había costado la vida, en la toma de Bakú, a 57 personas y causado 323 heridos. Gorbachov pidió a sus conciudadanos "comprensión" y "apoyo" para las medidas adoptadas tras "dos años de intentos pacíficos" de resolver las tensiones entre azeríes y armenios en el Cáucaso.

El presidente soviético afirmó ayer, en su mensaje al país, que "los trágicos acontecimientos de Bakú desvelan hasta el final el precio de los desenfrenos nacionalistas" y señaló que "el deber del Estado" es devolver la paz a las dos repúblicas, Armenia y Azaerbaiyán. Gorbachov agregó: "El Ejército y las tropas del Ministerio del Interior cumplen su deber de defensa de la Constitución y de la ley", y extendió

---

[317] A mediados de enero de ese año 1990, tras una visita de Gorbachov a Vilnius (Lituania) estallaron manifestaciones pro-independentistas en esa República.

Tras la decisión del Parlamento lituano, Gorbachov declaró: "La información que nos está llegando desde allí es alarmante", pero descartó la intervención militar. "Las decisiones que están tomando afectan a los intereses vitales y al destino tanto de esa república como del pueblo y de todo nuestro Estado". Y sostuvo que las decisiones de las autoridades lituanas eran "ilegítimas" y se negó a negociar con ellos argumentando que "nosotros solamente negociamos con gobiernos extranjeros". A su vez, el general héroe de Afganistán Boris Gromov también aseguró que no se enviarían tropas, diciendo: "Somos gente civilizada". *El País*, 13 de marzo de 1990.

[318] Anunciaron asimismo la reconstitución del Consejo del Báltico, organismo encargado de coordinar la acción de las tres repúblicas, que fue fundado en 1934, cuando eran repúblicas independientes, y suprimido en 1940, "bajo la presión militar del Gobierno soviético".

[319] Para fines de 1990, Gorbachov, después de ensayar uno y mil proyectos para mantener la unión, reconoció que estaba "girando en círculos". Las críticas señalaban entonces que el líder soviético daba la imagen de "alguien que perdió un tren y se pone a dar vueltas en una estación vacía", tal como publicó *Sovetskaia Rossiia*, el 21 de noviembre de ese año. Kotkin, p. 92.

su llamamiento a la calma a los "engañados" y "ofuscados" por los incendiarios llamamientos" nacionalistas.El jefe del Estado soviético añadió: "Hoy, como nunca antes necesitamos la concordia nacional, la estrecha colaboración y la ayuda mutua", afirmó. Gorbachov acusó a los nacionalistas de haber continuado calentando los ánimos tras el decreto del 15 de enero pasado, que establecía la introducción del estado de emergencia en la región autónoma de Nagorric-Karabaj y en algunas zonas de Azerbaiyán y Armenia, tras el estallido de violencia de los días anteriores.

El día 22, una importante manifestación de azeríes en contra de la política del Kremlin tuvo lugar en Moscú: unos 10 mil azeríes con crespones negros y pancartas se reunieron ayer frente al Ministerio de Defensa en la capital soviética, en el popular barrio del Arbat, para dejar constancia de su repulsa por la intervención militar en Bakú. Se escucharon gritos de "Gorbachov, delincuente". La crisis inquietó a las embajadas occidentales que transmitieron mensajes de alarma a las capitales.

En los EEUU, la portavoz del Departamento de Estado, Margaret Tutwiler, declaró ese mismo día 22 que Washington consideró que la violencia en Azerbaiyán hizo necesaria la intervención. "La violencia de ciertos militantes", dijo, "crearon la necesidad de recurrir a la fuerza para restablecer el orden". Tutwiler, declaró la pasada semana que "EEUU reconoce desde 1933 la integridad territorial de la Unión Soviética", y añadió que "los armenios y los azeríes no son dos pueblos que luchan para conseguir un cambio político pacífico, sino que, simplemente, han desempolvando sus antiguos odios étnicos". Washington no alzaría la voz para criticar la represión a cambio que que Moscú pusiera orden en la zona.

Un corresponsal describió: "Las preocupaciones de la Administración del presidente George Bush van por otro lado. Washington teme que, como consecuencia de la turbulencia interna en la URSS, Gorbachov pueda tener dificultades políticas para concluir los acuerdos de desarme pendientes con EEUU, entre los que se encuentran el de armas estratégicas y la reducción de fuerzas convencionales en Europa. En una reciente entrevista, Baker expresó la necesidad de "concluir buenos acuerdos [con Moscú] mientras haya posibilidad de conseguir esos acuerdos".

El último día de enero, un fuerte rumor recorría la capital soviética y convulsionaba al mundo entero: la posible dimisión de Gorbachov. La versión derivó de una noticia emitida desde la capital soviética por el corresponsal de la cadena norteamericana de televisión CNN, lo cual hizo tambalear Wall Street, en Nueva York.[320] "No tengo intención de dimitir", declaró Gorbachov a los periodistas antes de recibir al presidente electo de Brasil, Fernando Collor de Melo.

El 11 de marzo, al cumplirse su quinto aniversario en el poder, la prensa española reflexionó: "Mijail Gorbachov no puede tener un cumpleaños político más ajetreado. Hoy, coincidiendo con el 5º aniversario de su llegada al poder, se espera que el nuevo Soviet Supremo de Lituania proclame en Vilna la independencia o, al menos, "la continuidad del Estado lituano". Paralelamente, en Moscú se reúne el Comité Central del Partido Comunista Soviético (PCUS) para aprobar nuevos estatutos, preparar el próximo congreso y nombrar candidato al nuevo cargo de presidente de la URSS. Y mañana se abre el Congreso de Diputados del Pueblo, que introducirá el sistema presidencial. Gorbachov llega a este aniversario simultáneamente más débil y más fuerte que nunca. Más débil porque el voto del Soviet Supremo lituano marca el comienzo de la desintegración del imperio soviético y porque la oposición a su persona aumenta entre los políticos. Más fuerte porque el super Parlamento soviético, de 2.250 diputados, seguramente le elegirá primer presidente de la URSS, otorgándole poderes extraordinarios."[321]

---

[320] *Wall Street Journal*, January 31, 1990.

[321] "Ajetreado 5º aniversario de Gorbachov en el poder", *El País*, 11 de marzo de 1990.

El Parlamento, en tanto, votó la conversión de la URSS en una república presidencialista. Gorbachov es elegido Presidente. La elección de Gorbachov coincide con un momento de aceleración de las fuerzas *centrífugas* en la Unión. La tendencia independentista recorre la URSS: a la situación en Lituania le siguen el resto de las repúblicas bálticas.

La crisis en Lituania llevaría al ministro de Relaciones Exteriores, Edouard Shevardnadze a advertir durante una visita a EEUU que la situación de Gorbachov era compleja y que podría complicarse aún más, hasta poder caer.[322]

Las celebraciones del 1 de mayo de aquel año 1990 mostrarían la cara del desencanto interno en la URSS: miles de ciudadanos se movilizaron en la primera demostración contra el gobierno permitida en la Plaza Roja. Por primera vez después de décadas de rígido control por parte del Partido Comunista, se habilitó la participación de quien quisiera manifestarse en contra del liderazgo soviético, inmediatamente después de que terminara el desfile oficial tradicional. Miles de personas usaron esa oportunidad para mostrar su furia, con protestas contra Gorbachov, la KGB y el comunismo en general. "Abajo el yugo del Partido Comunista Soviético", "Abajo el Imperio del Fascismo Rojo" y "Socialismo, no gracias", fueron algunos de los slógans. Pese a la autorización gubernamental, la televisión no transmitió las protestas y finalizó la cobertura del acto cuando terminó la primera hora de celebraciones oficiales.[323]

En vísperas de su viaje a EEUU y Canadá, cuatro semanas más tarde, Gorbachov se vió obligado a pedirle "calma" a la ciudadanía soviética ante la escalada de la crisis económica. "No se dejen llevar por el pánico", pidió e hizo un llamado a pasar a la economía de mercado "de la manera menos dolorosa posible".

En ese marco, afirmó a la revista *Time*: "Tienen que tener en cuenta que tenemos empresas en la Unión Soviética que no son rentables. Deben reorientar su producción. La gente debe reciclarse. Muchos tendrán que realizar un nuevo tipo de trabajo. Por eso estamos estableciendo un sistema de protección social que pueda capacitar a esta gente para realizar la transición. En EEUU y otros países occidentales, la mayoría de los trabajadores están empleados en el sector de servicios, mientras que los dos tercios de los soviéticos trabajan en el sector público. Tenemos ante nosotros la ingente tarea de incrementar los puestos de trabajo en el sector de servicios. Nos sentimos parte de una civilización global y queremos ser incluidos orgánicamente en el mundo económico. Al mismo tiempo, sin embargo, podría ser una catástrofe (ambiental) si todos los países del mundo trataran de alcanzar el nivel de vida de Estados Unidos. América ya consume un porcentaje desproporcionado de las fuentes energéticas del mundo. Por eso yo doy tanta importancia al conflicto entre la sociedad de consumo y la naturaleza". Por último, Gorbachov reconoció que "cuando una sociedad rompe con el pasado de forma dramática, cuando los antiguos ídolos y héroes caen, es como una tormenta de arena. Es muy difícil ver lo que ocurrirá al final".

---

[322] Lo dijo el 7 de abril de 1990, durante una entrevista con los líderes del Senado norteamericano George Mitchell (demócrata) y Robert Dole (republicano).

[323] *Chicago Tribune*, May 2, 1990.

Nuevas protestas contra Gorbachov tuvieron lugar semanas más tarde, en las calles de Moscú, mientras en el Kremlin sesionaba el 28 Congreso del PCUS. El 2 de julio de ese año, la prensa española reseñaba los gritos de un ciudadano que gritaba: "Gorbachov es un fullero y el líder de una mafia. Eso es lo que es", cerca de la plaza Pushkin.

Gorbachov, en tanto, volvió a viajar a los EEUU y a Canadá. Al iniciar su visita a Ottawa, el 30 de mayo, una encuesta revelaba que Gorbachov era más popular en Canadá que en la URSS. El 72% de los canadienses creía que las reformas son positivas, pero sólo un 33% de los soviéticos pensaba lo mismo.

El primer día de junio, reunido con legisladores norteamericanos, Gorbachov intentó obtener para la URSS la cláusula de la nación más favorecida. "No voy a pedir nada, no voy a mendigar nada", dijo Gorbachov saliendo al paso de las informaciones sobre su debilidad y la de su país. "¿Quieren los Estados Unidos una URSS débil, desgarrada por complejos, problemas y desórdenes o quieren ustedes un Estado soviético dinámico que esté abierto al mundo exterior?", preguntó.[324]

El sábado 2, Gorbachov y Bush se reunieron en Camp David. El clima cordial en la residencia de descanso del presidente norteamericano, a unos cien kilómetros de la capital, no alcanzó para que ambos líderes alcanzaran un acuerdo sobre la situación alemana. En una conferencia de prensa conjunta en la Casa Blanca, Bush explicó que "Estados Unidos desea que Alemania continúe en la Alianza Atlántica, pero el presidente Gorbachov no comparte este punto de vista".[325]

La gorbimanía, en tanto, tuvo su expresión californiana días más tarde cuando miles de estudiantes de la Universidad de Stanford recibieron al líder soviético con gritos de "Gorby, Gorby, Gorby", enmudeciendo casi por completo a varios centenares de independentistas bálticos que se habían colado en el campus con banderas y pancartas en contra. Horas antes, Gorbachov había mantenido un encuentro con el ex presidente Reagan.

Antes de volver a Moscú, Gorbachov había logrado otro hito histórico. El día 5, en San Francisco, mantuvo un encuentro con el presidente de Corea del Sur, Roh Tae Woo, en el hotel Fairmont de esa ciudad. La reunión supuso un gran paso adelante para la normalización de relaciones entre la URSS y Corea del Sur, después de cuatro décadas de frialdad a través del "muro de bambú". Naturalmente, la cumbre con el presidente surcoreano indignó a Kim il-Sung, el eterno dictador norcoreano.[326]

El duelo Gorbachov-Yeltsin. La URSS frente a Rusia.

En tanto, el 29 de mayo, Yeltsin había sido elegido Presidente de la Federación Rusa. Durante su gira por EEUU, un periodista del *Izvestia* le había preguntado a Gorbachov cómo eran las relaciones con Yeltsin. "C'est la vie, c'est la vie", respondió, en francés. "En los últimos días", dijo Gorbachov, "ha sucedido algo que nos hace pensar. El camarada Yeltsin ha cambiado su posición respecto a algunos

---

[324] "Summit in Washington; Excerpts From Gorbachev's Remarks at Breakfast With U.S. Lawmakers", *The New York Times*, June 2, 1990.

[325] Días más tarde Gorbachov se mostró dispuesto a aceptar que la Alemania unida tenga simultáneamente un estatuto de "miembro asociado" a la OTAN y al Pacto de Varsovia mientras existieran ambos bloques militares. *El País*, 13 de junio de 1990.

[326] Para calmar al reluctante Kim, el viceministro de Asuntos Exteriores soviético, Igor Rogachev, que se hallaba de visita oficial en Malaisia, sostuvo en Kuala Lumpur que Moscú no tenía intención de abandonar sus compromisos con Pyongyang: "Corea del Norte es nuestro amigo, nuestro aliado, y nosotros seguiremos siendo fieles a nuestras obligaciones". Rogachev manifestó que ha llegado el momento de distender las relaciones en Corea y que la Unión Soviética apoyará todas las iniciativas que faciliten la reunificación de los dos países.

temas políticos muy serios e importantes". "Si esto no es un juego político", dijo Gorbachov, ciertos "acercamientos" y "desarrollos" son posibles. "Pero si es una maniobra y vuelve a lo que ha estado haciendo en los últimos años", a sus "actividades destructivas", señaló Gorbachov, "entonces su presidencia complicará las cosas".

El 12 de junio, el Parlamento ruso votó una proclama de soberanía y supremacía de sus leyes sobre el poder central soviético. La decisión fue adoptada de manera abrumadora: 907 votos a favor, 13 en contra y 9 abstenciones. Gorbachov admitió que una URSS sin Rusia "carecería de sentido".

Una semana más tarde, Gorbachov defendió la supremacía del Estado soviético sobre Rusia, la mayor de las 15 repúblicas federadas de la URSS, y del Partido Comunista de la Unión Soviética (PCUS) sobre el futuro Partido Comunista de Rusia, en un discurso pronunciado en el Kremlin ante más de 2.700 militantes del PCUS.

El 27 de junio, El politólogo Fedor Burlatski, director de la revista *Literaturnaia Gazeta*, manifestó en un artículo editorial, que la URSS vive una lucha entre tres centros de poder, simbolizados por Mijaíl Gorbachov, Boris Yeltsin e Iván Poloskov. Para Burlatski, la "única salida para salvar la perestroika y mantener el partido" era la unión entre Gorbachov y Yeltsin, es decir, el bloque de centro-izquierda. Burlatski trazaba un paralelo entre Nikita Jruschov, defenestrado en 1964, y Mijaíl Gorbachov, y señalaba que le había resultado "doloroso" contemplar cómo personajes que debían su existencia al mismo Gorbachov criticaban a éste y le acusaban de "indecisión, medidas a medias y tendencia al compromiso". "¿Acaso querían que Gorbachov compartiera el destino de Jruschov, y que el país se sumiera en el letargo otros veinte años, o bien volviera a los peores tiempos del Gulag?", preguntaba Burlatski.

A fin de ese mes, el presidente ruso (Yeltsin) se había convertido en el hombre más popular de la URSS. Tras su elección a finales de mayo, una encuesta del prestigioso Centro Nacional de Investigación de la Opinión Pública, efectuada en todo el país, le otorgaba un 85% de opiniones favorables. El sondeo no preguntaba sobre Gorbachov, pero algunos datos indicaban claramente que se situaba muy por detrás. Cuando el líder del Kremlin fue elegido presidente de la URSS, en marzo, su índice de popularidad era del 68%. Dos meses después, en mayo, un 42% de los encuestados le expresaba su total confianza, y un 25% su confianza parcial.[327]

En tanto, el estado de descomposición de las instituciones soviéticas llevó al extremo de que el periódico *Krasnaia Zvezda*, órgano vocero de las Fuerzas Armadas, tuviera que asegurar en su edición del 29 de junio que el Consejo de Defensa de la URSS, una organización que aparentemente había sido suprimida al introducirse la institución presidencial en el pasado mes de marzo, existía aún y era presidido por Mijaíl Gorbachov.

El 10 de julio, Gorbachov fue reelegido titular del PCUS. Sin embargo, uno de cada cuatro delegados al 28º Congreso del Partido Comunista de la Unión Soviética (PCUS) votó en su contra. Gorbachov obtuvo el respaldo de 3.411 participantes en la reunión que se celebra en el Kremlin, pero los 1.116 votos en contra "son reflejo de la creciente oposición que encuentra su liderazgo", tal como señalan los observadores extranjeros. La votación tiene lugar en un marco de creciente "desmembramiento". El discurso de Shevardnadze ante el cuerpo así lo demostró. Comenzó diciendo: "Camaradas, es muy difícil hablar aquí, así que hagan al menos el esfuerzo de escucharme", para luego explicar que los regímenes del Este se han desmoronado no por su culpa, sino porque estaban construidos sobre "Ideas falsas sobre el socialismo". Al final, preguntado por su pasado, por los discursos que hacía en tiempos de Breznev, Shevardnadze el georgiano consigue hacer estremecer a la sala. Sí, a la edad de siete años

---

[327] "Yeltsin supera en popularidad a Gorbachov", *El País*, 30 de junio de 1990.

escribía poemas a la gloria de Stalin; sí, en 1956 era amigo de Jruschov, aunque éste no haya dudado en enviar los tanques a Tbilisi contra los georgianos que defendían la memoria de Stalin, causando 50 muertos. "Es el drama de mi generación: mi gran culpa es haber nacido en 1928. Pero pongan en mi haber la lucha contra la corrupción en Georgia y todo lo que he hecho por la perestroika".[328]

Mientras tanto, a miles de kilómetros de Moscú, el G-7 emitió una declaración de respaldo al líder soviético. Los miembros del Grupo de los Siete se declararon ayer dispuestos a cooperar con la Unión Soviética "en sus esfuerzos para crear una sociedad abierta, una democracia pluralista y una economía de mercado", según dice el comunicado político que fue leído por el secretario de Estado norteamericano, James Baker. Sin embargo, los resultados de la reunión del G-7 en Houston serían "discretos" para Gorbachov: los líderes de los países industriales se negaron a aportar una ayuda económica conjunta a la URSS.[329]

La crisis económica llevaría a que los dos hombres fuertes del país, Gorbachov y Yeltsin, se vean obligados a un pacto de necesidad: nace el plan de los "500 días". "El reciente y sorprendente pacto económico entre el líder soviético, Mijaíl Gorbachov, y el presidente del Parlamento de la Federación Rusa, Borís Yeltsin, es considerado por el órgano del partido comunista (PCUS), *Pravda,* como una alianza política. El economista Yegor Gaidar, miembro del consejo de dirección del diario, aseguraba en un artículo publicado ayer en primera página que ambos dirigentes han dado muestra de "un alto sentido de responsabilidad y elasticidad política, y vencieron las tendencias de enfrentamiento al firmar una alianza política en aras de profundizar la reforma".[330]

Así lo reflejó la prensa española: "¿Cómo se explica esta alianza? Tanto Gorbachov como Yeltsin han asumido un imperativo impuesto por la situación. Si el Ejecutivo de Rusia y el Ejecutivo de la URSS se enfrentasen o marchasen cada uno por su lado, el caos alcanzaría en breve plazo cotas de difícil contención. Rusia tiene en la URSS un peso tal -el 76% del territorio, más de la mitad de la población, el 70% de la producción industrial y agrícola- que, si un Gobierno soviético tuviese que actuar sin el respaldo de Rusia, sería una simple entelequia. Por ello, el acuerdo Yeltsin-Gorbachov refleja un fenómeno más general: el nuevo reparto del poder, que se está operando como consecuencia no ya de la *perestroika,* sino, más concretamente, de la afirmación de su soberanía por parte de diversas repúblicas. El desmoronamiento de ese *poder total* que tenía anteriormente el secretario general del PCUS se traduce en dos procesos paralelos: crece el poder de los órganos del Estado con una base electoral, como el Congreso de los Diputados, y también el de las repúblicas, sobre todo el de algunas. Esa desintegración de la URSS que algunos anunciaban como un apocalipsis está tomando otras formas: una creciente conquista de poder por los Gobiernos de las repúblicas en detrimento del poder de Moscú."[331]

Gorbachov parecía conciente de la grave crisis. El último día de agosto, advirtió que se necesitaban "medidas decisivas para evitar un desastre económico", y reconoció que había un gran escepticismo entre la población ante el proceso de reformas. Esto se reflejaba en que había aparecido los "primeros

---

[328] "Un día de congreso en Moscú", *El País*, 15 de julio de 1990.

[329] After the Economic Summit in Houston, July 9-11, 1990, the G-7 leaders issued a declaration welcoming political and economic change in the Soviet Union. They offered "technical assistance," and agreed to have the International Monetary Fund study the Soviet economy. They also suggested that economic aid was more likely if the Soviet Union would "shift resources . . . from the military sector and cut support to nations promoting regional conflict." *United States Relations with Russia: After the Cold War. U.S. Department of State. Archive*

[330] *Pravda*, August 12, 1990.

[331] "El acuerdo Yeltsin-Gorbachov", *El País*, 13 de agosto de 1990.

síntomas de nostalgia por los tiempos del inmovilismo e incluso del estalinismo".

En tanto, el 2 de agosto el mundo se había conmovido cuando el Ejército irakí, comandado por Saddam Hussein, invadió el emirato de Kuwait. El ejército de Irak logra tomar Kuwait en escasas horas y anexa el territorio. La reacción internacional no tardaría en despertar y provocaría la guerra del Golfo (1991).

Una semana más tarde, la agencia *Tass* informaba que "el ministro soviético de Asuntos Exteriores, Edvard Shevardnadze, y el secretario de Estado norteamericano, James Baker, mantuvieron ayer una conversación telefónica sobre la crisis del golfo Pérsico". Gorbachov, por su parte, sostuvo el último día de agosto que "Estados Unidos, al acceder a la petición de Arabia Saudí, actuó en acuerdo con la Carta de las Naciones Unidas".

Un nuevo orden mundial

En una muestra de los nuevos tiempos que corrían, el gobierno norteamericano logró el apoyo de la Unión Soviética en la declaración contra la invasión. En un encuentro en Helsinki, el 9 de septiembre, Bush y Gorbachov emitieron un comunicado conjunto exigiendo a Irak acatar la resolución de las Naciones Unidas de retirarse inmediatamente de Kuwait y volver al statu-quo anterior a la invasión.

En sus *Memorias*, el entonces Secretario de Estado, James Baker relata que ante los primeros indicios de que Saddam iniciaría una invasión a Kuwait, le transmitió los informes a su par soviético, Eduard Schevarnadze con quien compartía un encuentro en el lago Baikal, en la Rusia asiática. El ministro ruso, al principio, no le da crédito a la especie, pero días más tarde, reconoce que los servicios de inteligencia norteamericanos han detectado lo que, efectivamente, es una invasión del ejército de Saddam Hussein al territorio del diminuto pero riquísimo emirato de Kuwait. Baker por su parte, sigue de gira, en Mongolia, pero al confirmarse la invasión a Kuwait, inmediatamente vuela a Moscú para lograr el apoyo soviético. En el aeropuerto Vnukovo II, antes de partir a Washington, Baker comparte una conferencia de prensa conjunta con Schevardnaze en la que las dos superpotencias condenan la actitud del régimen de Saddam Hussein e impulsan sanciones y una eventual operación militar. Baker escribirá: "aquella noche de agosto, después de cincuenta años de mutuas sospechas y fervor ideológico, la Guerra Fría dio su último suspiro en una terminal aérea en las afueras de Moscú".[332]

A mediados de septiembre, Gorbachov daría otro paso decisivo en su revolucionaria política exterior: recompondría las relaciones con Israel, interrumpidas desde la guerra de los Seis Días (1967).

El deterioro económico

Durante los dos últimos años de la era-Gorbachov, se fue profundizando una crisis económica de creciente envergadura. Las limitaciones de la economía soviética, con su rigidez, su hiperplanificación, la falta de incentivos y la ausencia de iniciativa privada a excepción de los muy pequeños negocios, sumado al deterioro de los precios del petróleo en los años 80, complicaron enormemente a la URSS. Las reformas emprendidas por Gorbachov no alcanzaron a compensar la acumulación de dificultades a lo largo de décadas.

---

[332] James A. Baker III: *The Politics of Diplomacy. Revolution, War and Peace, 1989-1992*, G. P. Putnam´s Sons, New York, 1995, p. 16.

Hacia comienzos de 1990, la sensación de colapso económico y de desintegración del país era moneda corriente. Había faltantes de comida y de productos diarios.[333] Las colas para conseguir alimentos se reproducían en las grandes ciudades del país y eran una reminiscencia a los años de la guerra. En Leningrado, los faltantes de suministros recordaban a 1941, el año del gran sitio de la ciudad. El trauma de toda una generación parecía repetirse.

En ese esquema, la posterior apertura económica de comienzos de los años 90, con la aparición de productos importados pero, al mismo tiempo, la imposibilidad de acceder a ellos por parte de la gran masa popular, generó la aparición de un nuevo fenómeno: el de la desigualdad.[334] Desde ya, en la era soviética, las inmensas desigualdades existían entre la elite y el pueblo llano pero se mantenían ocultas. El escenario desembocaría en un dato significativo: el tipo de capitalismo que surgió en Rusia en los años 90 fue muy parecido a la caricatura que durante décadas de propaganda soviética se impregnó en la población. El pueblo, de pronto, acuñó una frase: "todo lo que los comunistas nos decían sobre el comunismo era mentira. Pero todo lo que los comunistas nos decían del capitalismo era verdad".[335]

Un sentimiento de humillación nacional tiene lugar cuando Alemania envía alimentos a la URSS: se trataba del país derrotado por los rusos en la Gran Guerra Patriótica.[336] Durante el verano de 1990, la economía soviética se acercó al colapso: hay faltantes de prácticamente todos los alimentos. Escasean cigarrillos y proliferan las largas colas para comprar. Se establecen racionamientos y cuotas para acceder a vestimenta y calzado.

Sin embargo, en el mundo, Gorbachov siguió cosechando reconocimiento. En octubre de ese año, recibió el Premio Nobel de la Paz.[337] "Pese a sus esfuerzos, el hombre que ha hecho posible el fin de la guerra fría entre el Este y el Oeste no ha logrado establecer un sistema fluido de vasos comunicantes entre los triunfos que cosecha en el desarme y la diplomacia y el deterioro de la situación en su país", describió un corresponsal desde Moscú. *El País* describió el contexto del momento: "El contraste entre los éxitos en política exterior y la falta de resultados en la política de reforma económica interna domina la figura del presidente soviético, Mijaíl Gorbachov, en el momento de serle concedido el Premio Nobel de la Paz."[338]

Al conocerse la noticia en el Parlamento, cuando el presidente del Soviet Supremo, Anatoly Lukyanov anunció a los diputados la noticia, hubo un brevísimo aplauso, de solo cinco segundos. El vocero del Ministerio de Relaciones Exteriores, Gennady Gerasimov, dijo: "debemos recordar que este premio no fue por la economía".[339]

---

[333] "Glasnost turned into a tsunami of unflattering comparisons becausa of past censorship, the obsession with the capitalist world.." Kotkin, p. 69.

[334] *The man..*, p 135.

[335] O´Cleary, p. 277.

[336] O´Cleary, p. 93.

[337] El vocero del Ministerio de Asuntos Exteriores, Gennady Gerasimov aclara: "debemos recordar que este no es un premio por la política económica". O´Cleary, p. 94.

[338] "Triunfos adentro, conflictos dentro", *El País*, 16 de octubre de 1990.

[339] "Gorbachev wins Nobel peace prize", *The Guardian*, October 16, 1990.

Gorbachov recibió elogios del mundo entero. Entre otros, lo felicitaron el presidente Bush, el rey Juan Carlos de España, Lech Walesa, Margaret Thatcher, Felipe González, Francois Mitterand y Javier Pérez de Cuellar (secretario general de la ONU). Por el contrario, el soviético Gari Kaspárov, campeón del mundo de ajedrez sostuvo que el premio era "un insulto al pueblo sovietico" durante una entrevista emitida el 26 de octubre de ese años por TVE. Elena Bonner (viuda de Andréi Sájarov) reflexionó: "Me alegro por la concesión, aunque no lo entiendan así 270 millones de soviéticos, dada la situación interna del país".

Días más tarde, durante una visita de Estado a España, Gorbachov destacó durante la cena de gala que los Reyes le ofrecieron en el Palacio de Oriente el inicio de una época "realmente nueva" en las relaciones entre España y la URSS. "No sólo se vienen abajo los prejuicios, temores y malentendidos seculares, sino que se atenúan las contradicciones que regían las relaciones internacionales". "En un lapso de tiempo asombrosamente corto, la enemistad ideológica entre partes enteras del mundo se está convirtiendo en un anacronismo".[340] El viaje a Madrid le permitió al líder soviético estrechar sus vínculos con el político europeo que alguna vez dijo más admirar: Felipe González.[341]

Una nueva cumbre entre Gorbachov y Bush tuvo lugar el 19 de noviembre de aquel año, esta vez en París en ocasión de la Conferencia de Seguridad y Cooperación Europea. Gorbachov asegura que la URSS adherirá a la resolución en Naciones Unidas en busca de la autorización para el uso de la fuerza en contra de Irak. El 29 de noviembre, EEUU y la URSS votarían juntas en la ONU.

Bush por su parte, anunció en diciembre de ese año que firmaría un "waive" a la Enmienda Jackson-Vanik para extender la asistencia económica a la URSS por seis meses.[342] También extendió un billón de dólares en créditos para agricultura a los efectos de paliar la situación de faltantes de alimentos en el país.

Al acercarse el invierno, la situación en la URSS mostraba un creciente malestar y adquiría la dimensión de una crisis histórica. Estaba comprometido seriamente el abastecimiento en las grandes ciudades, al punto que la prensa occidental describía que "el hambre es hoy una amenaza real para millones de ciudadanos soviéticos". En Leningrado se implementó el racionamiento de alimentos básicos. En Moscú, la falta de leche y de carne era "angustiosa" y se esperaban medidas de racionamiento. "La perspectiva ante el invierno es dramática. El Gobierno soviético no tiene la posibilidad de superar en solitario este apremiante problema y ha pedido ayuda a la comunidad internacional", describió un diario español.[343]

El 20 de octubre, el Parlamento había aprobado el tránsito a una economía de mercado. Moshe Lewin escribió: "Pareciera como si sucumbiera al peso de la historia. La vieja Rusia, donde el desarrollo del Estado y su poder siempre habían ido por delante de los progresos sociales, acabó tropezando: el

---

[340] *El País*, 27 de octubre de 1990.

[341] *The Gorbachev Factor*, p. 116.

[342] En junio de 1991, Bush extendió el alcance de esta medida por un año.

[343] "Hambre en la URSS", *El País*, 2 de diciembre de 1990.

sistema político se bloqueó, impidiendo los avances económicos o sociales. Y ahora se repetía el guión, y en el mismo siglo".[344]

El 18 de diciembre Gorbachov se vió obligado a negar que buscaba convertirse en un "dictador" y aseguró que el régimen presidencial era necesario para "salvar la democracia" en la URSS y afirmó que el sistema presidencial "no significa un retorno a la dictadura". "Cuando yo era secretario general del PCUS habría sido muy fácil convertirme en un verdadero dictador, pero hice otra elección: la democracia", manifestó. Gorbachov sostuvo que el país enfrentaba un "dilema filosófico": por un lado, la Unión debía "contemplar la soberanía de las repúblicas", pero, por otro, no debía "llevar a la "desintegración" de la URSS".

A comienzos de ese mes, un artículo publicado en el diario *Izvestia* por Serguéi Alekséiev, que además de ser el presidente del Comité de Vigilancia Constitucional era un prestigioso jurista profesional advertía "la tendencia hacia el poder absoluto que experimenta la jerarquía soviética" y planteaba el dilema: "reconocimiento pleno de los derechos humanos, indisolublemente ligado a la división de los tres poderes o vuelta a la lógica totalitaria estalinista". "Me atrevo a decir", señala Alekséiev, "que la peor desgracia y la más pesada herencia que nos ha quedado de los tiempos del totalitarismo estalinista (...) es el fantasma, más bien demonio desenfrenado, del poder absoluto".

En diciembre de 1990, renunció el ministro de Relaciones Exteriores Shevardnadze y advirtió que el país se encontraba a las puertas de la dictadura.[345] La prensa española reseñaba que "Gorbachov no da más de sí, dicen hoy los demócratas. Su etapa histórica está agotada". Los hechos tienen lugar en el marco del "proceso de desintegración de la URSS. Gorbachov, empeñado en mantener el Estado único, se niega a reconocer las tendencias que vienen de las repúblicas periféricas y de la misma Rusia y piensa en la dirección presidencial y el estado de emergencia para imponer el orden que ha de llevar un día, siguiendo su razonamiento, a una convivencia feliz".[346]

El 23 de diciembre, 72 horas después de que Shevardnadze advirtiera que se aproximaba una dictadura, el jefe de la KGB, Vladimir Kryuchov admitió ante el Congreso que "quizás un baño de sangre puede ser necesario para restaurar el orden en el país" y acusó a la CIA y otras agencias de inteligencia occidentales de fomentar disturbios en la URSS. Gorbachov, por su parte, había declarado el día 17 que eran necesarios "doce o dieciocho meses de mando ejecutivo firme para evitar la caída del país".

Pocas semanas después, Valentin Pavlov reemplazó a Ryzhkov como primer ministro, quien había sufrido un ataque al corazón en los últimos días del año. A su vez, Gennady Yanaev es nombrado vicepresidente.

---

[344] Moshe Lewin: *"El siglo soviético. ¿Qué sucedió realmente en la Unión Soviética?"*, Memoria Crítica, Barcelona, 2005, p. 466.

[345] *The New York Times*, December 21, 1990. El sucesor de Shevardnadze, Alexandr Bersmertnykh, fue nombrado el 15 de enero de 1991. A fines de ese año, Shevardnadze volvió a servir -brevemente- como ministro.

[346] *El País*, 22 de diciembre de 1990.

Semanas más tarde, el alcalde de Leningrado y diputado del Soviet Supremo, Anatoly A. Sobchak aseguró en declaraciones a EL PAÍS que la dimisión del ministro soviético de Exteriores Edvard Shevardnadze fue provocada por la fuerte presión de los generales soviéticos contra los sectores progresistas del Gobierno de Mijaíl Gorbachov. *El País*, 30 de enero de 1991.

En su mensaje de fin de año, dijo que 1990 había sido "uno de los años más difíciles de nuestra historia" y llamó a "mantener la unidad". Pero, además, Gorbachov fue profético: anunció que el año 1991 sería "crucial" para el futuro de la Unión Soviética.[347]

Rusia vs. la URSS

La guerra de Irak, que se iniciaría el 15 de enero de 1991, no eclipsó la crisis rusa. Ese año, que sería el último de la existencia de la URSS, comenzó con el envío de tropas y tanques soviéticos a Lituania. El 13 de enero, soldados del Ejército Rojo tomaron la sede de la televisión local. Esa noche, hubo una docena de muertos en Vilna, la capital lituana.[348] Gorbachov, en tanto, advirtió que la respuesta militar a los acontecimientos en el Báltico pondría en riesgo su inmenso prestigio internacional. El día 20, una gran manifestación tuvo lugar en Moscú, en protesta por la represión en Lituania. En los meses siguientes, Gorbachov volvería a mostrar signos de indecisión y falta de voluntad.

El 19 de febrero, Yeltsin reclamó la renuncia de Gorbachov. Tres días después, una manifestación de casi 400 mil personas se congregó en el centro de Moscú reclamando "democracia y glasnost". El 10 de marzo, Yeltsin encabezó una nueva manifestación de casi medio millón de personas y volvió a exigir la renuncia de Gorbachov.

Ese mismo mes, algunos miembros del Pacto de Varsovia anunciaron que esta organización "cesaría su existencia" meses después. El abandono de la Doctrina Brezhnev por parte de Gorbachov significó que Moscú ya no rechazaba el cambio de régimen en las repúblicas ni en los países satélites. El sistema no podía sino estallar. La pérdida del imperio era una realidad inexorable.

El 17 de marzo, un referendum en Georgia mostró que el 99 por ciento de la población apoyaba la independencia. Un mes más tarde, Moscú suspendió los envíos por tren y mar hacia Georgia. Un nuevo acuerdo, conocido como "9 más 1" fue firmado el 23 de abril entre Gorbachov y nueve líderes de repúblicas soviéticas. En julio, el Soviet Supremo aprobó un borrador de un nuevo Tratado de Unión.

Sin embargo, el proceso político parecía avanzar sin frenos. El 12 de junio, Yeltsin había sido elegido presidente de Rusia (President of the Russian Soviet Federalist Socialist Republic). "Moscú tenía ahora dos presidentes, uno elegido por el Parlamento (Gorbachov) y otro por el pueblo (Yeltsin)", dice Kotkin.[349] Yeltsin, pocos días más tarde, viajó a Washington donde fue recibido por Bush. El 19 de junio, al llegar a EEUU, el nuevo presidente dijo que Rusia ha optado "por la democracia y la libre empresa". Yeltsin afirmo que "Rusia ha votado por primera vez la democracia. Creemos que hemos dejado atrás el experimento por el que tuvimos que pasar, ese experimento que llamamos marxismo". La división entre Gorbachov y Yeltsin se expresaría días más tarde cuando tuvo lugar una nueva cumbre ruso-americana. A fines de julio de 1991, Bush llegó a Moscú. Yeltsin, rechazó la invitación de Gorbachov para participar en la reunión cumbre con el presidente norteamericano, buscando su propia política exterior. Después de una reunión de cuarenta minutos con Yeltstin, Bush tuvo que aclarar que

---

[347] "Mijaíl Gorbachov afirma que la URSS decide este año su futuro", *El País*, 2 de enero de 1991.

[348] "Soviet Tanks Roll in Lithuania; 11 dead", *The New York Times*, January 13, 1991.

[349] Kotkin, p. 96.

sus negociaciones con el presidente ruso "no tenían la intención de dañar al gobierno de Gorbachov".[350]

El golpe de agosto

El intento de golpe de Estado en la URSS, perpetrado el día 20 de agosto de 1991, conocido como el "Golpe de Agosto", tendría un doble efecto: por un lado el fracaso de los sectores conservadores por anular las reformas de Gorbachov y mantener el ordenamiento del régimen y por otro, evidenció las limitaciones del accionar del líder en los que serían sus últimos meses en el poder.[351] Los hechos son los siguientes: el día 4, Gorbachov viaja a Crimea, en busca de descanso. Aprovechando la ausencia del secretario general, se activa la conspiración, que estalla dos semanas después, cuando, durante tres días, un grupo de miembros del gobierno soviético secuestró y depuso a Gorbachov e intentan controlar el país, en desacuerdo con la apertura política y el excesivo poder otorgado a las repúblicas. Gorbachov vuelve al poder pero la Unión Soviética entra en la fase final de su autodisolución, ante la independencia de las repúblicas que la conforman, convirtiendo a la URSS en una cáscara vacía. Pronto Gorbachov presidirá una entelequia y el nuevo hombre fuerte de Moscú será Boris Yeltsin, poco antes elegido presidente de la Federación Rusa. En diciembre, Gorbachov renunciará y se declará la disolución formal de la URSS.

Gorbachov escribió: "Si el golpe de Estado se hubiera producido un año y medio o dos años antes, presumiblemente, habría podido triunfar. Pero ahora la sociedad había cambiado por completo. Las personas que cinco años atrás tenían entre trece y quince años, ahora tenían dieciocho o veinte. Habían crecido en una atmósfera distinta. Y se habían constituido en los más denodados defensores de la democracia".[352]

El golpe de la "linea dura" es recibido con alborozo en Cuba. En mayo de 1991, Fidel Castro había declarado que Gorbachov era responsable por "la destrucción de la autoridad del Partido". La euforia sin embargo, duró poco, al conocerse el fracaso del pronunciamiento. La liquidación del imperio soviético tendrá consecuencias dramáticas para Cuba, provocando una seria crisis económica en la isla, al agotarse la ayuda proporcionada durante tres décadas. En 1992, Fidel Castro declarará que la

---

[350] "Yeltsin Spurns Gorbachev on Meeting With Bush", *The New York Times*, July 31, 1991.

[351] Escribe Stephen Kotkin: "The putsch, rather than save the Union, radically accelerated its demise". S. Kotkin: *Armageddon Averted. The Soviet Collapse 1970-2000"*, Oxford University Press, 2008, p. 103.

Participan en el golpe: el vicepresidente, el ministro de Defensa, el jefe de la KGB, el primer ministro, el presidente del Soviet Supremo. El complot busca impedir la disolución del imperio. Logran lo opuesto. En la cárcel lo reconoció el ministro de Defensa. En la proclama piden *"Restaurar plenamente el orgullo y el honor del hombre soviético"* y declaran el Estado de Emergencia por seis meses. Gorbachov es detenido en su dacha en Foros, en el Mar Negro. Al anunciar su existencia el día 19 de agosto, el Comité de Emergencia del Estado, se declaró auto-formado por ocho miembros, aunque se supone que varios integrantes del complot pidieron que sus nombres fueran mantenidos en reserva. Buscaban mantener la "integridad de la Unión" y restaurar la disciplina. De haber triunfado, el poder habría sido disputado indudablemente por el vicepresidente Yanaev y el primer ministro Valentín Pavlov. El complot muestra debilidad desde el inicio: durante la conferencia de prensa de "presentación", Yanaev dio síntomas de estar aparentemente borracho y se mostró torpe. Kotkin, p. 100.

[352] Gorbachov, M.: *"El golpe de Agosto"*, Atlántida, Buenos Aires, 1991, p. 35.

desintegración de la Unión Soviética tuvo consecuencias más serias que la crisis de los misiles de octubre de 1962.[353]

Un rol central en los acontecimientos de agosto le corresponderá a Yeltsin, quien "salva" a Gorbachov. El recientemente electo presidente de Rusia es el político más popular del país. Se muestra cercano al pueblo, dejándose ver en los subterráneos y aprovecha la crisis para convertirse en un héroe nacional.[354] Transformado en lo que hoy llamaríamos un "populista", Yeltsin durante esos "tres gloriosos y terribles días se convierte en la personificación de Rusia, parándose frente a aquellos que quieren sumir al país en una "noche eterna" del "terror y la dictadura".[355]

El golpe de agosto cambió radicalmente las relaciones entre Gorbachov y Yeltsin, dejando a Yeltsin como el principal ganador. Este escribió en sus *Memorias*: "durante los meses que fueron desde agosto de 1991 hasta el momento de su renuncia en diciembre de ese año, tuvimos aproximadamente unas ocho reuniones. No sé si Gorbachov advirtió cómo habían cambiado nuestras relaciones para ese entonces. Le dije que el golpe nos había enseñado una amarga lección y tuve que insistirle que no tomara deciones personales sin primero no pedirme mi consentimiento..."[356]

La fracasada conspiración conseguiría lo contrario a lo que se proponía: terminó de acelerar la disolución del imperio. Durante los meses siguientes, la URSS asistirá a su inevitable proceso de desintegración. Para Gorbachov, sus días en el poder estaban contados. Shevtsova explica: "Gorbachov pareció no comprender que el fallido golpe había cambiado todo. Intentó proceder con un tratado de Unión, haciendo concesiones que hubieran resultado impensables antes de agosto. Concedió que la futura Unión contemplaría una confederación de estados independientes. Pero en las repúblicas, las elites gobernantes no necesitaban ya estructuras de coordinación; reaccionaron inmediatamente con declaraciones de independencia, programando sus propias elecciones presidenciales. Soñaban con la elevación de su estatus y con convertirse en miembros plenos de las Naciones Unidas. Este fue el final del proceso de Novo-Ogaryovo"; nadie quería firmar un tratado de Unión".[357]

Los hechos, de pronto, se aceleraron. Pocos días después del golpe, en la última semana de agosto, las Repúblicas Bálticas declaran su interés en cortar lazos con Moscú. Se trata de Letonia, Lituania y Estonia. En Ucrania, el Parlamento votó la declaración de independencia, una decisión que sería confirmada meses después, en diciembre con un plebiscito. Bielorrusia siguió sus pasos: el 25 de agosto declaró su independencia. Dos días más tarde, Moldavia hizo lo propio.

El primer día de septiembre, Gorbachov anunció que él y diez líderes de las repúblicas habían acordado

---

[353] Sebastian Balfour: *"Castro"*, London, Longman, 1995.

Durante la década del noventa, Cuba vivirá el "período especial", caracterizado por la austeridad y la escasez provocada por el fin del subsidio económico soviético. A partir de la llegada al poder de Hugo Chávez Frías en Venezuela, a comienzos de los años 2000, Cuba tendrá nuevamente una fuente de financiamiento externo.
[354] Una encuesta, realizada en esos días, señalaba que el 59% de los rusos creía que Yeltsin estaba cerca del pueblo frente a solo el 16% que pensaba lo propio de Gorbachov. *The Return*, p. 31.

[355] *The Return*, p. 47.

[356] Yeltsin: *The Struggle for Russia*, p. 106.

[357] Shevtsova, p. 12.

firmar un tratado de Unión de Estados Soberanos.

Tres semanas después, en un referendum, el 99 por ciento de los votantes apoyaron la secesión de Armenia. El 19 de noviembre, en un gesto desesperado, Gorbachov volvió a convocar a Shevardnadze para conducir el Ministerio de Relaciones Exteriores. Duraría tan solo 4 semanas en el cargo.

Belovezha Agreement

El 8 de diciembre, Yeltsin se reunió con sus pares de Bielorrusia y Ucrania y declaró la disolución de la URSS y la formación de la CIS (Commonwealth of Independant States).[358] Gorbachov se sintió traicionado pero sus días en el poder están contados. Yeltsin escribió en sus *Memorias* que el acuerdo de Belovezha "era imprescindible para detener las tendencias centrífugas".[359]

Gorbachov de pronto, pasó a presidir una entelequia. La Unión Soviética, simplemente, había dejado de existir.

El 15 de diciembre, el secretario de Defensa norteamericano Dick Cheney había expresado que su gobierno había llegado a la conclusión de que Ejército soviético se estaba "desmoronando" al mismo ritmo que el resto de la sociedad de la antigua Unión Soviética y prevé que pronto, dejará de estar en manos de Mijaíl Gorbachov. Ese mismo día, llegó a Moscú el secretario de Estado, en una gira que abarcaba cinco repúblicas de la ex Unión Soviética: Rusia, Ucrania, Bielorrusia y Kazajstán -todas ellas con misiles estratégicos en su territorio, más la república centroasiática de Kirguizistán. El objetivo central de la visita era conocer la postura de los herederos de la URSS en torno al armamento nuclear, obtener garantías sobre su control real y avanzar en el examen de propuestas que aceleren el desmantelamiento de los misiles que deben destruirse según el Tratado sobre Reducción de Armas Estratégicas (START), firmado en Moscú por los Estados Unidos y la URSS hace cuatro meses y medio. La prensa española reseñó que "la Rusia presidida por Borís Yeltsin pretende ser la heredera única de la Unión Soviética en su calidad de superpotencia nuclear, sustituyéndola, por tanto, como miembro permanente del Consejo de Seguridad de las Naciones Unidas".

En esos días decisivos, durante la tercera semana de diciembre, el gobierno de la Federación Rusa presidido por Yeltsin avanzó en la toma del Kremlin y liquidó las últimas estructuras de poder central. Todos los edificios, incluido el Kremlin, y bienes del presidente soviético y del Comité Económico Interrepublicano (de hecho, el Gobierno de la URSS) pasaron a poder de Rusia. La población fue informada el día 19 por la agencia *Interfax*. El 21, se confirmó que Rusia ocuparía la banca permanente en el Consejo de Seguridad heredada de la URSS.

El 25 de diciembre de 1991 el país que derrotó a Hitler simplemente dejó de existir.[360] La Unión Soviética, nacida tras la guerra civil que siguió a la Revolución de Octubre de 1917 cuando la facción bolchevique liderada por Vladimir Ilych Lenin tomó el control del Imperio Ruso, industrializada de

---

[358] Un acuerdo que no satisfizo a nadie. Ver: *The Return...*

[359] Yeltsin: *The Struggle....* p. 114.

[360] Conor O´Clery: *"Moscow, December 25, 1991. The Last Day of the Soviet Union"*, Public Affairs, NY, 2011.

manera brutal por José Stalin, que resistió la invasión de las tropas nazis en la Segunda Guerra Mundial y emergió como una de las dos superpotencias de la guerra fría. Ese país, de pronto, dejó de existir.

Dos días antes, Gorbachov se reunió con Yeltsin en el Kremlin, para organizar la transmisión del poder. El único testigo de la entrevista fue Yakovlev, quien escuchó las palabras del último líder soviético: *"Vot vidish, Sash, vot tak"* ("Sasha, ya ves. Así son las cosas...").

Dos meses antes, Gorbachov le había dicho a Honecker en Berlín durante el 40 aniversario de la fundación de la RDA que la historia era implacable con quienes no comprendían sus grandes tendencias.. ahora la historia lo había alcanzado.. El 25 de diciembre, el mundo vio cómo la bandera roja era reemplazada por la nueva bandera de la Federación Rusa. Mientras tanto, Gorbachov recibía ofertas de una docena de universidades norteamericanas para dictar clases..[361]

Lenín había dicho que todas las revoluciones terminaban en un fracaso, ¿había sido premonitorio? Otros recordaron la frase de Tocqueville cuando advertía que el momento más difícil de un mal gobierno tenía lugar cuando intentaba corregirse a si mismo. Lo cierto es que la URSS colapsó en los meses finales de 1991. Pero, ¿cómo desapareció de la noche a la mañana un imperio que había durado setenta años y que se había convertido en una superpotencia, solamente superada por los Estados Unidos? Martin Malia apuntó: "(el Comunismo) fue un proyecto intrínsecamente inviable, de hecho imposible, desde un inicio" y explicó: "El orden soviético colapsó como un castillo de naipes... *porque siempre fue un castillo de naipes*".[362]

¿El fracaso más exitoso de la historia?

En tanto, el protagonista de esta historia, Mikhail Gorbachov, se convertiría en un líder admirado en Occidente, pero despreciado en Rusia. Responsabilizado como el hombre que destruyó un imperio, Gorbachov se transformaría en el símbolo de una época maldita en la historia rusa. En 1996, contrariando las sugerencias de su propia esposa, optó por presentarse como candidato presidencial y obtuvo tan solo poco más de trescientos mil votos, un 0,5 por ciento del total. Indeseado en Moscú, Gorbachov se transformó más en una marca que en un hombre. Lejos del Kremlin, su rostro se transformó en modelo publicitario de Pizza Hut, y más recientemente, de Luis Vuitton. Dirigió una fundación dedicada a temas ambientales globales y se convirtió en un habitual columnista internacional. Habiendo iniciado una reforma del sistema comunista, terminó destruyéndolo, casi sin saberlo. Como sostuvo Nikolay Petrakov, Gorbachov se asemejó a Cristobal Colón "quien descubrió América pero murió creyendo que había llegado a la India, Gorbachov hizo algo maravilloso pero solo lo advirtió

---

[361] *The New York Times*, December 23, 1991.

[362] *The Return*, p. 26.

La Unión Soviética (URSS) fue alcanzada en diciembre de 1922. Llegaría a comprender un "imperio de naciones", constituido por quince repúblicas nacionales, cada una con su propia constitución, parlamento y desde 1944, con sus propios ministros de Asuntos Exteriores, organizados bajo un sistema dual entre el Partido y el Estado, en el que siempre el primero fue el resorte de poder fundamental.

después de haberlo realizado".[363]

Rusia contenía apenas la mitad de la población de su antecesora, la URSS. 140 millones de ciudadanos soviéticos pasaron a vivir en otro país.[364] Seis meses más tarde, se disolvería el Pacto de Varsovia.

En Rusia, el juicio histórico sobre el rol de Gorbachov es el de un fracaso político de gran dimensión. Sin embargo, sus acciones deben ser interpretadas en el marco de las limitaciones del sistema soviético. Nada indica que en 1985 Gorbachov haya querido que seis años después la URSS desapareciera. En todo caso, los sucesos confirmaron la máxima de Tocqueville de que el momento más difícil de los malos gobiernos tiene lugar cuando intentan reformarse. Volkogonov escribió: "(Gorbachov) quiso reestructurarlo todo sin tocar los fundamentos socialistas de la propiedad estatal, el rol de liderazgo del Partido y los objetivos del régimen comunista. No es difícil advertir que tales objetivos eran inalcanzables. Reestructurar todo y dejar intacto los fundamentos basados por Lenin era una imposibilidad lógica. El sistema comunista era imposible de reformar. Existía o no.."[365] Gorbachov pareció recorrer un camino parecido al de Nikita Kruschov, el único secretario general de la URSS en ser removido del Kremlin. Tanto Stalin como Brezhnev, Andropov y Chernenko murieron en ejercicio del poder.

Desde luego, el factor personal de la propia figura de Gorbachov jugó un rol central en los hechos. De haber sobrevivido Andropov algunos años más, quizás los hechos habrían sido diferentes. Probablemente otro liderazgo habría resistido el abandono de Europa del Este. Pero la historia es una serie de eventos que podrían no haber tenido lugar.. o como dijera el propio Gorbachov, casi veinte años después de perder el poder, consultado sobre cuál sería el lugar que quisiera ocupar en la historia: "La historia es una dama imprevisible... no quiero irritarla. Por lo tanto, vamos a dejar que esa pregunta la conteste ella misma".[366]

Las inconsistencias de un sistema basado en el control absoluto fueron advertidas tempranamente por George Kennan. El comunismo, puesto en práctica, no podía sino conducir al fracaso final. La política de confrontación permanente con el mundo exterior no era otra cosa que una forma de distraer a la crecientemente disconforme sociedad soviética.

La caída del comunismo como opción global llevó a que Francis Fukuyama publicara en 1989 su famoso artículo sobre el fin de la historia y que tres años más tarde plasmó en un libro en el que aseguró que la desaparición del imperio soviético abriría un tiempo en el que la democracia y el capitalismo ya no tendrían rivales. La realidad de los hechos en los 25 años que siguieron confirmarían el error grave de las predicciones optimistas de Fukuyama.

En 1991, más realista, Nixon advirtió que "Washington en particular debe recordar que Rusia es heredera de una orgullosa y heroica tradición y que el colapso de la Unión Soviética fue un golpe devastador en su orgullo nacional".[367] Lamentablemente sus palabras no fueron tenidas en cuenta en

---

[363] Treisman, p. 39-40.

[364] *Autopsy of an Empire*, p. 5.

[365] Volkogonov, p. 434.

[366] "El hombre que le puso fin a un imperio", *Noticias*, 13 de diciembre de 2008.

[367] *Nixon in Winter..* p. 76.

toda la dimensión de su significación.

Tercera Parte:
Rusia en los años 90

We are going to miss this guy. Indeed, we will one day look back and ask, how did the U.S. use the Yeltsin years? Not very wisely." My concern is that one of these days we will wake up to the angry question "Who lost Russia?"

Thomas Friedman,
The New York Times, April 16, 1999

Las pesadillas de Europa son volver a los años 30; las pesadillas de Rusia son volver a los años 90.

Robert Kagan

Lo peor del comunismo es lo que vino después.

Adam Michnik,
periodista y disidente polaco

Gorbachov intentó reformar el socialismo. Más tarde fue acusado de operar reformas "a medias" o de quedarse a mitad de camino. Su sucesor, Boris Yeltsin impulsará reformas *neoliberales*. El nuevo presidente sería visto en Occidente como más pro-norteamericano que su antecesor. Al principio de los años 90, Yeltsin y sus aliados buscarán ingresar a la OTAN, una política que más tarde abandonarán cuando Rusia advierta que los planes de expansión de la organización occidental pongan en riesgo su idea de seguridad, como se verá más adelante.

Producto de su época, Yeltsin gobernará con un discurso ausente de ideología y adoptará un tono pragmático acorde a los nuevos tiempos. Ya en octubre de 1991, Yeltsin había mostrado el camino que tomaría: provocaría un "salto" hacia la economía de mercado a través de una presidencia hiperpoderosa.

El primer día de noviembre de 1991, Yeltsin anticipó: "La única chance de Rusia reside en reformas rápidas".[368]

Terapia de shock

A partir de la llegada de Yeltsin al Kremlin, a fines de 1991, Rusia enfrentaría transformaciones económicas de envergadura en los años siguientes. En enero de 1992, el ministro Yegor Gaidar anuncia la aplicación de una terapia de shock[369]: los precios son "descongelados". Se libera el comercio interno e internacional y comienza el proceso de privatizaciones. Gaidar, entonces de tan solo 35 años, considerado el "arquitecto" de las reformas fue duramente criticado más tarde por su propensión a ejecutar programas innovadores en la economía sin tener en cuenta las duras dificultades sociales que provocaron el paso de una economía hipercentralizada a una apertura indiscriminada de la noche a la mañana. El deterioro en el nivel de vida de enormes sectores de la población rusa es un dato objetivo de la década del noventa. Millones de rusos vieron pulverizados sus ahorros en medio de la hiperinflación. El proceso de privatizaciones llevaría a la concentración de enormes fortunas en manos de pocos favorecidos, hasta dar con el nacimiento de una nueva oligarquía. Las inmensas diferencias sociales resultaron ahora visibles: en tiempos de la URSS, las mismas existían pero se mantenían ocultas, como hemos visto en los capítulos anteriores.

Gaidar admitió sabía que la liberación de precios decretada el 2 de enero traería aparejada una fuerte escalada inflacionaria. Lo reconoció días después y sostuvo "imaginemos lo que hubiera ocurrido si lo hubiéramos anunciado".[370]

Vale la pensa detenernos en Gaidar. Una estrella de las reformas del período de Yeltsin, este hijo de un corresponsal del *Pravda*, criado en la Yugoslavia de Tito, un país que desde temprano mantuvo una difícil relación con Moscú, al punto de que en 1948, Stalin expulsó al país del Cominform. Gaidar

---

[368] Boris Yeltsin, "Faster reforms are Russia´s only chance", *Izvestiya*, November 2, 1991.

[369] "La adopción de una terapia de shock fiscal también fue el resultado del determinismo marxista de los políticos rusos; estaba basada en el entendimiento marxista tradicional del desarrollo social, según el cual las relaciones económicas determinan la evolución del sistema político, o la superestructura. Hay una cierta ironía en el hecho de que la primera elite política post-comunista trató de sacarse de encima el sistema comunista siguiendo una fórmula marxista". Shevtsova, p. 21.

[370] *Pravda*, 22 de enero de 1992.

sostuvo haber leído, como adolescente, una versión de los escritos de Adam Smith y Paul Samuelson y de un libro que sería revolucionario a fines de los años 50: *"The New Class"*, del ex-número dos del régimen comunista yugoslavo de Tito, Milovan Djilas. Admirador del proceso de privatizaciones llevado adelante en Gran Bretaña en los 80, Gaidar pudo hacer propia la conocida la frase del ministro británico Nigel Lawson, *campeón de las privatizaciones* de la era-Thatcher, quien sostuvo que "pretender aplicar reglas de disciplina privada al sector público es equivalente a pintar rayas a un mono y pretender que es una zebra"[371]. Durante los primeros tiempos de la presidencia Yelstin, Gaidar se convierte en el arquitecto de las luego controvertidas políticas de "shock". Gaidar será responsabilizado más tarde por los resultados de su terapia de drástica apertura de la economía rusa en 1992 y el aumento desmedido de la pobreza y la hiperinflación subsiguiente. Las reformas pro-mercado de Gaidar llevarán a adoptar la liberalización de precios y la abolición de controles de la noche a la mañana. Como era de esperar, el paso violento de una economía hiper-dirigida a un esquema de libertad de precios desembocó en un incremento gigantesco del valor de los bienes y servicios provocando la aparición en la superficie de la enorme desigualdad e inequidad ocultada durante décadas de manejo centralizado. Durante su breve pero revolucionario paso por el gobierno -donde actuó como ministro de Economía primero y primer ministro designado después- recortó partidas al costoso aparato militar y redujo drásticamente el déficit presupuestario.

El repentino tránsito de la economía, que pasó de ser la más dirigida y controlada del mundo a liberalizarse en cuestión de días provocó un violento deterioro en la calidad de vida de buena parte de la población, lo que llevará a Robert Kagan a decir con brillantez que *"las pesadillas de Europa son volver a los años 30, pero las de Rusia son volver a los 90"*.[372]

Kotkin apunta: "El (por Gaidar) y su equipo -una mezcla de "jóvenes turcos economistas", mediocres operadores políticos venidos de la ciudad natal de Yeltsin y antiguos ministros soviéticos- se esperanzaron con imponer la estabilidad monetaria a través de la disciplina fiscal, mientras barrían con los remanentes del sistema de planificación y despejando el camino para las pautas del mercado. El programa ruso fue publicitado por el Fondo Monetario Internacional como una "terapia de shock", bajo el ejemplo de Polonia en 1990 o Chile en 1970".[373]

Richard Ericson escribió que en diciembre de 1991, en rigor, "no había un plan de acción, no existía ningún programa detallado", sino solo "vagas ideas, objetivos, slogans y el ejemplo pobremente comprendido de Polonia en 1989, y un grupo pequeño de entusiastas y radicales economistas determinados a hacer algo al enfrentar el desastre".[374]

Joseph Stiglitz escribió una década después: "cuando la transición se abrió a comienzos de los años noventa presentó a la vez grandes desafíos y oportunidades. Pocas veces antes un país se había planteado deliberadamente salir de una situación en la cual el Estado controlaba prácticamente todos los aspectos de la economía, para ir a una situación en donde las decisiones son tomadas en los mercados. La República Popular China había empezado su transición a finales de los años setenta, y

---

[371] Stone, p. 483.

[372] Robert Kagan: "New Europe, Old Russia", *The Washington Post*, February 6, 2008.

[373] Kotkin, p. 119.

[374] Richard Ericson: *The Russian Economy since Independence*, in Lapidus, *The New Russia*, p. 35-36.

aún estaba lejos de una plena economía de mercado.."[375]

Stiglitz describe que, apenas iniciado el proceso de reformas en Rusia, a fines de 1991, surgieron rápidamente dos visiones sobre cómo y a qué velocidad debían emprenderse las mismas. "La primera de estas escuelas fue llamada "terapia de choque" y la segunda, "gradualismo". En la mayoría de los países predominaron las ideas de los partidarios de la terapia de choque, fuertemente apoyados por el Tesoro de los EEUU y el FMI. Los gradualistas, empero, creían que la transición a una economía de mercado sería mejor manejada si los ritmos eran razonables y el orden (secuencia) adecuado".[376]

Juan Linz y Alfred Stepan reflexionaron: "la opción de Yeltsin de privilegiar la reestructuración económica sobre la reestructuración estatal democrática debilitó al Estado, debilitó la democracia y debilitó la economía".[377]

La rápida liberación de precios, sin embargo, no incluyó algunos que siguieron controlados. En especial, en el estatégico caso de los de los recursos naturales. Ello llevaría, obviamente, a enormes ganancias para pocos en virtud de una inmensa distorsión: comprar petróleo en Rusia y revenderlo en un país occidental se transformó en un brillante negocio.

En un marco de gran convulsión social, el tipo de capitalismo que surgió en Rusia, a comienzos de los años 90, se parecía demasiado a la caricatura que el relato soviético había enseñado durante siete décadas a la población.

La implosión del sistema comunista ofreció de golpe la posibilidad de aplicar instituciones capitalistas y de libre mercado en cuestión de días.[378] Gaidar describió la experiencia de tomar el control de la economía rusa en 1992 como la de quien "vuela en un avión y entra a la cabina y no encuentra a nadie en los controles".[379]

---

[375] Joseph E. Stiglitz: *"El malestar en la Globalización"*, Santillana, España, 2002, p. 268-269.

[376] Stiglitz, p. 275-276.

[377] Linz y Stepan, *Problems of Democratic Transition and Consolidation*, p. 392.

[378] "For Gaidar it was a shock," commented economist Daniel Yergin in 'The Commanding Heights.' "There was no money in the treasury; there was no gold; there was not even enough grain to get through the winter. It was unclear who was even in charge of the nuclear weapons." "It was clear to me that the country was not functioning," Gaidar commented. "The economy was not working, and that if nothing were done and if everyone feared that nothing would be done, it would end in catastrophe, even a famine." "Remembering Russia´s "shock doctor" Yegor Gaidar", *RT Russian Politics*, December 21, 2009.

[379] Gaidar murió en 2009, a los 53 años. El Presidente Dmitri Medvedev sostuvo en un comunicado que "ha fallecido un sobresaliente economista y estadista, cuyo nombre está asociado con los resueltos pasos hacia la formación de la fundación del libre mercado y la transición de nuestro país a una nuevo y radical pasaje al desarrollo". El jefe de Estado afirmó que Gaidar fue un "hombre honesto, con corage y determinación que asumió la responsabilidad ante medidas impopulares pero esenciales en un período de cambio radical".

"One of the great heroes of our time, Yegor Gaidar, has passed away. In November 1991, after being

Durante una entrevista al diario español *El País*, el 16 de febrero de 1992, Gaidar afirmó que "El país atraviesa por un periodo duro, debido, entre otras cosas, a la crisis de liquidez que acarrea el hecho de tener que hacer frente a la deuda externa de la antigua Unión Soviética. Las relaciones entre los Estados de la CEI aún no están suficientemente establecidas, lo que hace que prácticamente todo el servicio de la deuda externa recaiga sobre Rusia, y ése es un gran peso." El ministro admitió que "el salto inflacionario causado por la descongelación de los precios, ha superado sustancialmente la magnitud que esperábamos inicialmente" Gaidar explicó que "liberalizar los precios era una necesidad ineludible que nos venía dada" y que "después del golpe de agosto, el sistema tradicional que se usaba para dirigir la economía y la sociedad dejó de funcionar. Creció el caos y la economía fue hundiéndose cada vez más en el abismo del comercio primitivo, del *barter*." Gaidar no ocultó que: "Lamentablemente, todo período de transición de una economía totalitaria a una economía de mercado es doloroso, y en Rusia durará años, no meses o semanas. Por eso, la satisfacción total de las necesidades no se vislumbra en un futuro próximo."

Durante su estadía en Madrid, Gaidar le comunicó al ministro de Economía español, Carlos Solchaga -en su calidad de presidente del Comité Interno del FMI- que Rusia pediría su incorporación al organismo. "La respuesta de Solchaga fue que espera que Rusia herede la condición de asociado al FMI que tenía la URSS y que, en cualquier caso, pueda asistir a las reuniones de abril como observador especial, es decir, en las mismas condiciones que tuvo Grigory YavIinski en la asamblea que se celebró en Bangkok en octubre. Solchaga también transmitió a Gaidar el apoyo de la CE para que Rusia acceda a una silla en el FMI, es decir, tenga una representación de país grande, tal y como ahora tienen EEUU, Japón o Alemania."[380]

Pese a que Gaidar será "demonizado" como símbolo de los ruinosos años 90, la realidad de los hechos nos lleva a aceptar que, independientemente de quien estuviera al frente del gobierno, en 1991 Rusia estaba quebrada. El propio Yeltsin parece haber considerado al equipo de Gaidar como verdaderos "kamikazes". El gobierno Yeltsin-Gaidar apeló entonces a ayuda financiera internacional, pero esta resultó insuficiente. La actitud occidental frente a la crisis rusa osciló entre la inacción, el error y la incapacidad de comprender los fenómenos que se estaban produciendo.

En el proceso de privatizaciones tendrá un rol relevante Anatoly Chubais, de 36 años. Nombrado a fines de 1991 como responsable del manejo de las propiedades estatales, Chubais se convertirá en una figura central en el impulso de las reformas de la era Yeltsin. Copiando el modelo de privatizaciones aplicado en Hungría, Chubais propiciará un esquema de rápida transferencia a capitales privados de las principales empresas rusas. Sin embargo, su política encontró oposición en la Duma. Entonces, surgirá el modelo de privatizaciones a través de "vouchers".[381] Entre noviembre de 1994 y enero de 1996, Chubais se desempeñará como viceprimer ministro encargado de los asuntos económicos y financieros

---

appointed by President Boris Yeltsin as deputy prime minister, later acting prime minister and head of his reform team, Gaidar was responsible for transforming Soviet Russia into a market economy. He accomplished this Herculean task, and he did it peacefully. He belongs to history as one of Russia's greatest reformers. In 1991, Russia was bankrupt. Yeltsin and Gaidar appealed to the West for financial assistance, but the West offered no support (except for humanitarian aid) for the country's market reform and democracy. This proved to be a moment of great folly in the West's policy that later alienated Russia. Gaidar and his team of reformers had to fight completely on their own." "Life is not fair", *The Moscow Times*, December 21, 2009.

[380] *El País*, 19 de febrero de 1992.

[381] Un sistema similar había sido aplicado en la ex Checoslovaquía.

de la Federación Rusa.

Jeffrey Sachs, el prestigioso economista de Harvard, insistió en la necesidad de acompañar las reformas económicas impulsadas por el gobierno ruso con asistencia financiera internacional. Sostuvo que "los países no pueden ser transformados sin que la comunidad internacional se involucre generosa y visionariamente".[382] Sachs creía que debían aplicarse en Rusia criterios de ayuda como los que se habían llevado adelante en Polonia. Los estudios del Banco Mundial indicaban que las necesidades de asistencia financiera a Moscú ascenderían a un monto total de 23 mil millones de dólares en 1992.

El ex presidente Richard Nixon, de pronto, se convirtió en un abogado de la causa rusa. Comparando la situación de la ex Unión Soviética con la de China y Occidente en 1950, adelantaba que los historiadores se preguntarían *"¿Quién perdió Rusia?"*, advirtiendo las dificultades que sobrevendrían si fracasaban las reformas emprendidas por Moscú.[383] Evocando la memoria del debate sobre "¿Quién perdió China?" en los años 50, que resultara instrumentalmente clave en su carrera política de entonces, cuando competía por la senaduría por California y luego, en la campaña presidencial de 1952, como compañero de fórmula del general Dwight Eisenhower, el ex presidente anticipaba en un Memo "secreto" en marzo de 1992 la preocupación por la posibilidad de que se desmadrara el proceso ruso. El memorando fue convenientemente filtrado a los más influyentes periodistas y políticos de Washington y cuestionaba a Bush por su negativa a asistir a Yeltsin, a quien Nixon veía como "el líder más pro-occidental de toda la historia rusa". Si el presidente ruso fracasa, "la prospectiva de los próximos cincuenta años será nefasta".[384]

Ya en octubre de 1991, durante la sesión anual del Banco Mundial y el Fondo Monetario Internacional en Bangkok (Tailandia), los ministros de Finanzas del G-7 habían recibido la advertencia de las autoridades soviéticas respecto de la imposibilidad de honrar los compromisos de servicio de la deuda pública. Entonces, el encargado de comunicar las angustias financieras del Kremlin fue Grigory Yavlinsky, asesor de Gorbachov.[385]

A fines de 1992, una coalición anti-liberal en el Congreso de los Diputados le bajaría el pulgar a Gaidar. El nuevo primer ministro, Viktor Chernormyrdin, impulsará reformas "graduales", como se verá más

---

[382] "Helping Russia: Goodwill Is Not Enough", *The Economist*, December 21-January 3, 1992.

[383] On March 10, 1992, he wrote a private memorandum attacking George Bush's policy toward Boris Yeltsin's Russia. Nixon distributed the memorandum to approximately 50 influential Americans hoping, Kalb suggests, that the memo would be leaked to the press. It was, and appeared on the front page of the New York Times, disrupting the foreign policy of the Bush administration and personally embarrassing Bush, then engaged in a campaign for his party's presidential nomination. In exploring why Nixon deliberately tried to undermine a Republican president's foreign policy, Kalb explains how Nixon artfully used the press to effect his political rehabilitation. Journalists, in their quest for a good story, cooperated with Nixon. As Kalb points out, Nixon, a politician whose rise began with his attacks on Democrats for "losing" China in the 1950s, ended his career by threatening both Democrats and Republicans with blame for "losing" Russia in the 1990s. Kalb presents the story of Nixon's rehabilitation as great and appalling copy, and gives the reader an illuminating peek into some of the darker recesses of the world inside the Beltway.

[384] *"Nixon in Winter"*, p. 70-77.

[385] *Power and Purpose*, p. 69.

adelante.[386]

Las privatizaciones

La caída de Gaidar, en diciembre de 1992 y su reemplazo por Chernormyrdin, pondrá en marcha la "segunda opción" en el plan de privatizaciones. Hasta entonces, aproximadamente un tercio de todas las empresas comerciales habían sido privatizadas. Esta política, destinada a completar el programa de privatización, aprobada por el Congreso de los Diputados permitirá a los directores de las empresas adquirir la mayoría de los paquetes accionarios. Las privatizaciones, llevadas adelante por este medio, desembocarían en el surgimiento de una nueva casta: los llamados "oligarcas".

En una entrevista publicada en el *Komsomólskaya Pravda,* el 10 de enero de 1993, Gaidar expresó su confianza en su sucesor, el tecnócrata Víktor Chernomirdin, a quien califica de "inteligente, decente y excelente profesional". El saliente primer ministro admitió que recién en el verano de 1992 "los directores comenzaron a creer en la reforma cuando vieron que había un lugar para ellos en la campaña de privatización" y que tal giro coincidió con la puesta en marcha de los mecanismos financieros, ya que el dinero comenzó a funcionar sustituyendo al trueque.

En esta nueva etapa, bajo el gobierno de Chernormyrdin como premier, un rol decisivo corresponderá a Boris Fyodorov, otro economista de tan solo 35 años, encargado de la cartera de Finanzas y de "contrarrestar" el poder del nuevo primer ministro. Aplicando la antigua enseñanza de "dividir para reinar", Yeltsin confiaría la economía a un liberal a los efectos de limitar la influencia de un experimentado Chernormyrdin, representante del poderoro complejo industrial-militar del antiguo régimen.

El proceso de privatizaciones generaría una ola de críticas, como hemos visto. Vale la pena reproducir aquí las reflexiones de Grzegorz Kolodko, viceprimer ministro y ministro de Finanzas polaco entre 1994 y 1997: "Creo que si en Polonia hubiéramos continuado las políticas aplicadas hasta 1992, la infame "terapia de shock", estaríamos ahora en la situación en que se encuentra Rusia, esto es, en una permanente crisis financiera. "Shock sin terapia", como la llamábamos, fue el intento de privatizar sin una red de contención. La idea era liberalizar y privatizar lo más rápido posible. Ello tendió al crecimiento de la pobreza y del desempleo así como al aumento de las tensiones sociales y políticas. Finalmente descubrimos cómo administrar nuestros asuntos económicos a través del establecimiento de una "Estrategia para Polonia", una manera de introducir la economía de mercado sin lastimar al pueblo. Polonia privatizó las empresas de una manera gradual, garantizando la genuina competencia, controlando el comercio y abriendo los mercados financieros. Como resultado, la inflación cayó y el desempleo y la deuda doméstica se redujeron, así como también la deuda externa. La producción y el consumo se dispararon."[387]

La popularidad del gobierno, por su parte, parece derrumbarse: en julio de 1992, solamente el 24 por

---

[386] Joseph Stiglitz teoriza sobre la alternativa de las terapias de "shock" o las políticas gradualistas en su obra *"El malestar en la globalización"* (2002).

[387] Grzegorz Kolodo: "Russia Should Put Its People First", *New York Times*, July 7, 1998.

ciento de los encuestados confiaban "plenamente" en su presidente.[388] Ya en octubre de ese año, el propio Yeltsin reconocería que su gobierno había confiado "excesivamente en la teoría macroeconómica a expensas de resolver los concretos problemas humanos y económicos" y había admitido que "a pesar de las predicciones, la caída de la producción no ha sido sectorial sino que se ha generalizado y ha afectado a las empresas que suministran bienes de consumo, servicios y productos manufacturados".[389]

Sin embargo, Yeltsin gozará durante toda su primera presidencia (1991-1996) con una colaboración crucial: la de la antigua potencia rival, los Estados Unidos.

Primeros contactos con Washington

Tan temprano como en febrero de 1992, durante una cumbre en Camp David, Yeltsin y Bush proclamarían una nueva era de "amistad y sociedad", tras siete décadas de rivalidad, y acordaron cambiar visitas en Moscú y Washington. Días antes, en Moscú, tras recibir al Secretario de Estado de los EEUU, James Baker, Yeltsin había realizado una histórica condena a Cuba y China: los acusa de violar los DDHH.[390] En su primer encuentro con Bush, Yeltsin buscará mostrarse cercano a Occidente. Un programa de asistencia para apoyar el programa de reformas encarado por el Kremlin no estuvo ausente de las discusiones de ambos líderes. Asimismo, se acuerda la reducción de cabezas de armas nucleares. Acompaña a Yeltsin su ministro de Asuntos Exteriores, Andrei Kozyrev, y el mariscal Yevgeny I. Shaposhnikov, comandante de las fuerzas armadas de la Comunidad de Estados Independientes (CSI), Yuli M. Vorontsov (embajador ruso ante la ONU) y Vladimir P. Lukin, designado embajador ante la Casa Blanca. A Bush lo acompañan Baker, Cheney, Brady y Scowcroft (secretarios de Estado, Defensa, Tesoro y asesor de Seguridad Nacional), Robert Strauss -embajador ante Moscú- y Dennis Ross, director de planificación de política del Departamento de Estado y principal asesor en Rusia.[391]

Para la administración Bush, después de la disolución de la URSS, el principal objetivo sería mantener la estabilidad política y la seguridad en Ruisa, el Báltico y los estados miembros de la ex Unión

---

[388] *Nezavisimaya gazeta*, July 29, 1992.

[389] *Izvestiya*, October 6, 1992.

[390] *Clarín*, 1 de febrero de 1992.

[391] "Russia and the United States do not regard each other as potential adversaries," the declaration says. "From now on, the relationship will be characterized by friendship and partnership founded on mutual trust and respect and a common commitment to democracy and economic freedom." As Mr. Yeltsin put it: "Today one might say that there has been written and drawn a new line, and crossed out all of the things that have been associated with the cold war. From now on we do not consider ourselves to be potential enemies, as it had been previously in our military doctrine. This is the historic value of this meeting. And another very important factor in our relationship, right away today, it's already been pointed out that in the future there'll be full frankness, full openness, full honesty in our relationship". Mr. Bush said: "Russia and the United States are charting a new relationship, and it's based on trust; it's based on a commitment to economic and political freedom; it's based on a strong hope for true partnership." *The New York Times*, February 2, 1992.

Soviética.[392] Durante sus visitas a Washington, las conversaciones entre Yeltsin y Bush estuvieron dominadas por las reformas políticas, económicas y de asuntos de seguridad. La preocupación central era asegurar el arsenal nuclear de la ex Unión Soviética y evitar que determinadas armas nucleares no cayeran en las manos equivocadas.

A mediados de junio de 1992, Yeltsin realizará una visita de Estado a los EEUU. Firmará acuerdos de amistad con el presidente Bush (START Process).[393] Habla ante una sesión conjunta del Congreso: asegura que está personalmente involucrado en la situación de los ciudadanos norteamericanos que pudieran estar detenidos en su país. Bush y Yeltsin acuerdan un objetivo de reducción de armas nucleares a un rango de 3000 a 3500 cabezas para el año 2003 y ambos declaran su apoyo a las fuerzas de paz de Naciones Unidas en los esfuerzos humanitarios en Bosnia. Hay acuerdos de coorperación. Se anuncia la apertura de consulados generales en Vladivostok y Seattle y se dispone que voluntarios de cuerpos de paz irán a Rusia. Asimismo, las autoridades rusas autorizan la apertura del espacio aéreo en el este siberiano para el tráfico internacional. Yeltsin y Bush volverán a encontrarse un mes más tarde, en Munich[394]. La reunión del G-7 en esa ciudad alemana será el escenario de la tercera reunión cumbre entre los dos presidentes. Allí, Yeltsin expresó que la economía de su país atravesaba serias dificultades aunque aseguró a los líderes de los países industrializados que "Rusia marcha hacia el libre mercado". A cambio, los miembros del G-7 prometen 1 billón de dólares en ayuda al país, pero vinculados a las reformas económicas. A su vez, Yeltsin asegura que comenzará el proceso de retiro de tropas de los países bálticos. A comienzos de enero de 1993, en tanto, días antes de dejar el Salón Oval, el Presidente Bush mantendrá un nuevo encuentro con su par ruso, esta vez en Moscú. Después de visitar a las tropas norteamericanas asentadas en Somalia, el saliente presidente viajó a Moscú para firmar el acuerdo START II, para ratificar la política de reducción de armas nucleares y aseguró que la administración entrante continuaría asistiendo a Rusia.[395]

La política de cercanía con los EEUU redundará, durante el primer mandato presidencial de Yeltsin (1992-1996) en importantes ayudas financieras a Rusia. Para concretar estos paquetes de asistencia económica y producto de la conciencia en la dirigencia rusa de entonces de las inmensas dificultades que enfrentaba el país, las autoridades gubernamentales solicitarían a lo largo de los años 90 la colaboración de especialistas extranjeros en el manejo de áreas sensibles de la administración. Esta

---

[392] State Department Archives. Bush recognized all 12 independent republics and established diplomatic relations with Russia, Ukraine, Belarus, Kazakhstan, Armenia and Kyrgyzstan. In February 1992, Baker visited the remaining republics and diplomatic relations were established with Uzbekistan, Moldova, Azerbaijan, Turkmenistan, and Tajikistan. Civil war in Georgia prevented its recognition and the establishment of diplomatic relations with the United States until May 1992.

http://www.state.gov/1997-2001-NOPDFS/regions/nis/chron_summits_russia_us.html

[393] *Power and Purpose*, p. 57.

[394] Días antes, el ministro Gaidar afirmó que "El Gobierno de Rusia tiene una orientación pro occidental porque está convencido de que hoy en día es la única política razonable. Es esa política la que responde a los intereses nacionales a largo plazo. Es esencial para la recuperación económica y también para su seguridad". "El primer ministro ruso destaca el prooccidentalismo de su Gobierno al presentar la reforma económica", *El País*, 4 de julio de 1992.

[395] U.S.-Russian Summits, 1992-2000. Prepared by the Office of the Historian Bureau of Public Affairs, U.S. Department of State July 2000

política se traduciría en la repetida "invitación" por parte del gobierno ruso a asesores occidentales. Naturalmente, la presencia de funcionarios del FMI en el manejo de los programas económicos y la admisión de que personal militar norteamericano fuera autorizado a participar en operaciones de observación en la destrucción de armas nucleares rusas, generarían una reacción por parte de los sectores más conservadores del poder del país. Este fenómeno explicará más tarde el resurgimiento de un gobierno como el que apareció en los años 2000.[396]

En tanto, en Rusia aparecen voces críticas a la política exterior de Yeltsin. Por caso, el general nacionalista Alexander Lebed, un hombre con cierto carisma e indisimulada vocación política formularía cuestionamientos en mayo de 1992 sosteniendo que el presidente se encontraba "empantanado" y que "los intereses del Estado deben ser defendidos"[397]. El discurso populista de Lebed expresa el malestar del establishment militar por la pérdida de estatus relativo de las fuerzas armadas en la nueva Rusia. En agosto, recordará que el Ejército "es una fuerza seria y poderosa".[398]

En los EEUU, en tanto, el programa de ayuda a Rusia se convierte en uno de los puntos de debate de la campaña presidencial de ese año 1992. En abril, el candidato demócrata, Bill Clinton, desafía al presidente Bush a propiciar un paquete de asistencia integral a Moscú.[399]

Ocupado en la campaña electoral, en medio de una recesión, el equipo de Bush no prestó atención a los requerimientos de aumentar la ayuda a Rusia. Incluso en el Congreso, existían entonces presiones para que el Ejecutivo *hiciera más*. El embajador norteamericano en Moscú, Robert Strauss, durante una sesión en el Comité de Relaciones Exteriores del Senado, en marzo de 1992, advirtió que la situación en Rusia "es de vida o muerte", al punto de conmover al reluctante Jesse Helms, el eterno archiconservador senador republicano por Carolina del Norte, quien le aseguró que los ayudarían.[400]

El primer martes de noviembre de 1992, Bush perdió las elecciones y la posibilidad de acceder a su reelección. Una vez instalado en la Casa Blanca, Clinton ocupará buena parte de su agenda de política exterior en la contención de la situación rusa y llegará a involucrarse profundamente en la suerte de Yeltsin en el proceso electoral que lo llevaría a su reelección, en 1996. A su vez, en Moscú, Gaidar ha caído. En diciembre de 1992, el Congreso de los Diputados del Pueblo ha desplazado al ministro reformador. En su lugar ha asumido Viktor Chernomyrdin, un "apparatchik" soviético, ex ministro en tiempos de Gorbachov[401]. "El mejor momento para la asistencia financiera occidental a Rusia ha

---

[396] *Power and Purpose*, p. 59.

[397] *Liternaturnaya gazeta*, May 24, 1992.

[398] *Sovietskaya Rossiya*, August 4, 1992.

[399] *Power and Purpose*, p. 61 y 79.

El 1 de abril de 1992, el candidato demócrata Bill Clinton atacó a Bush por su política respecto a Rusia: "La acutal administración ha actuado con exceso de cautela en el asunto de la asistencia a Rusia. No por consideraciones de principios sino por cálculo político. Ahora, punzados por los Demócratas en el Congreso, y reprendidos por Richard Nixon, y tomando conciencia de que yo he estado alertando sobre este asunto en la campaña desde diciembre, el presidente finalmente, ha decidido poner en práctica un plan de asistencia a Rusia y a las otras nuevas repúblicas". Address by Bill Clinton, April 1, 1992, New York Hilton.

[400] *Power and Purpose*, p. 80.

[401] Entre 1985 y 1989, fue ministro de Industrias gasíferas, organismo que sería transformado en *Gazprom*, siendo Chernormyrdin su primer director. A lo largo de casi toda la Presidencia de Yeltsin, Chernormydin

pasado", reflexionan Goldgeier y McFaul. La excesiva cautela de la administración Bush habrá dejado pasar una oportunidad.[402]

En marzo de 1993, tan sólo dos meses después de su asunción como presidente, la política clintonianan de asistencia a Rusia merecería críticas en la prensa norteamericana. Leslie Gelb advirtió en *The New York Times* que "arrojar dinero en una economía de un trillón de dólares que está hundiéndose en la anarquía política, en el despilfarro y en la corrupción no parece ser una idea brillante".[403]

Yeltsin mantendrá un primer encuentro con Clinton en Vancouver, en abril de 1993. Ambos mandatarios renuevan los votos de promoción de la democracia, la seguridad y la paz. Hay un anuncio por 1.6 billones de dólares de ayuda norteamericana a Rusia. Se forma una comisión de alto nivel de seguimiento para la cooperación entre los dos gigantes, integrada por el Vicepresidente Al Gore y el primer ministro Chernomyrdin.[404] En la cumbre del G-7, en Tokio, en julio de ese año, los presidentes Yeltsin y Clinton volverán a reunirse. Allí, Clinton anunciaría que cancelarían las restricciones comerciales existentes desde la Guerra Fría. El esquema volvería a repetirse: los líderes de los países avanzados ofrecen ayuda financiera -esta vez por 3 mil millones de dólares- a Moscú a cambio de un programa de reformas y privatizaciones. Yeltsin expresó su voluntad de que Rusia sea admitida en el G-7.[405]

La crisis constitucional de 1993

A pesar de la espectacularidad de los cambios que en el plano económico se produjeron en el país entre fines de los años 80 y comienzos de los años 90, Rusia enfrentaría una dificultad aun mayor: el país asistía simultáneamente a un proceso de "construcción estatal" traumático y de características históricas casi excepcionales. La complejidad del asunto superaría ampliamente las previsiones de los

---

ocupó el cargo de Primer Ministro, al menos en dos oportunidades. En 2001, fue nombrado embajador en Ucrania. Murió en 2010.

[402] *Power and Purpose*, p. 84.

[403] "How to Help Russia", *The New York Times*, March 14, 1993.

[404] Sesionaría por primera vez a fines de agosto de 1993, en Washington.

"Despite his reputation as a new president uninterested and inexperienced in foreign affairs, and despite the seemingly downwar spiral in Russian market and democratic reforms, Clinton and his foreign policy team made Russia a top priority. At the time, aides estimated that he spent "about 50 percent of his foreign policy day cramming to understand the place". Thomas Friedman, *The New York Times*, March 22, 1993.

[405] El titular del FMI, Michael Camdessus anunció en abril de 1993 que el organismo a su cargo planeaba prestar a Rusia un total de 30 mil millones de dólares en los cinco años siguientes. Se crea además el "Fondo de Transformación Sistemático" (STF), a los efectos de proveer fondos a Rusia aún cuando el país no alcance las metas de inflación o los límites al déficit aprobados por el FMI. Esta iniciativa fue impulsada por Larry Summers, para asistir a economías "en transformación". El gobierno norteamericano tendría una incidencia relevante en las decisiones del FMI a la hora de apoyar a Rusia. Camdessus y su número dos, Stanley Fisher, "se involucrarían profundamente con el portfolio ruso". Power and Purpose, p. 101.

protagonistas.[406]

Entre 1993 y 1996, la incipiente democracia rusa bajo la Presidencia de Boris Yeltsin sufriría una permanente amenaza por parte de las fuerzas antidemocráticas remanentes. La situación del país oscilará, una vez más, entre la tiranía y la anarquía.

La manifestación más profunda de esta realidad se manifestará en 1993, durante la crisis constitucional que enfrentará al Ejecutivo con el Parlamento. Como es sabido, toda la estructura institucional del país fue sacudida en el turbulento período de fines de los años 80 que desembocaría en la disolución imperial. Hacía fines de 1992, la ausencia de reglas de juego claro sobre el esquema institucional del país llevaron a que toda la sustancia política de la ex URSS fuera canalizada a través del proceso político agonal. En este marco, surge una dura confrontación entre el Ejecutivo y el Parlamento. La primera expresión de este conflicto tiene lugar, como hemos visto, en diciembre de 1992 cuando el Congreso decide remover al reformista Gaidar y Yeltsin se ve obligado a convocar a un primer ministro consensuado y "gradualista" como Chernormyrdin[407]. La llegada de éste obedeció a una estricta "necesidad".[408] En ese momento, Yeltsin vio fracasar todos sus intentos por mantener a Gaidar. Incluso su propuesta de ceder la nominación de los "ministerios de poder" (Defensa, Interior y Seguridad) a cambio de la permanencia del reformador, fue rechazada por los parlamentarios. Para estos, las concesiones del Presidente llegaban muy tarde, y eran insuficientes (*"too little, too late"*).Yeltsin dirá entonces: "no podemos avanzar con este Parlamento. La única solución a esta crisis de poder fundamental es un referendum nacional en el que el pueblo diga de qué lado está, si del lado del Presidente o del lado del Parlamento"[409]. La disputa de poder entre la Presidencia y el Parlamento escalará dramáticamente a lo largo del año 1993 al punto de llegar al enfrentamiento armado entre las dos alas políticas cuando las mismas recurran a las fuerzas militares.

Ya en marzo de 1993, Yeltsin pidió poderes especiales. El Ejecutivo acusaba al Parlamento de obstaculizar las reformas económicas. En la sesión del día 10, se profundizó la crisis: el proyecto de constitución yeltsiniana fue derrotado al obtener 382 votos a favor y 329 en contra, dado que una mayoría de dos tercios era requerida para enmendar la Constitución. El Ejecutivo entonces amenazó con disolver el Parlamento, medida que terminaría adoptando meses después. El 12, el Parlamento

---

[406] "Entre 1990 y 1993, el Congreso aprobó más de cuatrocientas enmiendas, más del doble de los artículos de la Constitución". Treisman, p. 52.

[407] Al llegar el final de 1992, vencían las facultades legislativas delegadas a la Presidencia. A partir de 1993, el Parlamento retomó poderes y recortó atribuciones del Ejecutivo. Durante el año anterior, Yeltsin había construido -en los hechos- una suerte de "Superpresidencia". A lo largo de todo este proceso, la ausencia de reglas constitucionales estables hacen que el proceso político se desenvuelva de manera caótica y escasamente ordenado institucionalmente. Por otra parte, el proceso de reforma constitucional, a través de enmiendas especiales por parte del propio Parlamento y la capacidad de éste de vetar decisiones del Ejecutivo configurarán un esquema que hará eclosión en la crisis constitucional de septiembre de 1993.

En ese momento, a fines de 1992, la popularidad de Yeltsin mostraba números patéticos: sólo el 19 por ciento de la población respaldaba al presidente. Shevstova, p. 57.

[408] *The Struggle for Russia*, p. 199-200.

[409] Ese día, -10 de diciembre de 1992- Yeltsin invitó a sus partidarios a abandonar el recinto. Solo logró que dejaran sus bancas unos pocos parlamentarios. El patético espectáculo pudo ser visto por el pueblo, dado que la sesión estaba siendo televisada. *Izvestiya*, December 11, 1992.

votó la cancelación de los poderes especiales del Presidente. Ocho días más tarde, en un mensaje televisado, Yeltsin anunció que instauraba un "régimen especial" y que se sometería a un plebiscito. *The Economist* advirtió: "Yeltsin or Stalin?" ante la instauración del "régimen especial" en el cual el titular del Ejecutivo contaría con poderes extraordinarios.[410] El líder comunista, Gennady Zyuganov aseguró que la constitución "daría al presidente más poderes que los que tuvieron, en conjunto, el zar, el faraón egipcio y un sheik árabe".

Los líderes de Occidente, en tanto, respaldaron a Yeltsin. Tanto Clinton como Helmut Kohl jugaron un papel decisivo en favor de su socio del Kremlin.[411]

El 25 de abril, un plebiscito convocado al efecto consolidó el poder de Yeltsin: el 58,7 por ciento de los votantes respaldaron al presidente. En tanto, el 53 por ciento aprobó el programa económico. Participan de la elección 69 de los 107 millones de ciudadanos habilitados para votar. La ciudadanía fue sometida a cuatro preguntas: una sobre la confianza en el Presidente; la segunda sobre el programa económico; la tercera sobre las posibles elecciones anticipadas; la cuarta sobre una posible disolución del Parlamento y la convocatoria a elecciones legislativas anticipadas.

Para Shevtsova, Yeltsin obtuvo "un triunfo moral y una victoria política" pero sin embargo, el ausentismo de casi 38 millones de ciudadanos rusos parecen haber mostrado un creciente malestar con el gobierno. Además, Yeltsin consiguió siete millones de votos menos en el referendum que los que obtuvo dos años antes en las elecciones presidenciales de 1991.[412]

El referendum, sin embargo, no canceló la agitación política. El presidente, respaldado por los votos, se dedicó a preparar su borrador constitucional que le permitiría diseñar una "superpresidencia" al estilo de la Quinta República Francesa de 1958. La misma contemplaría la desaparición de la incómoda figura del vicepresidente. El verano de 1993 transcurrió con algunos sobresaltos adicionales: surgieron nuevos rumores sobre la salud presidencial. Las continuas desapariciones del jefe de Estado llevaron a la prensa liberal a llamar a Yeltsin *"Mr Nowhere"*.[413]

El 21 de septiembre de 1993, Yeltsin decretó la disolución del Parlamento.[414] Harto de los continuos obstáculos que el Congreso imponía en su plan de reformas, el presidente optó por una medida de fuerza para consolidar su poder. Las críticas afloraron: el decreto 1400 estableció de facto una dictadura del Ejecutivo, aunque convocó a elecciones parlamentarias para el 11 de diciembre. La garantía de que se les respetarían los derechos adquiridos a los parlamentarios elegidos para el período 1990-95 -es decir los salarios- no fue suficiente para calmar a los legisladores. En respuesta, el Parlamento aprobó

---

[410] *The Economist*, March 27, 1993.

[411] *Financial Times*, March 10, 1993.

[412] Shevtsova, p. 74.

[413] Incluso el presidente Clinton fue incapaz de encontrar a su par ruso durante varios días. Los colaboradores del jefe del Kremlin informaron a la Casa Blanca que el presidente se encontraba en un lugar donde no había teléfono. Shevtsova, p. 74.

[414] "It was early September. I had made a decision to dissolve the parliament. No one knew this, not even my closest aides. Russia simply could not gon on with a pariament like this one". *The Struggle for Russia*, p. 242.

la destitución de Yeltsin y pretendió colocar en la Presidencia al vicepresidente Alexander Rutskoi.[415] Cuatro días después, tropas enviadas por el Ejército y fuerzas de seguridad ordenadas por el Ministerio del Interior bloquean la Casa Blanca (sede del Parlamento) y permiten que las personas salgan del edificio pero impiden su ingreso. En medio de la crisis institucional, estallan protestas populares en el centro de Moscú y se producen actos de represión contra las manifestaciones. Hay muertos. En los primeros días de octubre, el país parece deslizarse hacia la guerra civil. Los parlamentarios, concentrados en la "Casa Blanca", amenazaron con resistir a las fuerzas armadas, al mando de Yeltsin, pero este ordenó atacar la sede legislativa. En los primeros días de octubre, la crisis había adquirido una importante envergadura. Se estima que murieron 147 personas en los enfrentamientos. Al borde de la guerra civil, en la noche del 3 al 4 de octubre, el presidente decretó el estado de emergencia en la ciudad de Moscú y se ordenó detener a Rutskoi y a Khasbulatov (speaker).

Durante todo este período, se verifica una constante en la política rusa: el país parece pendular entre la anarquía y la dictadura. La falta de instituciones sólidas y la ausencia de un marco constitucional claro completan el panorama. Tras la disolución de la URSS, en diciembre de 1991, su continuadora jurídica, la Federación Rusa, actuará en un esquema de extrema debilidad institucional en el que el propio proceso político agonal ocupará toda la escena.[416] Esta fragilidad se verificó, además, en el plano económico. Como consecuencia de la crisis constitucional, varias regiones dejaron de remitir remisas al presupuesto federal, tal como en 1991 las antiguas repúblicas soviéticas hicieran con Gorbachov, provocando "asfixia financiera" al gobierno central.

El desafío a la democracia llegará al punto de que el propio Yeltsin habría estudiado seriamente la posibilidad de cancelar el proceso electoral de 1996 cuando se jugaba su reelección.

---

[415] Rutskoi, por su parte, se sintió excluido desde un principio del sistema de toma de decisiones de Yeltsin y su círculo de poder. El vicepresidente comenzó a plantear sus quejas por todo Moscú: "no me admiten en ningún lugar", expresaba, patéticamente. Para neutralizarlo, Yeltsin terminaría por encomendarle las responsabilidades de la Agricultura del país, aun cuando el vicepresidente desconocía por completo la materia. "Cualquiera familiarizado con la historia rusa sabe que asignarle a alguien la cartera de Agricultura equivale a marcar la muerte de su carrera política, dado que los problemas agrícolas del país son de imposible solución" (Shevtsova, p. 28-29). En sus *Memorias*, Yeltsin explicó así la situación del vice: "El principal error de Rutskoi fue no comprender su propio estatus. Desde el primer día creyó que el vicepresidente era el principal colaborador del presidente. Como cualquier estudiante de una escuela secundaria sabe, el vicepresidente es una figura ceremonial". (Yeltsin, *The Struggle for Russia*, p. 32).

En la nueva constitución, aprobada a fines de 1993, la figura del vicepresidente directamente desaparecerá. Rutskoi, por su parte, fue elegido gobernador de Kursk Oblast en las elecciones de 1996 y durante su gobierno buscó formas de cooperación con el Kremlin, dejando de lado su antigua rivalidad con Yeltsin. *Yeltsin's Russia, Myths and Reality..*

[416] Una nueva Constitución, aprobada a fines de 1993, aumentó los poderes del Ejecutivo, hasta crear una "superpresidencia".

En tanto, durante todo este período Yeltsin contaría con el respaldo fundamental de la administración Clinton.[417] En Washington, la crisis rusa era observada con especial atención.[418] La Casa Blanca veía a Yeltsin como la "mejor opción": su oponente en la elección de 1996, Gennady Zyuganov era el líder del Partido Comunista, un hombre opuesto al proceso de democratización y reforma. El gobierno de Clinton verá a Yeltsin como una suerte de "nuestro hombre en Moscú", al punto que -según Talbott-, Clinton estaría pendiente del referéndum ruso del 25 de abril "como si fuera una elección en EEUU".[419]

El 10 de noviembre, en tanto, a través de una publicación en el *Rossiiskaya gazeta* se conoció el borrador de la nueva constitución. Como era previsible, Yeltsin promovió un modelo "superpresidencial". El Jefe de Estado nominaba al primer ministro y al resto del gabinete. Solamente el primero requería aprobación parlamentaria. El presidente tendría facultades para disolver el Parlamento y a la inversa, el proceso de destitución presidencial era sumamente complejo, dado que exigía requisitos casi imposibles de cumplimentar.[420] La reforma reforzaba además las facultades de la cámara alta, el Consejo de la Federación, que incluía a los gobernadores regionales designados por Moscú (más tarde sería elegidos por voto popular) y los titulares de las legislaturas locales.

Un mes más tarde, tendrían lugar las elecciones para formar un nuevo Parlamento. El 58 por ciento de los votantes aprobaron la nueva Constitución. Un 41 por ciento del electorado la rechazó.

En tanto, el elenco de colaboradores cercanos a Yeltsin había vuelto a cambiar. La influencia de Gaidar terminó de apagarse. Según Shevtsova, a esta altura, el reformista se había convertido en un "estorbo" para el presidente, quien buscaba iniciar un período de estabilidad. Muchos incluso llegaron a la conclusión que Yeltsin había "usado" a Gaidar para justificar, en especial en Occidente, la liquidación del Parlamento[421]. En el período 1994-96, cobrarían fuerza los "leales". Entre ellos, Aleksandr Korzhakov, jefe de la custodia presidencial, sería una figura decisiva. Probablemente el hombre que más influencia haya tenido sobre Yeltsin, Korzhakov se vió beneficiado y alimentó durante esa etapa la creciente tendencia del presidente al aislamiento y la distancia. El general Mikhail Barsukov tendría un rol importante también durante este período en el que el círculo que rodea al presidente se volvió cada vez más reducido. "Su comportamiento se fue pareciendo cada vez más al del estereotipo de un viejo zar: aislado de todos, dictatorial, intolerante a las críticas, alejado de la sociedad..", describe Shevtsova.[422]

---

[417] Una muestra concreta de este apoyo tendrá lugar el 22 de septiembre de 1993, un día después de la disolución del Parlamento ruso dispuesta por Yeltsin. Ese día, Clinton afirmó que respaldaba a su par "completamente". "Clinton Sends Yeltsin His Full Support", *Associated Press*, September 23, 1993.

Clinton volvió a apoyar a Yeltsin el 3 de octubre, cuando el presidente ruso aprobó el ataque al Parlamento. Clinton afirmó que "está claro que la violencia fue perpetrada por las fuerzas que responden a Rutskoy y Khasbulatov.." *The New York Times*, October 4, 1993.

[418] "Our Man in Moscow", en *Power and Purpose*, p. 121.

[419] Strobe Talbott: *"The Russia Hand"*, p. 70.

[420] Para remover al presidente, por juicio político, eran necesarios dos tercios de ambas cámaras de la asamblea federal, la aprobación de la Corte Suprema y de la Corte Constitucional.

[421] Shetsova, p. 103.

[422] Shetsova, p. 99.

El año 1994 ofrecería, por fin, alguna calma a Rusia. Yeltsin, aun con sus permanentes recaídas, administraba la situación. Como resultado de las elecciones parlamentarias de fines del año anterior, la escena política en Moscú ofrecía el siguiente panorama: existían básicamente tres grupos de poder. El primero, integrado por los pragmáticos, tenía en el primer ministro Chernormyrdin a su mejor referente. El segundo, estaba representado por los "leales", es decir los hombres cuya fuente de poder residía en su cercanía personal al Jefe de Estado. Estos estaban liderados por Korzhakov y Barsukov. El tercer grupo era el que respondía al líder moscovita, Yuri Luzhkov, alcalde de la capital. En aplicación de la vieja máxima de dividir para reinar, Yeltsin podía maniobrar hábilmente.

A mediados de enero, Yeltsin recibiría a Clinton en Moscú. Los líderes llegarían al entendimiento sobre la eliminación del antiguo arsenal nuclear soviético en Ucrania y anunciarían que Rusia participaría en el programa por la Paz de la OTAN. Este último punto se concretaría con la firma del tratado a fines de abril, celebrado con "pompa" por casi todas las fuerzas políticas del país.[423]

Yeltsin y Clinton volverían a encontrarse en julio, en la cumbre del G-7 en Nápoles y en la última semana de septiembre, cuando el presidente ruso viaje a los EEUU para participar en la Asamblea General de las Naciones Unidas. Yeltsin y Clinton encabezarán una ceremonia en la Casa Blanca en homenaje a los veteranos de la Segunda Guerra Mundial, el día 26. También coincidieron en impulsar la adhesión de Ucrania al Tratado de No Proliferación Nuclear y cooperar en la paz en Bosnia.

La cuestión de las armas nucleares en Ucrania llevaría a la firma del Memorándum de Budapest, a fin de ese año 94. Javier Ruperez[424] escribió: Al disolverse la Unión Soviética en 1991 tres de sus repúblicas integrantes, además de Rusia, tenían desplegados en sus territorios cabezas nucleares. Se trataba de Belarús, que contaba con 81 de los ingenios, Kazajstán, con 1400, y Ucrania, con 500, además de 220 vectores de lanzamiento que incluían 220 misiles de largo alcance y 44 bombarderos estratégicos. Resultaba evidente que tales artilugios debían quedar en la propiedad del Estado que se declaraba sucesor de la extinta URSS, la Federación Rusa, y tanto Belarús como Kazajstán reconocieron la realidad y aceptaron su devolución al que consideraron legitimo dueño. Minsk lo hizo en 1996 y Almaty en 1995. Ambos países, devenidos independientes, aceptaron además entrar a formar parte del Tratado de No Proliferación Nuclear. El precedente lo había sentado Ucrania dos años antes, en 1994, cuando se firmó en la capital húngara el "Memorándum sobre Garantías de Seguridad" que Kiev había exigido y obtenido a cambio de su renuncia al armamento nuclear. En algún momento las nuevas autoridades ucranianas habían especulado con la posibilidad de retener los ingenios bajo su control, convirtiéndose así en la tercera potencia nuclear del mundo. Seguramente el recién estrenado ejército ucraniano no hubiera estado en situación de manejar las armas nucleares, pero las mismas dudas sobre su disposición a hacerlo y la enormidad de los riesgos consiguientes forzaron una negociación para dar salida a las exigencias ucranianas sobre el futuro de su seguridad nacional a cambio de la devolución de los peligrosos juguetes. Y a cambio también, como ya había ocurrido con las otras dos repúblicas, de acceder al Tratado de No Proliferación y con ello renunciar a dotarse de armamento nuclear. El "Memorándum de Budapest" de 1994, arduamente negociado, establece las garantías que suscriben Rusia, los Estados Unidos y el Reino Unido a favor de Ucrania y es un texto tan breve como intenso. Cuenta con seis concisos artículos. De los cuales tres enumeran las seguridades políticas y territoriales que los ucranianos consideraban indispensables para su futuro, mientras que dos se refieren a los supuestos en que armas nucleares o su amenaza fueran utilizadas contra Ucrania o contra terceros países desnuclearizados, y el sexto y último prevé la realización de consultas entre los garantes en el caso de incumplimiento de algunas de las disposiciones del texto. Las garantías de seguridad cubren "el respeto a la independencia, la soberanía y las fronteras existentes de Ucrania" (artículo 1); el rechazo

---

[423] Shetsova, p. 106.

[424] Ex embajador de España ante EEUU.

a la "utilización de la fuerza contra la integridad territorial o la independencia política de Ucrania" (artículo 2); la promesa de "abstenerse de los actos de coerción económica dirigidos a subordinar al propio interés, y así obtener ventajas de algún tipo, el ejercicio por parte de Ucrania de los derechos inherentes a su soberanía" (artículo 3). El segundo de los artículos cita como referencia y autoridad a la carta de las Naciones Unidas. El primero y tercero utilizan como fuente los "Principios del Acta Final de la Conferencia sobre la Seguridad y la Cooperación en Europa".[425]

El desinterés por la política característico de los años noventa también llegaría a Rusia. A mediados de ese año 1994, Aleksandr Solzhenitsyn regresaría al país desde los EEUU sin provocar la menor atención. La apatía generalizada lo condenaría a los márgenes del sistema político.

En tanto, Yeltsin continuaba con sus repetidas desapariciones. A fines de agosto de 1994, durante una visita a Alemania se presentó aparentemente bajo los efectos del alcohol. Durante este período, la influencia del guardaespaldas presidencial Alexander Korzakov pareció adquirir enorme importancia. En enero de 1995, una encuesta lo mostraría como el tercer hombre más poderoso del país, detrás de Yeltsin y Chernormyrdin. Desplazado del poder, en 1997 escribió sus *Memorias*. Llegó a afirmar que "Yeltsin se iba a dormir, y yo me sentaba a gobernar el país".[426]

La relativa calma del año 94 se interrumpiría al acercarse su final cuando estalle la primera guerra en Chechenia. El conflicto volvería a poner de manifiesto las debilidades estructurales de la Rusia post-soviética.

Primera guerra de Chechenia

En 1991, el general Dzhokhar Dudayev, un ex oficial soviético llegó al poder en Chechenia, una República al norte del Cáucaso. Entonces, era un aliado a Moscú. El líder checheno era visto por los partidarios de Yeltsin como "tropa propia" con la que reemplazar a elementos cercanos a Gorbachov. Los tiempos cambiarían el estado de cosas. Sin embargo, los problemas internos en Rusia desviaron la atención de las autoridades del Kremlin respecto de los sucesos en Chechenia. Al advertirlo, ya era tarde. Dudayev había impulsado un proceso independentista. La estrategia de negociación con Grozni -capital chechena- iniciada por Moscú fracasaría rápidamente, abriendo paso a la necesidad de actuar en el plano de los hechos.

El anteúltimo día de noviembre de 1994, el Consejo de Seguridad de la Federación Rusa, con la presidencia de Yeltsin, aprobó la acción militar. El 2 de diciembre, comenzó el bombardeo ruso sobre la República de Chechenia, en el norte del Cáucaso y se estableció el día 15 como "ultimatum" para el cese de la actitud rebelde chechena. Diez días más tarde, tres columnas de tropas rusas cruzaron la frontera y dieron paso a una invasión, para reprimir el intento independentista. Un segundo ataque tendría lugar la noche del 31 de diciembre.[427] El accionar de Moscú mostró un "estilo soviético" para resolver la crisis. Chechenia, conviene recordarlo, se había opuesto al tratado de unión que diera

---

[425] Cuadernos de FAES - Noviembre de 2014.

[426] Aleksandr Korzhakov: *"From Dawn to Dusk"*, 1997, p. 155.

[427] El 12 de enero de 1995, el *Izvestiya* reveló que en la noche del 31 de diciembre de 1994, se le aseguró a quien tomara el palacio de Dudayev en Grozny que recibiría la estrella de Héroe Nacional y que la orden dio paso a un "baño de sangre".

nacimiento a la Federación Rusa en 1992, tras la disolución de la Unión Soviética. El conflicto secesionista checheno sería la más seria amenaza a la integridad territorial de la nueva Rusia, provocando decenas de miles de muertos.[428]

El establishment político que rodeaba a Yeltsin impulsó al presidente a actuar decididamente. La guerra ayudará al gobierno a consolidar el poder del Ejecutivo frente a las amenazas de "colapso" del país, a pesar de la impopularidad del conflicto. Las acciones de Moscú consolidarían la situación política de Dudayev: fortalecerían su imagen de líder nacionalista que resiste el avance imperial.

La guerra tendrá un alto impacto en la moral del Ejército ruso dado que pese a contar con una fuerza superior desde el punto de vista militar y a pesar de haber capturado la capital (Grozni), resultaría imposible controlar la zona montañosa, controlada por los guerrilleros chechenos. Yeltsin se verá obligado a decretar un cese del fuego en 1995, en medio de una gran desmoralización de las Fuerzas Armadas. El ministro de Defensa, Grachev, fue señalado como "instigador" de la acción rusa en Chechenia. Algunos analistas coinciden en señalar que fue sindicado como "chivo expiatorio" de la operación.[429] Korzakov, quien era entonces inmensamente influyente sobre el presidente, escribió en sus *Memorias* que le pidió a Yeltsin "esperar" y que le advirtió que "una guerra en el Cáucaso será nefasta y nos llevará a pelear por el resto de nuestras vidas. Ellos ofrecen dialogar, ¿para qué apurarnos?". El ex guardaespaldas agregó que el presidente respondió "No, Pavel Sergeyevich (Grachev, ministro de Defensa) me dijo que él resolvería todo".[430]

La guerra provocaría acusaciones cruzadas por violaciones a los derechos humanos entre las fuerzas federales y las autoridades chechenas. Además, el conflicto acrecentaría la insatisfacción del establishment militar con el ministro Grachev y su superior, el propio Yeltsin. El 18 de enero de 1995, una encuesta publicada en el *Pravda* señalaba que la guerra era altamente impopular: el 54 por ciento era favorable a la retirada de las fuerzas rusas de Chechenia y solo el 27 por ciento respaldaba la acción militar en la rebelde república. "La guerra de Chechenia estaba provocando el mismo efecto que la invasión soviética a Afganistán", reflexionó Shevtsova.[431]

Las críticas a Yeltsin por su decisión de invadir la región señalaron entonces las debilidades estructurales de un país que atraviesa una suerte de proceso de "construcción institucional". La nueva constitución, aprobada en diciembre de 1993, otorgaba amplias facultades al Ejecutivo, como hemos visto. Yeltsin había profundizado su tendencia a actuar como un "monarca" o un "zar moderno". En ese marco, pese a la impopularidad de la guerra, el presidente actuaría decididamente.[432]

Treisman escribió: "el uso de la fuerza estuvo justificada por el peligro que Chechenia poseía para sus vecinos. Pero no hubo justificación para forma en que la fuerza fue utilizada. Este fue el mayor pecado de Yeltsin, y con los pedidos de disculpas a Talleyrand, fue algo peor que un error: fue un crimen".[433]

---

[428] "Chechen official puts death toll for 2 wars at up to 160,000", *The New York Times*, August 16, 2005.

[429] Shetsova, p. 113 y 306.

[430] Korzhakov, p. 371.

[431] Shetsova, p. 117.

[432] *Power and Purpose*, p. 137.

[433] *The Return*, p. 296.

A mediados de junio de 1995 la contraofensiva chechena se profundizaría: un ataque *kamikaze* sobre territorio ruso atacaría la localidad de Budenovsk en la región de Stavropol, tomando casi mil rehenes en un hospital. La audaz y desesperada acción chechena paralizaría al Kremlin. Yeltsin, en tanto, no suspendió su viaje a Halifax (Canadá) donde sesionaba una cumbre del G-7. Allí, mientras asistía a la reunión de los líderes del mundo desarrollado, el presidente autorizó que tropas de elite actuaran para liberar a los rehenes, aunque la operación resultó ineficiente al punto que murieron decenas de personas, incluyendo muchos civiles.[434]

Ya en mayo de 1995, cuando Bill Clinton visitó Moscú, para las celebraciones del 50 aniversario del fin de la Segunda Guerra Mundial, Yeltsin había escuchado de boca del propio presidente norteamericano su pedido por terminar el conflicto. Sin embargo, Chechenia no envenenaría las relaciones ruso-americanas. Clinton no estaba dispuesto a dejar de apoyar a Yeltsin precisamente cuando éste se acercaba a las elecciones en las que se jugaría su reelección.[435]

En efecto, durante la cumbre Yeltsin-Clinton, el líder ruso anunciaría que habría elecciones parlamentarias en diciembre de ese año y elecciones presidenciales en junio del año siguiente.

Durante la segunda mitad de 1995, Yeltsin volvería a desaparecer reiteradamente. A comienzos de julio, fue hospitalizado por severos problemas cardíacos, sin que se informara debidamente a la nación sobre el estado de salud del presidente. "La situación remitía a la era Brezhnev, Andropov y Chernenko", apuntó Shevtsova.[436] Con el propósito de despejar dudas sobre su capacidad para dirigir el Estado, Yeltsin aparecería el 8 de septiembre en una conferencia de prensa antes de partir de vacaciones a Sochi (Mar Negro). Sostuvo que Rusia apoyaba a los serbios en el conflicto en los Balcanes y que no aceptaría la expansión de la OTAN. También hizo anuncios de política doméstica: prometió que la

---

[434] Un momento de confusión extrema tendría lugar el día 18 de junio cuando, en ausencia de Yeltsin, el primer ministro Chernormyrdin, desde Moscú, inicie una negociación con los guerrilleros chechenos. En ese momento, la televisión retrató la crisis: las pantallas ofrecían el tremendo espectáculo de los rebeldes colocando mujeres inocentes en las ventanas del hospital usándolas como escudos humanos para repeler el accionar de las tropas rusas.

[435] A diferencia de lo sucedido durante el apoyo que Clinton diera a Yeltsin durante la crisis constitucional de septiembre-octubre de 1993, esta vez el respaldo presidencial al líder ruso sería cuestionado en Washington. Incluso en el Congreso norteamericano, se alzaron voces pidiendo a Clinton cancelar su viaje a Moscú de mayo de 1995 en crítica a la guerra chechena. *Power and Purpose*, p. 143.

Clinton volvería a reunirse con Yeltsin el 17 de junio de 1995 en la cumbre del G-7 en Halifax. Allí, Yeltsin declaró ante los líderes del primer mundo que la guerra chechena enfrentaba las fuerzas estatales con el terrorismo. Clinton reconoció que Chechenia forma parte de la Federación Rusa pero hizo un llamado a alcanzar una solución política y pacífica. El 23 de octubre de ese año, Yeltsin volvería a encontrarse con el presidente de los EEUU, esta vez en Hyde Park, NY, en la casa de Franklin D. Roosevelt, después de asistir a la Asamblea General de las Naciones Unidas. En esta ocasión, ambos discutieron el rol de Rusia en las fuerzas de preservación de la paz en Bosnia y acordaron que el Secretario de Defensa William Perry y el Ministro de Defensa Gravchev se encontrarían para formalizar la integración rusa en las misiones de la OTAN que operaban en esa iniciativa. El 13 de marzo de 1996, Yeltsin y Clinton protagonizarán una nueva reunión cumbre en Sharm-al-Sheik (Egipto). En abril de 1996, Clinton volvió a Rusia: el 20 y 21 de ese mes visitó Moscú y San Petersburgo, reuniéndose nuevamente con Yeltsin.

U.S.-Russian Summits, 1992-2000. Prepared by the Office of the Historian Bureau of Public Affairs, U.S. Department of State July 2000.
[436] Shevtsova, p. 126.

administración se pondría al día con el pago de pensiones atrasadas.[437] Las promesas "populistas" del presidente buscaban un propósito político evidente de cara al proceso electoral que se avecinaba.

Nuevas elecciones parlamentarias tendrían lugar el 17 de diciembre. Estas servirían de "precalentamiento" hacia las elecciones presidenciales que se llevarían a cabo a mediados de 1996 en las que se jugaría la suerte de Yeltsin. La compulsa parlamentaria se convertiría en el escenario ideal para actores "populistas" como el ambicioso general Alexander Lebed, quien optaría por un discurso nacionalista y no se privaba de elogiar el modelo chileno como ejemplo para Rusia.[438]

Los comunistas por su parte, liderados por Gennady Zyuganov, lograrían una importante porción del electorado. Entusiasmados por el ejemplo polaco, donde fuerzas proclamadas como neo-comunistas habían derrotado al movimiento Solidaridad de Lech Walesa en noviembre de ese año, los seguidores de Zyuganov se entusiasmaron con una posible restauración. Naturalmente, esta realidad encendió luces de alarma en las principales capitales occidentales. Washington, una vez más, ayudaría a Yeltsin.[439]

A fines de mayo de 1995, bajo el liderazgo del primer ministro Chernormyrdin, se organizó el partido "Nuestra Casa Rusia" (NDR). Shevtsova describe que los métodos de armado electoral "tenían una reminiscencia con los días soviéticos. Funcionarios de los gobiernos regionales se abocaron a la construcción partidaria durante su horario laboral. Las funciones gubernamentales y partidarias claramente violaron el decreto presidencial de des-politización, que prohibía cualquier actividad partidaria dentro de las instituciones gubernamentales y en los lugares de trabajo. En rigor, era difícil distinguir entre el gobierno y el NDR, cuyos líderes eran altos funcionarios del gobierno. Una vez más, los contribuyentes financiaron otra estructura semi-gubernamental aunque pretendidamente independiente".[440]

A fines de octubre, Yeltsin debió ser hospitalizado nuevamente. El 30, tras visitar al presidente en el hospital, el primer ministro anunció que ambos habían acordado que éste coordinaría las actividades de los ministerios de poder (Defensa, Interior, Seguridad e Inteligencia) así como con el ministro de Exteriores, carteras que dependían exclusivamente del Jefe de Estado. Sin embargo, el titular de Defensa, Grachev declaró que solamente aceptaría órdenes del Presidente. El esquema de poder nuevamente presentaba dificultades internas. En una muestra de las contradicciones típicas del período, el día 4 de noviembre el portavoz presidencial, Sergei Medvedev anunciaba que los ministerios de poder permanecían bajo la subordinación del titular del Ejecutivo. El maletín nuclear, el mayor símbolo del poder en Rusia, permanecía al lado de la cama del hospital de Yeltsin.[441]

---

[437] *Izvestiya*, September 9, 1995.

[438] *Newsweek*, February 4, 1995.

[439] En octubre de ese año, Yeltsin voló a Nueva York para participar de la Asamblea General de la ONU en la que se celebró el 50 aniversario de su creación. Allí volvió a mantener una cumbre con Clinton. El duro discurso que pronunciara un mes antes en Moscú, en el que se manifestó contrario a la expansión de la OTAN, no logró deteriorar las relaciones entre los líderes. Shevtsova describe que "la retórica de Yeltsin solía fluctuar entre la abierta hostilidad hacia Occidente cuando hablaba en Rusia al tono amistoso y constructivo cuando trataba con líderes occidentales en persona". Shevtsova, p. 141.

[440] Shevtsova, p. 137.

[441] Shevtsova, p. 143.

Finalmente, el 17 de diciembre, con una participación del 64 por ciento del electorado -un porcentaje considerado elevado teniendo en cuenta que en la elección anterior había concurrido un 54 por ciento- tuvieron lugar las elecciones parlamentarias. La nueva Duma estaba constituida por 450 miembros, de los cuales la mitad se elegían por sistema proporcional y la otra mitad por circunscripciones uninominales. Un piso electoral mínimo de 5 por ciento era necesario para acceder al reparto de bancas de la primera mitad elegida proporcionalmente.[442] Solamente cuatro agrupaciones lograron perforar el piso y consiguieron imponer legisladores en la Duma: los comunistas con 99 bancas elegidas por el sistema proporcional, los liberales (50), el oficialista NDR (45) y Yabloko (31). Otros partidos lograron bancas a través de triunfos en distritos uninominales. El resultado final arrojó una legislatura sin mayorías automáticas y levemente más opositora que la anterior, aunque el comportamiento de los parlamentarios en esta nueva etapa sería más cautelosa que en el turbulento período anterior.

Las elecciones parlamentarias de diciemrbe de 1995 mostraron que el gobierno de Yeltsin había perdido una importante parte del apoyo popular pero al mismo tiempo demostraron que no había una alternativa viable. Esta realidad será clave en las elecciones presidenciales de 1996 y permitirá entender la extraordinaria capacidad de resucitar políticamente de Boris Yeltsin.

La reelección de Yeltsin (1996)

Probablemente, la recuperación política de Boris Yeltsin en la elección presidencial de 1996 en la que ganó su reelección constituya un caso de estudio en la ciencia política moderna. Pocos meses antes del comicio, los índices de aprobación de gestión de Yeltsin apenas superaban un dígito.[443]

Para la Casa Blanca, la reelección de Yeltsin se transformaría en una prioridad central de la política exterior de la Administración Clinton. Yeltsin sería "el mejor socio" al que podían aspirar los EEUU. Las alternativas a la continuidad de Yeltsin eran francamente indeseables para Washington: un triunfo de Gennady Zyuganov, líder de los comunistas, resultaba claramente un retroceso. Su propuesta de revertir el programa de reformas y privatizaciones asustaba a Occidente. Un eventual gobierno del General Alexander Lebed era visto con preocupación, ante su eventual propuesta de reimponer la ley marcial y su indisimulado discurso en favor de la reinstauración imperial. La continuidad de Yeltsin en el Kremlin parecía una necesidad para el plan de Clinton de ampliar la OTAN al año siguiente.[444] El apoyo norteamericano al gobierno de Yeltsin volverá a manifestarse tres años más tarde cuando Rusia enfrente la crisis de su deuda, como se verá más adelante.

En diciembre de 1995, el resultado de las elecciones parlamentarias arrojarían una fuente de preocupación para Yeltsin y para la Casa Blanca: las fuerzas comunistas, lideradas por Gennady Zyuganov, duplicaron su performance electoral de 1993. Entonces, las ideas del Partido Comunista parecían agotadas, anacrónicas y definifitivamente muertas. Ahora, en 1995, el comunismo parecía resurgir. Zyuganov calificó a Yeltsin de "marioneta" de los EEUU y adoptó un discurso claramente nacionalista, aunque carente de una propuesta concreta. La propia vaguedad de las iniciativas del líder comunista socavaron sin dudas sus chances de convertirse en el nuevo presidente de Rusia. "Nadie conocía -ni tan siquiera él mismo- qué haría en caso de ser elegido", resume Shevtsova[445]. Un posible

---

[442] Durante el gobierno de Putin, el piso electoral fue elevado al 7 por ciento.

[443] *Power and Purpose*, p. 146.

[444] *Power and Purpose*, p. 145.

[445] Shevtsova, p. 170.

regreso del Partido Comunista solo agregó entonces nuevos temores a la de por si inestable situación del país. La mirada de Occidente sobre Rusia arrojaba creciente inquietud en esa primera mitad de 1996. Una muestra de ello puede encontrarse en un artículo de *Foreign Affairs*, publicado entonces en el que se señalaba que: "Las relaciones con una Rusia agitada: el futuro de la alianza. Observando la política exterior de Rusia, el asalto a los derechos humanos en Chechenia, la inacabada reforma democrática y de economía de mercado, el crimen endémico y la corrupción, algunos en Occidente han ridiculizado la noción de alianza y han recomendado poner en cuarentena cuando no directamente volver a la confrontación de la Guerra Fría.

Foreign Affairs advirtió que los resultados de las elecciones legislativas habían alimentado el "escepticismo" respecto a la democracia en Rusia y su comportamiento internacional responsable.[446]

La resurrección de Yeltsin lo mostrará como un verdadero ave fénix. Hacia fines de 1995, el presidente era visto como un hombre anciano, débil y a menudo borracho. Durante la campaña, sin embargo, se mostrará como un líder enérgico y sobrio. Carismático, cantará y bailará en decenas de actos.[447]

El último día del año 95, Yeltsin había reaparecido, tras dos meses de ausencia del Kremlin, afectado por una de sus enésimas internaciones. Ese día, al mejor estilo soviético, una pequeña multitud especialmente entrenada sirvió para simular un diálogo entre el presidente y la población común. Al volver del hospital, en una vistosa caravana, Yeltsin hizo detener su limusina y se bajó para preguntarle a los transeuntes que lo vivaban en las puertas del Kremlin si debía presentarse a la reelección, recibiendo una caluroso entusiasmo. La televisión, naturalmente, filmaba toda la escena.[448]

A mediados de febrero de 1996, desde Yekaterimburgo (su región natal, Sverdlovsk), da inicio a la campaña. Al lanzarse a la carrera electoral, Yeltsin tomaría medidas drásticas. Por caso, aceptó desprenderse de su ministro de Exteriores, Kozyrev, visto como "débil e ineficiente" por buena parte del establishment político. Su reemplazante, Yevgeny Primakov, era hasta entonces jefe del Servicio de Inteligencia Exterior.[449] Yeltsin también despedirá a dos ministros considerados "liberales" o cercanos a las fuerzas democráticas como Sergei Filatov y Anatoly Chubais (zar de las privatizaciones). En este período, como vimos, el grupo más influyente sobre Yeltsin lo encabeza el jefe de la custodia presidencial, el favorito Khorzhakov. Chernormyrdin, pese a los rumores de que sería removido, conseguiría sobrevivir.

A su vez, Yeltsin anuda una alianza táctica con el jefe de la alcaldía de Moscú, el popular Yuri Luzhekov. Una ayuda sustancial para Yeltsin será el anuncio de un paquete de créditos del FMI por 10 mil millones

---

[446] *Foreign Affairs*, May-June 1996.

[447] Allison, Graham T., and Matthew Lantz. "Assessing Russia's Democratic Presidential Election."

[448] Shevtsova, p. 155.

La campaña presidencial de Yeltsin en búsqueda de su reelección tuvo reminiscencias soviéticas y hasta de la época de los zares. Dice Shevtsova: "El espectáculo rememoraba los viajes de los secretarios generales del Partido Comunista de la Unión Soviética y hasta las costumbres de la corte imperial rusa.." Shevtsova, p. 168.

[449] El nombramiento de Primakov como jefe de la diplomacia del Kremlin fue mal recibido en Occidente, en especial por los vínculos de éste con el presidente de Irak, Saddam Hussein.

de dólares.

La colaboración de consultores políticos norteamericanos en la campaña de Yeltsin jugó otro rol importante en esta elección de 1996.[450] Dick Morris, asesor de Clinton, participó en el esfuerzo por la reelección del presidente ruso. Este consultor relató más tarde la firme resolución de su jefe en pos de apoyar a Yeltsin, pese a las recomendaciones de prudencia que aconsejaba el Departamento de Estado. Morris recuerda que los diplomáticos advertían que "tendremos que convivir con cualquiera que gane. No nos involucremos. Clinton dijo, al diablo con eso, yo pondré todos mis huevos en la canasta de Yeltsin y va a funcionar..."[451]

En abril de 1996, tan solo dos meses antes de la primera vuelta electoral, Clinton llegó a Moscú, donde sesionó el G-7 más Rusia. El propio Yeltsin había propuesto a su país como sede de la cumbre, en la reunión del año anterior en Halifax.

Pero así como en Occidente existió una percepción de la continuidad de Yeltsin como la mejor opción para Rusia, en el plano interno jugarían un rol decisivo los llamados "oligarcas". Bajo el programa "loans-for-shares", los principales titulares de las empresas privatizadas darían un fuerte apoyo al presidente en busca de su reelección. La iniciativa fue diseñada por el asesor presidencial Anatoly Chubais. La idea era muy simple: el gobierno recibiría crédito a cambio de acciones de las empresas "centrales", es decir las dedicadas a las actividades estratégicas de extracción gasífera y petrolera.

Es casi unánime el considerar como decisivo el aporte de los oligarcas en la reelección de Yeltsin en 1996. A fines de enero de ese año, la reunión del Foro Económico de Davos serviría de escenario para la entente entre Chubais y Boris Berezovsky, Vladimir Gusinsky, Pyotr Aven, Mikhail Fridman, Mikhail Khodorkovsky, Aleksandr Smolensky y Vladimir Potanin, a quienes se comenzó a llamar "Grupo de los Siete". El hiperactivo Berezovzky, convertido en arquitecto del grupo, consiguió el favor del círculo íntimo de Yeltsin, comenzando por su hija Tatyana Dyachenko, una mujer que tendría un rol decisivo en los asuntos de Estado en el final de la era-Yeltsin.

Así reflejó el clima de la época la prensa occidental, años después: "El segundo mandato de Yeltsin fue una pesadilla en casi todos los frentes. Para 1996 ya había vivido su mejor momento y habría sido mejor que un sucesor elegido democráticamente lo hubiera sucedido en ese momento. Pero tantos de nosotros estábamos tan preocupados por un posible retorno de los comunistas aún por medios democráticos. Pusimos la ideología por delante de aquel proceso y aún estamos pagando el precio hoy. Ese año marcó el cambio de la democracia abierta a la democracia administrada. Estaba claro que Yeltsin no podría permanecer en el poder si la elecciones eran limpias (...) Yeltsin fracasó en su prueba final. Las frágiles estructuras democráticas que él permitió que se formaran no sobrevirían su propia necesidad de poder. El falló en crear instituciones durables (...) Peor aún, su colapso envenenó la mentalidad del pueblo ruso en contra de lo que vieron como una democracia y un capitalismo descontrolado. Los oligarcas que tomaron el poder lo hicieron a expensas del pueblo. Los rusos no vieron los supuestos beneficios de las elecciones y el libre mercado. La nueva elite gobernante se formó

---

[450] "The Americans Who Saved Yeltsin (Or Did They?)", *The New York Times*, July 9, 1996.

"Yanks to the Rescue. The Secret Story of How Americans Advisers Helped Yeltsin Win", *Time*, July 15, 1996.

[451] *Power and Purpose*, p. 149.

con los viejos burócratas y los nuevos tecnócratas, unidos en su indiferencia hacia los valores de la democracia liberal (...)."[452]

El entorno del presidente jugaría un rol decisivo, aunque no lograría convencerlo de cancelar la elección, ante la preocupación de que podría perder. De haberlo hecho, Yeltsin casi con seguridad se hubiera vuelto aun más prisionero de su círculo íntimo.

El programa "loans-for-shares" permitió a unos pocos hacerse del control de empresas explotadoras de las fantásticas riquezas minerales y energéticas del país a cambio de relativamente poco dinero. La decisión gubernamental, sin dudas, debía entenderse por la desesperada necesidad de Yeltsin de alcanzar su reelección. Un gobierno sólido jamás podría haber aceptado condiciones tan favorables para los privados. El cálculo económico más elemental permite arribar a la conclusión de que el esquema representó enormes ganancias para los llamados "oligarcas" sin atención a criterios de racionalidad y equidad. Empresarios con poderosas conexiones con el gobierno, como Abramovich, Khodorkovski o Boris Berezovsky se hicieron de gigantes conglomerados controlando la energía y las telecomunicaciones a precios ridículos. El fenómeno, además, generó violentos cambios sociológicos en el país: Berezovsky, un matemático, había comenzado pocos años antes como vendedor de automóviles y de pronto se convirtió en un magnate.

Un rol central en la operación de contribución empresaria a la campaña de Yeltsin lo desempeñaría el hiperactivo y auto-promocionado Berezovsky, el eterno manipulador de la política rusa. Además de dinero, los oligarcas le garantizarían protección mediática al presidente durante la campaña, así como aterrorizarían al pueblo con el fantasma de un retorno al totalitarismo a través de una victoria de los comunistas. Durante todo este proceso, Berezovsky tuvo una actuación decisiva. La propensión de este magnate a agigantar su propia influencia le costaría caro años más tarde.[453]

La reversión de esta política tendrá lugar en la década siguiente, con Vladimir Putin, como veremos más adelante.

Lo cierto es que Yeltsin fue reelecto para un nuevo mandato presidencial en el verano de 1996. Meses antes, su impopularidad hacía pensar que era imposible lograrlo. Sin embargo, en la elección rusa de ese año parece haberse enfrentado -esencialmente- dos visiones sobre el país: los rusos eligieron entre dos sistemas políticos y socioeconómicos enfrentados. La continuidad de Yeltsin era la opción al retorno al comunismo. Una restauración del antiguo régimen resultó la amenaza perfecta para que la reelección del presidente se transformara en "el mal menor" en la cabeza de los votantes.

"Los rusos han olvidado las estanterías vacías", recordó Yeltsin en declaraciones al oficialista *Rossiyskaya Gazeta*. "Ahora necesitamos que el pueblo olvide lo que son los bolsillos vacíos", agregó.[454]

---

[452] "The Yeltsin Legacy", *Wall Street Journal*, April 25, 2007.

[453] Boris Berezovsky, un hombre que terminó siendo víctima de su autopromoción como *influyente* y "king maker", en 1997, se vanaglorió contándole a todo el mundo que entre él y otros seis grandes magnates controlaban el 50% de la economía rusa. El club de los llamados oligarcas lo integraban: Vladimir Potanin, Mijaíl Khodorkovsky, Vladimir Gusinski, Alexandr Smolenski, Piotr Aven y Mijaíl Fridman.

[454] *The Return*, p. 61.

En la primera vuelta, celebrada el 16 de junio, el Presidente consiguió el 35,2 por ciento, seguido por Zyuganov, con 32 por ciento. Lebed obtuvo el 14 por ciento. Desoyendo el consejo de su propia esposa, Mikhail Gorbachov se presentó a las elecciones y consiguió apenas el 0,51 por ciento (386 mil votos).

Inmediatamente después de la primera vuelta, de cara al ballotage, Lebed dio el apoyo al presidente, a cambio de sumarse al gobierno.[455]

El tránsito de la primera a la segunda vuelta, sin embargo, no estuvo exento de peligros. Tres días después de la elección, dos colaboradores de Chubais fueron detenidos por agentes que respondían a Khorzhakov en posesión de medio millón de dólares americanos, al salir de la Casa Blanca -sede del gobierno ruso- provocando la indignación del jefe de campaña. Este recurrió a Tatyana Dyachenko, la influyente hija presidencial, y consiguió que poco después fuera despedido el poderoso guardaespaldas.[456] Las intrigas palaciegas continuarían con el correr de los días. Los choques entre los "leales" y los "liberales" eran moneda corriente en el Kremlin de esos días. En los últimos días de junio, en tanto, ocurrió lo más temido: el presidente volvió a colapsar. Yeltsin faltó a la cumbre del G-7 en Lyon (Francia) convocada el 27 y 28 de ese mes.

Enfermo y con dificultades en sus movimientos, a pesar de todo Yeltsin pudo votar. Las cámaras lo mostraron emitiendo su voto cerca de su dacha en Barvikha. Ese día, Yeltsin logró su reelección, al conseguir el 54 por ciento de los votos frente al 40 por ciento de Zyuganov. El 4 por ciento restante votó en blanco.

Time se preguntaba el 15 de julio: "Yeltsin fue reelecto, ¿pero estará apto para gobernar?"

La expansión de la OTAN: ¿Una traición de Occidente?

Bill Clinton confesó que "bailamos en la Casa Blanca al conocer los resultados de la elección en Rusia".[457] Poco después, en noviembre de ese año, celebraría su propia reelección.

Durante los años noventa, Rusia enfrentaría una situación de relativa debilidad si se tiene en cuenta la

---

[455] Lebed fue nombrado secretario del Consejo de Seguridad y asesor presidencial para asuntos de seguridad nacional, un cargo carente de poder real dado que el Consejo era solamente un órgano consultivo. Haber aceptado esta posición, al día siguiente de las elecciones, reveló el grado de inexperiencia política del ambicioso general. Shetsova, p. 186.

Poco después, Lebed propuso reinstaurar la figura del vicepresidente en la constitución, imaginando que podría aspirar a esa posición y desde allí, heredar el poder. Naturalmente, la propuesta fue desechada. Uno de los mayores opositores resultó ser, obviamente, el premier Chernormyrdin.

El nombramiento del general Igor Rodionov como nuevo ministro de Defensa resultó una alegría para Lebed: Rodionov era uno de sus protegidos. Shevtsova, p. 194.

[456] La ley permitía a cada candidato gastar hasta un equivalente a tres millones de dólares, aunque se sabía que los principales candidatos gastarían muchísimo más. Chubais insistió en que la operación de Khorzakov ponía en riesgo la campaña presidencial, por el escándalo que podía generar y exigió al presidente que echara al guardaespaldas. Esa noche, bajo un fuerte estrés, Yeltsin sufrió un ataque al corazón. Treisman, p. 61.

[457] *Power and Purpose*, p. 156.

perspectiva histórica de mediano plazo. Claramente, Rusia emergió debilitada de la disolución de la URSS: su peso específico en el mundo experimenta una notoria disminución e internamente el país enfrentó la hiperinflación y la pulverización de las más mínimas instituciones estatales. En este esquema, la expansión de la OTAN y las acciones de ésta en los balcanes serán definidas por la superpotencia emergente del final de la guerra fría: los EEUU. La nueva realidad geopolítica parecía mostrar a Rusia reducida a potencia de segundo orden. Naturalmente, esta realidad provocaría tensiones internas en el espíritu nacional ruso y acrecentaría un rencor que explicará la política de la década siguiente.

La expansión de la OTAN en los territorios que antaño pertenecieran al Pacto de Varsovia se transformaría en el eje de las diferencias entre Moscú y Occidente, aun con un presidente pronorteamericano con Yeltsin y con una Rusia que parecía avanzar hacia reformas democráticas y de libre mercado a lo largo de los años noventa.[458]

Una vez liberados del yugo comunista, las naciones de Europa del Este se volcaron masivamente a la OTAN abrazando el "euroatlantismo". Polonia, la República Checa, Eslovaquia, Hungría, Rumania y Bulgaria, y las repúblicas bálticas adoptaron una política exterior de cercanía con Occidente. Georgia y Ucrania intentarían en los años 2000 sumarse a la alianza, provocando a Moscú, como veremos más adelante.

Ya a comienzos de la década Vaclav Havel advirtió: "desde un punto de vista militar y estratégico, hay una lógica en el pensamiento soviético: ningún país quiere verse rodeado por una alianza poderosa la que no tiene acceso".[459]

Treisman sostiene que "el debilitamiento del poder militar soviético inició una era de unilateralismo norteamericano en la cual la superportencia superviviente estaba crecientemente determinada a utilizar sus músculos a escala mundial. Los rusos sólo podían observar cómo una alianza militar liderada por Washington se expandía hacia el Este a lo largo de Europa, una alianza que en privado aunque no en público, trataba a Rusia como el enemigo potencial principal. Gorbachov había terminado la división de Europa pero al costo de haber empujado a Rusia hacia los márgenes (...) La cuestión para los sucesores de Gorbachov sería saber si los cambios justificaban las concesiones."[460]

Durante su primer mandato presidencial, hasta 1996, Yeltsin creyó esquivar la iniciativa de la extensión de la OTAN, pero a partir de su reelección, el presidente ruso verá cómo sus aliados occidentales lo "traicionarían". Es dable suponer que los rusos siempre creyeron oir una "promesa" de parte de los EEUU de que no habría proyectos de expansión de la OTAN. Haciendo caso al viejo refrán que señala que no existe mayor distancia entre dos hombre que la que ofrece un malentendido, la disputa se acrecentaría hacia fines de los años 90 y tendría consecuencias decisivas que pueden apreciarse en el conflicto que envuelve hoy a Rusia y a Occidente.

La expansión de la OTAN, además, ofrecería argumentos a los sectores más conservadores dentro del país en contra de los reformistas. La amenaza occidental pondría en alerta a los nacionalistas siempre dispuestos a encontrar razones para sospechar del extranjero. Reformistas liberales como Chubais cuestionaron la ampliación de la alianza atlántica por los problemas que la misma creaba en el interior

---

[458] *Power and Purpose*, p. 181-182.

[459] *Summer Meditations*, p. 91.

[460] *The Return*, p. 12-13.

del país. El líder comunista Gennady Zyuganov llegó a comparar los acuerdos del Kremlin con Occidente con la operación Barbarrosa de Hitler. En 1997, cuando Yeltsin firmó el tratado entre Rusia y la OTAN, Zyuganov directamente lo trató de "traidor".[461]

Madeleine Albright lo explicó ante el Comité de Relaciones Exteriores del Senado, durante el proceso de confirmación como Secretaria de Estado, el 8 de enerod de 1997: "Tenemos interés en la seguridad de Europa porque queremos eliminar la inestabilidad que condujo a cinco millones de americanos a cruzar el Atlántico para luchar en dos guerras mundiales".

Pero, ¿Occidente traicionó a Rusia? Los rusos parecen haber tenido buenas razones para sentirlo. En 1990, al negociarse los términos de la reunificación alemana, Bush, Kohl y Gorbachov establecieron el status de la OTAN: que no habría expansión hacia el Este, es decir hacia las fronteras de la Unión Soviética. Al ampliar la OTAN, Occidente necesariamente rompería antiguas promesas. El 9 de febrero de 1990, el Secretario de Estado James Baker III había asegurado que la Alianza no se extendería "ni un paso" hacia el Este. Gorbachov había dicho que "cualquier extensión en la zona de la OTAN resultará inaceptable". Baker contestó: "Estoy de acuerdo".[462]

Sin embargo, a pesar de las seguridades ofrecidas a los rusos, Occidente avanzaría en su plan. En enero de 1994, en Praga, el presidente Clinton reconocería que "la cuestión no es saber si la OTAN tendrá nuevos miembros, sino cuándo y cómo eso sucederá".[463]

En septiembre de ese año, durante una visita oficial a Washington, Yeltsin escucharía de boca del presidente norteamericano que Rusia era "elegible" para una membresía de la OTAN. Clinton le aseguró a su par ruso que "en mi visión, la expansión de la OTAN no es una medida anti-rusa y no

---

[461] *Power and Purpose*, p. 184.

[462] El 10 de febrero de 1990, el ministro aleman de Asuntos Exteriores, Hans-Dietrich Genscher aseguró al ministro soviético Eduard Shevardnadze: "Sabemos que la membresía en la OTAN de una Alemania unificada genera cuestiones complicadas. Pero para nosotros, una cosa está clara: la OTAN no se expandirá hacia el Este".

"The West's Leaders Have Not Kept Their Promises", *Nezavisimaya Gazeta*, March 19, 1997.

[463] In Prague in January 1994, just after attending his first NATO summit in Brussels, US President Bill Clinton declared that it was no longer a question of whether NATO would enlarge, but how and when. Back then, however, huge differences still existed within the US government and in NATO about the wisdom of bringing former Soviet-bloc countries into the Alliance, and most Western officials (as well as those in Moscow) believed that the idea of NATO enlargement had been shelved in favour of the Partnership for Peace.

En julio de ese año, durante una visita a Varsovia, Clinton reiteró que la cuestión de la ampliación de la OTAN era solo cuestión de tiempo. *Power and Purpose*, p. 187.

In the United States, which was the main driver of the enlargement process between 1994 and 1997, the policy was made possible because a diverse group supported enlargement, albeit for very different reasons. The "Wilsonians", such as President Clinton and National Security Adviser Anthony Lake hoped that NATO enlargement would help encourage the adoption of market democracy and respect for human rights in Central and Eastern Europe, while the "hedgers", including then Senate Foreign Relations Chair Jesse Helms and prominent former officials Henry Kissinger and Zbigniew Brzezinski, emphasised expanding the Alliance to protect against the possible resurgence of Russia in the region.

quiero que usted crea que yo me despierto cada mañana pensando cómo hacer que los países del Pacto de Varsovia se conviertan en miembros de la OTAN.."[464]

Después de la reelección de Yeltsin en 1996, el proceso de extensión de la OTAN se aceleraría. Como hemos visto, el presidente Clinton se había comprometido en auspiciar la reelección de su par ruso al punto de no comprometer sus chances explicitando con precisión la cuestión del "cuándo" se expandiría la Alianza Atlántica. EEUU tendría que esperar aun más allá de julio de 1996 para concretar el proceso de expansión de la OTAN: después de la reelección, reaparecerían problemas de salud de Yeltsin. El líder desaparecería durante casi toda la segunda mitad de aquel año. El nuevo ministro de Asuntos Exteriores, Yevgeny Primakov, quien había reemplazado a Kozyrev meses antes, era poco propenso a acordar con los occidentales tal iniciativa.[465]

Primakov, un nacionalista, mantendría una dura reunión con su par norteamericano Warren Christopher en Nueva York a fines de septiembre. La ausencia -por enfermedad- de Yeltsin le permitiría a Primakov ocupar el centro de la escena y complicar la cooperación entre Rusia y la OTAN.[466]

El 22 de octubre de ese año, pocos días antes de las elecciones en las que se jugaba su propia reelección, Clinton afirmó en Detroit: "Hoy quiero anunciar un objetivo para América. Para 1999, en el cincuenta aniversario de la OTAN y para el décimo aniversario de la caída del Muro de Berlín, el primer grupo de países que hemos invitado a reunirse deben convertirse en miembros plenos de la OTAN".[467] En marzo de 1999, efectivamente, Polonia, Hungría y la República Checa se unirían a la alianza.

La divergencia entre Rusia y EEUU por la ampliación de la Organización sería el punto central de las conversaciones que la nueva Secretaria de Estado Madeleine Albright mantuvo en su primera visita a Moscú, a fines de febrero de 1997.[468] Pocos días más tarde, el 23 de febrero de ese año, Yeltsin mostró su enojo con la OTAN cuando sostuvo que los miembros de la Alianza "han ido demasiado lejos" en sus planes de crecimiento, aunque dijo que "Confío en que llegaremos a ese compromiso durante la reunión con el presidente de Estados Unidos", que tendría lugar días mas tarde, en Helsinki.

El 14 de marzo, en tanto, el Consejo Atlántico se comprometió a no estacionar tropas adicionales en territorio, presente y futuro, de la OTAN. La promesa busca alejar los recelos de Moscú y es el resultado de la negociación entre el canciller ruso Yevgueni Primakov y el secretario general de la OTAN, Javier Solana. Una semana más tarde, Yeltsin tendría su encuentro con Clinton, en Helsinki. Durante la

---

[464] *The Russia Hand*, p. 90.

[465] El cambio de ministro de Asuntos Exteriores obedeció a razones de política interna: el presidente Yeltsin eligió a Primakov para "calmar" a los nacionalistas y sumar su voluntad.

"Of course, there has been some backtracking. Let's face it, there is stagnation. In foreign policy, I suffered defeat in a few particular fields. But I wouldn't say that I was necessarily a scapegoat. I think it was real divergence of opinion. It was a genuine political conflict. I lost. I was overruled. I believe that my time will come again, that my policies will be brought back, sooner or later. Sometimes you win. Sometimes you lose." *Los Angeles Times*, March 10, 1996.

[466] *Power and Purpose*, p. 201.

[467] "Campaign ´96 - Clinton Vows Wider NATO in 3 Years", *Washington Post*, October 23, 1996.

[468] "Albright deja Moscú sin disipar el recelo ruso ante la OTAN ampliada", *El País*, 21 de febrero de 1997.

cumbre en la capital finlandesa, los dos líderes acordarían nuevas reducciones de armas nucleares y el jefe de la Casa Blanca se comprometió a apoyar la admisión de Rusia al Club de París, a la Organización Mundial de Comercio y a la OECD y acordaron que en la próxima cumbre económica en Denver (Colorado) en junio de aquel año, la participación de Rusia transformaría al grupo en el G-8.[469] Estas "concesiones" del presidente americano buscaban atemperar el daño que su amigo Yeltsin experimentaba al ver convertirse en realidad la ampliación de la OTAN.[470]

Yeltsin reafirmó su visión ante el presidente Clinton: "Sigo creyendo que es un error que la OTAN se expanda hacia el Este. Pero necesito dar pasos para aliviar las consecuencias negativas que ello supondrá para Rusia. Estoy preparado para acordar un entendimiento con la OTAN, pero por entender que es una necesidad. No hay otra solución hoy". El ingreso de Rusia al G-7 (que pasa a llamarse G-8) es una victoria "simbólica" de Yeltsin. En sus *Memorias*, Yeltsin admitió que la admisión de su país en el club de naciones industrializadas fue una compensación por su aquiescencia ante la expansión de la OTAN.[471]

En mayo de 1997, finalmente, se alcanzaría el acuerdo entre Rusia y la OTAN.[472] El Acta de Fundación de Cooperación y Seguridad se firma en París, el 27 de ese mes. Las divergencias, sin embargo, subsistieron. En especial, se manifestarán en el conflicto en los Balcanes. El ministro ruso de Asuntos Exteriores, Primakov entendió la firma del acuerdo entre Rusia y la OTAN como un ejercicio de "limitación de daños". A su entender, el mismo fue el resultado de la realidad de los hechos, dado que su país no tenía capacidad de detener la ampliación de la Alianza Atlántica en el plano práctico.[473]

---

[469] "Russia and the "Threat" of NATO", *Time*, February 17, 1997.

[470] During their meeting in Helsinki, Finland, Presidents Clinton and Yeltsin agreed to seek further reductions in strategic nuclear weapons. Once the START II treaty had been ratified, negotiations would begin on START III, which would reduce the United States and Russia to between 2,000 and 2,500 nuclear warheads by the end of 2007. They reaffirmed their commitment to the ABM Treaty while continuing to permit research into theater missile defense within its limits, and to take the necessary steps toward ratification and implementation of the Chemical Weapons Convention. *U.S. State Department - Chronology of U.S.-Russian Summits, 1992-2000*.

[471] Boris Yeltsin: *Midnight Diaries*, p. 130-131.

[472] The need to avoid antagonising Russia was also evident in the way NATO enlargement took place in the military realm. As early as 1996, Allies declared that in the current circumstances they had "no intention, no plan, and no reason to deploy nuclear weapons on the territory of new members". These statements were incorporated into the 1997 NATO-Russia Founding Act, together with similar references regarding substantial combat forces and infrastructure. This "soft" military approach to the enlargement process was supposed to signal to Russia that the goal of NATO enlargement was not Russia's military "encirclement", but the integration of Central and Eastern Europe into an Atlantic security space. In other words, the method was the message.

[473] El día anterior a la firma del acuerdo, antes de partir a París, Boris Yeltsin, advirtió a la OTAN que era "inadmisible que los países que antes integraban la URSS se conviertan en miembros de la Alianza Atlántica" dado que "eso rompería completamente las relaciones de Rusia con la OTAN". El presidente ruso se refirió a la posibilidad de que Estonia, Letonia y Lituania ingresaran en la Alianza. Yeltsin se mostró confiado en lograr convencer a esos países de que el ingreso en la OTAN "no aumentará su seguridad". Lo más importante que ha conseguido Rusia gracias al Acta Fundacional de la nueva relación entre Moscú y la OTAN que hoy se firmará en París es, según Yeltsin, el compromiso de la Alianza de no emplazar armas nucleares en los países que se integren en ella. "Yeltsin reitera su negativa a la ampliación de la OTAN con países de la ex URSS", *El País*, 27 de mayo de 1997.

La Alianza asumió la obligación de no instalar fuerzas de combate en el territorio de los países de Europa del Este. Años más tarde, Rusia verá como una "traición" occidental la creciente presencia de destacamentos de aviación en la frontera y la intensificación de la actividad militar en los mares Báltico y Negro.

Para los EEUU, la expansión de la OTAN significaría un paso decisivo en la promoción de la democracia en Europa central y Europa del Este, en términos *wilsonianos*. Para Rusia, la iniciativa sería un trago difícil de aceptar, al representar el avance sobre los territorios que formaban parte antaño del Pacto de Varsovia y un daño notable al orgullo nacional.

La expansión de la OTAN estaba llamada a complicar las relaciones con Rusia. Las causas de la crisis reciente en Ucrania pueden encontrarse en esta política. El 18 de abril de 2014, en un mensaje al Parlamento Ruso, el presidente Putin justificó la anexión de Crimea destacando la humillación que su país había sufrido a partir de la ruptura de promesas por parte de Occidente, en especial la de no ampliar la OTAN más allá de las fronteras de la Alemania unificada. La alusión a las "traiciones" de Occidente calarían profundo en el espíritu nacional ruso, cuya identidad está forjada en torno a la reivindicación de su país como una gran potencia llamada a ejercer un rol central en los acontecimientos mundiales.

En noviembre de 2014, el representante permanente ruso ante la Organización, Alexander Grushko sostuvo que: "a juzgar por cómo se están llevando a la práctica sus decisiones, la OTAN tiene intención de dejar que se siga desarrollando la preparación operativa de las fuerzas militares y de acercar su infraestructura militar a las fronteras de Rusia. Este camino conduce directamente a una escalada de las tensiones y al perjuicio de la seguridad militar a nivel tanto regional como integral de Europa..." y agregó que "en la OTAN no pueden entender que una nueva configuración intensiva de las fuerzas de la Alianza Atlántica se tomará en consideración en nuestra planificación militar y Rusia adoptará todas las medidas imprescindibles para garantizar firmemente su defensa ante cualquier amenza".[474]

Treisman escribió: "algunos en Rusia creyeron que los líderes occidentales habían mentido a Gorbachov sobre sus intenciones respecto a la OTAN. A comienzos de los años 90, mientras Occidente buscaba la aceptación de Gorbachov para la membresía a la OTAN de una Alemania unificada, el secretario de Estado norteamericano James Baker le dijo a Gorbachov que si aceptaba ello, "no habría expansión de la jurisdicción de la OTAN o presencia de la OTAN en un solo paso hacia el Este" (...) Los motivos de los europeos del Este era simple y y transparente. Rusia fue su enemigo histórico. Durante décadas, los embajadores soviéticos sentaban las reglas en Budapest y en Varsovia. Naturalmente, los polacos y los húngaros querían que los EEUU se comprometieran a usar sus armas nucleares si fuera necesario defenderlos (...) Los motivos de los EEUU para expandir la OTAN son más difíciles de descifrar. De acuerdo a la memoria de quieren estuvieron envueltos, la alianza parece haberse expandido, como Lord Palmerston dijo del Imperio Británico "en un ataque de distracción" ("in a fit of absent-mindedness"). La cuestión cambió de *por qué* y *si* a *cuándo* y *cómo* sin que nadie pareciera advertirlo. Walesa y Havel hicieron apelaciones emotivas a Clinton. Y de pronto la

---

En julio de 1997, en una señal de descontento con la política de la OTAN, Yeltsin se ausentó deliberadamente de la cumbre de la organización que se celebraba en Madrid, pese a que el propio Rey Juan Carlos lo había invitado. El mismo día del comienzo de la reunión, el 7 de ese mes, Yeltsin anunció que iniciaba sus vacaciones de verano en la localidad norteña de Karelia (en el borde con Finlandia).

[474] *Russia Beyond the Headlines*, 19 de noviembre de 2014.

decisión pareció haber sido adoptada".[475]

Al expandirse hacie el Este, en rompimiento de las promesas realizadas al término de la Guerra Fría, la OTAN en particular y Occidente en general incursionarían en imprudentes "juegos peligrosos" como se analizará detalladamente más adelante.

El tratado con Ucrania

En simultáneo con los acuerdos con la OTAN, Rusia alcanzaría entonces un histórico tratado con Ucrania. Para las autoridades de Kiev, la integridad territorial y la inviolabilidad de las fronteras constituían una preocupación central de su política. El último día de mayo de 1997, los presidentes Yeltsin y Leonid Kuchina firmarían el Tratado de Cooperación y Amistad, con el fin de poner fin a los conflictos que envenenaron las relaciones entre ambos estados desde la desintegración de la URSS en 1991. Al llegar a la capital ucraniana, Yeltsin concretaría una visita que había sido reiteradamente aplazada. Desde 1992, el presidente ruso no pisaba suelo ucraniano.

En el centro de las controversias entre Moscú y Kiev se encontraba la cuestión de la flota del Mar Negro (Sebastopol) y la estratégica presencia militar rusa en Crimea. Ucrania era -y sigue siendo- una cuestión permanente en la política rusa. Al igual que la ampliación de la OTAN, realizada a expensas del espíritu nacionalista ruso, el acuerdo con Ucrania molestaría a la mayoría de los integrantes de las fuerzas armadas. Para calmar los ánimos en el ámbito castrense, Yeltsin se verá obligado a una política de concesiones. En agosto de 1997, anunció importantes aumentos salariales al personal militar para "compensar" el descontento en las filas.

La cuestión ucraniana volvería a tocar las puertas del Kremlin en 2004 y 2013/14 distanciando a Rusia de Occidente, como veremos más adelante.

¿Retorno a la gerontocracia?

A partir de 1996, Yeltsin enfrentaría graves problemas de salud. Durante semanas, se ausentaría de sus funciones. En noviembre de ese año, fue sometido a una operación de quíntuple bypass.[476] La salud de Yeltsin inquietó a Occidente. El 9 de diciembre, el propio Kohl visitó al presidente ruso para conocer su estado. El 23, Yeltsin volvió al mando, aunque poco después volvió a caer en una de sus crónicas internaciones.

Los continuos problemas de salud del titular del Kremlin generaban preocupación permanente. A

---

[475] *The Return*, p. 316-317.

[476] Fue operado el 5 de noviembre de 1996. El gobierno se ocupó de informar que si bien Yeltsin había delegado funciones en el primer ministro, el maletín nuclear permanecía al lado de la cama del presidente en el hospital.

En enero de 1997, volvió a quedar internado. En sus *Memorias*, Yeltsin relata que sufrió una "neumonía" a causa de haberse metido en un sauna frío después de salir del hospital.

mediados de enero de 1997, *El País* se preguntaba, "¿Qué hacer con Borís Yeltsin? Los rusos no son los únicos que se hacen esta pregunta. Pero los occidentales que desde hace años le han apoyado contra viento y marea están obligados a plantearse la misma pregunta. Este presidente, que cuenta con unos poderes exagerados, no está en condiciones de estabilizar la situación en su inmenso país, porque, al haber tirado demasiado de la cuerda, ni siquiera logra "estabilizar su salud". Él mismo lo dijo, a principios de septiembre, al anunciar que prefería el riesgo de una operación de corazón antes que verse obligado a trabajar media jornada. (...) Mijaíl Gorbachov, en plena forma, se apresuró a hablar de sus recuerdos de Leonid Bréznev y a anunciar que de nuevo Rusia tiene un líder que no se tiene en pie. Los principales dirigentes del Kremlin no replicaron: el primer ministro está de vacaciones, el viceprimer ministro encargado de las finanzas, Livchits, se encuentra hospitalizado, y el jefe de la Administración Presidencial, Chubáis, ha anulado, al parecer, su viaje a Estados Unidos, pero tampoco habla. Sólo se escuchan las voces de la oposición, como la del general Alexandr Lébed y las de otras personalidades que no aspiran, como él, al sillón presidencial. (...) La nueva enfermedad de Yeltsin, este mes, ha incitado a Stroev a retomar esta cuestión desde otra perspectiva: "Es necesario revisar la Constitución desde el punto de vista parlamentario y reequilibrar nuestro sistema de poderes". Pide, por tanto, que el primer ministro y los ministros considerados *fuertes* (Defensa, Interior, Seguridad) sean nombrados por la Duma y controlados por ella. (...) Todo esto fomenta este clima de fin de reinado. Por eso, los viejos contenciosos vuelven a salir a la superficie: el alcalde de Moscú, Yuri Lujkov, ha iniciado una guerra contra el tándem Chubáis-Berezovski, acusándoles nada menos que de asfixiar la libertad de expresión en Rusia. No se trata de un exceso verbal, sino del comienzo de un ajuste de cuentas en el seno de la oligarquía en el poder. Chubáis dirigió, entre bastidores, la campaña electoral de Borís Yeltsin, y el banquero Berezovski fue su principal proveedor de fondos. Ambos fueron nombrados, tras la victoria de su candidato, para cargos muy importantes. Luego, en una sorprendente entrevista en *The Financial Times,* Berezovski no sólo explicó que el presidente tiene con él una "gran deuda moral", sino también que, junto con otros seis banqueros, posee la "mitad de la economía rusa". Como si esto no fuera suficiente, en otra entrevista, en esta ocasión para la televisión de Tel Aviv, Berezovski, Gusinski y otros dos banqueros afirmaron que, como la propiedad soviética era "propiedad de nadie", la habían privatizado con buena conciencia y para su propio beneficio. Resultaba demasiado para hombres que, como Lujkov, en el pasado tildaron la privatización de estos últimos años como la "mayor catástrofe nacional". El exceso de sinceridad -y la arrogancia- de Berezovski y de sus compinches ha proporcionado argumentos al ambicioso alcalde de Moscú, que quiere eliminar a los banqueros-magnates de los medios de comunicación (Berezovski y Gusinski) de las cadenas de televisión bajo su control (y que suponen el 80% de la audiencia en Rusia). Pero lo que está en juego en esta batalla es aún más importante: lo que está en cuestión es todo el reparto de las propiedades públicas, realizado bajo el auspicio de Yeltsin y de su protegido Chubáis. (...)".[477]

En ese esquema, aumentó o al menos pareció aumentar el poder de los oligarcas: algunos se incorporaron al gobierno como funcionarios y alimentaron la atmósfera de corrupción. La omnipresencia de los "oligarcas" estimuló la sensación de la existencia de un "estado dentro del estado". Un Yeltsin envejecido, ausente del Kremlin, rodeado de una "corte" de familiares y favoritos pareció revivir la imagen de los años tardíos de la era-Brezhnev y la *gerontocracia*.

Durante esta etapa, la presencia de hombres como Vladimir Potanin y Boris Berezovsky -dos "oligarcas" que cumplían funciones gubernamentales- estimularon la idea de que el presidente se encontraba dominado por un círculo aúlico en el que el acceso al poder se canalizaba a través de "la Familia", es decir el grupo íntimo de parientes que rodeba a Yeltsin. Berezovsky por su parte ocupaba

---

[477] *El País*, 18 de enero de 1997.

el cargo de vicejefe del Consejo de Seguridad.[478] Un duro opositor a Berezovsky sería Chubais, quien a partir de la reelección de Yeltsin en 1996 pasó a ocupar el cargo de jefe de la administración de la Presidencia (chief of staff). Una vez más, Yeltsin jugaba su mejor juego: dividir para reinar.

Grigory Yavlinsky escribió en el *Pravda*, el 19 de febrero de 1997: "La persona más cercana al presidente durante muchos meses fue su enfermera. De los políticos, es su hija Tatyana, que ha asumido un rol cada vez más activo en la vida del Kremlin".

Berezovsky, en tanto, alimentaba su propio rol de influyente. Extasiado, buscaba ser visto como el titiritero del poder. El último número de *Forbes* de 1996 titulaba: "¿El Padrino del Kremlin?". Yeltsin mismo reconoció alguna vez que todo lo que hacía, bueno o malo, era atribuido a Berezovsky. Así lo escribió en sus *Memorias*: "la gente consideraba que Berezovsky era mi sombra constante. En cada movimiento del Kremlin, la gente veía la mano de Berezovsky. No importaba lo que hiciera, no importaba a quién nombraba o a quién le pedía la renuncia, la gente siempre decía lo mismo: "Berezovsky". ¿Y quién era quien creaba ese aura misterioso, esa reputación de eminencia gris? Berezovsky mismo".[479]

La economía, en tanto, no mostraba más que signos de deterioro. El PBI había caído un 7 por ciento en 1996, casi el doble que el año anterior. La inversión extranjera en Rusia era insignificante: tan solo 4 mil millones de dólares en 1996, frente a 27 mil de un país infinitamente más pequeño y escasamente poblado como Hungría.[480] Los datos sociales eran alarmantes. La expectativa de vida, entre 1987 y 1994 había caído de 65 a 58 años para los hombres y de 75 a 71 para las mujeres. La tasa de suicidios había aumentado un 43 por ciento en 1996 con respecto a 1988.[481]

En su mensaje de fin de año, televisado el 24 de diciembre de 1996, Yeltsin prometió que "el próximo año será mejor para Rusia, esta es la palabra de vuestro presidente".[482] Sin embargo, las encuestas

---

[478] Berezovsky se hizo multimillonario durante los años 90 a través del proceso de privatizaciones de la propiedad estatal. Entre las numerosas inversiones que llegó a controlar, dominó el principal canal de televisión del país, Canal Uno. En 1997, *Forbes* estimó su fortuna en 3 mil millones de dólares. Entonces alcanzó la cima de su poder cuando gracias a su amistad con la hija de Yeltsin, Tatiana, accedió al círculo íntimo de "la Familia" y se convirtió en el número dos del Consejo de Seguridad de la Federación Rusa. En noviembre de ese año, sus archienemigos dentro del Kremlin lograron desplazarlo del poder. Poco antes, Berezovsky había sido incluido, junto con Yeltsin, como uno de los dos únicos rusos en la lista de las 65 personas más poderosas del mundo según la revista *Vanity Fair*. Berezovsky sería víctima de su propensión a generar una imagen de "influyente". El mito auto-generado de su supuesta omnipotencia terminaría de liquidarlo en la década siguiente.

"Moscow Group of Seven", *Financial Times*, November 1, 1996.

[479] *Midnight Diaries*, p. 98.

[480] Shetsova, p. 205.

[481] Las tasas de suicidio, durante los años del sistema totalitario comunista, deben ser leídas con precaución, dada la propensión del régimen soviético y de los países satélites del Pacto de Varsovia a ocultar este tipo de datos sensibles. Un buen ejemplo de este fenómeno puede verse en la excelente película *La vida de los otros*, ambientada en la República Democrática Alemana en los años 80.

[482] *Izvestiya*, December 25, 1996.

volvieron a mostrar la impopularidad del gobierno. En enero de 1997, Yeltsin tenía una aprobación del 22 por ciento. En abril, bajó al 16 por ciento.[483] La necesidad de dar un impulso a la economía era evidente. Un reordenamiento del gabinete, en marzo, reforzaría las posiciones de los reformistas Chubais y Nemtsov. A su vez, estos lograrían desplazar al *lebedista* Rodionov, el titular de Defensa. En su lugar fue designado el general Igor Sergeyev. En esta nueva distribución de roles, volverían a chocar el ala liberal y reformista con la posición más conservadora de Chernormyrdin, vinculado desde siempre al complejo industrial-militar.

Una vez más, Yeltsin apostaba a los reformistas. Así como en 1991-92, con Gaidar, ahora el presidente recurría una vez más a Chubais. El avance de los reformistas y las resistencias de los conservadores eran ya una tradición en la cultura política del país. También con Lenin, Stalin, Kruschev, Andropov y Gorbachov aparecieron jóvenes tecnócratas. Sin embargo, una y otra vez serían arrasados por las fuerzas permanentes de los tradicionalistas que en una u otra etapa lograrían imponerse. Apunta Shevtsova: "El cambio de guardia en el equipo de Yeltsin mostraba la emergencia de un patrón ruso: la alternancia de períodos de cambios y períodos de estabilización"[484]. Esta vez, el panorama era bien distinto al del comienzo de la década. En 1991-92, la euforia por el final del totalitarismo daba un marco adecuado a las terapias de shock de Gaidar. Para 1997, la decepción se había apoderado de la población. Las promesas incumplidas de la democracia y la reforma económica de mercado se habían adherido demasiado.

En el verano de ese año, tendría lugar el *remate* de Svyazinvest, el monopolio de telecomunicaciones del país. La privatización serviría para la ruptura del "Pacto de Davos". Los oligarcas se fracturaron: la dupla Berezovsky-Gusinsky se enfrentó con Potanin, aliado con Chubais. La "guerra de los banqueros" tendría un correlato en los medios. *Nezavisimaya gazeta* respondía a los primeros. *Komsomolskaya pravda*, a los segundos.[485] Los oligarcas, aunque divididos, actuaban con desparpajo. Pretendían tener "un gobierno de bolsillo". Las continuas recaídas de Yeltsin completaban el cuadro.

El primer día de septiembre de 1997, durante un discurso en el tradicional acto inaugural del ciclo lectivo, Yeltsin anticipó que no buscaría un nuevo mandato en 2000.[486] Anunció que ese año llegaría el turno de una generación "más enérgica".

Semanas más tarde, el propio Yeltsin se ocuparía de confirmar el clima de descomposición en que se encontraba el país al declarar, alarmado, que "los criminales han lanzado un asalto al poder" y que la corrupción "alcanza a jueces, fiscales, inspectores de impuestos, generales y diputados". "Nos enfrentamos a un fenómeno extremadamente peligroso", aseguró Yeltsin. "En busca siempre del dinero fácil, los elementos criminales intentan introducirse en el Gobierno". El presidente admitió que "hay más de 2.500 funcionarios que están siendo investigados por corrupción". "Los criminales creen que Rusia les pertenece", aseguró Yeltsin en su mensaje. "Nos están arrojando el guante a la cara. Pero no triunfarán. No les dejaremos que destruyan Rusia. Su lugar no está en el Gobierno, sino en la

---

[483] *Nezavisimaya gazeta*, January 16, 1997. *Nezavisimaya gazeta*, April 10, 1997

[484] Shevtsova, p. 215.

[485] Shevtsova, p. 219.

[486] De todos modos, el artículo 81 de la Constitución impedía un tercer mandato presidencial consecutivo.

cárcel".[487]

Las palabras de Yeltsin tendrían un correlato en el plano de los hechos poco después cuando, a comienzos de noviembre, Berezovsky sea víctima de un "golpe de palacio" y pierda su cargo. La caída del magnate sería el triunfo de dos de sus más enconados enemigos dentro del gobierno: los ministros Chubais y Nemtsov (reformistas).[488] La caída de Berezovsky, pese a su cercanía con la hija del presidente, demostró que Yeltsin aún podía, a fines de 1997, tomar decisiones independientemente de su familia.

En marzo de 1998, la prensa española señalaba que "Los rusos están ya curados de espanto y son capaces de asumir declaraciones tan alarmantes como la que ayer efectuó el vicejefe de Gobierno, Borís Nemtsov, al semanario *Interfax-Argumenti i Fakti*, en las que advertía de que el "país camina hacia un régimen autoritario y semimilitar" y ha entrado ya en la etapa del "capitalismo administrativooligárquico". En opinión de Nemtsov, hasta hace poco considerado el delfín de Yeltsin, las presidenciales del 2000 plantearán un dilema tan dramático como el de 1996 cuando, al menos en teoría, hubo que elegir entre comunismo y capitalismo. Curiosamente, casi con la misma frecuencia con la que se habla de que el actual jefe del Estado está en peligro de muerte, se asegura que sigue deshojando la margarita de si optará o no a un tercer mandato."[489] El clima de final de ciclo se acentuaría un año más tarde, como veremos más adelante.

Otro evento había tenido lugar con posterioridad a la reelección de Yeltsin. Tan solo tres días después de las elecciones, el día 6 de julio de 1996, la guerra en Chechenia volvería a recrudecer. Las autoridades pro-rusas de Grozny fueron atacadas nuevamente por los rebeldes independentistas. Violentas acciones terroristas tuvieron lugar cuando los guerrilleros intentaron tomar la capital y rodearon el palacio gubernamental, provocando una masacre. En agosto de ese año, las muertes ascendieron a casi mil quinientas. El general Lebed reconoció que la situación era aun más grave de lo que imaginaba, tras ser nombrado representante especial del presidente en Chechenia. El 31 de ese mes, Lebed alcanzó un acuerdo con los rebeldes: aceptó decretar la retirada de las tropas federales y se estableció un plazo de cinco años para definir el estatus político de Chechenia. "No hay ganadores en esta guerra", reconoció por televisión. Al volver a Moscú, Lebed fue recibido con una fría bienvenida y -en voz baja- los principales miembros del gobierno criticaron las negociaciones que había encabezado en Grozny,

---

[487] "Yeltsin denuncia que las bandas criminales se han lanzado a la conquista del poder en Rusia", *El País*, 27 de septiembre de 1997.

En tanto, el 25 de mayo de 1998, el presidente ruso, Borís Yeltsin, dijo al inaugurar la 47ª asamblea anual del Instituto Internacional de Prensa (IPI), en la gran sala de mármol del Kremlin: "los dueños de los medios de comunicación actualmente en Rusia son a veces los peores censores y por ello, está en peligro el derecho de los ciudadanos a una información veraz y objetiva". La prensa española recordó "Lo que omitió señalar fue que él mismo tiene una responsabilidad clara en que se haya llegado a tal situación y que no tuvo reparo en utilizar el poder informativo de los grandes magnates para obtener su reelección en 1996". *El País*, 26 de mayo de 1998. "Media barons spell doom for press freedom, warns Yeltsin", *Financial Express*, May 26, 1998.

[488] "Un golpe de palacio saca del Kremlin al millonario Berezovzky", *El País*, 6 de noviembre de 1997.

[489] "Los rusos se acostumbran a vivir con un presidente enfermo", *El País*, 19 de marzo de 1998.

acusándolo de derrotista.[490]

Lebed pagaría caro su indisimulada campaña de auto-promoción: sería echado del gobierno. En octubre, el ministro del Interior, Anatoly Kulikov lo acusaría de estar tramando un golpe de estado[491]. Algunas imprudencias de Lebed serían vistas como "peligros" para el Kremlin. Semanas antes, había acompañado al desplazado ex jefe de seguridad Khorzhakov a Tula, donde el ex guardaespaldas presidencial hacía campaña por la banca en la Duma en una elección especial convocada precisamente para cubrir la vacante provocada por Lebed cuando paso a integrar el equipo presidencial.

El default ruso de 1998

A partir de la firma del tratado entre Rusia y la OTAN en París, a fines de mayo de 1997, las relaciones con Occidente ingresarían en una espiral descendente. Las manifestaciones del deterioro en los vínculos se producirían básicamente en tres planos: el económico, el de la cooperación en temas de Seguridad y el del fortalecimiento democrático. Una muestra de este "enfriamiento" en las relaciones con Occidente tuvo lugar en Birmingham, a mediados de mayo de 1998. Allí, en la reunión del G-8, Yeltsin tuvo que reafirmar su compromiso de poner fin a las transferencias de tecnología misilística a Irán, un punto demandado por Clinton. Señala la crónica española: "A las 9.41 de ayer, el presidente ruso, Borís Yeltsin, informaba a los otros siete jefes de Estado y de Gobierno reunidos en Birmingham que, según sus servicios secretos, Pakistán acababa de efectuar una prueba nuclear. La noticia no se confirmó, pero su explosivo anuncio provocó «el caos en la cumbre» del Grupo de los Ocho (G-8), según la expresión de un diplomático canadiense, y reabrió viejas heridas sobre la firmeza de la condena contra India por sus recientes pruebas atómicas. Ryutaro Hashimoto y Helmut Kohl, jefes de Gobierno de Japón y de Alemania, respectivamente, se creyeron casi a pies juntillas el anuncio de Yeltsin. «Hay informaciones esta mañana de que Pakistán también ha procedido a una explosión», afirmó el canciller Kohl ante la prensa. Tuvo que intervenir el presidente norteamericano, Bill Clinton, para aclarar las cosas. «Según las informaciones de las que disponemos, no se ha producido todavía (la prueba nuclear paquistaní)», declaró, tras ponerse en contacto con la Agencia Nacional de Seguridad en Washington. «El Gobierno paquistaní lo está debatiendo (...) y sigo confiando en que (...) no llegará a hacerlo», añadió."[492]

En los dos últimos años de la presidencia de Yeltsin estallarían conflictos de trascendencia. En agosto de 1998, el país caerá en default. A comienzos del año siguiente, la guerra en Kosovo separará al país de la OTAN y resurgirá la guerra en Chechenia. Además, Rusia enfrentará nuevas divergencias con Occidente por su respaldo al régimen iraní.

---

[490] Otras versiones señalan que la frialdad con que fue recibido al volver a Moscú obedeció al temor que pudo haber provocado que la vuelta de Lebed se conviertiera en una suerte de lanzamiento político. En esos meses, Lebed se había convertido en una especie de "héroe nacional". Era común verlo en la televisión y en ciertas ocasiones, pese a su condición de miembro del gobierno, se daba el gusto de criticar al presidente. El 10 de septiembre de 1996, Lebed fue recibido en el cuartel general de la OTAN en Bruselas con honores casi propios de un jefe de Estado. Shetsova, p. 199-201.

[491] *Nezavisimaya gazeta*, October 18, 1996.

[492] *El País*, 18 de mayo de 1998.

Como vimos, después de alcanzar la reelección a medidados de 1996, Yeltsin pudo permitirse algunos lujos. Uno de ellos fue el nombramiento de Chubais como Jefe de Gabinete, en lo que constituyó una reivindicación de su antiguo ministro reformista.[493] Meses más tarde lo ascendería a viceprimer ministro a cargo de los asuntos económicos. Otro ministro reformista sería convocado: Boris Nemtsov. El nuevo equipo económico mereció halagos de Larry Summers, quien los calificó de "dream team". En mayo de 1998, Summers afirmó: "el actual equipo económico es el más compenetrado con las reformas de los últimos cinco años". El rol de Chernormydin, durante este período, pareció extinguirse.[494]

En tanto, en 1997 la economía volvió a crecer. La inflación, por su parte, se redujo al 22 por ciento en 1996 y 11 por ciento al año siguiente.[495] Sin embargo, las dificultades volverían a aflorar cuando, como consecuencia de la crisis en el Sudeste asiático, vuelvan a caer los precios de los commodities, entre ellos, el estratégico precio del petróleo. Según Stiglitz "en el momento de la crisis del Este asiático Rusia se hallaba en una situación peculiar. Contaba con abundantes recursos naturales, pero su Administración era pobre. El Gobierno estaba prácticamente regalando sus valiosos activos públicos, pero era incapaz de pagar pensiones a las personas mayores o subsidios a los pobres. El Gobierno pedía miles de millones al FMI, y se endeudaba cada vez más, mientras que los oligarcas, tan generosamente tratados por las autoridades, se llevaban fortunas fuera del país".[496]

Esta vuelta de los "reformistas" duraría poco. A fines de 1997, fueron despedidos. "A pesar de los ornamentos de modernización, la sociedad rusa seguía siendo altamente tradicional. El clientelismo, las antiguas relaciones clientelísticas, típicas de los hábitos y los símbolos soviéticos, y los sentimientos populistas continuaban arraigados. El solo hecho de que el país seguía siendo gobernado por representantes de la nomenclatura comunista mostraba a las claras las profundas raíces con el pasado...", reflexiona Shevtsova.[497] El propio presidente anunció, el 28 de noviembre de ese año "es malo cuando hay contínuos cambios en el gobierno pero es aún peor cuando malos ministros continúan en sus puestos".[498]

Las limitaciones del modelo económico ruso, dependiente de la exportación de recursos naturales, se manifestarían una vez más. En 1998, el país enfrentaría dificultades graves que llevarían al default de la deuda en el mes de agosto. Una muestra de la fragilidad de la economía rusa de entonces la ofrecen las estadísticas sobre el déficit fiscal del país: las autoridades rusas reconocían 3,3 por ciento del PBI

---

[493] Durante el período electoral, Chubais había actuado como jefe de campaña de Yeltsin.

[494] Chernormydin, un conservador, permanecería en el cargo un año más, pero su influencia en materia económica se acercaría a cero a partir de que Yeltsin logró la reelección en 1996. *Power and Purpose*, p. 213.

[495] En 1992, la inflación rusa había alcanzado el 2500 por ciento. En 1993, Viktor Gerashenko, el presidente del Banco Central ruso había afirmado que la emisión monetaria "no genera inflación", una frase que años después fue repetida por la titular del Banco Central de la Argentina. Jeffrey Sachs dijo de Gerashenko que era, probablemente, "el peor presidente de un banco central del mundo". *The Economist*, October 16, 1993.

[496] "Los destellos de recuperación visibles en 1997 iban a ser fugaces". Stiglitz, p. 282.

[497] Shevtsova, p. 231.

[498] *Kommersant-Daily*, November 29, 1997.

mientras que las del FMI señalaban que ascendían al 7,7 por ciento.[499]

El país seguía atado a la renta petrolera y gasífera. El académico Nikolai Petrakov escribía: "nuestra industria ha colapsado. Vendemos petróleo y gas (...) usamos nuestros recursos naturales de la manera más primitiva".[500]

Sin embargo, el año había comenzado con cierta nota optimista. El 26 de febrero, el primer ministro Chernormyrdin aseguró al gabinete, en presencia de Yeltsin, que "la economía está mostrando buenas noticias por primera vez".

Joseph Stiglitz no duda en culpar al FMI como uno de los grandes responsables de la catástrofe rusa y destaca que la insistencia del organismo "en que Rusia mantuviera una moneda sobrevaluada, y su apoyo para ello en forma de préstamos por miles de millones de dólares, finalmente destrozó la economía" y que por el contrario, "cuando el rublo acabó por devaluarse en 1998, la inflación no explotó como el FMI había temido, y la economía experimentó por primera vez un crecimiento significativo".[501]

Meses antes de que el Kremlin anunciara la cesación de pagos, un artículo en *Foreign Affairs* señalaba que "la cuestión vital para Rusia es si optará por convertirse en una oligarquía cuasi-democrática con características corporativistas y criminales o si tomará el camino más difícil y doloroso para convertirse en una democracia normal, al estilo occidental, con una economía de mercado. El comunismo ya no es una opción. Eso quedó claro en la elección presidencial de 1996". La nota advertía que "los rusos se convertirán en víctimas o beneficiarios de esta elección crucial, pero las consecuencias para los americanos, los europeos y otros que comparten este mundo que se encoge no pueden ser subestimadas. Contrariamente a la extendida visión en los Estados Unidos que Rusia es esencialmente irrelevante o de segunda importancia, este país-continente, desde Europa del Este hasta el norte de Asia, será importante en el próximo siglo en función de su localización entre el este y el oeste, su posesión de armas de destrucción masiva, sus recursos naturales y su potencial como mercado de consumo".[502]

El 23 de marzo de 1998, tras regresar al Kremlin después de otra temporada en el sanatorio, Yeltsin volvió a sacudir al Gobierno, al destituir al primer ministro Chernormyrdin, quien ocupaba su puesto desde fines de 1992. Su sucesor será el hasta entonces ministro de Energía, Sergei Kiriyenko, de tan solo 35 años. Kiriyenko fue resistido por la Duma en una primera votación, pero luego de varias jornadas de negociaciones, fue aprobado el 17 de abril.[503]

En la caída de Chernormyrdin habría influido decisivamente la auto-promoción del premier como eventual sucesor de Yeltsin. Pocos días antes de ser despedido, había mantenido una reunión cumbre con el vicepresidente de los EEUU, Al Gore, encuentro que fuera difundido extendidamente en

---

[499] *Power and Purpose*, p. 225.

[500] *Obshchaya gazeta*, November 13-19, 1997.

[501] Stiglitz, p. 266.

[502] *Foreign Affairs*, May-June, 1998.

[503] El cambio de Chernormyrdin por Kiriyenko en marzo de 1998 no supuso más cambios en el gabinete. Se mantuvieron en sus cargos los ministros "de poder": Igor Sergeyev (Defensa), Sergei Stepashin (Interior) así como el titular de Exteriores, Yevgeny Primakov.

Washington como una "cumbre de los dos próximos presidentes". Una paradoja la ofrece el hecho de que ninguno de los dos fue presidente. Chernormyrdin perdió su cargo de premier, mientras que Gore fue derrotado -exiguamente- por su contrincante republicano, el ex gobernador de Texas George Bush (h.).

Al caer Chernormyrdin, también perdió su puesto Chubais, un hombre que si bien no era cercano al premier sino al presidente, fue víctima de la crisis y era detestado por los comunistas y nacionalistas que dominaban el Parlamento. Sin embargo, poco tiempo más tarde, Yeltsin tendría que recurrir nuevamente a Chubais, en un intento desesperado por alcanzar un acuerdo con los organismos internacionales para evitar el default.[504]

Inmediatamente después de asumir su cargo, el nuevo premier dibujó ante el presidente un panorama decididamente menos optimista que el que su antecesor había planteado en febrero. Kiriyenko advirtió que un tercio del presupuesto estaba destinado al servicio de la deuda pública. Dos años antes, los intereses de las obligaciones del país representaban el 13,6 por ciento del presupuesto. El ministro estimó que si continuaba esa tendencia, en 2003 el 70 por ciento del gasto total del Estado ruso se consumiría en pagar intereses de la deuda.[505] Kiriyenko, además, no ocultó una realidad inexcusable: el Estado recaudaba unos 10 mil millones de rublos por mes cuando los gastos presupuestados eran del orden de 25-30 mil millones mensuales.[506]

Como si no faltara nada, el precio del petróleo se derrumbó como consecuencia de la crisis en el Sudeste asiático. La Bolsa de Moscú se desplomó: entre octubre de 1997 y julio de 1998 perdió el 60 por ciento.

No obstante la profundidad de la crisis, en junio, durante una visita a Bonn, Yeltsin buscó llevar tranquilidad y afirmó a *Der Spiegel* que "Ahora no pedimos, como antes, a todo el que pueda darnos. Rusia ha superado ya esa época de mendicidad".[507] La bolsa rusa, en tanto, ha sufrido una caída del 70 por ciento en la primera mitad del año. *El País* advierte: "Moscú, zarandeado por la crisis asiática y el desplome del precio de sus materias primas (gas y petróleo), depende absolutamente de Occidente. En los próximos días debería concretarse un préstamo de unos 15.000 millones de dólares del FMI y el Banco Mundial para evitar el hundimiento del rublo, el colapso financiero y unas secuelas político-sociales de alcance imprevisible."[508]

Poco antes, a fines de mayo, Chubais había formulado un dramático pedido de ayuda financiera a las

---

[504] Chubais fue nombrado "representante especial de la Presidencia ante los organismos internacionales de crédito" el 17 de junio de 1998.

[505] Durante su primer mandato (2000-2004) el presidente Putin canceló la deuda que el país mantenía con el FMI: lo hizo el 31 de enero de 2005.

[506] Shevtsova, p. 245.

[507] *Sauna Diplomacy*. Con Helmut Kohl en el poder en Bonn, Alemania desarrolló con Rusia una estrecha relación cimentada en la amistad con Yeltsin.

[508] "Ante el abismo", *El País*, 11 de julio de 1998.

En ese mismo mes de junio de 1998, el Estado ruso debía enfrentar hasta un 60 por ciento de interés por su deuda en rublos, emitida en los llamados GKO, un título equivalente al de las Letras del Tesoro norteamericano y cuyas siglas en ruso corresponden a *gosudarstvenniye kratkosrochniye obligatzii*. Poco después, el interés llegaría al 150 por ciento. La inminencia de la devaluación era imposible de detener.

autoridades norteamericanas durante un viaje oficial a Washington. Buscando que el gobierno de Clinton presionara al FMI para conseguir nuevos fondos, Chubais se entrevistó con Stanley Fischer y James Wolfensohn (titular del Banco Mundial). El propio Presidente Clinton tendría entonces palabras de respaldo a la misión: "Le doy la bienvenida al anuncio del nuevo programa económico de Rusia para 1998. Este programa, desarrollado en consulta con con el FMI, afirma el compromiso de Rusia con una profunda agenda de reforma económica para fortalecer la estabilidad financiera y avanzar a la inversión y el crecimiento. Los Estados Unidos tienen la intención de apoyar este programa cuando sea revisado por el directorio del FMI... El nuevo programa económico ruso fija una sólida estrategia de reforma fiscal. Le da a los funcionarios rusos la autoridad necesaria para cobrar impuestos, declarar la quiebra de empresas que ignoran sus obligaciones con el gobierno y controlar el gasto en línea con los ingresos. Lo importante ahora es poner en práctica estas reformas decididamente. Los EEUU continuarán auspiciando un fuerte apoyo del FMI y el Banco Mundial."[509] En todo momento, la administración norteamericana aplicó el criterio de "paciencia infinita" ante la crisis rusa, en la creencia de que "soltarle la mano" llevaría al gigante a una catástrofe. Rusia, simplemente, era "demasiado grande para caer".

El 23 de junio, Yeltsin presidió una reunión de gabinete ampliado -con la presencia de los líderes de la Duma- en la que planteó las extremas dificultades por las que atravesaba el país y pidió a los legisladores que acompañaran el programa económico del Ejecutivo, dando a entender que si no obtenía su respaldo, podría verse obligado a disolver el Parlamento. Durante esa misma reunión, Kiriyenko sostuvo que el impacto de la crisis financiera internacional había provocado un daño costoso a la economía rusa pero reconoció que "quedó demostrado que el país requiere un presupuesto sobrio y realista y la habilidad de vivir de acuerdo a nuestros medios" a la vez que admitió que "los fundamentos de esta crisis se forjaron en 1995 cuando el Banco Central dejó de financiar el déficit fiscal y no tuvimos el coraje de hacer cambios fundamentales para mejorar la situación presupuestaria. En vez de recaudar impuestos y recortar el gasto, dejamos que el Estado se endeudara..."

El 13 de julio, el FMI aprobó un paquete de ayuda financiera por 22.600 millones de dólares para Rusia[510]. Tres días antes, Yeltsin había llamado personalmente a Clinton pidiéndole que interviniera en

---

[509] *Power and Purpose*, p. 226-227.

El 30 de mayo de 1998, el Presidente Clinton aseguró que los EEUU apoyarían fuertemente a Rusia ante los organismos internacionales de crédito, pese a la reluctante actitud de sus funcionarios, renuentes a otorgar dinero fresco a Moscú. La ayuda a Rusia generó un debate en Washington. El propio Secretario del Tesoro Robert Rubin le escribió una carta abierta al escéptico Newt Gingrich (Speaker of the House) la necesidad de socorrer a Moscú. "Rubin Warns about Delay of IMF Funds to Russia", *Wall Street Journal*, July 29, 1998.

[510] Stiglitz escribió: "cuando la crisis estalló el FMI lideró los esfuerzos del rescate, pero quería que el Banco Mundial aportase 6000 millones de dólares al paquete (...) el asunto fue vivamente debatido en el Banco Mundial. Muchos de nosotros habíamos cuestionado que se prestara dinero a Rusia desde el principio. Cuestionamos que los beneficios de un posible crecimiento futuro llegaran a ser lo suficientemente grandes como para justificar unos prestamos que dejarían una herencia de endeudamiento. Muchos pensaban que el FMI estaba facilitando que las autoridades propusieran reformas significativas, como cobrarles impuestos a las empresas petroleras. La evidencia de la corrupción en Rusia era palpable (...) Occidente sabía que buena parte de esos miles de millones sería desviada de sus objetivos hacia las familias y los socios de los funcionarios corruptos (...) Había otra ruta por la cual llegué a la conclusión de que un nuevo prestamo a Rusia sería un grave error. Rusia era un país rico en recursos naturales. Si hacía lo que había que hacer, no necesitaba dinero del exterior; si no lo hacía, no estaba claro que ningún dinero extranjero fuese a servir para

forma personal ante el organismo para destrabar el crédito. Para lograr la aprobación de la mega-asistencia del Fondo, Yeltsin tuvo que convencer a los líderes parlamentarios de la necesidad imperiosa de realizar reformas de fondo en la economía y el Estado ruso y asegurarles, a cambio de su respaldo, que archivaba la idea de disolver las cámaras.[511] Las primeras reacciones ante la aprobación del paquete de ayuda fueron positivas. El día 18, *The Economist* sostenía que el rescate del FMI alejaba las posibilidades de una catástrofe en Rusia que combinara simultáneamente una caída financiera y una crisis política.[512] El director del FMI, Michel Camdessus sostuvo que "la profundidad de las políticas económicas rusas -fiscales y estructurales-, la gran ayuda financiera adicional y la reetructuración de la deuda, deberían mejorar fundamentalmente la situación financiera del gobierno ruso".[513]

Los problemas de la economía rusa, sin embargo, parecían irresolubles. El endeudamiento era enorme y los tipos de interés se incrementaron a partir de la crisis asiática, transformando en impagables los servicios de la deuda pública. En ese marco, la caída del precios del petróleo terminó de destrozar las cuentas del país. Una de las manifestaciones más notorias de la incapacidad estatal de la Rusia post-soviética se observaba en la raquítica recaudación fiscal[514]. El paquete de ayuda no alcanzaría para evitar la caída, tal como quedó evidenciado semanas más tarde, cuando Rusia anunció la suspensión de pagos y la devaluación del rublo, en la jornada dramática del 17 de agosto de aquel año 1998.

A fines de julio, Yeltsin deberá interrumpir sus vacaciones en Karelia y regresar a Moscú. Días después asegura que no habrá devaluación del rublo. En ese marco, se produce otro cambio en el esquema de poder de Moscú, entonces desapercibido: Vladimir Putin alcanza la jefatura de la FSB (ex KGB).

El Gobierno de Yeltsin se vio obligado a decretar la suspensión de pagos unilateral (default) el 17 de agosto. El anuncio del gobierno estableció controles al movimiento de capitales y una moratoria en el pago de préstamos. Ese día, el rublo cayó un 26 por ciento en el mercado interbancario extraoficial. Cuatro días antes, el financista George Soros había escrito en el *Financial Times* que la crisis rusa había entrado en una "fase terminal".

El 24 de agosto, Yeltsin tendrá que ceder ante el Parlamento a cambio de permanecer en la Presidencia. Acepta convocar a Chernormyrdin como primer ministro nuevamente. Un corresponsal español escribía desde Moscú al día siguiente: "La política rusa parece que vuelve indefectiblemente siempre al punto de partida. Y en ese estéril tejer y destejer se mueve el presidente ruso, Borís Yeltsin, que, a los cinco meses del nombramiento y cuatro de ejercicio del joven funcionario Serguéi Kiriyenko, con el rublo devaluado en un 50% y la reforma en ruinas, se sitúa de nuevo en la primera casilla del tablero y devuelve la jefatura del Gobierno al veterano funcionario Víktor Chernomirdin, despedido entonces

---

mucho (...) A pesar de la intensa oposición de su propio personal, el Banco se vio sometido a una enorme presión política de la Administración Clinton para prestarle dinero a Rusia". Stiglitz, p. 288-290.

[511] Ese mismo día 13 de julio, Yeltsin se reunió con los líderes de la Duma para enviar una señal de unidad a Washington. Shetsova, p. 250.

[512] "Finance and Economict: To the Rescue", *The Economist*, July 18, 1998.

[513] "Camdessus Sees Improvement in Russian Finances", *Agence France-Presse*, July 13, 1998.

[514] En 1996, el Servicio de Recaudación de Impuestos había admitido que solamente el 16 por ciento de los contribuyentes cumplía con sus obligaciones fiscales al día y que el 34 por ciento directamente no pagaba impuestos. Gordon B. Smith: *State Building in Russia. The Yeltsin Legacy and the Challenge of the Future*, M.E.Sharpe, NY, 1999, p. 9.

casi en la ignominia. Aunque en la Rusia de Yeltsin las predicciones son un bingo de azar incalculable, Kiriyenko tenía que estar lógicamente liquidado desde que la semana pasada proclamó que sólo se devaluaría el rublo casi pasando por encima de su cadáver.."[515]

En tanto, en Occidente comenzaron a escucharse más y más críticas a la política de asistencia financiera a los países emergentes que enfrentaban dificultades extremas sin realizar reformas económicas a fondo. Jeffrey Sachs, por caso, escibió: "En los últimos tres años, bajo el auspicio del FMI, Rusia tomó prestado préstamos de corto plazo para mantener un gobierno corrupto y mal administrado a flote".[516] En Rusia mientras tanto, los créditos comenzaban a ser vistos como una forma de aplazar el desenlace, o una "postergación de la pena de muerte", como los llamó el *Nezavisimaya gazeta*.[517]

Una semana más tarde, Clinton llegó a Moscú. La presencia del presidente norteamericano en la capital rusa es un fuerte respaldo para Yeltsin. Numerosos asesores recomiendan al presidente no viajar a Rusia en momentos en que el Kremlin enfrenta dificultades extremas. Para Clinton, realizar su gira a Rusia significa atender uno de los asuntos globales más acuciantes del momento. A mediados de ese año 1998, el presidente mismo se encuentra sometido al acoso opositor en el Congreso que busca su destitución por el affaire con la pasante Monica Lewinsky. Simultáneamente, el doble atentado a las embajadas norteamericanas en Kenia y Tanzania, perpetrado en julio de ese año, agregaba tensión a la agenda de la Casa Blanca.[518]

En esta vuelta al poder, Chernormyrdin duraría tan solo dos semanas en su cargo, dado que la Duma dos veces votó en contra de su confirmación. En contra de Chernormyrdin jugó esta vez el apoyo que le dió Berezovsky. A esta altura nadie toleraba su auto-promoción como "monje negro".[519] La situación política sigue siendo explosiva: el *Izvestiia* describe la actitud de Yeltsin "como la de quien se cambia de paracaídas una vez después de haber saltado".[520]

---

[515] "Chernormirdin 2", *El País*, 25 de agosto de 1998.

[516] *The New York Times*, June 6, 1998.

[517] *Nezavisimaya gazeta*, July 14, 1998.

[518] "President Clinton visited Moscow on September 1-2 for a Summit Meeting. They agreed to exchange information on missile launchings and early warning and to remove 50 metric tons of plutonium from their countries' nuclear weapons stocks. A joint statement reaffirmed their commitments to promote non-proliferation of weapons of mass destruction; after Russia ratified START II, negotiations for a START III treaty would begin. Other joint statements dealt with implementing the Convention on the Prohibition of Biological Weapons, promotion of commerce and investment, promotion of technological cooperation, and cooperation between non-governmental organizations. A memorandum of understanding was signed concerning civil aviation safety and accident investigation. Both called for peace in Kosovo and condemned terrorism. Russia offered to host a G-8 conference on transnational crime in 1999." *U.S. State Department, Chronology of US-Russia Summits 1992-2000*.

Power and Purpose, p. 235.

David Kremer: "It May Be a Summit of Embarrassment", *Boston Globe*, August 30, 1998.
[519] Shevtsova, p. 259.

[520] *Izvestiya*, August 25, 1998.

A fines de agosto, el rublo estaba "en caída libre" dejando a la economía rusa en un limbo.[521]

Fue entonces cuando Yeltsin perdió las riendas del país. El día 27, el Banco Central anunció que dejaba de vender divisas extranjeras. Millones de rusos concurrieron a los bancos para hacerce de sus ahorros en moneda dura. La crisis pulverizó a la clase media rusa y aceleró el proceso de descomposición del Estado. Varios gobernadores y líderes regionales dejaron de girar el resultado de la recaudación a Moscú.[522] El *Komsomolskaya pravda* describió el 28: "El presidente Yeltsin aun firma decretos, se dirige a la nación, participa en maniobras militares, pero eso no significa nada. En esencia, en estos momentos no hay presidente en Rusia..."[523]

El 10 de septiembre, el hasta entonces canciller, Primakov, se conviertió en el nuevo primer ministro. Igor Ivanov pasó a ocupar la cartera de Exteriores, en su reemplazo. La llegada de Primakov es el resultado de haber descartado a Luzhkov (por considerarlo peligroso por su propia popularidad) y a Lebed (ahora gobernador de Krasnoyark). La Duma dio a Primakov lo que le negó a Chernormyrdin: fue confirmado como premier por 317 votos (sobre 450). A fin de ese mes, Yeltsin verá con temor la caída electoral de su "mejor amigo" alemán, el canciller Helmut Kohl, quien sería sucedido por Gerhard Schroder.

Nuevas dificultades en la salud de Yeltsin reaparecen días después en medio de una visita presidencial a Asia Central. El 12 de octubre, el jefe del Kremlin se ve obligado a acortar su gira a Kazajstán por una "traqueobronquitis". Naturalmente, resurgen los rumores sobre la imposibilidad de Yeltsin de completar su mandato presidencial que vencía en julio de 2000.

El portavoz del Kremlin, Dimitri Yakushin debió reconocer que el presidente atravesaba un "resfriado" ya en Tashkent (Uzbekistán), días antes.

La crónica periodística resulta esclarecedora: "Pero lo que diversos testigos cuentan de lo que ha ocurrido en Uzbekistán y Kazajstán va mucho más lejos, hasta el punto de que justifica análisis como el de un prestigioso psiquiatra, Mijaíl Vinográdov, que declaró al periódico británico Daily Telegraph que sospecha que el presidente padece la enfermedad de Alzheimer, caracterizada entre otras cosas por súbitas pérdidas de memoria. Por su parte, el diario estadounidense *The New York Times*, citando a una fuente diplomática, asegura que el domingo por la noche, en la cena que le ofreció el presidente uzbeko, Islam Karímov, Yeltsin se hizo un lío al leer su discurso: empezó por el principio, siguió por el final y terminó por el medio. *Komersant Daily* citaba ayer fuentes cercanas al presidente para asegurar que, cuando éste se despertó el lunes en Tashkent, la capital uzbeka, se creía que estaba todavía en Moscú. El mismo diario publicaba que cuando, al día siguiente, condecoró en Almaty al presidente kazajo, Nursultán Nazarbáyev, el tono triste y deprimido con el que le deseó larga vida fue entendido por

---

[521] Shevtsova, p. 256.

[522] The leader of Yakutia, a Siberian province rich in resources, ordered local gold producers not to send the precoious metal to Moscow and to store ir instead in the regional government´s vaults. The governor of Kaliningrad imposed a state of emergency in his region and refused to send taxes to Moscow. Shevtsova, p. 256.

[523] En esas horas dramáticas, la cadena de televisión norteamericana *CBS* aseguraba que el presidente ruso había firmado una carta de renuncia postdatada en busca de una "salida digna" que le garantizara seguridades a él y a su familia. El 28 de agosto, Yeltsin debió grabar un mensaje que sería televisado a la nación en el que aseguró: "No me iré a ningún lado. No renunciaré. Trabajaré hasta que la Constitución me lo permita."

"En septiembre, la economía rusa virtualmente había colapsado". Shevtsova, p. 260.

muchos de los presentes como una prueba de que no confía en que la suya vaya a serlo tanto. "Ha sido peor que en Suecia", aseguraba una fuente de la Administración presidencial, en referencia a los fallos de protocolo y el disparatado anuncio de desarme nuclear que Yeltsin protagonizó el pasado diciembre durante un viaje a Estocolmo. La televisión fue implacable al mostrar a un Yeltsin que bajaba del avión vacilante y con gesto crispado, que se tambaleaba y tenía que ser sujetado por Karímov, que se agarraba a su esposa, Naína, para poder caminar y que sacaba la lengua para firmar un documento con desesperante lentitud, letra a letra. Tal vez nunca como hasta ahora el líder del Kremlin había causado tal impresión de decrepitud. Por ello, en Moscú se ha reabierto la cuestión sucesoria, un hecho que podría llegar a producirse antes de julio del año 2000, cuando Yeltsin agota su mandato."[524]

La salud del mandatario volverá a signar la agenda del país: el 23 de noviembre, Yeltsin deberá recibir al presidente chino Jiang Zemin en la habitación de hospital en la que está nuevamente internado.

Al acercarse el final de la década, Rusia enfrentaba dificultades extremas. Escribe Stiglitz (2002): "Rusia es un drama sin final. Pocos previeron la repentina disolución de la Unión Soviética y la precipitada renuncia de Boris Yeltsin. Algunos creen que la oligarquía y los peores excesos de la época de Yeltsin han sido controlados; otros simplemente observan que algunos oligarcas han caído en desgracia. (...) No sorprende que el debate sobre quién perdió a Rusia haya tenido tanta resonancia. Desde un punto de vista la cuestión parece claramente fuera de lugar. En EEUU evoca recuerdos del debate de hace medio siglo sobre quién perdió a China cuando los comunistas tomaron el poder. Pero China no era norteamericana en 1949 y Rusia tampoco era norteamericana medio siglo más tarde. En ninguno de los casos EEUU y Europa Occidental tuvieron control sobre la evolución política y social. Al mismo tiempo, es patente que algo ha salido mal, no sólo en Rusia sino también en el grueso de los más de veinte países que emergieron del imperio soviético".[525]

El País resume el día 28 de octubre: "Este Borís Yeltsin se parece cada vez más al Leonid Breznev conservado poco menos que en formol durante años o a sus sucesores Yuri Andropov y Konstantín Chernenko, cuyos mandatos como máximos líderes soviéticos estuvieron marcados por la enfermedad". Tres días más tarde, el premier Primakov debe aclarar ante la prensa que Yeltsin -quien permanece en Sochi (en el Mar Negro) en descanso médico- "aún controla el botón nuclear". El día 7, en tanto, los comunistas celebran un nuevo aniversario de la Revolución de 1917. Aparecen afiches que rezan "Ladrón" debajo de la imagen de Yeltsin. La popularidad del presidente está por el piso: el 97 por ciento de los rusos son partidarios de una salida anticipada de Yeltsin.[526]

Stiglitz destacó que pese al recorte en los gastos militares, que habían absorbido una amplia fracción del PBI en tiempos de la URSS, y cuya disminución suponía un mayor margen presupuestario para

---

[524] "La enfermedad de Yeltsin reabre el debate de una urgente sucesión en Rusia", *El País*, 14 de octubre de 1998. "Ailing Yeltsin Cuts Trip Short", *Chicago Tribune*, October 12, 1998.

"State-Building in Russia: The Yeltsin Legacy...", p. 217.

A fines de octubre, Yeltsin debió cancelar su viaje a Viena, donde sesionaban los líderes de la Unión Europea, a causa de consejos médicos. El 17 de noviembre, Primakov reemplazó a Yeltsin en la cumbre de la APEC en Kuala Lumpur (Malasia). Un mes más tarde, se volvió a repetir la situación cuando Yeltsin se vio obligado a delegar en el primer ministro la representación del país en una visita oficial a la India.

[525] Joseph Stiglitz: *El Malestar en la Globalización*, p. 264 y 265.

[526] Shetsova, L.: *Yeltsin's Russia. Myths and Reality*, p. IX.

mejorar los niveles de vida, estos empeoraron en Rusia y la mayoría de los países en la transición post-comunista durante la década del noventa.[527] En 1992, Gaidar -entonces primer ministro provisorio- había cortado el gasto militar en un 80 por ciento. En 1996, los gastos de inversión para la Defensa eran nueve veces más bajos que en 1990 y diez veces más bajos para el rubro investigación y desarrollo.[528]

El panorama económico del país al acercarse el final de la era-Yeltsin resulta desolador. Stiglitz sostiene que el PBI en Rusia cayó incesantemente desde 1989. "La devastación -en términos de pérdida del PBI- fue mayor que la sufrida por Rusia en la II Guerra Mundial. En el período 1940-1946 la producción industrial de la Unión Soviética cayó un 24 por ciento. En el período 1990-1999, la producción industrial rusa cayó casi un 60 por ciento -aún más que el PBI (54 por ciento)".[529]

El default ruso de agosto de 1998 terminó de sepultar el sueño idílico de una Rusia democrática y convertida en una economía de mercado. También consolidó la imagen de Rusia como el anti-ejemplo dentro de las economías emergentes y por vía indirecta, ayudó a reforzar al modelo chino como el caso a seguir en la vía de los países ex comunistas en su tránsito a la economía moderna.

Las cuentas, sin embargo, esconden una realidad. Rusia había experimentado, durante los años noventa, un tránsito difícil hacia la libertad y la democracia como nunca había vivido. Una democracia altamente imperfecta, según un criterio occidental, pero que significaba un avance irreversible en términos comparativos. Hacia el final de los años 90, no obstante, la población rusa parecía hacer un balance sumamente negativo de las reformas. Una prueba de ello se encontraba en la propia reputación de los dos líderes más emblemáticos de la política rusa de los últimos tres lustros: Mikjail Gorbachov y Boris Yeltsin. El primero, idolatrado en Occidente, era inmensamente impopular en su país, al punto que cuando se presentó en las elecciones presidenciales de 1996 -contra el consejo de su propia esposa Raisa- obtuvo la insignificante cantidad de 300 mil votos. El segundo, enfermo y envejecido, solo reflexionaba, hacia el final de la década, sobre cómo organizar su salida del poder. Pronto encontraría una forma.

La economía volvería a crecer a partir de 1999. La combinación de la devaluación del rublo como consecuencia del default de agosto del año anterior y la repentina suba de los commodities energéticos favorecería a Rusia. Esta realidad se haría palpable con mayor notoriedad a partir del año 2000, en coincidencia con la llegada de Vladimir Putin a la Presidencia.

El default, naturalmente, resultó traumático para Rusia pero ayudó a impulsar cambios que se hacían indispensables en el país. A partir de la segunda mitad del año 1998, el poder de los "oligarcas" disminuiría notablemente. La era de las ganancias extraordinarias y los empresarios en el Kremlin parecía extinguirse. Por otra parte, a partir de mediados de ese año, el gobierno ruso puso en marcha reformas económicas de fondo. Según un agudo analista, "la crisis financiera de agosto de 1998 provocó en la elite rusa el shock necesario. Alteró el pensamiento económico de la elite y del gobierno. Las reformas que habían sido aprobadas antes de la crisis sólo se pusieron en práctica después de que ella se produjo".[530]

---

[527] Stiglitz, p. 277.

[528] El gasto en Defensa volverá a subir durante los gobiernos de Vladimir Putin y Dmitri Medvedev, en especial, a partir de 2008. "Russia´s wounded economy", *The Economist*, November 22-28, 2014.

[529] Stiglitz, p. 280.

[530] Anders Aslund: "Go Long on Russia", *International Economy*, July-August 2000.

La economía rusa creció al 3,2 por ciento en 1999 (y al 7,7 por ciento el año siguiente).

Kosovo

Churchill dijo alguna vez algo así como que los Balcanes producían más historia de la que estaban en condiciones de consumir. En el final del siglo, esa frase se había vuelto plenamente vigente. La crisis en Yugoslavia, o lo que quedaba de ella, complicaría las relaciones entre Rusia y los EEUU sobre el final de la era-Yeltsin.

En marzo de 1999, el premier Primakov volaba hacia los EEUU para discutir con Clinton la situación en los Balcanes. En pleno vuelo, se enteró que Washington había decidido bombardear Serbia, en respuesta a la limpieza étnica del presidente Slobodan Milosevic en la provincia rebelde de Kosovo.[531] De inmediato, ordenó dar la vuelta y regresó a Moscú. Así lo informaba la prensa española: "El avión que conducía ayer a EEUU al primer ministro ruso, Yevgueni Primakov, dio media vuelta en pleno vuelo sobre el Atlántico, cuando se encontraba a apenas tres horas de tomar tierra. La Casa Blanca se limitó a confirmar que la visita había quedado aplazada. En una escala técnica en Irlanda, Primakov había advertido poco antes en tono apocalíptico que un ataque de la OTAN a Serbia desestabilizaría el orden mundial establecido tras la II Guerra Mundial. El jefe del Gobierno ruso fue aún más allá al afirmar: "Quizá alguien podría entonces desear un bombardeo sobre Turquía, por el problema kurdo, (...) o sobre España, por el problema vasco".[532]

Horas más tarde, de regreso en Moscú, indignado por no haber sido siquiera consultado -o al menos advertido- Primakov sostuvo que EEUU había decidido "presidir un mundo unipolar". El presidente Clinton había decidido no esperar las pocas horas que restaban a la llegada del premier ruso para que este al menos "salvara la ropa".[533]

Una semana más tarde, en Belgrado, Primakov fracasó en su gestión mediadora entre el presidente yugoslavo, Slobodan Milosevic, y la OTAN. Un corresponsal describió que "Una hora escasa de conversaciones con el dirigente ruso y su séquito, durante la escala que estos realizaron en Bonn, bastó para que el canciller alemán, Gerhard Schröder, concluyera que las propuestas que Primakov acababa de arrancar a Milosevic en una reunión de seis horas en Belgrado, eran insuficientes para que la OTAN deje de bombardear Yugoslavia. El presidente de EEUU, Bill Clinton, las calificó poco después como "inaceptables". Hasta el propio Primakov se desmarcó de Milosevic al afirmar que "alguien deberá buscar salidas por sí mismo".[534]

Entonces, las fuerzas de la OTAN decidieron endurecer el ataque. El 3 de abril, El Kremlin reaccionó

---

[531] *Russia Balance Sheet*, p. 122.

[532] *El País*, 24 de marzo de 1999.

[533] "After discussing the worsening situation in Kosovo, Prime Minister Primakov decided to return to Moscow," Gore said in a written statement. During a refueling stop in Shannon, Ireland, before the trip was postponed, Primakov made clear his country's opposition to a NATO attack: "It is against good sense. We are firmly against this"."Russian premier cancels U.S. visit over Kosovo crisis", *CNN*, March 23, 1999.

[534] "Fracasa la misión Primakov en Belgrado", *El País*, 31 de marzo de 1999.

con duras críticas a los bombardeos de la OTAN contra Belgrado, a los que calificó de "bárbara acción". "Aquellos que planearon y dieron la orden criminal no se detuvieron ni siquiera ante el hecho de que los blancos de los misiles se encontraban muy cerca de un hospital, un jardín de infancia y viviendas", se dice en la declaración oficial del Ministerio de Exteriores ruso. Además, "no lejos del lugar de las explosiones se encuentra la Embajada de Rusia". "En las capitales de la OTAN deben comprender cuán graves consecuencias tendría cualquier acción que ponga en peligro la vida de ciudadanos rusos", advierte la nota de Exteriores.

Ya en febrero de ese año, Yeltsin había comunicado -inútilmente se probaría más tarde- a Clinton su "enérgica oposición a los bombardeos de la OTAN" y al "desmembramiento de la nueva Yugoslavia".[535]

Los fracasos diplomáticos terminaron de desgastar a Primakov. *El País* describió el 8 de mayo: "El primer ministro ruso, Yevgueni Primakov, sufre estos días la amarga experiencia de comprobar en carne propia la escasa distancia que media entre estar en la cumbre y ser borrado del mapa. Hace apenas un mes, el ex ministro de Exteriores era considerado todavía como el auténtico hombre fuerte y máximo aspirante a sustituir a Borís Yeltsin en el Kremlin. Ahora, sin embargo, ve impotente cómo el presidente, apenas recuperado de su enésima crisis de salud, da a entender que piensa deshacerse de él. Yeltsin tiene un sentido de lo teatral que, con la torpeza de expresión y movimientos a que le reducen sus numerosos achaques, bordea con frecuencia el ridículo. El espectáculo que protagonizó el miércoles, con las cámaras de televisión por testigos, tenía, pese a todo, un objetivo claro: demostrar que conserva el bastón de mando e inquietar a Primakov. Ante el patriarca ortodoxo, Alejo I, y el propio primer ministro, el presidente se detuvo, miró en torno, frunció el ceño y dijo tras 15 segundos que se hicieron eternos: "Están sentados de forma incorrecta. Serguéi Stepashin es el primer viceprimer ministro. Cámbiate de sitio". Y dicho y hecho: colocó al lado de Primakov al titular de Interior, que estaba bastante más lejos y que es un incondicional suyo ascendido hace unos días. La cara del jefe de Gobierno era todo un poema. El incidente constituyó un indicio más de que Primakov, que ha logrado en los últimos meses una estabilidad sin precedentes, ha cometido el "error" de hacerse demasiado popular, hasta el punto de que todas las encuestas le sitúan como el favorito ante las presidenciales del 2000. Todavía ayer, Oleg Sisúyev, vicejefe de la administración presidencial, aseguraba, cumpliendo probablemente órdenes, que "ningún primer ministro es imprescindible, incluyendo a Primakov".[536]

Cuatro días después, Yeltsin lo echó. En la primavera de 1999, el presidente había escapado de un impeachement en su contra que se intentó perpetrar en la Duma. Fortalecido, despidió a Primakov y nombró en su lugar a Sergei Stepashin, hasta entonces titular de Interior y considerado "un duro" dentro del Kremlin. Primakov resultaba ciertamente inconfiable para Yeltsin y "La Familia". Sus

---

[535] "Rusia mantiene su oposición al uso de la fuerza contra Belgrado", *El País*, 20 de febrero de 1999.

[536] Kutchin wrote: "From 1993 to 2003, Russian foreign policy was dominated by great-power realists who were joined by many liberals disappointed with reform and the West. The leading figure in the Russian realist camp was Yevgeny M. Primakov, who served as foreign minister in the mid-to-late 1990s and briefly as prime minister after the August 1998 financial crisis. Primakov, both as a states- man and as a straightforward realist in the world of international affairs, is most likened to Henry Kissinger in the United States. His signature moment came in March 1999 when on a flight to Washington he learned of the U.S. launching of war against Serbia; he demanded that his plane not land in the United States but turn back to Moscow. Primakov is pragmatic and nonideological, but his most significant time in Russian politics came in the late 1990s when Russia's power was at its weakest and U.S. unipolar dominance, arguably, at its peak. Like many other nations in the world, Russia sought means to balance or, more correctly, contain U.S. unipolar hegemony. The United States was not viewed as malign, but as often misguided and overbearing. This perspective on the United States endured almost through the first term of Vladimir Putin's presidency." Andrew Kuchins: *"Reset Expectations: Russian Assessments of U.S. Power"*, CSIS, Washington, 2011.

alianzas con gobernadores regionales (en busca de armar una red política para su candidatura presidencial) y su autorización al procurador general para investigar movimientos financieros en el entorno del presidente terminaron de provocar su caída. Primakov tampoco era del agrado de Berezovsky, a quien había elegido como "objetivo". Convencido por sus asesores más cercanos de que Primakov trabajaba en su propio plan para reemplazarlo, Yeltsin lo eyectó del poder.

En tanto, Stepashin duraría poco en el cargo: poco después Yeltsin designaría primer ministro a Vladimir Putin, el hombre elegido para su reemplazo en la Presidencia, al año siguiente.

Buscando un heredero

Los continuos cambios de gabinete operados en los dos últimos años de la presidencia de Yeltsin (1998-99) parecen obedecer a la busqueda de un candidato apto para garantizar su sucesión. La familia del presidente jugó un rol central en este proceso. Yeltsin mismo relató en sus *Memorias* que ya tenía seleccionado a Putin como heredero pero que decidió protegerlo de un eventual desgaste prematuro y que el nombramiento de Stepashin buscó "llenar el espacio" hasta que fuera adecuada la elevación del elegido.[537] Putin recuerda en su libro autobiográfico (*"First Person"*, 2000) que Yeltsin, al nombrarlo premier, "no usó la palabra "sucesor". Usó las palabras "primer ministro con futuro". Es decir, que si todo iba bien, había una posibilidad".[538]

Pocos días antes de ser nominado premier, Putin estaba de vacaciones en un modesto departamento de Biarritz (Francia) junto a su familia. Hasta allí se trasladó en su avión privado el inquieto Berezovsky quien le insistió en que debía convertirse en heredero de Yeltsin.[539]

A las ocho de la mañana del 8 de agosto, finalmente, Yeltsin convocó a Stepashin, Putin y a otros altos funcionarios a su residencia de Gorki-9 y les comunicó su decisión: Putin sería nombrado premier y por lo tanto favorito como sucesor. Al asumir el gobierno como primer ministro, Putin enfrentó su primer desafío: el terrorismo checheno. Al otro día, aseguró que "el conflicto será resuelto en un plazo de entre una semana y media o dos semanas".[540]

En EEUU, en tanto, Yeltsin continuaba siendo observado como un "activo" para los intereses globales de Washington. El influyente columnista Thomas Friedman escribió entonces en el *New York Times*: "La última semana Occidente aprendió una lección sobre por qué no podemos vivir con Boris Yeltsin y por qué no podemos vivir sin él (...) a menudo se sostiene que el destino de las economías occidentales depende de la salud de dos hombres, Robert Rubin y Alan Greenspan (...) pero yo agregaría un nuevo nombre: Boris Yeltsin (...) El primer ministro Yevgeny Primakov ha recurrido a sus credenciales bolcheviques para mantener a raya a los nacionalistas y comunistas y evitar que la relación con Washington se salga totalmente de control. Creánme, el Dow no estaría a 10.000 por mucho más tiempo si los rusos se opusieran a la OTAN en Yugoslavia con algo más que palabrotas. Guerra en Kosovo es una cosa, guerra en Europa es otra. Es por esto que un Boris Yeltsin semi-muerto y borracho es aun un enorme activo para los Estados Unidos. Ningún otro líder ruso actual es un tan

---

[537] *Midnight Diaries*, p. 284.

[538] *First Person*, p. 137.

[539] *Kremlin Rising*, p. 53.

[540] *TASS*, August 10, 1999.

grande como un oso ni tan inteligente como un zorro como el viejo Boris. Vamos a extrañar a este tipo. Es más, un día miraremos hacia atrás y nos vamos a preguntar, ¿cómo aprovecharon los Estados Unidos los años de Yeltsin? No con demasiada sabiduría. Los clintonianos usaron los años de Yeltsin para embutir la expansión de la OTAN en la garganta de Rusia, en lugar de traer a Rusia a Europa. Esto será recordado como los años en que las langostas comieron". Friedman recordó que "Yeltin malmanejó la reforma económica en Rusia, pese al pleno apoyo de la Duma, al punto que hoy Rusia está arruinada, corrompida y es completamente irrelevante en la economía mundial".[541]

Las explosiones en Moscú

La explosión de una bomba en un centro comercial en Moscú, el último día de agosto de 1999, inauguró una serie de atentados que marcarían el final de la presidencia de Yeltsin, el inicio de la segunda guerra chechena y el ascenso al poder de Vladimir Putin. El ataque en el "Okhotny Ryad", en la plaza Maneznaya, provocó la muerte de una persona. Dos días más tarde, el "Ejército de Liberación de Dagestán"[542] se atribuyó la autoría del atentado.

El 9 de septiembre de 1999, una poderosa cantidad de explosivos detonaron en las bases de un edificio de departamentos de la calle Guryanova en el sudeste de Moscú, destruyendo la construcción de nueve pisos y provocando la muerte de 94 personas y heridas en otras 249. El presidente Yeltsin se vió shockeado.[543] Cuatro días más tarde, una bomba colocada en el subsuelo del otro bloque de departamentos, en la autopista Kashirkoye en el sur de la ciudad, mató a 118 personas y provocó heridas en unas 200 más. El 16, se produjo un nuevo ataque en Volgodonsk, donde murieron otras 17 personas.

En poco más de una semana, habían muerto casi 280 personas. La prensa occidental describía cómo había quedado demostrado "cuan vulnerable era Rusia ante los ataques terroristas".[544]

De pronto, el terror inundó la capital. De inmediato, el gobierno, a cargo del primer ministro Vladimir Putin, culpó al accionar del terrorismo checheno por los ataques y preparó el lanzamiento de un ataque militar ofensivo contra la república rebelde. El día 22, Putin ordenó bombardear Grozny, dando inicio a la segunda guerra en Chechenia.[545] En su libro autobiográfico (*First Person*, 2000) Putin afirmó que supo desde que fue nombrado primer ministro que "mi misión histórica era resolver la situación en el

---

[541] *The New York Times*, April 16, 1999.

[542] Dagestan es una república nor-caucásica integrante de la Federación Rusa.

[543] President Boris Yeltsin expressed shock and sympathy. Because of old pipes, gas explosions are common in Russia. That was the first theory put forward to explain the blast. However, Mr Luzhkov said that experts had ruled out a problem with the main gas supply. *The Independent*, September 10, 1999.

[544] "Another Bombing Kills 18 in Russia", *The New York Times*, September 17, 1999.

[545] 'We have to grit our teeth," he (Putin) said at a Cabinet meeting. "I'm calling on you to be more disciplined and vigilant, in deeds, not words."

norte del Cáucaso (...) una situación que era una continuación del colapso de la URSS".[546]

El gobierno, además, estableció duras medidas de seguridad. Agentes del Ministerio del Interior fueron destinados en cada edificio de envergadura de la ciudad. El día 22, un nuevo atentado fue informado en Ryazan, al sur de Moscú.

Los atentados en Moscú a fines de 1999 marcarían para siempre la Presidencia de Vladimir Putin del mismo modo que el ataque del 11 de septiembre de 2001 marcó la administración de George Bush. Entre 2001 y 2007, durante las dos primeras presidencias de Putin, perdieron la vida 1170 personas por causa del accionar del terrorismo.

El general Lebed, totalmente enfrentado con el gobierno de Yeltsin, acusó a "la Familia" de provocar las explosiones para "crear terror masivo, con el objeto de desestabilizar al país de tal modo que la población tuviera miedo de concurrir a los lugares de votación y ser volados por el aire al lado de las urnas".[547] La creencia de que los servicios de inteligencia habían estado involucrados en los hechos alcanzaba el cuarenta por ciento de la población tres años más tarde, según una encuesta publicada en Occidente.[548]

En junio de 1999, dos periodistas occidentales (Jan Blomgrn del periódico sueco *Svenska Dagbladet* y Giulietto Chiesa, el respetado y antiguo corresponsal del diario italiano *La Stampa* en Moscú), informaron que tendría lugar un acto de "terrorismo de estado" en Rusia, con el objetivo de instalar el miedo y el pánico en la población. A lo largo del tiempo, los ataques terroristas de septiembre de 1999 serían adjudicados reiteradamente a la acción de la FSB según los opositores al gobierno de Putin. Los secesionistas chechenos también sostuvieron que las bombas fueron utilizados como parte de una campaña siniestra para catapultar la imagen del entonces primer ministro Putin en su aspiración presidencial. La pasión por la atribución a fenómenos conspirativos no estuvo ausente en este fenómeno.[549] Esta interpretación no tiene en cuenta, por caso, que el propio Stepashin reconoció más tarde que los planes para atacar al separatismo checheno databan de marzo de 1999 cuando se desempeñaba como ministro del Interior y el premier era aún Primakov.

Esta teoría apunta al hecho de que Putin, aun después de dejar la dirección de la FSB, controlaba el

---

[546] *First Person*, p. 139.

[547] Dunlop: *The Moscow Bombings*, p. 27.

"... rumors of impending terrorist attacks had surfaced as early as June 1999. Even more significant is the fact that a respected and influential Duma deputy, Konstantin Borovoy, was told on September 9, the day of the first Moscow apartment bombing, that there was to be a terrorist attack in the city. His source was an officer of the Russian military intelligence (GRU). Borovoy transmitted this information to FSB officials serving on Yeltsin's Security Council, but he was ignored."

[548] *Agence France Press*, April 17, 2002.

[549] El ex agente de la FSB Aleksandr Litvinenko, muerto en dudosas circunstancias en Londres, en 2006, acusó al organismo de estar detrás de los atentados. El caso de Litvinenko será analizado más adelante.

organismo a través de su sucesor, Nikolai Patrushev.[550] Este sostuvo un año más tarde que los hombres de inteligencia y seguridad que integraban la FSB conformaban una suerte de "nueva nobleza" en el país. Observadores occidentales, naturalmente, criticaron esta afirmación, creyendo que Rusia había sido capturada por las fuerzas del aparato de seguridad, una vez más. Una mirada más amplia contemplaría que quizás, en la mentalidad rusa, la actuación del Ejército y las fuerzas de seguridad, constituyen un dato de responsabilidad patriótica ineludible.[551]

El orgullo de los integrantes de las fuerzas de seguridad, en el contexto de un país al borde de la desintegración, llevaría a que el 20 de diciembre de ese año, en una de sus últimas medidas como primer ministro, Putin participó de la ceremonia en la que se descubrió la placa conmemorativa a Yuri Andropov, ex jefe de la KGB y ex secretario general de la URSS. Soldatov y Borogan reflexionaron: "la ocasión marcó el comienzo de una campaña oficial de promoción del legado de Andropov como prueba de que los servicios de seguridad podían liderar a Rusia y sacarla de sus problemas. El objetivo era utilizar la figura (de Andropov) como ejemplo de la capacidad de las fuerzas de Seguridad del Estado para resolver los problemas políticos, sociales y económicos del país". En los años siguientes, se impuso el nombre de Andropov a una escuela y se erigió un importante monumento en su homenaje.[552]

En ese marco, una encuesta publicada por el *New York Times* el 21 de noviembre de 1999 resultó reveladora: el 85 por ciento de los rusos creía que su país debía volver a ser "un gran imperio" y solo el 7 por ciento veía mal esa alternativa.

Moscú, 31 de diciembre de 1999

Amante de las grandes escenas, Yeltsin preparó su último acto cuidadosamente. Después de nominar a Putin como premier en agosto, Yeltsin vio como se agigantaba la imagen de su nuevo y jovial primer ministro en los meses siguientes. El 14 de diciembre, le comunicó su decisión: renunciaría el último día del año, en el filo del nuevo milenio. "Quiero renunciar este año, Vladimir Vladimirovich", le explicó. El viejo presidente fue didáctico: "el nuevo siglo debe comenzar con una nueva era política, la era de Putin".[553]

El 31 de diciembre de 1999 los planes se ejecutaron a la perfección. A media mañana, Yeltsin grabó el mensaje que sería televisado esa misma noche, cuando los 140 millones de ciudadanos rusos estarían esperando la llegada del año 2000. Más tarde, el presidente saliente comunicó su decisión a su gabinete y almorzó con Putin y los ministros "de poder" e hizo entrega del maletín nuclear.

---

[550] Patrushev, al igual que Putin, nació en Leningrado (hoy San Petersburgo). En agosto de 1999 reemplazó a Putin como jefe de la FSB y permaneció en el cargo hasta 2007. En diciembre del año 2000, sostuvo que sus colegas del organismo de Inteligencia y Seguridad conformaban una suerte de "nueva nobleza" en el país. En 2008 fue nombrado secretario del Consejo de Seguridad.

[551] *Komsomolskaya Pravda*, December 20, 2000.

[552] *The New Nobility*, p. 92-93.

[553] *Midnight Diaries*, p. 6.

De inmediato, apenas convertido en Presidente de la Federación Rusa, Putin otorgó un perdón general -un peculiar decreto de inmunidad- al dimitido presidente y a sus familiares, sobre los que extiende así un manto protector que alejaba investigaciones por posibles delitos.

Putin voló al frente de combate en Chechenia y celebró la llegada del nuevo milenio con las tropas. Allí, al beber un shot de vodka, lo hizo por la mitad, para dar la imagen de que no era un borracho y afirmar que lo terminaría una vez culminada la tarea. En la misma nochevieja del 31 de diciembre, Putin voló acompañado de su esposa Ludmila hasta Gudermés (Chechenia) donde se entregó a una ceremonia de condecoración de las tropas allí apostadas. La prensa española señaló que "Putin decidió hacer este viaje para mostrar desde el principio mismo de su mandato cuáles son los tiempos que ahora cabe esperar: tiempos de militares y halcones". En las primeras horas del nuevo milenio, Putin transmitió un mensaje en el que aseguró que "no habrá vacío de poder ni por un instante". Para entonces, la popularidad de Putin había ascendido al 80 por ciento.[554] La campaña de instalación del nuevo gobernante como joven líder. Era la contracara de Yeltsin: se mostraba jovial, activo y viril. En la primera visita que Clinton hizo al nuevo presidente ruso, en el verano de 2000, Putin fue muy concreto. Al enseñarle las instalaciones del Kremlin, le mostró un moderno gimnasio y le explicó orgulloso: "aquí paso mucho tiempo". Minutos después le señaló una sala de cuidados intensivos, montada en un ala de la sede gubernamental, y le dijo: "mi antecesor pasaba mucho tiempo aquí".[555]

De inmediato, el equipo de Putin puso en marcha una campaña permanente, bajo el slogan efectista que todos querían oir: "Rusia fue y será una gran potencia".

En los primeros días de enero, los observadores occidentales coincidían en que "para muchos demócratas, el triunfo de Vladímir Putin significa el triunfo del autoritarismo. Sus aseveraciones de que respetará las libertades fundamentales no convencen: es un duro, que, a diferencia de Yeltsin, no dudará en sacrificar los derechos cívicos si la situación lo exige. Como director del Servicio Federal de Seguridad, opinó que las organizaciones ecologistas espían a favor de Occidente y que los drogadictos son "semillas del mal". Como primer ministro casi no cometió errores: ágil, viajó mucho, un día visitaba un polígono atómico, al otro se encontraba con los escritores, al tercero se reunía con los líderes de los grupos parlamentarios, al cuarto invitaba a los ex primeros ministros a la Casa Blanca. Decía siempre lo que el interlocutor esperaba, y sólo unas pocas veces se equivocó, como cuando, refiriéndose a los chechenos, prometió perseguirlos "hasta el retrete", donde los convertiría "en fiambre". La verdad es que Putin, por el momento, es un enigma, y sólo el tiempo dirá si tienen razón los que creen que mantendrá las libertades y la democracia o los que sostienen que el putinismo se convertirá en pinochetismo o incluso en algo peor, semejante a lo sucedido en los años treinta. Una cosa está clara: los rusos estaban sedientos de mano dura y han comprobado que Putin la aplicará; y es precisamente esto lo que le asegurará su permanencia en el Kremlin después de marzo".[556]

---

[554] *Fragile Empire*, p. 33.

[555] *The New Yorker*, August 2014.

[556] "El triunfo de la mano dura", *El País*, 2 de enero de 2000.

Celestine Bohlen escribió en el *New York Times*: "Boris N. Yeltsin shockeó a su nación y al mundo hoy al anunciar su renuncia seis meses antes del fin de su mandato y al traspasar el poder a su sucesor favorito, el primer ministro Vladimir V. Putin. Yeltsin, de 68 años, concluye su carrera política con la misma nota de sorpresa y gran drama que acompañó su paso por el poder desde su acompañamiento a la perestroika al liderazgo errático de una Rusia libre pero trastabillante (...)" *New York Times*, January 1 2000.

Epílogo de Yeltsin

Al morir Yeltsin, años después, Garry Kasparov escribió una suerte de epílogo de su gobierno, al que describió atravesado por "una lucha entre sus instintos democráticos y su vida entera en la nomenclatura" en la que el presidente "debía su poder al pueblo de la calle pero no dejaba de ser un *insider*, un autócrata" y que finalmente dio el poder a un hombre como Putin.[557]

El legado de Yeltsin parece lleno de paradojas y contradicciones. Al terminar la década, el sistema político aparece tan débil como al comienzo. Una presidencia hiperpoderosa esconde una suerte de monarquía electiva y genera críticas en Occidente. Pero lo verdaderamente preocupante va más allá: los conceptos de democracia y de reforma, lejos de ser vistos como valores positivos, han adquirido fuertes connotaciones negativos para la mayoría de los rusos hacia fines de los años noventa.

Al igual que Gorbachov -aunque con menor intensidad, dado que éste es casi reverenciado en Occidente- el juicio sobre Yeltsin difiere notablemente en el exterior respecto al que existe en su país. Desconocemos cuáles eran sus verdaderos ideales. Tal vez poco importen.. En todo caso, como dice el adagio, *"los hombres son sus actos..."*

Político hábil como pocos, supo transformarse: primero fue un comunista (hasta 1989), luego un populista (1990-91), luego un demócrata y un liberal (1992). Al final optó por convertirse en un zar moderno que arbitraba entre las distintas facciones que se disputaban el poder en un país en busca de su destino... Sin embargo, como estadista parece haber fracasado: sus reformas no transformaron a Rusia en una economía moderna. Kotkin reflexiona: "es tan banal como útil recordar que el mercado no es una institución económica sino una política".[558]
Yeltsin no daba, física ni políticamente, más de sí. Las presiones del KGB (ahora FSB), de algunos oligarcas y de unos militares que han cobrado un peso inusitado llevaron a Yeltsin a nombrar en agosto primer ministro a ese hombre que había hecho su carrera en los servicios secretos. Por otra parte, otro candidato posible al poder, Primakov, también era un ex espía..

El País apuntó: "Yeltsin se ha ido cuando su popularidad estaba por los suelos. De hecho, ya estaba fuera, pues, constantemente internado en sanatorios, había cedido buena parte de los enormes poderes presidenciales a Putin. Bajo su apariencia de patán y su alcoholismo y pese a su falta de altura intelectual, Yeltsin, sin embargo, ha demostrado tener en los tres últimos lustros capacidad de supervivencia y táctica política. Primero, para enfrentarse con el Partido Comunista en la época soviética; posteriormente, para ganarle la partida del poder a Gorbachov, aunque para ello no dudara en desmembrar la URSS para consolidarse al frente de Rusia, y para acumular un enorme poder tras dar un golpe de Estado contra el Parlamento en 1993. No deja nada como obra: una Rusia inmersa en una crisis económica y convertida en cleptocracia con una corrupción prácticamente institucionalizada; unos militares que mandan más, y unos ciudadnos rusos que siguen esperando que soplen vientos mejores. Yeltsin le deja a Putin una Rusia por reinventar. ¿Es Putin el hombre adecuado para afrontar tamaño desafío? Cabe dudarlo, pues llega cargado de hipotecas políticas y favores a deber".[559]

---

[557] Garry Kasparov: "The Yeltsin Legacy", *Wall Street Journal*, April 25, 2007.

[558] Kotkin, p. 18.

[559] "Operación Putin", *El País*, 2 de enero de 2000.

Cuarta Parte:
Rusia en el Siglo XXI. Los años de Putin

La democracia es la dictadura de la ley

Slogan de Rusia Unida

Aquel que no añore la Unión Soviética no tiene corazón. Aquel que quiera reconstruirla no tiene cerebro.

Vladimir Putin

Denme veinte años de estabilidad y no reconocerán la nueva Rusia.

Pyotr Stolypin, ministro reformista autoritario (1906-1911)

Who is Mr Putin?

El mundo aun no se había terminado de sorprender de la imprevista movida de Yeltsin en la noche de año nuevo, cuando, en el Foro de Davos, en la tercera semana de enero de 2000 la pregunta más recurrente era ¿Quién es Vladimir Putin?

Prácticamente desconocido en Occidente (y en Rusia) hasta pocos meses antes de convertirse en heredero al poder, Putin era una novedad inmensa y una incógnita para los observadores.[560] El presidente había nacido en 1952, en la hambrienta y sufrida Leningrado de posguerra. El sitio de su ciudad natal, durante la invasión alemana, marcaron la vida de sus padres y las consecuencias de esa experiencia traumática serían decisivas en la niñez y juventud de Putin. Los primeros treinta y cinco años de su vida no ofrecen nada que pudiera hacer pensar que años después se transformaría en uno de los hombres más poderosos y quizás el más polémico del mundo. Putin se había incorporado a la KGB en 1975, tras graduarse como abogado en la Universidad de Leningrado. En 1985 fue destinado a Dresden (Alemania Oriental) y -naturalmente- colaboró con la Stasi. Pese a las especulaciones que más tarde surgieron, las investigaciones más serias revelan que Putin no tuvo un rol importante durante su destino: sus tareas parecen haberse reducido a colectar recortes de prensa y acumular información innecesaria y elaborar informes que nadie leería. Allí se convirtió en testigo privilegiado de la caída del Muro de Berlín. En su autobiografía *"En primera persona"*, Putin relató que en 1989, tras la caída del muro vivió momentos de perplejidad: "No podíamos hacer nada sin órdenes de Moscú. Y Moscú permanecía en silencio".[561]

La carrera política de Putin, en tanto, se desarrollaría durante los turbulentos años 90. El trauma del fin del comunismo y el tránsito a una economía abierta marcaría a su generación. Su ciudad natal, Leningrado, ahora llamada nuevamente San Petersburgo, fue el escenario en el que Putin ascendería

---

[560] Por caso, el nombre de Vladimir Putin fue mencionado por primera vez en el diario *El País* el 26 de julio de 1998.

[561] *First Person*, p. 79.

en el poder. Las postales de la ciudad de los zares, en esa década feroz para los rusos, muestran a una urbe tomada por las mafias, dominada por el crimen, plagada de asesinatos, prostitutas, cabarets y una extendida red de corrupción. Los crímenes por encargo proliferaban, los gangsters se hacían elegir miembros del consejo comunal y un aire de corrupción invadía todo. "En ese contexto, Putin creyó que Rusia necesitaba un estado fuerte", resume Jubah.[562] La Rusia a la que Putin regresó en 1990 era muy distinta a la de 1985. El ex imperio todopoderoso, que rivalizaba con los Estados Unidos en el liderazgo mundial, era ahora una potencia de segunda categoría que rogaba préstamos y ayudas a Occidente. No es sorprendente que, en un contexto así, la generación de Putin haya anidado serios cuestionamientos al rol histórico de Gorbachov.

Occidente había apoyado las reformas económicas de los "jóvenes turcos" -Gaidar y otros- durante el reinado de Yeltsin pero había preferido no ver que el anciano presidente terminaba entregando el poder al aparato de Defensa y Seguridad. Crecientemente a lo largo de la década del noventa, la presencia de los *aparatchik* y los *siloviki* se fue haciendo cada vez más intensa en el gobierno. Hacia final de la década de Yeltsin, el 46 por ciento de los principales cargos en el gobierno estaban cubiertos por miembros de las fuerzas armadas o del aparato de seguridad del Estado.

En ese esquema es que debe entenderse el ascenso de Putin como vice-alcalde de San Petersburgo (todavía Leningrado), ciudad bajo el mando de Anatoly Sobchak y a la que había retornado en 1990. Con un previo paso por la Universidad Estatal de Leningrado, donde se desempeñó como director de asuntos internacionales, Putin, durante el ejercicio de sus funciones, en la segunda ciudad del país, mostró desde un inicio su política de fortalecimiento de la ley y el orden. Una forma de actuación constante en su vida pública que lo llevaría, ya como presidente, a afirmar que "la democracia es la dictadura de la ley".

En agosto de 1991 la KGB había adherido fervientemente al golpe conservador contra Gorbachov. En su libro autobiográfico, Putin sostuvo que "apenas el golpe comenzó, decidí de inmediato de qué lado estaría", aunque reconoció que la opción era difícil dado que había pasado buena parte de su vida en el organismo. Más tarde se diría que la presencia de Putin en la administración de San Petersburgo era el resultado de la intención de la KGB de "controlar" a Sobchak. Según esta interpretación, Putin era una suerte de "curador" de la KGB en el manejo de la segunda ciudad del país. Una visión menos conspirativa podría ampliar el panorama. La realidad es que tras la caída de la Unión Soviética en diciembre de 1991, la KGB, como todos los organismos del Estado post-soviético, estaba en un estado de colapso. Naturalmente, en su seno anidaban diversos proyectos. Había, como es obvio, agentes de la KGB conscientes de la necesidad de reformas. Había también, claro está, conservadores, reluctantes a cualquier idea de cambio. Había, por supuesto, pragmáticos. Aquellos que reconociendo que el proceso de privatizaciones era inevitable, pretendían obtener ventajas del mismo. Como dice la antigua enseñanza: "Si hay una revolución, quizás sea mejor estar del lado de los que la llevan adelante".[563]

Una sociedad en disponibilidad

---

[562] *Fragile Empire*, p. 15.

[563] En la Universidad, Putin estudió Derecho, y uno de sus profesores fue Anatoli Sobchak, que después sería alcalde de San Petersburgo. Sobchak recuerda que Putin fue un excelente alumno y que se distinguía por su discreción: siempre se mantenía en segundo plano. Más tarde, esta relación desempeñará un papel fundamental en la carrera de Putin: ya como regidor de la segunda ciudad en importancia del país, Sobchak lo invitará a trabajar con él y le encargará el comercio exterior de la segunda ciudad más importante de Rusia.

Al heredar el poder de manos de Yeltsin, en los albores del nuevo siglo, Putin se encontraría con un país que, una vez más, parecía oscilar entre la anarquía y la dictadura. Rusia parecía condenada, otra vez, a comenzar todo de nuevo. Los traumáticos años noventa habían culminado con la dramática devaluación de agosto de 1998.

De inmediato Putin se encontró con una sociedad dispuesta a aceptar un liderazgo fuerte a cambio de estabilidad. Demasiados años de incertidumbre, en la etapa final de la era soviética y en los primeros diez de la Rusia post-comunista habían marcado a una población exhausta. A cambio, no exigiría pluralidad política, ni transparencia electoral ni división de poderes. Los valores occidentales de gobierno limitado y restricción en la extensión temporal del poder no serían una prioridad para una sufrida población, forjada tras siglos de servidumbre bajo el zarismo, más de ocho décadas de totalitarismo comunista y, más recientemente, diez años tormentosos durante la era-Yeltsin. De algún modo, Vladimir Putin podría utilizar para sí la frase atribuida a Napoleón: "tomé menos poder del que se me ofreció".[564]

En su libro *"First Person"*, Putin escribió que antes de asumir, en agosto de 1999, cuando los terroristas atacaron Dagestan, cuando fue nombrado primer ministro por Yeltsin, sintió que el país estaba al borde de la "yugoslavización".[565] "Si no poníamos un fin inmediato, Rusia dejaría de existir. Era una cuestión de prevenir el colapso del país", graficó. Putin explicó que "la desintegración de un país tan enorme habría sido una catástrofe global".[566]

Judah escribió: "el país estaba engolfado en una explosión surrealista de consumismo, televisión y publicidad... los bienes occidentales alguna vez prohibidos, en la forma de Pepsi, Levis y Veuve Clicquot, habían proliferado. El número de teléfonos, apartamentos, refrigeradores, automóviles, radios y viajes al exterior se habían disparado, así como la tasa de homicidios, el abuso de drogas, el alcoholismo, la prostitución y la violencia (...) para proteger sus refrigeradores y sus vacaciones en el exterior, cada vez más estaban tentados con la idea de un Pinochet ruso".

Durante la campaña, no dijo nada. El camino a las elecciones no pudo estar más despejado. El 5 de febrero de 2000, cuando no habían transcurrido cinco semanas desde que Yeltsin le dejara el Kremlin como herencia, el ex premier Primakov anunció que no buscaría la Presidencia.[567] Semanas más tarde, una encuesta del Centro de Opinión Pública de Rusia reflejaba que el 59% pensaba votar por Putin, lo que anticipaba un triunfo del presidente actuante en primera vuelta, sin necesidad de acudir al ballotage. Putin también contaba con el apoyo de la población en la guerra con Chechenia. El último sondeo señalaba que el 52% está a favor de la "operación antiterrorista".

---

[564] Napoleón la dijo, presuntamente, en Santa Helena, donde cumplió su exilio involuntario hasta el final de sus días. La frase atribuida al gran corso, como tantas, es dudosamente genuina, pero en cualquier caso, es de utilidad para graficar la situación que objetivamente encontró tras el golpe de estado del 18 de brumario (1799).

[565] *First person*, p. 141.

[566] *First Person*, p. 142.

[567] Primakov tenía entonces 70 años y ninguna posibilidad de ganar la elección. "Primakov despeja el camino a la Presidencia rusa", *El País*, 14 de enero de 2000 y "Victoria pírrica", *El País*, 6 de febrero de 2000. "Para Berezovsky y otros miembros de "La Familia", una presidencia de Primakov o Luzhkov constituía una alarmante prospectiva". *The Return...* p. 92.

En Ivanovo, a unos cuatrocientos kilómetros al norte de Moscú, Putin dijo que "los políticos tienen que mostrar su competencia con sus obras, y no con anuncios". El 12 de marzo, *El País* publicaba: "El primer ministro y presidente interino de Rusia, Vladímir Putin, en un ejemplo de generosidad sin precedentes, ha renunciado a los espacios gratuitos de publicidad electoral en radio y televisión a los que tiene derecho por ley. (...) Ni debates, ni anuncios, ni promesas, pero, eso sí, con la televisión estatal siguiendo sus pasos. La estrategia le da buenos dividendos. Si las encuestas no fallan, Putin puede ganar incluso en la primera vuelta (...) De hecho, ha descalificado la mercadotecnia electoral clásica con esta frase que merece pasar a las antologías tanto como la que soltó cuando dijo que había que perseguir a los terroristas hasta en el váter: "Me parece fuera de lugar intentar explicar qué es más importante, si Tampax o Snickers. Por eso no lo voy a hacer".

Chubais dijo años después que al llegar al Kremlin, Putin se encontró "fantásticamente libre" para hacer lo que se propusiera. Su ráting de popularidad alcanzaba el 70 por ciento. El Partido Unidad pivoteaba en el centro de la Duma, donde podía formar mayorías con la izquierda o la derecha. Los gobernadores -aún electos- no deseaban enfrentarse con un presidente con ese nivel de aprobación.[568] Era tan obvio para todos que Putin ganaría las elecciones de marzo que los 11 países de la Unión Soviética (todos menos los bálticos) con los que formó la Comunidad de Estados Independientes decidieron nombrar ayer a Vladímir Putin presidente del Consejo de Jefes de Estado, el 25 de enero de 2000, cuando el presidente no llevaba ni siquiera un mes en el Kremlin. "No les importó siquiera que el antiguo teniente coronel del KGB ocupe su cargo de presidente con carácter interino. Desde el georgiano Edvard Shevardnadze hasta el kazajo Nursultán Nazarbáyev o el ucraniano Leonid Kuchma saben, como la mayoría de la población rusa, que sólo una hecatombe puede impedir que Putin se convierta en presidente por la gracia de las urnas, y probablemente en la primera vuelta electoral, el 26 de marzo (...) Durante la cumbre, el presidente ruso intentó asimismo jugar el papel de mediador o pacificador que siempre han jugado, o impuesto, los líderes de los grandes imperios".[569]

Solamente la muerte de Anatoly Sobchak, su antiguo jefe en la Intendencia de San Petersburgo amargaría el camino a las elecciones. El ex alcalde murió el 20 de febrero, cuando participaba de la campaña electoral de cara a las elecciones del 26 de marzo de ese año. Antes de fallecer, había declarado: "Putin explica de forma clara y comprensible lo que quiere hacer. Segundo, porque cumple lo que promete. Tercero, porque la gente se ve reflejada en él. Y cuarto, porque no pertenece a ningún partido, es un hombre de Estado". Sobchak había anticipado: "Nadie dijo nunca en los últimos años que Putin perteneciese a La Familia. Siempre se portó como un hombre de Estado y se apartó de quienes perseguían sólo objetivos personales. No podía eliminarlos, porque no tenía poder para ello, pero se quedó al margen. Eso demuestra que es independiente y que pondrá en su sitio a los oligarcas y a La

---

[568] *The Return...* p. 93.

[569] "Las tropas rusas, aunque ya no sean sino una pálida sombra del Ejército Rojo, conservan una cierta tradición imperial en el espacio ex soviético. Sostienen al régimen tayiko, actúan como fuerza de paz en Abjazia (Georgia) y defienden a la población rusa en el Trandsniéster (Moldavia). Putin interpretó ayer el papel que se esperaba de él, y defendió la vigencia de una asociación convertida en copia fallida de la UE, y donde mantener la influencia de Moscú resulta cada vez más difícil. Georgia coquetea con la OTAN, Moldavia recupera sus raíces rumanas, Azerbaiyán hace negocios petroleros con Occidente y Asia Central busca su identidad en el olvido de su pasado soviético. Lo más que puede hacer Putin es ralentizar ese proceso de disgregación.(...) En sus reuniones con los presidentes de Armenia y Azerbaiyán, intentó que ambos acercaran sus posiciones respecto al conflicto del Alto Karabaj, ocupado por los armenios durante una guerra que se cobró 20.000 vidas, y cerrada en falso en 1994, con una tregua punteada desde entonces por choques violentos. Al mismo tiempo, Putin intentó promover un sistema de seguridad común en el Cáucaso y trató con sus homólogos de Asia Central la forma de hacer frente a un enemigo común: el integrismo islámico. "Putin, presidente de la debilitada alianza de países ex soviéticos", *El País*, 26 de enero de 2000.

Familia". También sostuvo que la llegada de Putin "es un cambio generacional, de objetivos, incluso de forma de vivir. Fíjense en la gente que rodea a Putin. No son antiguos miembros de la nomenklatura, la mayoría no fueron nunca comunistas. Muchos vienen de la Universidad de San Petersburgo, en la que yo trabajé la mayor parte de mi vida. Son jóvenes de 30 a 40 años. A Yeltsin y a quienes le rodeaban les gustaba beber vodka, ir a la sauna o de caza, como funcionarios comunistas de provincias. Quienes rodean a Putin no beben y la mayoría no fuma. Creo que Yeltsin no ha leído una novela en su vida, ni a Cervantes ni a Pushkin. Putin y su equipo, sí. Van al teatro o a exposiciones, no a la sauna a emborracharse".[570] Tres años más tarde, una encuesta señaló que el 40 por ciento de los entrevistados, consultados sobre cuál era la mayor virtud del nuevo presidente respondieron "que no bebe".

En ese contexto, las elecciones del 26 marzo de 2000 fueron un trámite. Putin obtuvo una cómoda mayoría: el 53 por ciento de los votos. Gennady Zyuganov (comunista) lo siguió con el 29 por ciento y el líder de Yabloko, Grigory Yavlinsky, el 5 por ciento. En Chechenia, Putin obtuvo el resultado local más bajo de todo el país: 29,5%. En su ciudad natal, San Petersburgo, obtuvo 6 de cada 10 votos. El *New York Times* publicó al día siguiente que si bien Putin había obtenido el triunfo en primera vuelta, sin necesidad de ir al ballotage, "su mayoría es menor a la esperada". En las elecciones de 2004, 2008 y 2012, Rusia Unida obtendrá porcentajes en torno al 60-70% en el contexto de una democracia desbalanceada por el fracaso opositor.[571]

Para entonces, la popularidad de Putin había comenzado a escalar hasta los altísimos niveles que alcanzó poco después. El surgimiento de un nuevo "zar" llenó el vacío de poder de los últimos años de la era-Yeltsin. Una suerte de moderno culto a la personalidad reapareció tempranamente cuando proliferaron T-shirts con la imagen de Putin, calendarios de Putin, huevos de Pascua de Putin, y hasta una canción popular cuyo estribillo rezaba, explicando el sentir del país, "Quiero un hombre como Putin... lleno de energía, quiero un hombre como Putin, que no beba... quiero un hombre como Putin, que no me lastime... quiero un hombre como Putin, que no me abandone...".

El País sostuvo que a Putin "le han puesto la presidencia en bandeja para que hiciera yeltsinismo sin Yeltsin". El mismo día de las elecciones, el 26 de marzo, Vladimir Putin anticipó que no debían esperarse grandes cambios de inmediato. "No tengo derecho a decir que mañana habrá un milagro... si elevamos las esperanzas del pueblo, el desencanto es inevitable. Pienso que me esperan dificultades adicionales si las expectativas son muy elevadas". Putin también sostuvo que daría prioridad "a los derechos de los individuos y no de las masas". Sobre la prensa libre, aseguró que "es uno de los instrumentos más importantes para garantizar la salud de la sociedad" y dijo que los intelectuales tienen una "inmensa importancia sociopolítica". Anticipó que buscaría terminar con la "falta de disciplina en las autoridades" y reconoció que buena parte del apoyo a la campaña militar en Chechenia estaba "basada en el sentimiento de que el estado se ha vuelto débil". Sostuvo que "los terroristas tuvieron su lección" y que las operaciones no terminarán hasta la "total liberación". Putin adelantó que la campaña (en Chechenia) no responde a la guía del calendario político ruso sino a "únicamente a criterios militares". También anunció que la defensa sería aumentada en un 50 por ciento en ese año y que "Rusia no puede ser un gran estado sin fuerzas armadas fortalecidas". Putin dijo que no imaginaba a la OTAN como enemigo pero que el país buscaba "relaciones de equidad y confianza con sus socios" y

---

[570] "Putin pondrá en su sitio a La Familia y a los oligarcas", *El País*, 21 de febrero de 2000.

"Mr Putin is by nature an authoritarian who has apparently accepted democracy. Mr Sobchak was a democrat who felt he had to accept some of Russia's old authoritarian ways". *The Economist*, February 24, 2000.

[571] En la elección del año 2004, Putin fue reelegido con el 71% de los votos y su inmediato competidor obtuvo tan solo el 14%. Cuatro años más tarde, Medvedev fue elegido presidente con el 70% de los votos. El candidato opositor más votado consiguió el 17%.

que "la soberanía y la integridad territorial de los estados no puede ser violada bajo el slogan de las así llamadas intervenciones humanitarias". Putin también dio definiciones económicas: "hemos vivido bajo un sistema totalitario que no logró nada en la esfera económica". Sostuvo que "es inaceptable vivir en un país rico con un pueblo pobre" y definió a la "rápida modernización de la economía" como el objetivo de largo plazo de Rusia. Explicó que no habría grandes inversiones extranjeras "hasta que haya un sistema político estable y un Estado fuerte que defienda las instituciones del mercado y la creación de un clima favorable". Putin llamó a luchar contra la corrupción y la impunidad al sostener que "no puede haber ningún tipo de desarrollo positivo del país" con esos flagelos. Recordó que las últimas palabras de Yeltsin en la Presidencia (el 31 de diciembre de 1999) fueron cuando, al borde de las lágrimas, le pidió "cuidar a Rusia". Sostuvo que aun retirado, el "prestigio" de Yeltsin podía beneficiar a Rusia en el exterior. Sobre los "oligarcas", Putin dijo que debían ser observados como "jugadores del mercado" y que no tendrían "acceso especial a las autoridades locales, a los gobernadores, al primer ministro o al Presidente o a un ministro" y que el Presidente debía mantenerse "por arriba de las influencias de los lobbistas". Putin dijo que "una gran mayoría de nuestros ciudadanos tienen una sensación de falta de estabilidad interna. Esperemos poder recuperar ese sentimiento".[572] El 28 de marzo, propuso ampliar a siete años el mandato presidencial.[573]

El 7 de mayo, Putin asumió formalmente la Presidencia. Se trataba de la primera inauguración presidencial en términos formales, dado que Yeltsin fue elegido presidente de Rusia cuando aún existía la URSS. Putin sostuvo, meses después, en un discurso ante la Asamblea Federal, que "la década pasada fue un tiempo tormentoso para Rusia. No es exagerado describir ese tiempo como revolucionario" y concluyó: "ese ciclo está terminado. Ya no habrá revoluciones o contrarrevoluciones".[574]

El pueblo, en tanto, quería olvidar las amarguras de los traumáticos años de fines de los 80 y los 90. Los rusos, simplemente, querían vivir. Una muestra de la voluntad de consumo apolítica tuvo lugar cuatro días antes de las elecciones que consagraron a Putin: el 22 de marzo, cuarenta mil moscovitas colapsaron el tránsito intentando llegar a la apertura del primer local de IKEA en la capital.

El Putin liberal y amigo de Occidente (2000-2003)

Al asumir la presidencia en diciembre de 1999, Putin envió señales de continuidad. Una muestra concreta de dicha política la ofreció la confirmación de Igor Ivanov como ministro de Relaciones Exteriores. Este, por su parte, se ocupó de telefonear a sus principales colegas para asegurar que la dimisión de Yeltsin y la llegada de Putin no produciría ningún giro en la estrategia de colaboración con el mundo.[575]

El hecho de que Putin era un ex agente de la antigua KGB generó suspicacias en Occidente. Dick

---

[572] *BBC News*, March 27, 2000.

[573] En 2011, la amplísima mayoría parlamentaria de Rusia Unida logró aprobar una modificación en la Constitución elevando de cuatro a seis años la duración del período presidencial. En 2012, Putin asumió su tercer mandato como Jefe de Estado, para el período comprendido entre ese año y 2018.

[574] Discurso del Presidente Putin del 3 de abril de 2001. *Russian Information Agency Novosti*, April 4, 2001.

[575] *BBC News*, January 2, 2000.

Cheney dijo alguna vez que cada vez que le mencionaban a Putin, no podía dejar de pensar: "KGB, KGB, KGB". Sin embargo, pese a que desde un inicio las especulaciones sobre la aparición de un nuevo hombre fuerte, durante su primer término como presidente Putin actuaría como un verdadero modernizador y realizaría una política exterior pro-occidental. De alguna forma, continuó la política de búsqueda de cooperación con Occidente. Jubah escribió: "Putin no solamente heredó el Kremlin de manos de Yeltsin. También heredó su equipo, su agenda y su guerra en Chechenia. El primer mandato de Putin, entre 2000 y 2004, no fue totalmente propio. Su desafío se parecía al de Sísifo. Pero sin embargo, Yeltsin le había dejado una enorme ventaja. Fue una suerte para Putin asumir justo cuando la economía había despegado. En el año en que fue designado primer ministro, la economía creció un 10 por ciento gracias a la devaluación del 75 por ciento que siguió al default".

El 26 de enero, Putin mantuvo su primer encuentro con el presidente bielorruso Alexander Lukashenko, un jefe de Estado que es habitualmente sindicado por la prensa occidental como "el último dictador de Europa". Ambos presidentes firmaron "la unión entre sus países en torno a una entidad confederal que ayer entró formalmente en vigor en la sala de San Jorge del Kremlin mediante un solemne intercambio con Vladímir Putin de los documentos de ratificación del correspondiente tratado". Putin calificó de "histórica" la jornada y sostuvo que todavía "hay que crear una base común jurídica, económica, de defensa y humanitaria". Más optimista, Lukashenko, principal impulsor del proceso de unión, consideró al tratado como un paso de gigante "hacia la refundación de un gran país dislocado", en obvia referencia a la extinta Unión Soviética.[576]

"Los Estados Unidos son el principal socio de Rusia". Con esas palabras, el presidente interino ruso, Vladímir Putin, confirmó su voluntad de mantener una alianza con Washington, tras su primera reunión con la secretaria de Estado norteamericana, Madeleine Albright, en Moscú, el 2 de febrero de 2000, cuando llevaba apenas cuatro semanas como presidente ruso.

Semanas más tarde, el propio Clinton, parafraseando lo que Margaret Thatcher dijera en su día de Gorbachov, afirmó que Putin "es una persona con la que se puede negociar y entenderse". En ese clima de deshielo, a mediados de febrero había tenido lugar la visita a Moscú del Secretario General de la OTAN, George Robertson. El viaje del funcionario buscaba crear las condiciones para renaudar, tras la crisis de Kosovo, relaciones plenas entre la OTAN y Rusia, recuperando la letra y el espíritu del Acta Fundacional sobre Relaciones Mutuas suscrita en París en mayo de 1997. Clinton viajó a Moscú en ese verano de 2000, el último de su presidencia, y el primero de la de Putin.

Durante la campaña electoral, Bush había afirmado que "apoyamos las reformas en Rusia pero no su brutalidad". Lo dijo el 19 de noviembre de 1999, durante su presentación en la Ronald Reagan Presidential Library, en momentos en que en Washington y otras capitales occidentales se cuestionaban los medios con los cuales las tropas rusas luchaban contra el terrorismo checheno. Mientras tanto, Condoleezza Rice, la principal asesora en política exterior del candidato republicano, escribió poco después en *Foreign Affairs* que la amistad Clinton-Yeltsin se había transformado en un "sustituto" de una genuina relación entre los dos países y que el apoyo a la democracia en Rusia había quedado reducido a un "apoyo a Yeltsin".[577]

En tanto, durante un viaje a Moscú, el ex presidente Bush le había asegurado a Yeltsin -quien todavía era presidente- que su hijo sería el próximo presidente de los Estados Unidos. Meses después, ya con Putin en el Kremlin, una delegación de Rusia Unida -el partido oficialista- asistió a la Convención

---

[576] *El País*, 27 de enero de 2000.

[577] *Foreign Affairs*, January/February 2000.

Republicana en Filadelfia. Entre otros, asistió Mikhail Margelov, titular del comité de Relaciones Exteriores del Consejo de la Federación (cámara alta).

Después de un proceso electoral controvertido, George Bush (h.) se convirtió en el nuevo presidente de los EEUU, tras superar al vicepresidente de Clinton, Al Gore. El 20 de enero, otra delegación rusa asistió a la fiesta de *black-tie* en la Union Station de Washington.[578] Allí, en un aparte, Condoleezza Rice, nombrada asesora de Seguridad Nacional, pasó el mensaje a los enviados de Putin: "diganle que seremos grandes amigos". En junio de 2001, Putin mantuvo su primer encuentro con Bush en Lujbliana (Eslovenia). A la salida del castillo del siglo XVI en el que tuvo lugar la cumbre, frente a los periodistas norteamericanos que cubrían su gira, Bush dijo de Putin: "lo miré a los ojos y pude ver el sentido de su alma. Descubrí que era muy franco y digno de confianza". El *Washington Post* lo trató de "ingenuo". Poco antes, la influyente Condoleezza Rice (nueva asesora de Seguridad Nacional) había escrito que "la seguridad de los EEUU está menos amenazada por la fortaleza rusa que por su debilidad e incoherencia".[579] De regreso en Moscú, Putin sostuvo ante los corresponsales extranjeros, dos días después de su encuentro con Bush, que entre Rusia y los EEUU había "una hoja en blanco" para recomenzar una nueva etapa en las relaciones bilaterales.

En tanto, el 11 de septiembre de ese año, los atentados masivos contra los EEUU cambiaron para siempre el curso de los acontecimientos globales. El derribo de las Torres Gemelas en Manhattan y el avión estrellado sobre el Pentágono, en Washington, alteraron dramáticamente la visión de la política exterior del presidente Bush. La respuesta norteamericana en la guerra contra el terror debilitó la alianza atlántica: en la reunión en las Azores, a comienzos de 2003, Bush y Blair estuvieron acompañados por el presidente del gobierno español, José María Aznar pero las ausencias de los líderes de Francia y Alemania mostraban la falta de consenso en el ataque a Irak y Afganistán.

Putin, en tanto, se apuró en expresar su solidaridad a su nuevo amigo americano: el suyo fue el primer llamado que recibió el jefe de la Casa Blanca. Al ponerse al lado de Bush, Putin desoyó el consejo de los "halcones" del establishment militar que recomendaban "aprovechar" el desconcierto que por esas horas dominó a la administración norteamericana. Cualquiera hayan sido sus íntimas convicciones, el presidente comprendió que esa propuesta era simplemente inviable. Pragmático, Putin hizo en rigor de la necesidad virtud: Rusia no estaba en condiciones, a la salida de los traumáticos años 90, de rivalizar con los EEUU. El boom de los commodities aún no se había producido y el país apenas tenía una incipiente recuperación económica. Lo cierto es que Rusia se había convertido en un jugador clave en la coalición antiterrorista liderada por Washington. Pero el apoyo de Rusia no debía ser entendido como una renuncia a sus intereses de largo plazo.[580]

---

[578] Tradicionalmente, se celebran varias fiestas en la capital norteamericana el 20 de enero, cada cuatro años, cuando asume el jefe de la Casa Blanca. Como parte del programa de la Inauguración, el nuevo presidente y la primera dama son obligados a una extenuante gira por esas comidas de gala en las que se suele "agradecer" a los generosos contribuyentes empresarios que alimentan las costosísimas campañas en los EEUU. A diferencia de lo que sucede con la mayoría de los países, los EEUU no invitan a los jefes de Estado extranjeros a la toma de posesión presidencial.

[579] "Russia and the West: The big chill", *The Economist*, May 17, 2007.

[580] Después de haber intentado mejorar las relaciones con Occidente durante su primer mandato, Putin. se sintió traicionado por los EEUU. En el caso de Georgia, en 2008, y luego en el de Ucrania, en 2014, Putin cree que Occidente "fue injusto con él, que apoyó a la oposición en el interior de Rusia y a las fuerzas anti-rusas en el territorio de los países pos-soviéticos. Putin cree que Occidente le ha engañado en Ucrania (...) el

Dos días antes del atentados, el domingo 9 de septiembre, Bush recibió una llamada de Putin a la que no le prestó demasiada atención. El presidente ruso le informó que la Inteligencia de su país había detectado que el líder del movimiento anti-gubernamental de resistencia de Afganistán, Ahmed Shah Marsovo, había sido asesinado como consecuencia de la explosión ocasionada cuando dos hombres-bomba suicidas que se hicieron pasar por periodistas ejecutaron la misión. Los servicios de inteligencia rusos advirtieron que el hecho podía indicar que "algo mayor" podía suceder. Yevgeny Primakov escribió tiempo después que, aparentemente, Bush no comprendió entonces la importancia de los hechos. Lo comprendió recién 48 horas más tarde, cuando dos aviones comandados por pilotos suicidas se incrustaron en las Torres Gemelas y cambiaron para siempre la historia de su país y del mundo.

Putin equiparó los hechos terroristas que conmovieron al mundo con los sucesos en torno a la guerra en Chechenia. El presidente se enteró de los atentados en su oficina del Kremlin, a las cinco de la tarde hora de Moscú. De inmediato pidió una comunicación con Bush, quien entonces había sido evacuado y sobrevoló el territorio norteamericano en el Air Force One durante varias horas deteniéndose en distintos puntos del país, secretamente, de acuerdo a los procedimientos previstos para una catástrofe o un ataque de máxima gravedad contra los EEUU. Putin le pidió a su ministro de Defensa, Sergei Ivanov que pensara "¿Cómo podemos ayudarlos? ¿Qué necesitan en estos momentos?" El ministro le informó que el día anterior, había comenzado un ejercicio militar en el Pacífico en el que la flota rusa simularía un ataque norteamericano. Putin le ordenó cancelar de inmediato el ejercicio para evitar cualquier malentendido en momentos en que los EEUU sufrían una enorme convulsión. Esa noche, grabó un mensaje televisado. Sostuvo que "nosotros hemos sufrido el accionar del terrorismo". Dos meses después del 11 de septiembre, Osama Bin Laden había dicho a un periodista paquistaní que "los Estados Unidos y sus aliados nos están masacrando en Palestina, Chechenia, Kachemira e Irak".[581]

Después de los ataques masivos contra los EEUU en septiembre de 2001, la administración Bush se

---

politólogo Stanislav Belkovski cree que "Putin siempre quiso estar en Occidente y ser un líder occidental". Al llegar al poder, tanteó la posibilidad de que Rusia ingresara en la OTAN, renunció a los radares en Vietnam y Cuba, y fue el primero en ofrecer sus condolencias a George Bush por el atentado del 11 de septiembre de 2001. Con el tiempo llegó la convicción de que Occidente no lo quería". "¿Hacia dónde va Putin?", *El País*, 10 de agosto de 2014.

La política exterior de Rusia desde que Vladimir Putin accediese a la presidencia del país ha arrinconado la tradicional disyuntiva de tener que elegir entre Este y Oeste. Durante el mandato de Borís Yeltsin la política exterior rusa comenzó siendo atlantista y terminó abrazando el "euroasianismo" más típico de la tradición política de Rusia. Con Putin, sin embargo, las contradicciones de la época Yeltsin se han terminado, habiendo logrado una estabilidad en su política exterior. Se trata de un euroasianismo práctico, que no da la espalda a Occidente y que al mismo tiempo continúa considerando a las antiguas repúblicas soviéticas, a excepción de las Bálticas, como parte indiscutible de su esfera de influencia. Además, el gran apoyo social con el que cuenta, la firmeza con la que dirige los asuntos internos del país y los últimos acontecimientos internacionales le han permitido llevar a cabo esa política exterior. Aunque Rusia ha aceptado la ampliación de la OTAN a los países Bálticos, el estacionamiento de tropas estadounidenses en Asia Central y la retirada de Washington del Tratado ABM, no podemos afirmar que su política exterior se haya plegado a los intereses de Estados Unidos, ni que sea exclusivamente atlantista. Detrás de estos gestos, el presidente Putin está logrando llevar a cabo una política hacia las ex repúblicas soviéticas (exceptuando las Bálticas) que busca recuperar la hegemonía perdida en la zona. El euroasianismo está emergiendo como una fuerza destacada en la política rusa".

[581] *Kremlin Rising*, p. 20.

concentró en el espacio ex-soviético: atacó Afganistán. Putin brindó su apoyo a la operación y facilitó logísticamente los dispositivos norteamericanos en contra de los talibanes. Al hacerlo, Putin enfrentó a los "halcones" del Kremlin, quienes más tarde le pasarían la factura por su condescendencia con Washington. El titular de Defensa, Sergei Ivanov, uno de los hombres más cercanos a Putin, encabezó la oposición dentro del gobierno a la presencia norteamericana en Asia Central: expresaba las inquietudes del establishment militar. Putin entonces convocó a su gabinete a Sochi y durante días escuchó uno y otro argumento para volver a Moscú con su decisión tomada. Reunió en el Kremlin a los principales dirigentes políticos del país, incluidos los jefes opositores[582], y explicó "¿Cómo podemos negarnos?" para luego llamar a Bush el día 22 y asegurarle: "Vamos a ayudarlos". El jefe ruso le aseguró a su colega americano que aunque "no podemos poner tropas nuestras en Afganistán por razones obvias", llamaría personalmente a los jefes de estado de las naciones de Asia Central para reafirmarles que Rusia no se oponía a la asistencia a las operaciones de los EEUU en la zona en contra de Afganistán.[583] Así lo explicó Ilan Berman, años más tarde: "En los días posteriores al 11 de septiembre, el Presidente Vladimir Putin rompió con varios en Moscú cuando dio su aquiescencia a la presencia norteamericana en el patio trasero geopolítico de su país. Más recientemente, el gobierno de Putin revirtió este curso. Temeroso ante la posibilidad de un puesto de avanzada militar de los EEUU en su vecindario inmediato y del potencial cambio democrático asistido por los EEUU allí, el Kremlin ha adoptado una estrategia multifacética económica y política diseñada para disminuir la influencia norteamericana allí".[584]

En la reunión entre Rusia y la OTAN, en octubre de 2001 en Bruselas, Putin afirmó su compromiso en el apoyo a la guerra antiterrorista. Putin, entonces, recibió elogios importantes. Por caso, el senador Joe Biden -que más tarde sería vicepresidente- dijo que "desde Pedro el Grande, ningún líder ruso ha mirado tanto a Occidente como lo hace Putin".[585]

El 13 de noviembre de ese año, Putin fue recibido en la Casa Blanca por su amigo Bush. Al otro día, fue invitado al rancho de Crawford, residencia privada del presidente. El vocero de la administración Bush se ocupó de remarcar que solamente algunos líderes mundiales tenían el privilegio de ser invitados personales del presidente. El ruso destacó que era la primera vez que era invitado a la residencia particular de un líder extranjero. Putin, por su parte, afirmó en la Universidad de Rice que "Rusia es un aliado para los líderes de la OTAN".

Semanas antes, en Moscú, Putin recibió la promesa del primer ministro Tony Blair quien visitaba Rusia

---

[582] Entre otros, Grigory Yavlinsky y Boris Nemtsov.

[583] La Administración Bush, por su parte, había puesto a John Bolton, subesecretario de Estado, a bordo de un Gulfstream oficial rumbo a Tashken, la capital de Uzbekistán donde el funcionario norteamericano solicitó a Islam Karimov facilidades logísticas para las tropas de los EEUU. Para Karimov, quien gobierna desde 1990, naturalmente, la oportunidad parecía un sueño: le permitía "lavar" su triste récord de denuncias por violaciones a los derechos humanos al punto que le ofreció a Bolton instalar una base permanente. *Kremlin Rising*, p. 131.

Bob Woodward: *Bush at War*, p. 117-120.

[584] Ilan Berman: "Russia Shows the US the Central Asia Door", *Jane's Defence Weekly*, July 11, 2007.

[585] Tres lustros más tarde, como vicepresidente, Biden criticó duramente a Putin durante la Conferencia de Seguridad de Munich, a comienzos de febrero de 2015, y se pronunció a favor de enviar armamento norteamericano a Ucrania para luchar contra los grupos separatistas pro-rusos del este de ese país.

de que el Kremlin "tendría mayor participación en las decisiones de la OTAN" y se comprometió a respaldar la admisión de Rusia en la OMC. Blair felicitó a Putin por su apoyo a Bush en la guerra antiterrorista. *The Guardian* señaló entonces que el premier británico estaba "impresionado" por el acuerdo del presidente ruso respecto al involucramiento de los EEUU en un área que tradicionalmente había sido una zona de influencia rusa. "Desde mi primer encuentro con él, reconocí que el Presidente Putin es un hombre con la imaginación y el coraje necesarios para fijar relaciones en una nueva etapa".[586]

La política de acercamiento con Occidente, sin embargo, no impidió que ya a comienzos de 2002 observadores sostuvieran que habían "florecido sorprendentes sueños imperiales rusos" y que "la doctrina del Euroasianismo, largamente relegada a la oscuridad, ha retornado con venganza, convocando a numerosos adherentes en su llamado a un resurgimiento ruso". En este plano las renovadas ideas de "grandeza nacional" parecían haberse apoderado de los pasillos del Kremlin y los analistas occidentales advertían que Putin había afirmado que "Rusia siempre se vio a si misma como una nación Euro-Asiática". Resulta llamativo que tal afirmación pueda haber resultado "sorpredente", ¿si Rusia no es un país euro-asiático, qué país lo es?

A cambio de su alineamiento con Occidente, Putin esperaba la eliminación de las restricciones comerciales derivadas de la aplicación de la Enmienda Jackson-Vanick, el apoyo para el ingreso de Rusia a la OMC, un objetivo de larga data del Kremlin desde la caída de la URSS, la cancelación de los planes expansionistas de la OTAN y hasta una eventual membresía de Rusia a la alianza atlántica.

El cierre de las bases de Lourdes y Cam Ranh Bay

Durante su período de cercanía con Washington, Putin ofrecería dos "pruebas de amor". Estas fueron el cierre de dos instalaciones militares heredadas de la guerra fría: la base de Lourdes (Cuba) y de Cam Ranh Bay (Vietnam).[587] La medida fue adoptada pese a la aprehensión de los sectores conservadores del aparato de seguridad y defensa.

Algunas versiones señalaron que la verdadera causa del cierre de las bases respondía a razones de índole netamente presupuestaria: la clausura de ambas permitiría un ahorro de 200 millones de dólares anuales de renta a Cuba y Vietnam. La base cubana, abierta desde 1964, era la insignia de la presencia soviética en América y durante décadas, una fuente de inquietud para la inteligencia norteamericana. La base en Vietnam, por su parte, había sido una posición estratégica de los EEUU hasta 1972. Bush saludó la iniciativa rusa: dijo que la decisión "es un nuevo indicador de que la guerra fría está superada" y que "el Presidente Putin entiende que Rusia y Norteamérica ya no son adversarios".[588]

Putin dijo en una reunión en el Ministerio de Defensa que "tras largas conversaciones, se ha considerado conveniente retirar el centro radioelectrónico" instalado en Cuba. El presidente afirmó

---

[586] "Putin lauded as Blair seeks Russian help", *The Guardian*, 5 October 2001.

[587] En julio de 2014, se anunció la reapertura de la base de Lourdes, en Cuba. Ese mismo mes, Putin realizó una promocionada gira por países latinoamericanos que incluyó un encuentro con los hermanos Castro en La Habana.

[588] "Russia Closing 2 Major Posts For Snooping, One in Cuba", *The New York Times*, October 18, 2001.

que las Fuerzas Armadas deben centrarse en los objetivos más prioritarios y "fundamentales" sin desperdiciar medios en otras "tareas secundarias". Putin vinculó indirectamente el cierre de Lourdes, una de las dos espinas en las relaciones entre Estados Unidos y Rusia por Cuba, a la campaña antiterrorista internacional en Afganistán. La reforma militar emprendida por Rusia obliga a "prescindir de gastos innecesarios y centrarse en la eficacia de la cooperación militar internacional, ateniéndose a la situación política actual en el mundo", manifestó Putin sobre el cierre de Lourdes. Pero aseguró que el abandono del sofisticado complejo de radares, capaz de captar señales electrónicas a casi 2.000 kilómetros, no es un distanciamiento del régimen del presidente cubano Fidel Castro. Putin prometió por el contrario que Rusia continuará "abogando por el levantamiento total del bloqueo económico" a Cuba. De acuerdo con datos de los servicios secretos occidentales, desde Lourdes se podía "interceptar faxes, conversaciones telefónicas y comunicaciones por ordenador". (...) El jefe del Estado Mayor de las Fuerzas Armadas de Rusia, el general Anatoli Kvashnin, justificó en "motivos económicos" la decisión de cerrar ambas bases, y afirmó que el coste de Cam Ranh en un año "es el precio de un Kursk".[589]

En mayo de 2002, Bush viajó a Moscú. Allí, ambos líderes firmaron un acuerdo de reducción de armas que disminuyó significativamente los niveles operacionales de material desplegado y emitieron un comunicado conjunto de compromiso en la lucha contra el terrorismo. En Roma, días más tarde, durante la cumbre de la OTAN, Bush y Putin convinieron crear un consejo entre Rusia y la organización atlántica para ocuparse de temas específicos como la no proliferación, la amenaza terrorista, la reforma de defensa, la cooperación militar y la asistencia en emergencias civiles. Los presidentes volvieron a reunirse en Canadá en junio de ese año, en la cumbre del G-8 y el jefe de la Casa Blanca distinguió a Putin como "un firme aliado en la guerra contra el terror". En los meses siguientes, tuvieron lugar nuevos encuentros de alto nivel entre las dos administraciones. En octubre se celebró la primera cumbre energética Ruso-Americana (en Houston) y en noviembre Bush viajó a San Petersburgo tras participar en una cumbre de la OTAN en Praga. En la ciudad de los zares, Bush llevó su agradecimiento personal a Putin por su apoyo en una resolución contra Irak en Naciones Unidas.[590]

La guerra contra el terrorismo hermanó a Putin con Bush, aunque Rusia no apoyó la invasión a Irak en marzo/abril de 2003, como veremos más adelante. El terror volvió a golpear a Rusia el 23 de octubre de 2002: un secuestro de varios centenares de personas en un teatro de Moscú conmovió al país y al mundo entero. El Kremlin se paralizó: esta vez el ataque tenía lugar en el centro político del gigante ruso y no en una alejada provincia. Cientos de personas murieron en el rescate que las tropas del gobierno realizaron intempestivamente ingresando al recinto con máscaras de gas y abriendo fuego a los secuestradores. Las autoridades atribuyen la culpabilidad del caso al terrorismo checheno que azota al país. Se produjeron 129 muertes en medio de un caos. Sin embargo, el gobierno declaró victoria: los terroristas había sido abatidos. Los opositores sostuvieron que las muertes fueron "innecesarias" y surgieron protestas -minoritarias- de agrupaciones de derechos humanos. Al parecer, según la visión de opositores al gobierno, la pretensión de los secuestradores era que Putin ofrezca reducir la ofensiva contra los rebeldes chechenos: una condición inaceptable para el Presidente.

El terreno de la lucha contra el terrorismo fue uno de los campos de mayor cooperación entre Rusia y los EEUU. Una prueba de ello tuvo lugar en diciembre de 2006 cuando los servicios de Inteligencia de los EEUU alertaron a las autoridades rusas que habían detectado preparativos para realizar un atentado

---

[589] *El Mercurio*, 17 de octubre de 2001.

[590] *U.S. Department of State Archive* - United States Relations with Russia: After the Cold War.

en una estación del Metro de Moscú.[591]

Un momento decisivo para el reconocimiento de Putin como líder global tuvo lugar durante los festejos por el tricentenario de la fundación de San Petersburgo, a fines de mayo de 2003. Las celebraciones costarían una fortuna.[592] 300 millones de dólares fueron invertidos para refaccionar el Palacio Konstantinovsky. Las críticas compararon a Putin con el príncipe Grigory Potemkin, favorito de Catalina la Grande quien, según la leyenda, levantaba fachadas de supuestas ciudades al borde del camino que llevó a la emperatriz hasta Crimea a fines del siglo XVII. Lo cierto es que hasta la ciudad fundada por Pedro el Grande llegaron George Bush, Gerhard Schroder, Jacques Chirac y Tony Blair.[593]

En esos días de mayo de 2003, Putin recibió a Paul McCartney en el Kremlin y le confesó que durante los años del comunismo escuchar la música de los Beatles era una "bocanada de aire fresco" y una "ventana al mundo exterior". Putin, además, felicitó a McCartney por el diploma de profesor honorario con el que el Conservatorio de San Petersburgo lo homenajeó y le expresó que "es un gran honor que visite la escuela en la que estudió Tchaikovsky".[594] Aquella noche, McCartney tocó en la Plaza Roja y le dedicó "a una persona muy especial" un tema en particular: "Back in the USSR".[595]

En 2004, Putin declaró su apoyo público a la reelección del Presidente Bush: durante su discurso en la cumbre de la Organización para la Cooperación de Asia Central en Tajikistán, el 18 de octubre de ese año, el presidente ruso exhortó a que el pueblo americano votara confirmando a Bush como jefe de la Casa Blanca.[596]

Mientras tanto, el nuevo milenio mostraba el surgimiento de un gigante: China. Desde la muerte de Mao en 1976, pero en especial a partir de las reformas pro-mercado emprendidas dos años más tarde por Deng Xiaoping, la República Popular venía creciendo a un ritmo del 10 por ciento anual hasta alcanzar el estatus de potencia económica. En ese esquema, ¿Rusia estaba aprisionada entre la UE y China? La declinación de Rusia como gran potencia asiática estaba marcada por esta nueva realidad. La larga debilidad china parecía haber quedado en el pasado y Beijing caminaba a convertirse en el nuevo hegemón asiático. En ese plano, algunos observadores sostenían que "la percepción que Rusia tiene de si misma como una gran potencia euroasiática es un pensamiento residual soviético" y comparaban la "autodenominada escuela de política euroasiática" con la "psicosis post imperial que llevó a los políticos franceses a proclamar la grandeza ("grandeur") de su país a pesar de la realidad de Francia como potencia de segunda categoría dependiente en gran manera de la influencia de sus vecinos". Esta visión señalaba que "para bien o para mal, Rusia, la última potencia imperial enclavada en Asia, está en retroceso" y que "aún en el extranjero cercano (near abroad) de los ex estados soviéticos de Asia Central, Rusia debería esperar jugar un rol secundario al lado del dinamismo y las ambiciones

---

[591] Tsygankov, Andrei: *"Russia's Foreign Policy"*, en *"After Putin's Russia"*, p. 230.

[592] "St. Pete Gets $1.4 Bln for Tricentennial Party", *The Moscow Times*, February 9, 2001.

[593] *Putin's Russia*, p. 161-162.

[594] *Kremlin Rising*, p. 230.

[595] "Paul McCartney Finally Back in the USSR", *Moscow Times*, May 26, 2003; "Vladimir Putin receives Paul McCartney in Kremlin", *EnglishPravda*, May 24, 2003.

[596] "Putin urges voters to back Bush", *CNN* (online), October 18, 2004.

chinas".[597]

La política exterior pro-occidental de inicios del gobierno de Putin daría paso a una nueva etapa de mayor "afirmación" de los valores rusos durante su segunda presidencia, a partir de 2004, como se verá más adelante en este ensayo. La conclusión de esta primera etapa de la política exterior entre 2000 y 2003 debe leerse de acuerdo a la visión que Putin y su gobierno sintieron: los anhelos y expectativas de Rusia como resultado de la cooperación con los EEUU no se cumplieron. Por el contrario, Putin verá cómo, a su alrededor, comenzarán a surgir regímenes pro-occidentales y manifiestamente anti-rusos en Ucrania, Georgia, Kyrgistán y los países bálticos, tras las "revoluciones de colores" alimentadas por Occidente, una realidad intolerable para el Kremlin.

Putinomics

Así como en materia de política exterior Putin mostró continuidad y acercamiento con Occidente, en el plano económico actuó de manera similar durante su primera etapa presidencial. Como primer ministro, Putin nombró a Mikhail Kasyanov (de 42 años). Su designación buscó dar una "señal a los mercados", dado que tenía una década de experiencia en la cooperación con los funcionarios del FMI, como encargado de Finanzas durante la segunda presidencia de Yeltsin. "Kasianov, un tecnócrata ambicioso", tituló *El País*. Sin embargo, el nuevo premier tenía fama de corrupto: Era conocido como "Misha dos por ciento".[598]

Kasyanov permaneció en el poder hasta comienzos de 2004, cuando fue expulsado por Putin. Durante los cuatro años durante los cuales fue primer ministro, Kasyanov puso en marcha un programa de reformas económicas a cambio de no invadir las competencias "presidenciales", es decir, la política exterior, la seguridad y la guerra de Chechenia. En esta "división de tareas", Kasyanov se ocupaba del día a día y de la política doméstica. Sostuvo años después que, entre 2000 y 2003, Putin "no interfería en el 90 por ciento de los temas en los que yo estaba trabajando. El 10 por ciento en el que interfería tenía que ver con el sector gasífero. Repetidamente me dijo que no iniciara ninguna reforma en el sector del gas y en nada relacionado con Gazprom.."[599] Junto a Kasyanov, Putin heredó a Alexander Voloshin, jefe de gabinete de la administración de la Presidencia.

La guerra en Chechenia convertiría al temprano Putin en un "presidente de guerra". Putin lo puso en palabras: "mi misión era resolver la situación en el norte del Cáucaso".[600] Mientras tanto, los ministros reformistas podían encarar transformaciones de modernización. Kasyanov así lo describió: "(nuestro) consenso estaba basado en dos cosas: orden y reformas. Creíamos que Putin era un hombre suficientemente fuerte, que él era la solución y que era capaz de restaurar el orden en el país. El otro

---

[597] Russia's Retreat, China's Advance: The Future of Great Power Politics in Asia - By E. Wayne Merry, *The National Interest*, February 5, 2003

[598] Había sido nombrado viceministro de Finanzas en 1995 y titular de esa cartera en agosto de 1999, cuando Putin había alcanzado el cargo de primer ministro. Actualmente es un opositor al gobierno de Putin y su última aparición pública tuvo lugar en el entierro de Boris Nemtsov, a fines de febrero de 2015.

[599] *Fragile Empire*, p. 40.

[600] *First Person*, p. 139.

elemento era la reforma, implementar reformas que se habían bloqueado. Putin realmente captó las esperanzas entonces. La esperanza de orden y la esperanza de reformas".[601]

Una de estas políticas sería la puesta en marcha de un amplio programa de unificación y simplificación impositiva. Se impuso un arancel único -*flat rate*- del 13 por ciento. Los resultados fueron positivos, al igual que en todos los países de Europa del Este donde se aplicó un esquema similar a la caída del comunismo.

El programa de simplificación para la apertura de nuevos emprendimientos resultó en un éxito notorio: la cantidad de emprendimientos que lograron registrarse en menos de cinco días pasó del 17 por ciento en 2001 a más del 50 por ciento en 2006.[602]

El liberal Andrey Illarionov fue uno de los mayores promotores de las reformas modernizadoras de los inicios del gobierno de Putin desde su cargo de jefe de asesores económicos de la Presidencia de la Federación Rusa y *sherpa* del Presidente en las cumbres del G-8. A fines de 2005, renunciaría a su puesto, disconforme con la política de Putin.[603]

Durante sus dos presidencias (2000-2004 y 2004-2008), Putin gozó de una enorme bonanza económica. Es común atribuir al aumento del precio de los commodities energéticos las causas del crecimiento de la economía rusa, sin embargo, conviene distinguir dos momentos dentro del período iniciado en 1999. Daniel Treisman escribió: "¿Cuál fue la causa del crecimiento? Los partidarios del presidente lo atribuyen a la estabilidad política y a las políticas económicas elegidas por sus ministros. Sus críticos lo ven como el resultado fortuito de un repentino cambio en las condiciones económicas mundiales -en particular el aumento del precio del petróleo, el gas y otros commodities- así como el rebote de una severa contracción. ¿Quién tiene razón? Una manera de encontrar una respuesta es determinar qué sectores de la economía condujeron el crecimiento. Estos parecen haber ido cambiando con el tiempo. Entre 1999 y 2001, el crecimiento tuvo bases anchas. Durante esos tres años, el valor agregado se incrementó en un 69 por ciento en comunicaciones, 7 por ciento en la agricultura, 37 por ciento en la construcción, 32 por ciento en los servicios financieros y el 28 por ciento en la industria. Entre los productos industriales, la producción creció más rápidamente en los textiles (74 por ciento), la industria liviana (52 por ciento), petroquímicos (56 por ciento), maquinarias para la construcción (48 por ciento) y químicos (45 por ciento). Las construcción de tractores y maquinaria para el campo alcanzó el récord del 226 por ciento. Esas cifras permiten verificar que el crecimiento entre 1999 y 2001 no se basó simplemente en el petróleo y otros recursos naturales. Al contrario, este fue el período en el que las empresas que habían sobrevivido a los años 90 tuvieron su segunda oportunidad. La brusca devaluación del rublo en 1998 y la caída asociada en la actividad, volvieron de repente en muy competitivos sectores tradicionales. Las exportaciones surgieron desde 74 mil millones en 1998 a 105 mil en 2000. Un rublo barato protegió al mercado doméstico: la comida y los automóviles occidentales se volvieron muy costosos. Las importaciones cayeron entre 1998 y 2000 de 58 mil millones a 45 mil millones de dólares (...) Pero luego, en 2002-2004, el patrón cambió. Los sectores previamente ayudados por la devaluación ahora sufrían en la medida en que se apreciaba la moneda local y reaparecía

---

[601] *Fragile Empire*, p. 39.

[602] *The Return...* p. 94.

[603] El 27 de diciembre de 2005, Illarionov renunció a su puesto protestando por el "curso autoritario" que el gobierno había tomado, según su concepción. Dijo que "Rusia ya no es un país libre políticamente" y sostuvo que el país era gobernado por una "elite autoritaria". A partir de 2006, se convirtió en consultor en el think tank ultraliberal CATO, en EEUU.

la competencia de las importaciones. En su lugar, ahora el crecimiento era explicado por la extracción de petróleo, que aumentó en un 32 por ciento entre 2002 y 2004, junto con las exportaciones de petróleo. Este boom era fundamentalmente concentrado en compañías petroleras privadas, especialmente en las tres más grandes (Yukos, TNK y Sibneft), propiedad de los líderes oligarcas. Las ganancias de las empresas petroleras y de gas estatales solo aumentó un 15 por ciento entre 1999 y 2003. En las tres grandes compañías de los oligarcas el aumento fue del 91 por ciento!" En resúmen, Treisman sostiene que "el crecimiento inicial de 1999/2000 fue disparado por la devaluación; el crecimiento de 2001/2004 está asociado a la extracción de minerales, especialmente de compañías privadas; y el crecimiento de 2005/2007 resultó del aumento del precio del petróleo y gas en el mundo".[604]

El superboom de los commodities redundó en una fenomenal afluencia de dólares para el país. El precio del petróleo escaló desde los 15 hasta los 147 dólares entre 1999 y 2008. La economía rusa, además, se vio beneficiada por una otra realidad: después de la devaluación de agosto de 1998, el país se volvió enormemente competitivo por causa de la depreciación del rublo y ello disparó la producción de bienes locales al provocarse un inexorable impedimento de las importaciones.

El PBI ruso crecería a una tasa del 7 por ciento promedio entre 1999 y 2007. Solamente la crisis financiera global desatada en septiembre de 2008 con la quiebra de Lehman Brothers detuvo el crecimiento del país, como se verá más adelante. Sin embargo, a partir de 2010, la economía rusa volvió a crecer. El PBI ruso se expandió desde 401 mil millones de dólares en 2002 a 2200 mil millones en 2014.[605]

Los críticos, por su parte, señalaban que la economía rusa seguía siendo dependiente del ciclo de los recursos naturales, pero lo cierto es que, por mérito o por fortuna, los años de Putin significaron gran mejora económica para la población. El Kremlin de Putin, mientras tanto, disfrutaba de enorme popularidad. Era la primera vez, desde fines de los años 70, en que la dirigencia del país podía exhibir datos de expansión económica.

En una entrevista publicada en 2007 por el diario alemán *Der Spiegel*, Alexander Solzhenitsyn sostuvo que el país que había encontrado en los noventa, al volver del exilio le había resultado "pobre y desmoralizado". Ese país, dijo, era el que había heredado Putin y apoyó al presidente en su tarea de "restauración". Por supuesto, Solzhenitsyn reconoció que "Rusia no es una democracia aun y recién está comenzando a construir la democracia, por lo cual es fácil encontrar faltas y errores".[606]

A lo largo de su extendida permanencia en el poder, Putin lograría mantener un elevadísimo nivel de popularidad. La aceptación de su figura y su política parece haberse basado en tres elementos decisivos: el crecimiento económico, la recuperación del fuerte poder político y la recreación de una imagen de

---

[604] *The Return..*, p. 233 y ss.

[605] The World in Figures 2002, *The Economist*. Rusia ocupa, a fines de 2001, el puesto 15 en el ránking de países según el tamaño de su producto bruto. El primer lugar lo tiene EEUU, con 9,152 billones. Japón, ocupa el segundo puesto con 4,346. Lo siguen: Alemania (2,111), Reino Unido (1441), Francia (1432), Italia (1171), China (989), Brasil (751), Canada (634), España (595), Mexico (483), India (447), Corea del Sur (406), Australia (404), Rusia (401), Holanda (393), Taiwán (288), Argentina (283), Suiza (258), Bélgica (248), Suecia (238), Austria (208), Turquía (185), Dinamarca (174). El PBI mundial es de 30,610 bn. El de las economías avanzadas, 24 mil. El del G7, 20 mil. En 2014, el PBI ruso alcanzó los 2,2 billones de dólares.

[606] *Der Spiegel*, 30 August 2007.

Rusia como potencia política en el plano global. Quizás sin proponérselo, el ejercicio del poder fue revelando una desconocida personalidad de Putin. El hombre que a fines de 1999 le había dicho a Yeltsin que "odiaba las campañas" parecía convertirse, espontáneamente, en un maestro de la comunicación política.

Jubah sostiene que Putin fue construyendo una imagen en la que la televisión jugaba un rol central: "la televisión había destruido a sus precesesores. Cada noche, las noticias de la noche mostraban a un Brezhnev en degeneración senil. Construyeron a un Gorbachov sabio y carismático para luego exponerlo como un fracasado confundido cuando no pudo competir con un entonces sobrio Yeltsin. Luego destruyó la reputación de este "gran demócrata" con mil imagenes de sus tropiezos por el alcholismo. El poder de la TV tornó a Yeltsin en nada mejor que un Brezhnev borracho de una democracia fallida. Por eso, en las primeras semanas desde su inauguración, Putin se dedicó a construir una "videocracia", es decir, su autocracia a través de las masas que le importaban".[607]

Para controlar los medios de comunicación y no ser extorsionado por sus propietarios, Putin tendría que encarar la tarea de desmontar el poder de los oligarcas.

Desmontando el poder de los oligarcas

Cumpliendo una regla básica del poder, Putin se dedicaría a recortar la influencia de quienes se autoadjudicaban haberlo llevado a la cima. Los oligarcas -Berezovsky, Gusinski, Khodorovsky- pagarían su presución. Una anécdota, contada por el propio Berezovsky, revela hasta qué punto llegaba su poder. O su presunto poder, que al fin de cuentas puede resultar aun más decisivo que el poder mismo. En cierta ocasión, a mediados de 1999, el magnate intentaba convencer al jefe de la FSB de convertirse en el heredero de Yeltsin. Putin, entonces, le habría respondido: "Yo no quiero ser Presidente... yo quiero ser Berezovsky".[608]

Los oligarcas habían auto-alimentado una fama según la cual, llegaban a controlar la mitad de la riqueza del país. En 1996, como vimos, habían organizado el llamado "Pacto de Davos" y pretendieron manipular a un decadente Yeltsin en su segunda presidencia, haciéndose de las "joyas de la corona" de la economía rusa: las empresas energéticas y los medios de comunicación. Dos áreas estratégicas a las que Putin prestaría inmediata atención.

El 28 de julio de 2000, Putin convocó al Kremlin a los hombres más poderosos del país. Reuniones como esta habían tenido lugar reiteradamente a lo largo de la década anterior. Sin embargo, esta vez las reglas serían diferentes. Ahora sería el gobierno quien sentaría las bases del juego. Putin propuso una regla: el gobierno no cuestionaría el proceso de privatizaciones y respetaría los derechos adquiridos

---

[607] *Fragile Empire*, p. 41.

[608] Berezovsky conoció a Putin en 1991 cuando era el número dos de la alcaldía de Leningrado y recurrió a él para destrabar un trámite administrativo. El empresario reconoció más tarde que Putin "me ayudó" y que para su sorpresa, no aceptó cobrar nada a cambio. *Kremlin Rising*, p. 52.

de los empresarios a cambio de que estos se mantuvieran al margen del proceso político.[609]

En el caso de los medios, los oligarcas que controlaban los canales de televisión se sentían suficientemente poderosos como para extorsionar al gobierno. Yeltsin había sido su víctima. Putin no repetiría la experiencia. Buscaría por todos los medios terminar con la perversa extorsión de "monstruos" creados y alimentados por un estado incapaz en los años 90. Vladimir Gusinsky controlaba NTV, un canal que tenía una audiencia de cien millones de televidentes y que alcanzaba cada rincón del país. Numerosas versiones sostienen que, en octubre de 1999, cuando Putin era primer ministro, Gusinsky pretendió extorsionarlo: "sé que tienes pocas chances de convertirte en presidente, pero si trabajamos juntos y haces lo que decimos, trataremos de ayudarte a ganar. Necesitamos 100 millones de dólares de crédito".[610] Poco antes, el gobierno había otorgado un préstamo similar a ORT, el canal televisivo de Berezovsky. Ya durante el gobierno de Yeltsin, Gusinsky había logrado obtener más de mil millones de dólares en "créditos". El gigante *Gazprom* había comprado buena parte del paquete accionario, una política que se extendería llevando a la empresa energética a invertir en áreas alejadas de su principal actividad.

Berezovszky, por su parte, insistía en su mayor vicio: pretender que era el verdadero titiritero del país. En octubre de 2000, pocos meses después de la asunción de Putin, afirmó que su interferencia en los asuntos políticos era "una necesidad para defender la democracia".[611] Para entonces, ya estaba enfrentado con el nuevo presidente. Desde ORT sus periodistas comenzaban a criticar a la nueva administración. Pretendía reproducir el método con el cual había llegado a meterse a Yeltsin en su bolsillo: pegar para negociar. Pero Berezovsky había subestimado a Putin.

La ruptura tendría lugar en esos meses iniciales del nuevo gobierno. La desgracia intervendería una vez más cuando, en agosto de 2000, una nueva tragedia tocó las puertas del Kremlin. El hundimiento del moderno submarino *Kursk* en el Mar de Barents amenazaba con convertirse en el *Chernobyl* de Putin. La nave era el orgullo de la flota rusa. Una explosión lo hundió en las profundidades del mar. Los llamados de auxilio de su tripulación fueron desoídos y la totalidad de los 118 hombres abordo murieron asfixiados en el fondo del océano. Putin quedó en shock.

El canal de Berezovsky realizó una dura cobertura del caso. El presidente estaba de vacaciones. Los reporteros de ORT insistían en repetir este dato y el hecho agravante de que no había decidido suspender su descanso. Los asesores del presidente tomaron consciencia de la crisis y le sugirieron actuar de inmediato. Pero Putin, mal aconsejado, voló al lugar y dio un mal paso al llevar el saludo a los familiares de las víctimas. Sin precauciones, el presidente se vio rodeado de reclamos sin saber cómo responder. Las fallas de comunicación quedaron al desnudo. Su explicación sobre los hechos no hizo más que caldear los ánimos: "Siempre hubo tragedias en el mar, aun en tiempos en que creíamos que vivíamos en un país muy exitoso. Siempre hubo tragedias. Solamente que nunca pensé que las cosas podían estar en tan malas condiciones".[612] Días más tarde, Putin, que aun era desconocido en

---

[609] "Putin says there is to be no review of privatizations", *The Wall Street Journal*, July 29, 2000; "Putin, Exerting his Authority, Meet with Russia´s Oligarchs", *The New York Times*, July 29, 2000.

[610] *Fragile Empire*, p. 42.

[611] "And again, as in 1996, the only group that dares to stand up for democracy is Russian capitalists - the creatures of President Yeltsin". *St. Petersburg Times*, October 20, 2000.

[612] *The man without a face*, p. 170.

Occidente, participó en un programa de Larry King, en la televisión norteamericana en la que explicó que el *Kursk* "se hundió".[613]

ORT prácticamente culpó al presidente por la muerte de los 118 marineros, acusando al gobierno por haberse negado a aceptar la ayuda extranjera que había sido ofrecida. Por el contrario, el canal no informó que, según técnicos especialistas, nada podía hacerse. El caso fue usado como una demostración de poder de Berezovsky frente a Putin. Un intento de "marcarle la cancha" al nuevo hombre del Kremlin. Una riesgosa operación que traería consecuencias nefastas para su impulsor.

Putin comprendería que debía terminar con este chantaje. El caso del Kursk puso de manifiesto hasta qué extremo podía llegar la dura lucha de poder que enfrentaba a los oligarcas con el nuevo presidente: el ambicioso e inescrupuloso Berezovsky había recurrido "extras" para disfrazarlos de presuntos familiares de las víctimas y hacerlos insultar a Putin frente a las cámaras.[614] Alguas versiones sostienen que, además de pretender chantajear al presidente a través de la manipulación de la televisión, Berezovsky habría hablado de más: habría afirmado que el liderazgo de Putin era "de transición" y que el verdadero presidente permanente surgiría de las elecciones de 2004.

El 23 de agosto, Putin atacó a los oligarcas a través de la televisión pública (Rossiya TV) y se preguntó por el orígen de su fortuna. Al hacerlo, golpeó sobre una corporación que ya era despreciada por la opinión pública. Hábilmente, el presidente cuestionó el tren de vida de los "oligarcas" a los que acusó de haberse apoderado de la riqueza del país y los invitó a quedarse en sus "villas del Mediterráneo a nombre de sociedades con nombre de fantasía".

A fines de 2000, Berezovsky huyó del país y se asiló en Londres. Presionado por investigaciones penales, vendió sus acciones de ORT a Roman Abramovich quien poco después las cedió al Estado. Años después publicaría en su cuenta de Facebook un pedido de disculpas por su promoción de la figura de Putin como presidente. Rusia nunca consiguió la extradición del magnate, quien residió en Inglaterra hasta su muerte, en 2013. El caso sería uno de los ejes de las complicaciones en la relación entre Moscú y Londres.[615]

En tanto, para comienzos de 2001, *Gazprom* terminaría de adquirir la mayoría de las acciones de NTV, el canal de Gusinsky, quien por su parte ya había partido al exilio, después de una breve detención. Los medios de Gusinsky habían ridiculizado la figura del presidente (como antes lo habían hecho con Yeltsin).[616]

---

[613] *Larry King Live*, September 8, 2000, 9 pm ET.

[614] En la última oportunidad en la que se vieron las caras, Putin acusó a Berezovsky de haber contradado prostitutas para que simularan ser viudas de los marineros muertos y le espetó que tomaría el control de su canal televisivo. Al retirarse el presidente, Berezovsky le dijo a Alexander Voloshin, jefe de gabinete, que "creo que nos equivocamos de hombre.. dejamos que los coroneles tomaran el poder".

[615] "Russia and Britain A love-hate relationship", *The Economist*, January 19, 2008.

Lucas sostiene que las autoridades británicas protegieron a Berezovsky otorgándole asilo en agradecimiento por las gestiones que el oligarca había realizado para liberar a dos ciudadanos ingleses en Chechenia. *The New Cold War*, p. 48

[616] Gusinsky fue detenido el 13 de junio de 2000. Fue liberado poco después y partió al exilio en Israel.

La facilidad con la que el nuevo gobierno pudo tomar el control de los medios de comunicación mostró hasta qué punto Rusia no contaba con un sistema político maduro ni instituciones democráticas sólidas. Años más tarde, en Occidente proliferaron críticas a Putin señalando al presidente como un constructor de una dictadura del siglo XXI olvidando que en los años 90 tampoco se había conseguido establecer un fortalecimiento institucional en torno a las modernas ideas de libertad de prensa, gobierno limitado y división de poderes. Para entonces, al tomar el control de ORT y NTV Putin había logrado su objetivo declarado al magnate cuando, en los finales de la era Yeltsin, le sugirió convertirse en su sucesor en la Presidencia: "No quiero ser presidente, quiero ser Berezovsky". En el año 2008, aproximadamente el 90 por ciento de los medios de comunicación de todo el país estaban bajo el control directo o indirecto del Kremlin. La lección del Kursk había sido significativa para el gobierno. Cuando el terrorismo volvió a golpear al país, la cobertura mediática de la toma de rehenes en un teatro en 2002 y en una escuela en 2004 fue mucho más objetiva y no fue aprovechada para deteriorar la imagen del presidente y su administración. Naturalmente, las críticas por el manejo de la información por parte de las autoridades florecerían extendidamente, como veremos más adelante.

El segundo campo en el que Putin se concentró en concretar un proceso de estatización fue en el estratégico sector de las empresas energéticas. Judah escribió: "Así como la pelea con Berezovsky y Gusinsky determinó quien era el amo de la tv, la batalla contra Mikhail Khodorkovsky determinó quién tendría la última palabra sobre el petróleo". La pelea contra quien se jactaba de "tener más petróleo que Noruega" llevaría a Putin a las últimas consecuencias. Para el Kremlin, se trataba de una lucha crucial. El control de la explotación de los recursos naturales tuvo, tiene y tendrá un rol decisivo en la historia política del país.

El boom de las commodities a partir de la década del 2000 volvería a los recursos energéticos en el eje del sistema económico y político del país. En 1998, Rusia obtenía 28 mil millones de dólares anuales por la renta derivada del petróleo y el gas. En 2005, esa cifra treparía a 243 mil millones.[617]

Después de la caída de la Unión Soviética, Khodorkovsky sería uno de los mayores beneficiarios del proceso de privatizaciones. A través de la empresa Yukos, el antiguo miembro del Komsomol[618] se hizo inmensamente rico y fue uno de los más grandes favorecidos del programa *Loans for Shares* instrumentado en la era-Yeltsin. En 2003, Khodorkovsy compartió la tapa de la revista *Expert* como "el hombre del año" junto con Roman Abramovich. Al año siguiente, su fortuna ascendía, según *Forbes*, a 15 mil millones de dólares, lo cual lo transformaba en el hombre más rico de Rusia y el número dieciseis del mundo. Ambicioso como Berezovsky aunque menos pretencioso, Khodorkovsy nunca fue un "disidente". Por el contrario, nunca rechazó el sistema que surgió tras la disolución del comunismo. En rigor, lo aprovechó. Convertido en el hombre más rico del mundo con menos de cuarenta años, comenzó a soñar con algo más que el dinero: quiso poder político. Anunció que en 2008, cuando cumpliera 45 años, en coincidencia con el final del mandato de Putin, aspiraría a ingresar

---

[617] Thane Gustafson: *Wheel of Fortune: The Battle for Oil and Power in Russia*, London, 2012, p. 217.

[618] Khodorkovsky fue integrante de las juventudes del Partido. "En los tempranos años 90 el ex funcionario del Komsomol había atravesado su primera conversión. Ya no creía en el Comunismo; ahora creía en la riqueza. El y su amigo y socio, un ex ingeniero en software llamado Leonid Nevzlin, produjeron un manifiesto capitalista titulado "El hombre con el Rublo" (*The Man with the Ruble*). "Es tiempo de dejar de vivir de acuerdo con Lenin", escribieron. "La luz que nos ilumina es el lucro, adquirido de una manera estrictamente legal. Nuestro señor es Su Alteza, el dinero, dado que él es el único que nos puede dirigir a la riqueza como norma de vida". "The Wrath of Putin", *Vanity Fair*, April 2012. (La traducción es mía)

a la arena política. Esas ensoñaciones lo llevaron a fantasear con la idea de ser presidente.

Putin les había advertido a los oligarcas mantenerse ajenos a la política a cambio de mantener sus negocios. Buena parte de ellos, comprendieron el mensaje y aceptaron las reglas de juego. Una prueba de que Putin no destruyó a los oligarcas lo ofrece el hecho de que en el año 2000 ningún ruso integraba los listados de billonarios de la revista *Forbes* mientras que tres años después figuraban diecisiete. El destino que corrieron Berezovsky y Gusinsky terminaría de poner de manifiesto qué esperaba a quienes no lo admitieran. Naturalmente, Occidente vio en la decisión una clara vuelta a los viejos métodos autoritarios. No obstante, para comprender el fenómeno es útil explorar más el asunto.

Durante el primer gobierno de Putin, el nuevo gobierno convivió con un Parlamento dividido.[619] Al igual que Yeltsin, se vio obligado a negociar permanentemente. En ese esquema, el poder de los oligarcas era potencial o actualmente inmenso: los legisladores eran pasibles de ser "comprados, alquilados o coimeados" al punto de que "el Kremlin no era la única fuente de financiamiento político de la ciudad". Khodorkovsy se transformaría en uno de los mayores "sponsors" de iniciativas políticas. Su imperio energético Yukos alimentaría al partido Yabloko (liderado por Grigory Yavlinsky) y a la Unión de las Derechas, de Boris Nemtsov. También, por supuesto, realizó contribuciones considerables a la agrupación oficialista.[620]

En un país carente de instituciones -en sentido material, es decir no meramente formal- el rol que estos actores podían desempeñar era inmenso. Naturalmente, quien manejara el Estado debía advertir el peligro que ello suponía. Putin no sería un nuevo Yeltsin. Resultaba intolerable la idea de un nuevo gobierno controlado por los magnates y dependiente de fuerzas ajenas a las instituciones públicas. En el verano de ese año 2003, Putin había afirmado que la política energética estaba "en el centro de la diplomacia rusa".[621] Más tarde, el presidente recordó que "el sistema de gasoductos es una creación de la Unión Soviética. Nuestra intención es mantener el control estatal sobre el transporte de gas y sobre Gazprom… la Comisión Europea no debe crear ilusiones. En el sector gasífero deberán negociar con el Estado".

Khodorkovsky, en tanto, o sobreestimó su audacia o pecó de ingenuidad. Entusiasmado con su ingreso a la política, hacia comienzos del año 2003, Khodorkovsky comenzó a viajar por todo el país promocionando informalmente su futura candidatura a través del financiamiento de sus programas educativos, think tanks y fundaciones de beneficencia. Khodorkovsky intentó "privatizar" de hecho los dos principales partidos opositores y, aparentemente, según las afiebradas mentes conspirativas, planeaba un "golpe oligárquico" con el objeto de impedir la reelección de Putin.[622] El 19 febrero de ese año, llegó a insultar públicamente al presidente: le enrostró acusaciones sobre corrupción. Ese encuentro en el Kremlin fue considerado como la divisoria de aguas entre Putin y el empresario. El magnate había cometido una imprudencia extrema: cuestionó al presidente delante de otros hombres de negocios. La presunción de que Khodorkovsky planeaba asociarse con la norteamericana Exxon terminó de enemistarlo con el líder. En los meses que siguieron, el gobierno comenzó a investigar al empresario y a Yukos por evasión y posible fraude al estado. En julio, fiscales del gobierno allanaron

---

[619] En 1999, el oficialismo gobernante tenía solamente 64 bancas de un total de 450. Una serie de alianzas llevarían a conformar un bloque (Rusia Unida) que alcanzaría 235 escaños. *Fragile Empire*, p. 66.

[620] *Fragile Empire*, p. 66.

[621] *The New Cold War*, p. 163.

[622] *Kremlin Rising*, p. 281.

sus oficinas. Dos magnates, Mikhail Fridman y Mikhail Potanin, le advirtieron a Khodorkovsky que de seguir con sus planes de desafío al poder comprometería seriamente su situación personal, la de los oligarcas y la del país. Pero Khodorkovsky no se detuvo. Tampoco buscó el exilio, como Berezovsky y Gusinsky, a pesar de que a comienzos de ese año, durante su último viaje a los Estados Unidos, al visitar a su hijo que era estudiante en el Babson College le anticipó que "lo próximo que pueden hacerme es arrestarme". Khodorkovsky parece haber preferido convertirse en un martir. Mesiánicamente, dijo: "hay cosas peores que la cárcel".

Los hechos se precipitaron: el 25 de octubre de 2003, durante una gira por el interior del país, el empresario fue detenido a punta de pistola cuando su jet privado se detuvo a cargar combustible en un perdido aeropuerto en Siberia. El 26, el *New York Times* publicó que el arresto "intensificó las antiguas tensiones entre el gobierno del Presidente Vladimir Putin y los superricos oligarcas rusos". El diario comentaba: "las dificultades (de Khodorkovsky) con el Kremlin demuestran la frágil naturaleza de manejar una compañía grande y exitosa en Rusia sin contar con lazos con el gobierno" y relató que "en el año 2000, el año en que Putin asumió el poder, estableció un acuerdo con el círculo de los hombres de negocios más ricos del país: manténganse fuera de la política y el gobierno no revisará los acuerdos controversiales de privatizaciones que los volvieron inmensamente ricos".[623]

De inmediato, los siete hombres más ricos de Rusia abandonaron el país. Khodorkovsky fue sentenciado a cumplir una larga condena en una fría cárcel siberiana. Recién sería liberado en diciembre de 2013, gracias a un decreto presidencial de conmutación de pena.[624] Yukos, por su parte, fue desguazada y la mayoría de sus acciones fue absorvida por Rosneft, el gigante energético controlado por el Estado y presidido por Igor Sechin, uno de los hombres de mayor confianza del presidente Putin.[625]

El arresto de Khodorkovsky fue leído como un triunfo de los silovicki (Sergei Ivanov, Igor Sechin) sobre el equipo heredado de Yeltsin (Kasianev, Voloshin) dentro del gobierno.[626]

Los hechos demostraron que, evidentemente, Khodorkovsky sobreestimó sus capacidades y cometió un grosero y torpe error de cálculo al no preveer las consecuencias de sus temerarias acciones. Por otra parte, terminaría provocando los efectos contrarios a los buscados: consolidó la política de nacionalizaciones que buscaba evitar y terminó de liquidar las posibilidades del ala pro-occidental del sistema político. Judah reflexionó: "Un buen general elige las batallas que pretende ganar. El sentido hubrístico del poder de Khodorkovsky resultó en el apartamento de los pro-americanos y favorables al libre mercado. Malcalculó a su enemigo y malcalculó la batalla".[627]

El desenlace del caso Yukos/Khodorkovsky terminó de consolidar una política central para el régimen

---

[623] "Police In Russia Seize Oil Tycoon", *The New York Times*, October 26, 2003.

[624] En 2010, Putin había afirmado que "un ladrón debe permanecer en la cárcel". *The New York Times*, December 16, 2010.

[625] Sechin fue señalado como el segundo hombre más poderoso del país, después del presidente Putin. Junto con los silovikis, Sechin formó la dupla de poder que controlaría la nueva Rusia, en base al "capitalismo de estado" y la retórica anti-occidental.

[626] *Kremlin Rising*, p. 283.

[627] *Fragile Empire*, p. 79.

político: la nacionalización de la explotación de los recursos naturales era un imperativo de carácter estratégico para la política de Putin. El país asistió a una profunda transformación en la matriz económica. El capital privado se redujo del 90 al 45 por ciento del negocio de exploración y explotación energética del país en solo cuatro años. Hacia el año 2005, el Estado llegó a obtener el 83 por ciento de la renta energética del país frente al 45 por ciento que obtenía en 1999. Occidente hablaría de "capitalismo de Estado": la participación del gobierno en las acciones de las empresas alcanzó en 2007 el 40 por ciento cuando en 2003 era de tan solo el 11 por ciento. En 2006, cinco funcionarios del Kremlin controlaban compañías que producían un tercio del producto bruto de Rusia.[628]

Insatisfecho con el rumbo que tomaba el gobierno, el asesor estrella del Kremlin, el liberal y reformista Andrei Illarionov renunciaría a su cargo y pasaría a desempeñarse como consultor en la ONG conservadora y ultraliberal CATO en los EEUU. En marzo de 2006, Illarionov presentó un seminario cuyo título es revelador del esquema económico surgido: "Rise of Corporatist State in Russia" (*El surgimiento del Estado corporativista en Rusia*).

El diario *Moscow Times* -crítico del Kremlin- publicó diez años después: "En el primer día del arresto, nadie advirtió la significancia del caso contra Khodorkovsky y Yukos. Pero hoy es claro. Fue un caso en contra del país en su conjunto, y la sentencia dictada contra Khodorkovsky y su socio Platon Lebedev fue un veredicto para Rusia. El actual sistema político y económico es en gran medida el resultado del juicio a Khodorkovsky. Para ser justos, para el tiempo que Khodorkovsky fue arrestado, la primera piedra del sistema autoritario ya había sido lanzada. Poco después de que Putin llegara al poder, la prensa libre estaba bajo ataque y el influyente canal de televisión NTV había perdido su independencia. Sin prensa independiente, los medios controlados por el Estado pudieron forjar una opinión pública contra Khodorkovsky y Lebedev. La cobertura del caso fue altamente tendenciosa, y no fueron transmitidas opiniones alternativas de expertos legales o abogados. La televisión mostró historias sobre asesinatos supuestamente ordenados por Khodorkovsky y sus planes para derrocar al gobierno".[629]

Yelena Bonner, la viuda del activista de derechos humanos soviético Andrei Sakharov exhortó "llamó a todos en Rusia y a los amigos de la nación rusa en Occidente a hacer todo lo posible -y más- para liberar a Khodorkovsky y Lebedev. Su libertad es la libertad del país frente a autoridades que, como conductores ebrios, están conduciendo a Rusia al abismo. Recordemos cómo fue con Sakharov. Bajo presión de Occidente y desorden en el país, Gorbachov le permitió volver a Moscú desde su exilio (en Gorky). Y casi inmediatamente, al otro día, el país había cambiado..."

El arresto conmovió a sectores importantes en la cúpula del poder: el jefe de gabinete Alexander Voloshin, conocido como el "monje negro" del Kremlin, presentó su renuncia[630] y cuando el primer

---

[628] Daniel Treisman: *"Loans for Shares Revisited"*.

[629] Victor Davidoff: "How Khodorkovsky's Arrest Ruined Russia", *Moscow Times*, October 28, 2013.

[630] "The decision to move against him was seen by observers as a possible sign that Mr Putin's hawkish hardliners were winning an internal Kremlin battle with the softer old guard. Mr Putin, himself a former KGB spy, has given many top jobs to officials from the security and military worlds. But Mr Voloshin's appointment to the Kremlin dates back" to the Boris Yeltsin era - making him a member of a group sometimes called the "family", whose influence is believed to be waning". "Key Kremlin figure "quits"", *BBC News*, October 29, 2003.

"Aleksandr S. Voloshin, a quiet but influential figure known as Mr. Putin's "gray cardinal," submitted his resignation on Saturday, the day that masked agents arrested the tycoon, Mikhail B. Khodorkovsky aboard

ministro Kasyanev -quien se opuso a la medida- le preguntó a Putin las razones del arresto, el presidente explicó que Khodorkovsky estaba financiando ilegalmente partidos políticos en la Duma. "La deducción lógica que uno podía hacer es que Putin temía a Khodorkovsky", explicó Kasyanev. El entonces premier relató más tarde los hechos que siguieron al arresto: "En la reunión de gabinete siguiente, (Putin) nos hizo escuchar durante una hora al fiscal que leyó todos los cargos en contra de Khodorkovsky, como si escucharlos probara su legitimidad. Todos los miembros del gabinete se sentaron con cara de piedra, sin tener idea de qué había sucedido. Yo por mi parte, no pude disimular una sonrisa cuando escuchaba los absurdos e inventos. Putin por supuesto miraba la cara de cada uno de los ministros y la mía fue la única que varió. Cuando terminó, desde luego, nadie hizo ninguna pregunta ni comentarios y todos salieron en silencio".[631]

Khodorkovsky recibió una sentencia de nueve años en 2005, luego reducidos a ocho. Cumplió su condena en una lejana prisión siberiana a seis husos horarios de Moscú. En 2010, escribió preguntas abiertas dirigidas a Putin en las que reflexionó sobre la "retórica liberal" de su sucesor, Dmitry Medvedev.[632]

El investigador de la Heritage Foundation Ariel Cohen escribió: "La sentencia de Khodorkovsky se convirtió en un trágico error para Rusia. Dañó la imagen del país así como el clima de negocios. Las dos condenas de prisión -una práctica común bajo el estalinismo- recuerda a una vendetta más que a una bien pensada aplicación de la Justicia". Y reflexionó que "tener preso a Khodorkovsky trae innecesarias tensiones en las relaciones con Occidente". Cohen sostuvo que el gobierno terminó regalándole a Khodorkovsky un lugar entre los grandes prisioneros políticos de la historia del país, como el físico Andrey Sakharov, el escritor Alexander Solzhenitsyn y el poeta Joseph Brodsky. "Ellos (las autoridades rusas) escribieron su biografía".[633]

Un análisis que intenta ser objetivo podría explicar que Putin debió recurrir a una medida extrema para establecer de una vez la necesidad de apartar -si se quiere violentamente- a los oligarcas de la interferencia política a los efectos de no transformarse en un prisionero de los magnates como había sido Yeltsin. Naturalmente, el costo político de la medida, en el plano exterior, sería elevado y contribuiría a aumentar la inquietud que el nuevo hombre fuerte de Moscú comenzaba a despertar en las capitales occidentales al acercarse el final de su primer mandato presidencial.

Treisman reflexionó: "Para muchos, en Rusia, a fines de los años 90, el poder real no residía en el

---

his private jet in Siberia, according to published reports and an analyst with ties to the Kremlin.
There were conflicting reports on whether Mr. Putin had accepted Mr. Voloshin's resignation. Mr. Putin did not address the question Wednesday, and a spokesman at the Kremlin declined to confirm or deny his departure, deepening a sense of turmoil around the Kremlin in the widening investigation of Mr. Khodorkovsky and his company, Yukos Oil. The reports of Mr. Voloshin's resignation -- and the possibility of a turnover in Mr. Putin's inner circle -- swirled through Moscow like a winter snow. It contributed, analysts said, to a new drop in the country's stock markets, which wiped out the modest rebound the day before after a steep drop on Monday". "Hints in Russia of Crisis Over Tycoon Case", *The New York Times*, October 30, 2003.

"Kremlin survivor resigns", *English Pravda*, October 31, 2003.

[631] *Fragile Empire*, p. 75.

[632] "Mikhail Khodorkovsky to Vladimir Putin: you owe me answers", *The Independent*, March 17, 2010.

[633] **Ariel Cohen:** *"Russia's Khodorkovsky Mistake"*, The Heritage Foundation, October 25, 2013.

Kremlin sino en los billonarios conocidos como oligarcas. Liderados por el hiperctivo Boris Berezovsky, se decía que los magnates manejaban a un enfermo Yeltsin detrás de las cortinas, guiándolo a través de medidas que los enriquecían a expensas de los ciudadanos comunes. Yeltsin, agradecido a los billonarios por haberle financiado su campaña a la reelección en 1996, los avaló para apoderarse de los activos del estado y fijar la política. En los últimos años, Berezovsky supuestamente ejercía el poder a través de la impresionable hija de Yeltsin, Tatyana Dyachenko, y el antiguo asesor del presidente, Valentin Yumashev." [634] En estas circunstancias es que debe entenderse el rol de Putin en la reconstrucción de la autoridad estatal.

Putin mismo explicó a un grupo de periodistas franceses, poco después del affaire con Berezosvky que "el Estado posee un palo, que solo debe usar una vez". Explicó que "aun no lo hemos usado. Solamente lo hemos enseñado y ese gesto alcanzó para que todos prestaran atención", pero que, "si nos enojamos, sin embargo, usaremos el palo sin hesitar".[635]

Por su parte, Khodorkovsky fue liberado a fines de 2013 y se instaló en Suiza.[636] En una entrevista sostuvo en septiembre de 2014 que "Soy pesimista" y que estimaba que Putin podría durar en el poder "entre dos años, si comete errores, y 20 años". Explicó que "Una y otra vez el régimen se lanza a aventuras de las que sale con pérdidas para Rusia. Por ahora, logra explicarlas, pero, en cualquier momento, cuando la gente se plantee qué diablos nos cuentan, la conciencia social puede dar un vuelco. En el caso de Crimea hay orgullo, alegría febril por haber mostrado fuerza y tomado lo nuestro, pero mañana podemos entender que Rusia es una imprevisible fuerza del mal, que nos enfrentamos con un pueblo hermano y que hicimos peligrar el futuro del "mundo ruso".[637]

Cuando habían transcurrido pocos meses desde la asunción de Putin, *Foreign Affairs* publicó que el nuevo presidente -al igual que Yeltsin antes- se encontraba jaqueado por el poder de los oligarcas. La publicación señalaba que después de "haber cooptado los gobiernos de Yeltsin, silenciando la oposición a su conducta (...) ahora amenazan la transición rusa a la democracia y al libre mercado. También amenazan los vitales intereses de los Estados Unidos, porque la seguridad de largo plazo americana está mejor asegurado por el exito en la transformación rusa. Los oligarcas que han dominado la vida pública rusa a través del fraude masivo y la apropiación ilegal, especialmente del sector petrolero. El petróleo tiene una importancia gigantesca para Rusia y los oligarcas. Antes de su colapso, la Unión Soviética era el mayor productor de petróleo del mundo (...) la crisis financiera de agosto de 1998

---

[634] *The Return..*, p. 66.

[635] Las declaraciones de Putin fueron reproducidas por el *Kommersant*, el 27 de octubre de 2000.

[636] Putin lo indultó y fue liberado el 20 de diciembre de 2013.

Marshal Goldman, Professor of economics and associate director of Russian Studies at Harvard. "Putin and the Oligarchs", November/December 2004, published for the Council for Foreign Relations. "Much of the second wave of privatization that did take place—in particular, the "loans-for-shares" scheme, in which major Russian banks obtained shares in firms with strong potential as collateral for loans to the state—turned into a fraudulent shambles, which drew criticism from many" - John Nellis. "Time to Rethink Privatization in Transition Economies?", by John Nellis, published in the International Monetary Fund´s quarterly magazine (June 1999, vol 36, no. 2).

Forbes described Khodorkovsky as being "villified by the West" until quite recently, but now being seen as perhaps "the West's best friend". "The Oligarch Who Came in from the Cold", *Forbes*, March 18, 2002.

[637] *El País*, 21 de septiembre de 2014.

prácticamente limpiaron los activos de los plutócratas. Pero aquellos que sugieren que ello socavó su influencia están muy equivocados (...) Dado que siguen siendo uno de los actores políticos y económicos más importantes de Rusia, una potencia nuclear cuyo futuro es crucial para los Estados Unidos, los plutócratas merecen ser seguidos con atención".[638]

El artículo había motivado una respuesta del propio Khodorkovsky en la edición siguiente.[639]

El caso Khodorkovsky encendió luces amarillas en Washington: el influyente senador John McCain (R-Arizona) pidió que Rusia fuera expulsada del G-8 y el embajador norteamericano en Moscú, Alexander Vershbov[640] reconoció que se había "ensanchado" la brecha de valores entre Rusia y los EEUU.

La centralización del poder

El arresto de Khodorkovsky, a fines de octubre de 2003, fue la antesala de la reelección del Presidente Putin para un nuevo período de cuatro años.

Semanas antes de las elecciones, Putin realizó un inesperado cambio de gabinete. El 24 de febrero de 2004, Putin despidió a Kasyanev, quien semanas antes, habría mantenido reuniones con Boris Nemtsov, el líder opositor al que Khodorkovsky había financiado. El Kremlin habría detectado el germen de una conspiración. El desplazado Kazyanev diría años más tarde: "cuando Putin anunció mi renuncia, no dijo las causas que lo motivaron. Pero esa noche, personas cercanas al Presidente me contaron la historia que menciona (el complot con Nemtsov) y comencé a creerla. Recuerdo que el día anterior, el 23 de febrero, cuando asistimos a un concierto de gala en el Kremlin. Esa noche el Presidente se comportó de manera extraña. Durante el intervalo, se paró en un rincón susurrando con (Nikolai) Patrushev (jefe del FSB) y no le prestó atención a nadie más. El día siguiente, el 24, Putin canceló inesperadamente una reunión de gabinete y me llamó a mi solamente".[641]

Haber cambiado a su primer ministro justo en el tramo final de la campaña electoral sorprendió a los observadores. Más tarde lo comprendieron: el presidente logró que el debate político pasara a girar en torno a quién sería el nuevo premier, descontando que la elección era un mero trámite formal. No cabían dudas de que Rusia Unida lograría la victoria y Putin alcanzaría un nuevo período presidencial. Los medios occidentales, crecientemente críticos del gobierno ruso, vieron en el cambio de gabinete la evolución de una política liberal y pro-occidental a un camino de progresivo autoritarismo. Kasyanov sostuvo más tarde, como todos los ministros expulsados de los gobiernos de este mundo, que "no vi lo que venía".

Como era previsible Putin ganó las elecciones cómodamente en marzo y reasumió la Presidencia dos meses después. Fue entonces cuando, de acuerdo con una tendencia global de fines de los años 90 y

---

[638] "Putin's Plutocrat Problem", *Foreign Affairs*, March/April 2000

[639] *Foreign Affairs*, May/June 2000

[640] Actualmente es el Secretario General adjunto de la OTAN.

[641] *Fragile Empire*, p. 78.

principios de los 2000, el terrorismo volvió a actuar. El primer día de septiembre de ese año 2004, el terrorismo volvería a golpear al país cuando un grupo de islamistas armados atacaron una escuela en Beslan, provocando una masacre en la que perderían la vida 385 personas (entre ellos 186 niños). La crisis -que duraría 72 horas- comenzó cuando separatistas militantes de Ingushia y Chechenia tomaron más de mil cien rehenes del Colegio Número 1 de la localidad de Beslan, en el Norte de Ossetia, una repúbica autónoma norcaucásica. En el tercer día, tropas rusas atacaron el edificio utilizando tanques y otras armas de gran porte. El Presidente Putin comparó los hechos con el atentado del 11 de septiembre de 2001 en los EEUU. Los hechos en Beslan abrirían las puertas a un previsible endurecimiento de la política del Kremlin.

La masacre de Beslán tuvo el efecto de precipitar el proceso de reforma política de centralización y verticalización del poder. A partir de ahora, los gobernadores no serían más elegidos por vía del voto directo y los parlamentarios serían elegidos a través de los partidos. Las reformas supondrían un fortalecimiento del poder central (federal) y el surgimiento de una superpresidencia. Ya al comienzo de su mandato, Putin había "domesticado" a los gobernadores al quitarles su membresía en el Consejo de la Federación (una suerte de Senado) y al introducir en ese cuerpo siete representantes presidenciales, conocidos como "super-gobernadores". La motivación de la reforma, naturalmente, apuntaba a evitar la reproducción de la situación vivida durante los años 90 cuando los gobernadores a menudo extorsionaban políticamente a la Presidencia.

A fines de octubre de ese año, la Duma aprobó la enmienda constitucional que dio al Kremlin mayor control sobre las regiones del país a través de la anulación de la elección directa de los 89 gobernadores regionales. Los mismos serían elegidos por el Presidente y confirmados por las legislaturas regionales. Votaron a favor 356 diputados y solo 64 en contra, con 4 abstenciones. Las críticas señalaron que la reforma disminuía el federalismo y suponía una immensa concentración de poder en manos del Ejecutivo federal. La reforma incluía, además, una modificación del sistema de elección de los diputados de la Duma. A partir de ahora, los electores optarían por partidos políticos y no por candidatos nominales. Además, se elevaba de 5 a 7 por ciento el piso electoral para acceder al reparto de bancas en la cámara, lo cual buscaba naturalmente la formación de grandes bloques parlamentarios en detrimento del "cuentapropismo" electoral. Los electores elegirían a una agrupación y esta nominaría a los integrantes que concurrirían al Parlamento en su representación. La elevación del piso electoral y las restricciones para la formación de nuevos partido provocaron que llegaran a la Duma menos voces opositoras y dio surgimiento, en general, a un Parlamento menos interesante desde el punto de vista del debate político. La idea de la "democracia administrada" provocó que muchos legisladores entendieran que el Parlamento era una cámara "muerta" en la que daba igual asistir o no a las sesiones. En los hechos, la Duma se transformó aun más en una institución vacía de poder real. Las reformas condujeron a que, en los hechos, solamente un ciudadano era elegido directamente en todo el país: el Presidente.

Los cambios en la elección de gobernadores regionales no eran en rigor, una modificación históricamente novedosa, sino una vuelta atrás: en 1991, Yeltsin tenía la facultad de nombrar y remover gobernadores y recién a mediados de los años 90 fue autorizando gradualmente las elecciones regionales.[642]

Asimismo, se reforzaron los requisitos para formar agrupaciones habilitadas para competir electoralmente. Se estableció que los partidos políticos debían juntar 40 mil firmas para ser autorizados a participar en la elección. La reforma fue ampliamente beneficiosa para el Kremlin. El bloque oficialista parlamentario pasó de 18 por ciento de la representación en la Duma en 1999 al 58 por ciento

---

[642] *The Return*, p. 256.

en 2003 y al 78 por ciento en 2007, cuando fue aplicada la reforma.

Al anunciar la reforma, el día 13 de septiembre, Putin había afirmado que se trataba de una "reestructuración radial" del sistema político. El presidente explicó que se buscaba crear una "única cadena de mando" y caracterizó los cambios como un "fortalecimiento de la cohesión nacional frente a la amenaza terrorista".[643] Decidido a reforzar el poder vertical que pregona desde que asumió el ejecutivo ruso, Putin dijo que hay que formar un sistema de poder que implique "un organismo unido y jerárquico". Para ello reforzó su control en las regiones en las cuales las autoridades eran consideradas frecuentemente por el Kremlin como incompetentes y corruptas hasta convertirse en "feudos". Las motivaciones de Putin tenían una causa adicional: el Presidente sospechaba que algunos gobernadores regionales mantenían una excesiva convivencia con las fuerzas separatistas, una tendencia que se había profundizado en el período posterior a 1998 cuando el presidente Yeltsin perdió el control de los acontecimientos tras la violenta devaluación del rublo de agosto de ese año.[644] Esta idea se refuerza por el hecho de que antes de la reforma política de 2004, durante su primer mandato, Putin había designado siete super-gobernadores regionales nombrados directamente por el Ejecutivo (federal).[645]

Treisman sostiene que de haber sido presidente Primakov, seguramente habría impulsado reformas similares. De hecho, una de las causas de la caída de Primakov, en la primera mitad de 1999, obedeció al hecho de que Yeltsin y su entorno advirtieron que el entonces premier estaba armando una suerte de "liga de gobernadores regionales" para dar sustento a su pretensión presidencial.

Desde la oposición, Viktor Pokhmelkin, un miembro pro-occidental de la Duma, acusó al gobierno de pretender restaurar el "manejo imperial". "Esto conducirá al fin del federalismo y al aumento de la corrupción", dijo el ex viceprimer ministro ruso liberal Boris Nemtsov. Serguéi Mitrojin, líder del partido liberal Yábloko dijo que la medida "es un insulto para los ciudadanos de Rusia, a quienes priva del derecho de elegir a las autoridades" y aumentará la tensión en las repúblicas nacionales. El ex presidente de la Unión Soviética, Mijail Gorbachov, alertó que se priva a los rusos del derecho a elegir y que "podremos llegar a una situación en la que el pueblo tampoco elegirá al presidente del país, que será nombrado por la Duma y los gobernadores que, de hecho, él mismo nombró". "¡Imagínense a George W. Bush proponiendo después del 11 de septiembre del 2001, para detener a (Osama) Ben Laden, no elegir más a los gobernadores de los estados, sino designarlos desde Washington!", sentenció el diputado independiente Vladimir Ryjkov.

A partir de esta medida, el Kremlin optó por un sistema de designaciones de gobernadores regionales "rotativos", con el objeto de impedir que los funcionarios echaran raíces y se volvieran "nativos". El nuevo esquema de "poder vertical" reproducía, de alguna manera, el viejo sistema soviético de rotación política a lo largo del inmenso territorio. La reforma buscaba terminar con las asociaciones económicas regionales que habían proliferado durante los años de debilidad del poder central en manos de Yeltsin.

Numerosos analistas se preguntaron por qué Putin recurrió a medidas tan extremas cuando era

---

[643] "Putin Moves to Centralize Authority", *The Washington Post*, September 14, 2004.

[644] Kasyanev sostuvo que "tomar el control de los gobernadores nuevamente fue siempre una de nuestras prioridades". *Fragile Empire*, p. 98.

Yeltsin había prometido a los gobernadores "tanta soberanía como puedan ser capaces de digerir". *The New Cold War*, p. 52.

[645] Entre estos siete funcionarios, solo dos eran civiles. *The Return...*

realmente inmensamente popular. ¿Qué hacía que el presidente optara por un esquema político tan restringido cuando sus índices de aprobación eran tan elevados que le permitían ganar cualquier elección? Kasyanev sostuvo que "Putin estaba realmente atemorizado ante una real competencia después de Beslan" y que ello lo llevó a impulsar "reformas anti-constitucionales que eliminaron cualquier riesgo de perder el poder".[646] Putin sin embargo parece haberse convencido de que solamente a través de un fuerte proceso de recentralización del poder podía terminar con los "feudos" en los que cada gobernador era una suerte de amo y señor al frente de unidades políticas alejadas de Moscú y en los que se aplicaba una suerte de "se acata pero no se cumple" respecto de la legislación federal.

La reforma no se agotó en el plano institucional. También se extendió al plano económico-fiscal: se modificó el artículo 48 de la Constitución que otorgaba a las gobernaciones el 50 por ciento de la renta de impuestos. La concentración en manos del poder central de los recursos fiscales llevó a que Moscú retuviera el 62 por ciento de los ingresos públicos totales. Según Treisman, el reparto entre el gobierno federal y las autoridades provinciales pasó del 54 al 35 por ciento entre 1999 y 2007. El gobierno de Putin corregía un desvío histórico, aunque al costo de una hipercentralización: después de la crisis de 1998, no pocas regiones subnacionales habían comenzado a emitir bonos (cuasimonedas). La reforma significó un cambio radical en la relación inter-presupuestaria del país.[647]

La reforma política se produjo en el marco de un aumento del rol de los "siloviki", es decir, los miembros del aparato de seguridad del Estado. Hacia 2004, se estimaba que un cuarto de la nueva elite gobernante estaba formada por cuadros con algún tipo de formación o experiencia en el sistema de seguridad e inteligencia. En tiempos de Gorbachov, ese porcentaje apenas superaba el 3 por ciento.[648]

El impulso de la reforma política de centralización del poder ruso provocó críticas en Occidente. El 15 de septiembre de ese año, tan solo dos semanas después de la crisis de Beslán, el Secretario de Estado norteamericano Collin Powell sostuvo que Rusia estaba "dando marcha atrás en alguna de las reformas democráticas". De inmediato, el ministro de Relaciones Exteriores Sergei Lavrov contestó que su par norteamericano se estaba inmiscuyendo en "cuestiones internas" y que, en todo caso, también los EEUU habían adoptado medidas estrictas medidas tras los atentados del 11 de septiembre de 2001. Asimismo, Lavrov comentó que "tampoco Rusia se mete con el hecho de que en los EEUU el Presidente no es elegido por el voto directo".

Al día siguiente, el propio Presidente Bush expresó que las medidas de Moscú "podrían disminuir la democracia en Rusia" y recordó que "las grandes potencias, las grandes democracias tienen un balance de poder entre el gobierno central y los gobiernos locales, un balance de poder entre la rama ejecutiva, la rama legislativa y la rama judicial". *Nezavisimaya Gazeta* publicaba ese mismo día que "observadores rusos creen que Moscú y Washington se encaminan a una nueva Guerra Fría".[649]

Putin por su parte acusó a Occidente de tener una posición "indulgente" con el terrorismo. Durante un encuentro con alcaldes, el Presidente afirmó: "Una actitud condescendiente e indulgente con los

---

[646] *Fragile Empire*, p. 83.

[647] Nicolai Petrov and Darrell Slider: *"The Regions under Putin and After"*. *"After Putin's Russia"*, p. 65.

[648] *Kremlin Rising*, p. 8.

[649] "In Rare Rebuke, Bush Faults Putin's Moves to Centralize Power", *The Washington Post*, September 16, 2004.

asesinos conduce a la complicidad con el terror". El jefe de Estado comparó una negociación con los separatistas chechenos con el apaciguamiento de la Alemania nazi. "Les urjo a recordar las lecciones de la historia, el acuerdo amigable de Munich de 1938... por supuesto la escala de las consecuencias es diferente pero la situación es muy similar. Cualquier rendición conduce a ellos a ampliar sus demandas y empeora las pérdidas".[650]

Los analistas occidentales, en general, criticaron la reforma política de Putin y advirtieron que se estaba poniendo en práctica un verdadero "desmantelamiento de la democracia". Esta visión apuntaba al hecho de que el Kremlin había conseguido desactivar las fuentes de financiamiento económico a los políticos opositores tras la puesta en caja de los oligarcas y la situación de crecientes dificultades que enfrentaban los medios independientes. Los candidatos opositores, de alguna manera, terminarían reducidos a "parias" del sistema, sin acceso a los medios de comunicación. También debe apuntarse, indudablemente, la propia incapacidad de los líderes políticos alternativos al Kremlin a la hora de conseguir captar la atención y la admiración popular.

Surkov, considerado una suerte de ideólogo del Presidente y a menudo comparado con Suslov, el encargado de ideología del Politburó durante la era-Brezhnev, ofreció una interesante reflexión que refleja la visión de la dirigencia rusa al respecto. En un artículo publicado por *Sputnik News*, escrito el 8 de febrero de 2007, Surkov comparó a Putin con F. D. Roosevelt al sostener que "como FDR durante su presidencia, Putin ha consolidado el control administrativo y ha usado el poder presidencial al máximo para superar la crisis" y comparó la crisis de los años 90 en Rusia con el trauma norteamericano posterior a la crisis de 1929/30.

En ese plano, la política del gobierno parece haber sido la de concentrar sus esfuerzos en domesticar a los grandes medios (la televisión) mientras que esferas de relativa amplitud eran toleradas en la prensa escrita. Esta tendencia era reforzada por la concepción oficial -sin duda correcta- de que los diarios eran leídos por una franja escasa de la población que, además, generalmente ya tenía opinión formada.[651]

Treisman recuerda que mientras Putin consolidaba el control de los grandes medios, a través de la estatización de los canales de televisión, la prensa occidental no prestó atención. A fines del año 2000, los medios norteamericanos estaban absorvidos por la reñida y controvertida elección presidencial entre Bush y Gore.

Por otra parte, debe señalarse el hecho de que la obsesión con la prensa, lejos de ser patrimonio exclusivo del nuevo gobierno ruso, parecía ser un mal de época. Entre otros, los gobiernos de Hugo Chávez y su heredero Nicolás Maduro en Venezuela, Rafael Correa en Ecuador, Recep Tayyip Erdogan en Turquía, y hasta la Argentina del gobierno de la familia Kirchner, se embarcaron en duros enfrentamientos con las corporaciones mediáticas a lo largo de la década del 2000 hasta llegar en algunos casos (como el turco) en emblemas de la restricción a la labor de los periodistas.

A lo largo del gobierno de Putin, además, se verificó un aumento del gasto público de proporciones. Especialmente, la inversión pública se concentró en los refuerzos del aparato de seguridad. El presupuesto en este área ascendió de 2,8 billones de dólares a 36,5 billones entre 2000 y 2010.[652] Los

---

[650] *Russia Reform Monitor No. 1192*, September 17, 2004.

[651] *The Return...* p. 97.

[652] *Fragile Empre*, p. 100.

"ministerios de poder" concentran unos tres millones de oficiales y empleados públicos.

Alejamiento de Occidente

La masacre de Beslan y la reforma política interna que le siguió terminaron de abrir una nueva etapa en la relación de Rusia con las potencias occidentales en la que la inquietud y la desconfianza irían en aumento. El ataque condujo a la profundización de la cuña entre Rusia y Occidente en la lucha contra el terrorismo. Moscú acusó a los Estados Unidos y a los países europeos de consentir a los separatistas chechenos: el ministro de Relaciones Exteriores, Sergei Lavrov denunció que los EEUU y Gran Bretaña aseguraron asilo a figuras de la oposición chechena.

Lavrov sostuvo que Rusia no toleraría interferencias en el conflicto de Chechenia. Después de reunirse con el ex alcalde de Nueva York, Rudolf Giuliani, quien viajó a Moscú para llevar sus condolencias por el atentado de Beslan, el ministro recomendó a Occidente "no inmiscuirse en las cuestiones internas".[653]

El año anterior, la segunda guerra de Irak había alejado a Moscú y a Washington. A comienzos de 2003, Estados Unidos había decidido actuar unilateralmente invadiendo Irak pese a la negativa de la ONU. Washington consiguió tan solo el apoyo de Londres, su aliado natural, y del jefe de gobierno español José María Aznar, cuya actuación atlantista fue calificada por la prensa izquierdista como "una sobreactuación". El grado de aislamiento en que quedó la Administración Bush quedó evidenciado con las grandes manifestaciones en contra de la guerra que tuvieron lugar en las grandes capitales del mundo en esos meses de principios de 2003. En el Consejo de Seguridad, Rusia -junto con Francia- votó en contra de la invasión. El 5 de febrero de ese año, el secretario de Estado Collin Powell había asegurado ante ese organismo que Saddam Hussein poseía "armas de destrucción masiva" y que la supervivencia de su régimen era una amenaza a la seguridad global. Aunque no tenía poder de veto en el Consejo de Seguridad, Alemania cumplió un rol importante en la negativa a apoyar a EEUU. De inmediato, se comenzó a hablar del eje "Non-Nein-Nyet" que coordinaba la oposición francesa, alemana y rusa a la invasión a Irak.[654] Meses antes, durante una conversación con Blair, Putin había dicho que "tenía dudas" respecto a la información norteamericana sobre la supuesta posesión de armas de destrucción masiva por parte del régimen de Saddam Hussein. En febrero de 2003, semanas antes de la invasión, Putin, junto con el presidente francés Jacques Chirac había afirmado que "la guerra es el último recurso".[655] El 9 de ese mes, Putin fue recibido en París como ningún otro líder ruso desde que el zar Alejandro I llegó a Francia tras la caída de Napoleón: el propio Chirac lo recibió a las puertas del avión, en el aeropuerto de Orly. Ante la televisión francesa, Putin reiteró sus dudas sobre "si realmente Hussein posee armas de destrucción masiva". Dos días antes, en Berlín, Schroeder le había pedido que Rusia acompañara la posición europea. No obstante, el 20 de marzo de ese año la coalición liderada por EEUU e Inglaterra invadió el país y derrocó a Hussein, en medio de una enorme polémica internacional. Putin se quejó de que la operación se había realizado "desafiando a la opinión pública internacional, ignorando los principios y normas del derecho internacional y la Carta de las Naciones Unidas". Cuatro días más tarde, en privado, Putin llamó a Bush y le dijo: "esta decisión será horrible

---

[653] "Siege Deepens Rift With West in Russia", *The Washington Post*, September 10, 2004.

[654] La negativa rusa a acompañar la iniciativa norteamericana tomó a la Casa Blanca "con la guardia baja". Bush y sus asesores estaban convencidos de que Putin los acompañaría. *Kremlin Rising*, p. 225.

[655] *ITAR-TASS*, February 9, 2003; *Interfax*, February 10, 2003.

para tu persona". Putin sabía de lo que hablaba: había pasado por una situación similar.[656] Bush entendió que el mensaje del presidente ruso expresaba un sentimiento genuino. "No fue un llamado de compromiso", le dijo a Woodward.[657]

Poco antes, Putin había realizado una tentativa de evitar la guerra de último momento. A fines de febrero de ese año 2003, envió como delegado personal al ex primer ministro Yevgeny Primakov a Bagdad para convencer a Saddam Hussein de que abandonara voluntariamente el poder a los efectos de evitar un baño de sangre. Primakov, quizás uno de los hombres que más conocía a Saddam en el mundo, intentó cumplir con la misión pero se encontró con la negativa del dictador iraquí. "Rusia se ha transformado en una sombra de los Estados Unidos", gruñó. Y exhibiendo sus resentimientos generados doce años antes, reprochó a Primakov el "abandono" de Rusia en la anterior guerra de 1991. "Lo que quieren es mi país, y su petróleo", explicó. "Moriré aquí", sostuvo. Lo cierto es que Primakov voló de regreso a Moscú con las manos vacías y Putin nada pudo hacer para detener a Bush en su determinación.[658]

Pero la divergencia en torno a Irak no fue el punto central que motivó el distanciamiento ruso respecto a Occidente sino la política de la OTAN de ampliar su zona de influencia sobre el espacio ex soviético.[659] A partir de 2003-2004, el Kremlin comenzó a sentirse rodeado por regímenes anti-rusos surgidos de las revoluciones "de colores" en Ucrania, Georgia y Kirgystán. El apoyo occidental a estos gobiernos contribuyó a provocar a Moscú y desencadenó una serie de amenazas al balance de poder en la región y a la estabilidad y la seguridad en una zona que desde siempre fue vista por Rusia como su área de influencia. La política de impulsar "cambios de régimen" en Eurasia, promovida por los influyentes neocons del gobierno republicano terminaría de provocar a Moscú.

La decisión de la Administración Bush de impulsar una segunda etapa de expansión de la OTAN, incluyendo los países bálticos, así como su abandono del Tratado ABM daría la razón a los conservadores del Kremlin que seguían viendo en los Estados Unidos una fuerza determinada a dañar los intereses de largo plazo de Rusia.

Ucrania sería el nuevo punto de discordia en las relaciones ruso-americanas. A fines de noviembre de 2004, estallaron manifestaciones en Kiev en protesta por el resultado de las elecciones presidenciales celebradas el día 21 en las que se denunciaron intimidaciones y maniobras fraudulentas en favor del candidato pro-ruso, Victor Yanukovich sobre el candidato pro-occidental Victor Yuschenko. El

---

[656] La prensa crítica de Putin nunca dejó de recordar la actitud de las autoridades rusas durante la guerra contra los terroristas en Chechenia en la segunda mitad de 1999.

[657] Bob Woodward: *Plan of Attack*, p. 404-405.

[658] El 9 de marzo de ese año, el titular de la Duma Gennady Seleznyov fue enviado por Putin a Bagdad en una nueva misión. Esta nueva iniciativa volvió a fracasar: la intransigencia de Saddam era total. El dictador afirmó que "no me rendiré y moriré en mi país".

[659] Una prueba de que Putin era entonces un firme aliado de Occidente lo ofrece el hecho de que, el 6 de abril de 2003 en plena evacuación de Bagdad, tres días antes de la caída del régimen de Saddam, el convoy en el que viajaba el embajador ruso fue atacado involuntariamente y el hecho no fue aprovechado por Moscú para presentar quejas ante las autoridades norteamericanas. *Kremlin Rising*, p. 228.

Por su parte, Washington optó por "penalizar a Francia, olvidar a Alemania y perdonar a Rusia", según la fórmula que se le atribuyó entonces a la influyente Condoleezza Rice. Jim Hogland: "Three Miscreants", *The Washington Post*, April 13, 2003.

Kremlin, de inmediato, vio la mano occidental detrás de las protestas: tenía razón.[660] Las protestas extendidas obligaron a la anulación de los comicios y una nueva elección tuvo lugar el 26 de diciembre bajo una estricta observación internacional, dando el triunfo a Yuschenko. La campaña tuvo ribetes escandalosos: el gurú del Kremlin Gleb Pavlovsky tuvo que huir de su hotel de la capital ucraniana como un ladrón. Había fracasado en toda la línea. Fue enviado para torcer la elección en favor del candidato pro-ruso y terminó provocando una ola de votos a favor de su oponente pro-occidental. Había triunfado la Revolución Naranja. Para huir del hotel y del país tuvo que envolverse en una bufanda naranja y un sombrero del mismo color.[661]

La elección se había transformado en un referendum sobre la dirección que tomaría el país. Ucrania había optado por mirar a Occidente y darle la espalda a Moscú.[662] Judah escribió: "por un momento Ucrania se olvidó que estaba eclipsada por Rusia como México está eclipsado por los Estados Unidos y comenzó a fantasear con entrar a la OTAN". Moscú se horrorizó. Putin encargaría el caso ucraniano nada menos que a un todavía ignoto Dmitri Medvedev, quien ocupaba el cargo de jefe de gabinete, tras la salida de Voloshin.

Ucrania era -y sigue siendo- demasiado importante para Rusia. Para Moscú, Ucrania nunca fue plenamente un país independiente. Los mismos orígenes de Rusia se encuentran en Kiev. La idea de que Ucrania es un estado soberano es, a los ojos rusos, completamente inaceptable. En el centro del conflicto se asienta la estratégica península de Crimea, asiento de bases de estratégica importancia en el Mar Negro, que fuera cedida a Ucrania en 1954 por decisión de Nikita Kruschov. Ucrania era entonces, como es sabido, una república soviética. En rigor, Ucrania solamente fue un país independiente en el breve lapso iniciado en 1991 hasta nuestros días.[663]

En el período inicial de su segunda presidencia (2004), Putin impulsó movimientos contra-revolucionarios en Ucrania, Georgia y Kyrgystan. Para Rusia, la sola idea de que Ucrania ingrese a la OTAN resultaba -y sigue resultando- intolerable. En abril de 2008, en Bucarest, Putin afirmó "Ucrania no es un estado plenamente".[664]

---

[660] "During the heady days of the "Orange Revolution," a number of American nongovernmental organizations (including the National Democratic Institute and the International Republican Institute) had played a major—albeit quiet—role in organizing and sustaining the civic campaign against Yanukovych, with tacit approval from the U.S. government. (...) The culmination came in March 2006, when parliamentary elections abruptly swept Yushchenko's administration from office in favor of a coalition government headed by none other than his bitter political rival, Viktor Yanukovych. In less than a year-and-a-half, the "Orange Revolution" had suffered a near-total reversal of fortune. The experience of Ukraine serves as a cautionary tale. Today, the United States has unrivaled capability to support liberal democratic forces around the world. Such support, however, cannot be short-term. Neither should it be pegged to the attainment of any one particular political objective or goal. Rather, it must be sustained in nature, and calibrated to empower not only the initial successes of reformers, but the preservation of these victories over time as well". Ilan Berman, *The Journal of International Security Affairs*, March 15, 2007.

[661] Yanukovich, por su parte, se convirtió en presidente ucraniano en 2010.

[662] Ilan Berman, *The Journal of International Security Affairs*, March 15, 2007.

[663] Henry Kissinger: "To settle the Ukraine crisis, start at the end", *The Washington Post*, March 5, 2014.

[664] "Putin to the West: Hands off Ukraine", *Time*, May 25, 2009.

En materia de política económica internacional, esta nueva etapa de alejamiento de Occidente mostraría una tendencia del Kremlin de buscar cada vez mayor "autonomía". En busca de independencia económica, Putin ordenó cancelar la deuda existente con el Fondo Monetario Internacional. La decisión fue adoptada el 31 de enero de 2005. Meses después, el gobierno ruso pagó anticipadamente sus obligaciones con el Club de París y proclamó su "soberanía económica". Un camino similar tomaron los gobiernos de Argentina y Brasil, meses más tarde.

En tanto, el sentimiento hacia los EEUU había ido variando con el correr de los años, al ritmo de los cambios en la política exterior. En octubre de 2001, el 61 por ciento de los rusos tenían una buena opinión de los EEUU. En enero de 2009, ese sentimiento se redujo al 38 por ciento.[665]

El 24 de abril de 2005 Putin pronunció la frase más polémica de su vida cuando dijo que *"la disolución de la Unión Soviética fue el mayor error geopolítico del siglo"*. Lo dijo durante el discurso del estado de la Nación, ante el Parlamento y televisado ante todo el país. Putin sostuvo que la caída de la URSS fue un "verdadero drama que dejó decenas de millones de rusos fuera de la Federación Rusa". El jefe de Estado reconoció que Rusia debía desarrollarse como un país "libre y democrático" pero dijo que lo haría "de acuerdo a su propia decisión, términos y condiciones en su camino a la democracia". Putin añadió que "somos una nación libre y nuestro lugar en el mundo moderno será definido de acuerdo a cuánto éxito y fortaleza tengamos".[666]

El impacto de la caída de la URSS fue enorme en la mentalidad de los *siloviki*, los cuadros de los servicios de seguridad y defensa del país. En el seno del aparato de los ministerios "de poder", habitualmente demonizados por Occidente, anidaba y sigue anidando una profunda convicción de ser depositarios de la confianza y la responsabilidad de la seguridad y la estabilidad del país. La disolución del imperio, en 1989/91, marcó a fuego a una generación de la cual Putin era su mayor exponente. En esta concepción es que debe comprenderse su convicción. Después de todo, el Presidente explicaría en una frase el sentimiento de su pueblo: "Quien no añore la Unión Soviética no tiene corazón; quien quiera reconstruirla no tiene cerebro".

En su libro autobiográfico (*"First Person"*, 2000) Putin sostuvo con respecto a la caída de la URSS que "en realidad, pienso que todo fue inevitable. Para ser honesto, solamente lamento que la Unión Soviética haya perdido su posición en Europa, si bien racionalmente entiendo que una posición construida en base a muros no puede durar. Pero yo quería algo distinto en su lugar. Y nada fue propuesto. Eso es lo que duele. Directamente tiraron todo y se fueron". Putin relató que tiempo después, hablando con Henry Kissinger, el ex secretario de Estado más famoso del siglo le dijo que pensaba lo mismo. Contó que le dijo: "creo que la Unión Soviética no debió haber abandonado Europa oriental tan rápidamente. Estábamos cambiando el balance mundial demasiado rápido y eso podía conducir a consecuencias indeseables.."[667]

In April 2008, a source told Russia's *Kommersant* newspaper how Putin described Ukraine to George Bush at a NATO meeting in Bucharest: "You don't understand, George, that Ukraine is not even a state. What is Ukraine? Part of its territories is Eastern Europe, but the greater part is a gift from us."

[665] *The Return*, p. 258.

[666] "Putin deplores collapse of USSR", *BBC News Europe*, April 25, 2005. Vladimir Putin, Annual Address to the Federal Assembly.

[667] *First Person*, p. 80-81.

El nacionalismo de Putin, en tanto, estaba fuera de dudas. En la misma obra, se ocupó de recordar cuando, en 1994, se levantó en medio de una conferencia en Hamburgo cuando el presidente de Estonia, Lennart Meri, mencionó a los rusos en su discurso como "ocupadores". Putin era entonces vice-alcalde de San Petersburgo y no dudó en desafiar al protocolo para dejar en claro su rechazo a las palabras del estonio.[668]

En tanto, Occidente pecó de ingenuidad: creyó que Rusia se transformaría en un "país normal", es decir, que adoptaría los modos y costumbres de una democracia liberal capitalista de la noche a la mañana olvidando sus propias tradiciones políticas, históricas y culturales. Kuchins escribe: "El período entre 2003 y 2008 marcó un nuevo rumbo en la política exterior rusa y en la percepción de la capacidad y las intenciones de los Estados Unidos. La confianza de Rusia en si misma aumentó en la medida en que se aceleró su crecimiento económico. El quiebre de aguas tuvo lugar cuando Moscú canceló su deuda con el Club de París anticipadamente, y su sentido de soberanía financiera se equiparó con un renovado énfasis de su soberanía política. Las diferencias habían comenzado con el affaire Yukos y en especial sobre una serie de "revoluciones de colores" en Georgia, Ucrania y Kirgistán y le dieron más sustancia al argumento de que los Estados Unidos buscaban debilitar a Rusia y frustrar sus intereses. La política exterior rusa se mantuvo encausada en un marco pragmático y realista mayoritariamente; el mayor cambio fue la percepción que el poder ruso estaba aumentando mientras el "momento unipolar" de los Estados Unidos estaba entrando en la historia. La posición de Putin giró desde ser un centrista en el balance de poder con inclinaciones occidentales a avanzar en esfuerzos por apelar al nacionalismo ruso y a una política más opuesta a los Estados Unidos en especial en el espacio post-soviético. Esta fase concluyó en la segunda mitad de 2008 con la concurrencia de la guerra en Georgia y la crisis financiera global. Aunque la guerra georgiana fue un shock, la crisis financiera global tuvo un impacto más profundo en el liderazgo ruso y en las percepciones de la élite sobre los intereses rusos en el cambiante balance de poder mundial. En resúmen, las élites rusas están más inseguras de la capacidad y la durabilidad del poder norteamericano pero también tienen menos confianza en cómo los cambios de balance de poder global en los que China aparece como el principal beneficiario redundan en favor de Moscú y como responder a ello. La casi prejuiciosa inclinación del liderazgo ruso a identificar a los Estados Unidos como la primera amenaza a los intereses rusos en asuntos como la expansión de la OTAN y las defensas misilísticas habíar erosionado. Las políticas de la Administración de Barack Obama también contribuyeron a convencer al liderazgo ruso que los Estados Unidos no buscan debilitar a Rusia y que el rol del poder norteamericano en el mundo no es debilitar los intereses rusos".[669]

El uso de la energía como herramienta central de la política exterior rusa mereció interminables críticas en Occidente. Pero, ¿era razonable esperar que Rusia hiciera otra cosa? Un aliado de Moscú, el presidente bielorruso Alexander Lukashenko, por caso, se vio favorecido por su cercanía con Putin. En 2006, Bielorrusia accedió a un precio preferencial de 100 dólares por cada mil metros cúbicos de gas para las provisiones del año 2007. El precio promedio que pagaban los países europeos era de 260 dólares. El gobierno de Minsk, incluso, se vio beneficiado de un plazo de gracia de seis meses durante el cual continuaría pagando tan solo 50 dólares (es decir el precio acordado para 2006). Lukashenko, sin embargo, pretendía extender este "bonus" al segundo semestre del año, a los efectos de no comprometer las escasas reservas internacionales de su país. Bielorrusia debía entonces 465 millones de dólares a Rusia por sus suministros de gas. Para honrar su compromiso, Lukashenko recurrió a otro

---

[668] *First Person*, p. 103.

[669] Andrew Kuchins: *"Reset Expectations: Russian Assesments of U.S. Power"*, Center for Strategic and International Studies, Washington, 2011, p. 117.

amigo: el presidente venezolano Hugo Chávez.[670]

A comienzos de 2007, Bush anunció su iniciativa de defensa misilística en Europa del Este. La propuesta era una nueva provocación a Moscú. La respuesta rusa no tardó en llegar: en su discurso en Munich, en la conferencia de Seguridad, el 10 de febrero, rechazó el mundo unipolar con eje en los Estados Unidos y calificó a la expansión de la OTAN como una "seria provocación que reduce el nivel de la confianza mutua". Putin expresó que Rusia tenía "derecho a preguntarse: ¿contra quién va dirigida esa expansión?" y planteó qué había sucedido con las antiguas promesas de Occidente después de la disolución del Pacto de Varsovia. Putin, en su discurso, citó las palabras del secretario general de la OTAN, Woerner, en Bruselas, el 17 de mayo de 1990 en el que había asegurado que "el hecho de que no podamos situar un ejército de la OTAN fuera del territorio alemán es una garantía de seguridad para la Unión Soviética". Putin, además, recordó que "las piedras y los bloques concretos del Muro de Berlín fueron distribuidos como souvenirs, pero no debemos olvidar que la caída del Muro de Berlín fue posible gracias a la opción histórica que hizo el pueblo ruso en favor de la democracia, la libertad, la apertura y la sincera asociación con todos los miembros de la gran Familia Europea". Por último, sostuvo que los EEUU minaban la estabilidad global y consideró que el modelo unipolar era tan "inaceptable" como "inviable".[671]

En septiembre de ese año, Putin recomendó a los miembros de la UE "dejar de lado la tonta solidaridad atlántica y concentrarse en las relaciones con Rusia".[672] El año anterior, Putin había comisionado a Alexander Voloshin, su ex jefe de gabinete, como enviado especial a Washington para explicar, en una misión semi-oficial, la "frustración" que Rusia sentía respecto a la posición de los EEUU después de que el gobierno ruso había brindado apoyo en la guerra antiterrorista después del 11 de septiembre de 2001 y tras los "gestos" de haber cerrado las bases en Cuba y Vietnam. Estados Unidos había demostrado, una vez más, no ser un buen amigo, al costo de haber expuesto a Putin ante los "halcones" del Kremlin.[673]

Lech Walesa reflexionó: "veo dos Putin distintos. El primero era un reformista que tuvo que trabajar en pro de su país multinacional y quería cambiar la imagen de Rusia. El otro es un individualista que no encaja con el presente y desea que su nación sea percibida como si fuera un poderoso imperio con sus zares al mando. El más reciente es un hombre del antiguo régimen. Desgraciadamente la última versión es la que resulta más popular entre sus compatriotas y dentro de su órbita de influencia en los países exsoviéticos. La invasión de un Estado soberano como Ucrania, a la vista de los occidentales, no es otra cosa sino la violación de un territorio, es algo que a ellos, en cambio, les hace sentirse orgullosos. No lo entienden como una afrenta a las leyes y libertades de otro país. La propaganda del pasado y el presente ha resultado de una eficacia extrema. Estoy de acuerdo con Kundera. Rusia, o mejor Putin, desea restaurar el Imperio, pero no creo que deba preocuparnos el hecho de que vaya a restablecerse la antigua Unión Soviética. Vivimos tiempos completamente diferentes. No hay espacio para ese tipo de concepciones.."[674]

---

[670] Russia Reform Monitor, no. 1485 - August 2007

[671] "Putin Says U.S. is Undermining Global Stability", *The New York Times*, February 11, 2007.

[672] *The Times*, September 15, 2007.

[673] *The New Cold War*, p. 200.

[674] *El País Semanal*, 7 de septiembre de 2014.

Lo cierto es que Occidente cometió imprudencias imperdonables respecto a Rusia. Primero optó por ignorarla, luego por demonizarla y por último, la arrinconó consiguiendo los resultados inversos a los buscados, pues el Kremlin terminó reforzando su alianza con China e intensificó sus relaciones con naciones vistas como una amenaza para la seguridad mundial como Siria, Irán o Venezuela. Por caso, en el Consejo de Seguridad, Rusia vetó junto con China las sanciones contra el régimen de Robert Mugabe en Zimbabwe y se opuso a realizar acciones contra el gobierno de Bashar al-Assad en Siria. La primera serie de incorporaciones de países ex integrantes del Pacto de Varsovia a la OTAN fue aceptada por una Rusia debilitada por los traumas de los años 90. En los 2000, el aumento del precio de los commodities y el fuerte liderazgo de Putin permitieron a Rusia abandonar su rol de potencia de segunda categoría y volver a ocupar la primera fila en los asuntos globales. Sin embargo, Occidente continuó su política de provocaciones contraproducentes, invitando a Georgia y a Ucrania a integrarse a la UE y a la OTAN. En abril de 2008, durante la cumbre de la OTAN en Bucarest, el presidente Putin expresó los sentimientos rusos. Dijo que "el bloque militar que observamos en nuestra frontera lo entendemos como una amenaza a la seguridad de nuestro país". Poco después estallaría la guerra con Georgia, como veremos más adelante.

Después de ofrecer asistencia en la guerra contra el terrorismo con posterioridad al 11 de septiembre de 2001, después de abrir el espacio de Asia Central para facilitar la cooperación con la operación de EEUU en Afganistán y después de cerrar las bases en Cuba y Vietnam, dos reliquias de la Guerra Fría, Rusia esperaba la ayuda norteamericana en particular y occidental en general para sus objetivos de largo plazo: el ingreso a la OMC, el cese de las restricciones comerciales derivadas de la aplicación de la enmienda Jackson-Vanik y la anulación de los planes de expansión de la OTAN en Europa del Este. Sin embargo, Occidente no hizo nada de todo ello, sino algo peor: hizo todo lo contrario. El Kremlin, entonces, advirtió que la sociedad Moscú-Washington era una relación de dar sin recibir nada a cambio (All give and no take) y actuó en consecuencia. El habitualmente circunspecto jefe de gabinete de Putin, Alexander Voloshin expresó claramente los sentimientos de Rusia ante corresponsales extranjeros: "¿Qué clase de aliados somos?"[675] La reacción de Moscú era esperable. La de Occidente, no.[676]

La prensa

El giro en la política exterior hacia una postura de mayor distancia con Occidente coincidiría con una serie de tristes hechos que la oposición utilizaría como crítica al gobierno. En el año 2006, las muertes de Anna Politkoskaya y Alexander Litvinenko conmovieron a los observadores occidentales.

Lucas observa: "el asesinato de periodistas no es nada nuevo en Rusia. Aun durante la era Yeltsin, cuando la prensa era considerablemente más pluralista, los reporteros corajudos enfrentaban ser asesinados. Dmitry Kholodov, un joven periodista que investigaba la corrupción entre los militares, murió cuando al tomar un maletín que escondía una trampa en una estación de ferrocarril de Moscú en octubre de 1994. Su periódico acusó a la conducción militar de haber contratado un asesino. Seis hombres fueron absueltos tras una investigación impulsada por sus padres. La diferencia es que el asesinato de Kholodov causó un clamor en contra no obstante nadie lo compartió en el Kremlin".

---

[675] Lo dijo el 20 de junio de 2003, ante corresponsales extranjeros, días antes del viaje del presidente Putin a Gran Bretaña.

[676] Mariano Caucino: "Occidente se equivoca con Putin", *La Nación*, 23 de febrero de 2015; Mariano Caucino: "Occidente olvidó todo y no aprendió nada", *Diario Las Américas* (Miami), 28 de febrero de 2015.

Entre 1992 y 2008, es decir durante los dos mandatos de Yeltsin y los dos primeros de Putin, murieron asesinados 47 periodistas en Rusia. Sin embargo, los casos de Litvinenko (en rigor un espía) y de Anna Politkovskaya pasaron a la historia como hitos.

El caso Litvinenko reunió todos los elementos constitutivos de una novela de espías. De hecho, lo fue. Un agente de inteligencia ruso es envenenado con polonio en un lujoso hotel en Mayfair, en la capital británica.[677] El asesinado había denunciado al presidente. Asociado con el siniestro Berezovsky. El principal sospechoso, Alexander Lutgoi se convirtió en candidato a diputado a la Duma.

Auspiciado por Berezovsky, Litvinenko había escrito *"Blowing up Russia: Terror from Within"* (Gibson Square Books, London, 2007) en el que acusaba a las autoridades del FSB de haber causado las explosiones que aterrorizaron al país en la segunda mitad de 1999. El 23 de noviembre de 2006, el ex agente, de 41 años, murió en un hospital londinense. Tras su fallecimiento, se descubrió que había sido envenenado con polonio, una sustancia altamente radiactiva.[678] ¿Sabía demasiado? ¿Conocía el caso de las explosiones en Moscú en septiembre de 1999, atribuidas a terroristas chechenos que causaron unas trescientas víctimas, atemorizaron a la población en medio de una campaña electoral y prepararon el deseo desesperado del pueblo por un gobierno fuerte? ¿Sabía demasiado sobre el caso del teatro de Moscú (octubre de 2002), o era simplemente un empleado del siniestro Berezovsky en su intento por desprestigiar a Putin y su gobierno?[679]

Un caso similar tuvo lugar con la muerte de la periodista investigadora Anna Politkovskaya, semanas antes. Era la mayor crítica de los abusos en la guerra de Chechenia. Ella sostuvo que los terroristas chechenos que perpetraron la toma de rehenes en el teatro de Moscú no detonaron los explosivos simplemente *porque no tenían explosivos.*[680] También investigó el caso de la escuela de Beslan en 2004. Fue asesinada en el elevador de su departamento el 7 de octubre de 2006. En principio, Putin no hizo mención al tema. Pero días más tarde, estando en Dresden (ciudad en la que cumplió servicios para la KGB entre 1985 y 1990) tras una reunión con Angela Merkel, tuvo que hacer referencia al tema en una conferencia de prensa. La prensa occidental le espetó: "¿Fue su crimen un regalo de cumpleaños?" (Putin cumple años el 7 de octubre). El presidente respondió: "Esta periodista era realmente una dura crítica de nuestro gobierno, pero su influencia en el país era realmente insignificante. Era conocida en los círculos de prensa y entre los activistas de derechos humanos en Occidente peor su influencia en la política en Rusia era mínima. El asesinato de una persona así, el asesinato a sangre fría de una mujer, de una madre, es en sí mismo un ataque a nuestro país. Este asesinato hace mucho más daño a Rusia y a su actual gobierno, y al actual gobierno de Chechenia que cualquiera de sus artículos".[681]

---

[677] Se trata del Hotel Millenium, en Grosvenor Square, haciendo cruz con la Embajada norteamericana en Londres.

[678] Según Lucas, Rusia es casi exclusivo productor de polonio y la dosis utilizada para envenenar a Litvinenko podría haber costado diez millones de dólares. *The New Cold War*, p. 219.

[679] La investigación del caso Litvinenko dañó las relaciones ruso-británicas, por la denuncia de las autoridades locales por "falta de colaboración" de Moscú en la investigación. La actitud de la diplomacia norteamericana, en tanto, fue más cauta. La secretaria de Estado, Condoleezza Rice recomendó prudencia y dio a entender en privado que los británicos habían "sobreactuado". *The New Cold War*, p. 83.

[680] *The man...* p. 210-211

[681] *Suddeutsche Zeitung*, October 10, 2006.

"Putin´s Russia. Life in a failing democracy" (2004), la mayor obra de Politkovskaya es un libro crítico, como tantos otros, del Presidente. En el, la autora no ahorra cuestionamientos al líder ruso. Por caso, en la página 230, se pregunta honestamente "por qué soy tan intolerante con Putin" y "¿qué hace despreciarlo tanto como para escribir un libro sobre él?" Los críticos occidentales afirmaron que el país estaba "revirtiendo" su comportamiento interno y externo al "estilo soviético".[682] Sin embargo, aún la autora de *"A man without a face"*, un libro tremendamente crítico de Putin tiende a pensar que el Presidente fue sincero cuando lamentó la muerte de Politkovskaya. Después de todo, su muerte le causó infinitamente más daño que cualquiera de sus escritos.[683]

Con todo, la imagen de Rusia se deterioraba día a día en la prensa occidental. En 2008, el índice de Libertad de Prensa compilado por "Reporters without Borders" situaba a Rusia en el puesto 141 de una lista de 173 países en términos de libertad en el ejercicio del periodismo.[684]

Los hechos del 2006 habían calado hondo en la imagen externa del país. En ese mismo año, el segundo de su segunda presidencia, comenzó a circular la idea de que Putin pretendía gobernar para siempre. Una presunción que incluía la suposición de que el Presidente optaría por beneficiarse de su super-mayoría parlamentaria para modificar la Constitución con miras a obtener un tercer mandato presidencial consecutivo. Los críticos de Putin recordaban el fastuoso palacio estilo italiano que el gobierno estaba levantando en el Mar Negro para uso del Jefe de Estado. El ex oficialista Sergei Kolesnikov comparó la construcción con el Palacio de Peterhof, en las afueras de San Petersburgo, erigido en tiempos de Pedro el Grande. Al acercarse el final de su segundo término de cuatro años, prácticamente la totalidad del debate y análisis político del país giraba en torno a si Putin forzaría la Constitución para permanecer como presidente hasta 2012 o si elegiría un sucesor. Este última hipótesis contemplaba una serie de posibles candidatos a la sucesión. Uno de ellos era el ministro de Defensa, Sergei Ivanov. El nombre de Medvedev aun no era considerado por los analistas políticos.

Pero, ¿por qué Occidente erraba una y otra vez en imaginar que la población debía rechazar el modelo de gobierno de Rusia? ¿Por qué no surgían cuestionamientos populares a la reforma política restrictiva y a lo que en Occidente se calificaba como "hostigamiento" a la prensa libre? Putin y su gobierno gozaban cada vez más de índices de popularidad astronómicos mientras que sus pares del mundo libre, capitalista y democrático se hundían en la impopularidad. ¿Por qué esta suerte de autoritarismo competitivo era tanto más eficaz políticamente -al menos en el corto plazo- que el modelo tradicional de gobierno limitado y democrático?

Quizás sean útiles estas reflexiones de Edward Lucas: "Algunos sentimientos pueden ser difíciles de comprender para "outsiders" pero permiten entender la historia rusa. Cuando el resto de Europa estaba experimentando el Renacimiento, la Reforma y el Iluminismo, Rusia aun estaba atravesando el feudalismo y era gobernada por tiranos excéntricos. Los breves espasmos de reforma y rebelión poco pudieron moldear el régimen autocrático de los zares. Solo durante unos pocos meses en 1917 durante Kerensky, Rusia tuvo algo parecido a un gobierno parlamentario, antes de que fuera barrido por el putsch bolchevique que más tarde fue conocido como "Revolución de Octubre". A pesar de que el pluralismo político de la era Yeltsin duró años y no meses, también falló en echar raíces verdaders.

---

[682] *The New Cold War*, p. 2.

[683] *A Man without a face*, p. 221.

[684] Maria Lipman and Michael McFaul: *"The Media and Political Developments"*. *"After Putin´s Russia"*, p. 109.

Muchos rusos creyeron que el sistema multipartidario les falló en los años 90 y que las instituciones del Estado eran muy débiles y corruptas como para ser confiables".[685]

El sistema político: Rusia Unida y la oposición.

Vladislav Surkov se convertiría en una suerte de "Rasputin" del Kremlin de Putin. El ideólogo de Rusia Unida, oriundo de Chechenia, sería la figura central en la construcción del partido hegemónico al servicio del proyecto político liderado por Putin. El autor de la idea de la "democracia administrada" sería un experto en teorizar la formación de un esquema de poder cada vez más concentrado y hegemónico. Pero, ¿había otra alternativa para gobernar el país? Después de siglos de zarismo, ocho décadas de totalitarismo soviético y diez años de una precipitada y desordenada transición al capitalismo, ¿era razonable esperar que surgiera una democracia tradicional, competitiva y moderna al modelo occidental?

El diputado Sergey Markov afirmó: "el objetivo es crear un partido que pueda gobernar Rusia por cincuenta años como el Partido Liberal en Japón o el Partido Demócrata Cristiano en Italia. Los "osos", como se conoce a los partidarios de Rusia Unida, planeaban quedarse en el poder por medio siglo. Hacia el final de la segunda presidencia de Putin, en 2007, 65 de los 83 gobernadores regionales pertenecían al partido oficial y sesenta de los cien hombres más podororos de Rusia eran "osos". En 2012, 74 de los 83 gobernadores regionales eran partidarios de Putin.[686]

"Rusia Unida" nació desde el poder. De arriba hacia abajo, como mera "herramienta electoral". Algunos analistas comparan el modelo político de Rusia Unida con el del Partido Revolucionario Institucional (PRI), que dominó la política mexicana a lo largo de siete décadas en base a una regla paternalista, presidencialista, vertical y semi-autoritario, pero con la limitación de la no reelección presidencial y el "dedazo" como método de la selección que hacía el presidente de su sucesor.[687]Treisman afirma que "aunque no lo digan, el modelo político que parece favorecer Putin es el de la Italia de posguerra. Allí, durante treinta y cinco años después de la Segunda Guerra Mundial, el Partido Demócrata Cristiano dominó todas las coaliciones de gobierno, colocando siempre al primer ministro. Los gobiernos podían ir y venir -de hecho la tasa de recambio movía a risa, con veintiun cambios de primer ministro en treinta y cinco años- pero caras familiares tendían a reaparecer, y el mismo líder podía retornar a presidir el gabinete en el Palacio Chigi tantas veces como cinco. El Partido Comunista, siempre en la oposición, retenía una considerable facción parlamentaria y hasta ganaba algunos gobiernos en intendencias y regiones. Pero nunca tuvo una seria perspectiva de ganar el gobierno. Este modelo, que también funcionaba en Japón, fue conocido como "sistema de un partido y medio".[688]

Judah sostiene que Putin nunca quiso restaurar un partido poderoso. Sin embargo, a su alrededor ha surgido -como siempre- una "nueva clase". A fines de la década del 2000, los ministros obtuvieron el privilegio de poder servir como miembros de los directorios de las empresas estatales. El ejercicio

---

[685] *The New Cold War*, p. 70.

[686] *Fragile Empire*, p. 99-100.

[687] Thomas F. Remington: "Parliament an the Dominant Party Regime". *"After Putin´s Russia"*, p. 40.

Una lectura recomendable sobre este asunto es la contenida en la obra de Krauze: *"La Presidencia imperial"*.

[688] *The Return*, p. 159-160.

simultáneo de la titularidad de una cartera ministerial y de director de una corporación controlada por el gobierno otorgó enormes beneficios a los integrantes del círculo de poder. Este fenómeno, esencia constitutiva del "capitalismo de Estado" no era patrimonio exclusivo de la nueva Rusia: era una realidad extendida en varios países del mundo. Esquemas similares (double-hat) proliferaron en Venezuela y en la Argentina, sin contar, desde ya, el caso de China.

Según algunas fuentes, fue hacia el fin del segundo mandato de Putin, cuando el entonces ministro de Defensa Sergei Ivanov, quien era señalado por varios analistas como uno de los candidatos a la sucesión presidencial, creó la fórmula que resumía el liderazgo oficial: "democracia soberana, economía fuerte y poderío militar". Otras versiones, como la del calificado analista y periodista especializado en temas de Europa del Este Alvaro Alba sostienen que el término "democracia soberana" fue acuñado por Vladislav Surkov en el año 2006 y que esta fórmula apareció en el sitio digital de Rusia Unida bajo el título de "Nuestro modelo ruso de democracia se llama *democracia soberana*".[689]

En agosto de 2007, *Radio Free Europe* exigía que las autoridades europeas (el Consejo de Europa) urgiera a Rusia a "proveer a todos los partidos igualdad en el acceso a los medios en las próximas elecciones parlamentarias y presidenciales, fijadas para diciembre de 2007 y marzo de 2008, respectivamente.[690]

El nuevo presidente francés, Nicolás Sarkozy, en tanto, sostuvo en su primer discurso sobre política exterior, el 27 de agosto de 2007, que "Rusia está sacando músculos para volver a la escena internacional jugando cartas con cierta brutalidad en relación con sus ventajas, notablemente el gas y el petróleo". Las declaraciones del presidente francés motivaron que un vocero del gobierno ruso respondiera que en su política "no hay brutalidad, sino pragmatismo". En mayo de ese año, durante la cumbre de Samara, Merkel le había asegurado a Putin que si Rusia tenía problemas con algún miembro de la Unión Europea, lo tendría con todos y se dió el lujo de criticar el "acoso" a Kasparov.

Ante la imposibilidad de adquirir grados de conocimiento masivo -por la creciente participación del Estado en los medios de comunicación- sumado a la propia torpeza de la mayoría de los dirigentes opositores, las voces en contra del régimen fueron capitalizadas por actores no-políticos. Así surgieron casos como el del afamado ajedrecista Garry Kasparov, quien ingresó en la arena política en los años 90 con escasa fortuna: su participación quedó limitada a partidos marginales y que ya durante el gobierno de Putin intentaría convertirse en la contracara del poder. En los años 2000, fundó "La otra Rusia", un movimiento opositor al Kremlin. Kasparov marcharía a la cabeza de numerosas manifestaciones anti-gubernamentales en Moscú y otras grandes ciudades del país. De inmediato, el gobierno creyó ver la mano occidental en la promoción de las manifestaciones. Kasparov tenía unos pocos miles de seguidores, pero su nombre se transformó en un favorito del *Wall Street Journal*, el *Financial Times* y el *New York Times*.

Lydmila Aleksseva, jefa del Helsinki-Group, sostuvo que la situación de los opositores en la Rusia

---

[689] Nota del autor: Alvaro Alba realizó una pormenorizada revisión de esta obra, a través de la gestión de Guillermo Lousteau. Alba es un destacado periodista e investigador especializado en Europa del Este, con conocimientos muy profundos y de primera mano sobre esta realidad. Sus visiones no coinciden a menudo con las mías pero las considero de enorme utilidad a los efectos de brindar un panorama más completo sobre Rusia y su relación con sus vecinos y con Occidente.

[690] Russia Reform Monitor, no. 1485. August 2007

actual es comparable a la que vivían los movimientos disidentes durante los tiempos soviéticos.[691]

Los opositores cometieron el repetido error de dejar que su actuación fuera vinculada a las potencias extranjeras. Occidente, en tanto, se equivocaba una vez más al fomentar esa relación, con los resultados habituales: el pueblo identificaba a la oposición con los intereses foráneos, alimentando discursos nacionalistas del gobierno. Los opositores corrían en auxilio a las embajadas extranjeras y pretendían reemplazar su propia incapacidad de acción política a través de la ayuda externa. Por caso, durante el tramo final de la campaña para las elecciones legislativas de fines de 2007, Putin cuestionó a "aquellos que dentro del país que ruegan como chacales en las embajadas extranjeras y en oficinas de representación diplomática, contando con el auspicio de fundaciones foráneas y gobiernos extranjeros y no el apoyo de su propio pueblo".[692]

2008-2012 enroque con Medvedev

En julio de 2007, el presidente se había mostrado indiferente a las críticas. Por el contrario, optó por un tono auto-elogioso: "Los historiadores juzgarán lo que mi pueblo y yo hemos alcanzado en ocho años. Hemos reestablecido la integridad territorial de Rusia, hemos fortalecido el Estado, hemos establecido un sistema multipartidario y hemos reestablecido el potencial de nuestras fuerzas armadas".[693]

En agosto de 2007, cuando se aproximaba el final de la presidencia de Putin, una encuesta del centro de estudios independiente Levada Center indicaba que el 64 por ciento de los encuestados afirmaban que la inflación era el principal problema en Rusia. La pobreza, la salud (la dificultad de su acceso), la estratificación social, el desempleo, la corrupción, el crimen, el deterioro en la industria y la agricultura, la crisis moral, el abuso de las drogas, la polución ambiental, la brutalidad policial, la debilidad gubernamental, la falta de justicia, el crecimiento del SIDA y el deterioro en las relaciones inter-étnicas eran los otros tópicos que aparecían, en ese orden, en el relevamiento, en el que los consultados podían elegir opciones múltiples.

El 14 de agosto de ese año, el gobierno exhibió orgullosamente las cifras de crecimiento económico: el Servicio Federal de Estadísticas del Estado (Rosstat) reportaba que Rusia había visto expandirse su PBI en un 7,9 por ciento en el primer trimestre de 2007 superando en porcentaje a los países industrializados, incluyendo a Alemania (3,3 por ciento), Gran Bretaña (2,9), Japón (2,7), Italia (2,3), Canadá (2), Francia (2) y los Estados Unidos (1,9). Días más tarde, se conocieron datos de un sondeo realizado por la agencia *VTsION* -controlada por el estado- en el que el 52 por ciento de los entrevistados pedían que el nuevo presidente fuera un promotor de la justicia social, el estado fuerte y un "izquierdista". Solamente el 20 por ciento quería un presidente "pro-mercado" que promoviera "la

---

[691] *The New Nobility*, p. 73.

[692] *Novye Izvestia*, November 21, 2007.

[693] *Der Spiegel*, July 6, 2007.

competencia en los negocios" y solamente el 2 por ciento afirmaba desear "una baja intervención en la economía".[694]

La inauguración de la Exposición Aérea MAKS-2007, el 22 de agosto, fue el escenario en el que Putin afirmó que Rusia recuperaría el lugar perdido en la manufactura de material de aeronavegación y que volvería a construir aviones comerciales.[695] El día 18 de octubre en tanto, Putin prometió que se incrementaría el desarrollo de la tecnología misilística, "incluyendo complejos nucleares estratégicos completamente nuevos" así como que la atención se pondría en el armamento de "alta precisión", "material de guerra electrónico" y que la Armada tenía planes de construir un nuevo submarino a propulsión nuclear en 2008. "Nuestros planes no son solamente grandes, son grandiosos", dijo.

El 12 de septiembre, Putin nombró un nuevo primer ministro: Victor Zubkov, hasta entonces jefe del Servicio de Monitoreo Financiero Federal. La Duma lo aprobó rápidamente con 381 votos a favor y solo 47 en contra. El nuevo funcionario reemplazó a Mikhail Fradkov, quien renunció. El líder opositor Grigory Yavlinsky afirmó que "el nombramiento de una persona sin relieve político como primer ministro de un gran país en dificultades demuestra que sólo hay una fuente de poder en este país: el presidente". Putin, sin embargo, distinguió a Zubkov al adelantar que era "uno de los cinco" candidatos a reemplazarlo el año siguiente como presidente.

Con el correr de las semanas, Putin se fue involucrando más y más en la campaña. El corresponsal de la *BBC* en Moscú escribió: "Nunca antes un presidente ruso en ejercicio había hecho campaña abiertamente en elecciones parlamentarias en las cuales él mismo fue nominado como candidato. Es una situación bizarra. No es ni siquiera miembro de Rusia Unida y quizás ni siquiera tome un lugar en el Parlamento porque no terminará su mandato como presidente hasta la próxima primavera. El estilo de la campaña también carece de precedentes. La coreografía resbaladiza y pegadiza fue tomada directamente de la escuela electoralista americana (...)". La nota indicaba que el Presidente buscaba un apoyo del 70 por ciento del electorado y que "tal como el partido Rusia Unida dice, la elección parlamentaria del 2 de diciembre es primariamente un referendum sobre Putin y sus políticas después de ocho años en el poder". La información detallaba que Putin no tenía aun claro "qué rol ocuparía después del final de su mandato" y que "algunos analistas creen que ni siquiera él ha tomado una decisión aun".[696]

Esas conjeturas sobrevolaban el proceso político a lo largo de los meses finales de su presidencia. Durante un encuentro con un grupo de académicos extranjeros, en Sochi, Putin aseguró que se mantendría como una figura política después de 2008. Ariel Cohen, el investigador senior del Heritage Foundation participó en esa reunión y sostuvo que "Putin no está planeando desaparecer en la niebla". También reveló que cuando le preguntó al presidente si planeaba volver a competir por la Presidencia en 2012, le respondió "eso depende" y que le aseguró que "su preocupación es la estabilidad de Rusia".[697]

A mediados de septiembre, visitaron Moscú la Secretaria de Estado Condolezza Rice y su par de Defensa, Robert Gates. La funcionaria recordó que "ya no tenemos una relación de adversarios con

---

[694] *Russia Reform Monitor, no. 1490* - August 2007.

[695] *Interfax*, August 22, 2007.

[696] "Putin takes centre stage", *BBC News*, November 21, 2007.

[697] *Reuters*, September 15, 2007.

Rusia y mi esperanza sincera es que las actividades militares rusas al igual que los gastos militares rusos reflejen eso". Rice volvió a cuestionar la venta de armas a Siria e Irán, dos países "comprometidos con comportamientos de desestabilización en una de las regiones más volatiles del mundo". La titular de la diplomacia norteamericana también opinó sobre el sistema político ruso, bordeando inmiscuirse en cuestiones internas: remarcó que "hay mucha concentración de poder en el Kremlin" y cuestionó que esta realidad "es problemática para el desarrollo democrático" en un país "sin instituciones de contralor". En un encuentro con activistas de derechos humanos, el día 13, Rice reiteró que "todos tienen dudas de la genuina independencia del poder judicial" y cuestionó "la (falta de) independencia de los medios electrónicos".

Un mes más tarde, en Teherán, Putin dio muestras de su distancia respecto a Washington: al participar de una cumbre de cinco países del Mar Caspio en Teherán, se manifestó contrario a un ataque militar norteamericano a Irán e invitó a Mahmoud Ahmadinejad a Moscú. Los países del Caspio (Azerbaijan, Kazakhstan y Turkmenistan, además de Rusia e Irán) respaldaron a Putin emitiendo una declaración final en la que afirmaron que "bajo ninguna circunstancia" avalarían que terceros países usaran sus territorios para lanzar una agresión y otra acción militar en contra de otro estado. La reunión tuvo lugar en medio de la acusación occidental por la presunta colaboración rusa en el programa nuclear iraní.[698]

Un mes más tarde, el 20 de noviembre, Putin volvió a criticar a Occidente: en declaraciones a la NTV, advirtió que Rusia reaccionaría ante lo que caracterizó como "construcciones militares de la OTAN en sus fronteras". Putin se molestó ante la observación de que "en violación de acuerdos previamente alcanzados, determinados estados y naciones miembros de la OTAN están incrementando sus recursos militares cerca de nuestras fronteras". El jefe de Estado dijo que "naturalmente no podemos permanecer indiferentes".

En tanto, la política interna seguía girando en torno a la sucesión presidencial. A mediados de octubre, el titular de la Duma, Boris Gryzlov, quien además era presidente de Rusia Unida, declaró que Putin "seguirá siendo el líder nacional con independencia de qué oficina tenga a su cargo". A comienzos de octubre, Putin había aceptado encabezar la lista de candidatos a diputados de la Duma para las elecciones del 2 de diciembre. "Precisamente ese día se decidirá la cuestión de quién es el líder del país", afirmó Gryzlov, para insistir que "es líder es y debe ser Vladimir Putin".[699] En el mismo sentido, en la línea ultra-oficialista, el 26 de octubre, el *Financial Times* publicó declaraciones del titular del Consejo de la Federación (cámara alta) Sergei Mironov diciendo que "no estaba fuera de agenda" la cuestión sobre un posible tercer mandato presidencial de Putin, a pesar del impedimento constitucional.

Putin tuvo que aclarar días más tarde desde Portugal que "no habrá vulneración de los poderes del Presidente de la Federación Rusa en ningún caso como no lo hubo hasta ahora bajo mi control".

En ese marco, se conocieron datos reveladores: preguntados sobre qué sistema político les resultaba mejor, el 35 por ciento de los encuestados de un trabajo del independiente Levada Center realizado a principios de octubre dijeron que elegían el sistema soviético, el 27 por ciento el actual sistema y el 19 por ciento se inclinaron por una democracia al estilo occidental.[700]

---

[698] *Washington Times*, October 17, 2007.

[699] *Rossiiskaya Gazeta*, October 17, 2007.

[700] *Vedomosti* that the responses were basically the same as those given to the same questions in a Levada Center poll conducted a year ago, except that the number of respondents favoring a "mixed economy" – with

En el tramo final de la campaña, Putin afirmó ante cinco mil seguidores en el estadio Luzhniki de Moscú que: "Aquellos que están en contra nuestro y que no quieren que nuestro plan se lleve adelante, porque tienen objetivos totalmente diferentes y planes diferentes para Rusia" y remarcó que "algunos partidos" tenían candidatos financiados por quienes estaban en el poder en los años 90 y que "quieren restaurar el régimen oligárquico basado en la corrupción y la mentira".[701]

El día 25, la policía reprimió una marcha no autorizada en San Petersburgo, deteniendo unas doscientas personas. Fueron liberados tan solo unas horas más tarde. Entre otros, quedó demorado el ex premier Boris Nemtsov, candidato a diputado de la "Unión de las Derechas". La Casa Blanca emitió un comunicado exprensando la "profunda preocupación" del presidente Bush y recordando que "la libertad de expresión, de asamblea y de prensa, así como el debido proceso son fundamentales en una sociedad democrática". Putin, en tanto, respondió que los EEUU intentaban deslegitimar la elección a través de presiones de organismos de derechos humanos y mediante la manipulación de los observadores electorales".[702] 48 horas antes de las elecciones, el día 29, Putin volvió a llamar a los votantes a evitar "volver a tiempos de humillación, dependencia y desintegración". Recordó "todo lo que hemos conseguido en esta persistente lucha que solo puede ser preservada a través de nuestra activa posición cívica común".

El 2 de diciembre tuvieron lugar las elecciones legislativas. Rusia Unida obtuvo 315 bancas sobre un total de 450. En la última elección, el partido oficialista había conseguido 223. El Partido Comunista -el segundo más votado- solamente logró 52 escaños. En porcentajes, el resultado fue abrumadoramente favorable a Putin: Rusia Unida alcanzó el 64 por ciento de los votos y el Comunismo solo el 11 por ciento. La elección mostró los resultados en el plano concreto de la reforma política del año 2004.[703] Hacia 2007/8 el gobierno controlaba el 78 por ciento de los integrantes de la Duma. Esa supermayoría era el resultado de las elecciones y del "pase" de diputados individuales o en bloque a las filas oficialistas.

---

elements of both economic planning and the free market – grew from 44 percent last year to 47 percent this year. Twenty-four percent of those polled this year said they want to return to a planned economy and 60 percent said they disagreed that industrial enterprises in Russia should have been privatized. Russia Reform Monitor - No. 1507 - October 2007.

[701] *Novye Izvestia*, November 21, 2007.

[702] *International Herald Tribune*, November 26, 2007.

[703] That year, the 225 single-member districts were abolished. In the election of 2003, 100 of these seats were won by independents or minor party candidates. All seats were awarded by proportional representation. The threshold for eligibility to win seats was raised from 5.0 to 7.0 percent. In 2003 four parties each exceeded 7.0 percent of the list vote and collectively won 70.7 percent of the total Duma vote. There were eleven parties eligible to take part in the Duma election. Duma seats were allocated to individuals on the lists of successful parties in accordance with their ranking there, and divided among each regional group of candidates for the party in proportion to the votes received by that party in each region (Article 83: Methodology of Proportional Distribution of Deputy Seats). Any members who resign from their party automatically forfeit their seats.

Several weeks ahead of the election, party leaders take part in moderated debates. Debates are televised on several state channels. Each candidate were given a chance to present his party's agenda, and to challenge opponents with questions. (United Russia refused to participate in the debates to receive more time for allowed promotion clips than other parties.)

Los comicios fueron objetados dentro y fuera del país. Sin embargo, Putin exclamó que dos tercios de los votantes habían dado el respaldo "en un signo de estabilidad política". El vocero del Kremlin, Dmitry Peskov dijo que la elección fue "libre y justa" y que cualquier alegato sobre irregularidades sería investigado.

El gobierno alemán, en tanto, emitió un comunicado diciendo que "Rusia no es una democracia" y llamó a Rusia a consolidar una política multipartidaria y el corresponsal de la *BBC* en Moscú, James Rodgers, dijo que "la gran cuestión es ahora qué hará Putin con su enorme mayoría". Observadores de la OSCE (Organization for Security and Co-operation in Europe) sostuvieron que la elección no fue limpia y que el proceso electoral "no reunió los estándares de una elección democrática del Consejo de Europa y la OSCE". El grupo de monitoreo independiente Golos reportó varios incidentes e irregularidades.[704]

En un artículo en el *Kommersant*, el 1 de de noviembre, Nemtsov había denunciado que el gobierno estaba realizando "preparativos para falsificar los resultados de las elecciones" y que en algunas localidades, ciertos funcionarios "han recibido cuotas establecidas sobre dónde y cuántos votos Rusia Unida debía alcanzar". Nemtsov escribió que "en algunos lugares es el 69 por ciento y en otros, el 100 por ciento" y que los gobernadores se veían obligados a "asegurar el resultado requerido" dado que, "después de todo, son nombrados por el presidente y tienen mucho que perder y bastante por lo que luchar".

El 10 de diciembre, Putin anunció que el primer ministro Dmitri Medvedev era su candidato para las elecciones presidenciales de marzo del año siguiente. Medvedev por su parte le pidió -públicamente- a Putin que lo acompañara como su primer ministro en caso de ser elegido presidente. Dijo que "es fundamentalmente importante" la permanencia de Putin "en un puesto importante de la rama ejecutiva: el cargo de jefe de gobierno de la Federación Rusa". "Si los ciudadanos de Rusia expresan su confianza en Dmitri Medvedev y lo eligen como su nuevo presidente, estoy listo para continuar con nuestro trabajo conjunto como primer ministro sin cambiar la distribución de poderes" (entre el Presidente y el Primer Ministro) dijo Putin durante un congreso partidario en la capital. En tanto, *Time* lo eligió como "El hombre del año". El director editor Richard Stengel citó "la extraordinaria capacidad de liberazgo (de Putin) en sacar a un país que estaba en caos y traerlo a la estabilidad".[705]

Al elegir a Medvedev como sucesor, Putin optó por un reformista modernizador por sobre un "duro" referente de los siloviki como Sergei Ivanov. Es probable que Putin haya entendido que era más adecuado a sus planes elegir a una figura que pudiera ser vista como un aporte de una renovación dentro del sistema -aunque moderada- en lugar de un hombre que sin dudas iba a ser visto como una copia de si mismo. Cualquiera haya sido la motivación de Putin, los hechos demostraron que su elección fue correcta. Medvedev cumpliría esencialmente los propósitos de Putin: mantendría el proyecto político introduciendo su discurso modernizador y su impronta reformista y permitiría, transcurridos cuatro años, su retorno a la Presidencia.[706] Putin dijo entonces: "Confío en que será un

---

[704] "Kremlin insists election was fair", *BBC News*, December 3, 2007.

[705] The magazine noted that "Person of the Year" is not an honor or endorsement but recognition of leadership that shapes the world. "He's the new czar of Russia and he's dangerous in the sense that he doesn't care about civil liberties, he doesn't care about free speech," said Stengel. But *Time* said that in prizing stability over freedom, Putin has made Russia powerful again and beholden to no nation.

[706] En la historia argentina, un proceso comparable al de Putin-Medvedev lo ofreció la sucesión presidencial entre Hipólito Yrigoyen y Marcelo T. de Alvear, en 1922. Alvear representaba la corriente política interna

buen presidente y un gestor eficaz. Pero además de otras cosas, hay química personal: le tengo confianza. Simplemente le tengo confianza".

Medvedev, por su parte, tenía una lealtad probada. En los años 90, integró el equipo político que manejaba San Petersburgo, es decir el dúo Sobchak/Putin. En octubre de 1999, a pedido de Putin, se había trasladado a Moscú y fue su jefe de campaña. Más tarde se transformó en número dos del jefe de gabinete del Kremlin Alexander Voloshin, un funcionario que Putin heredó de Yeltsin y al que Medvedev terminaría reemplazando años después. En 2003-4, Medvedev fue un gran impulsor de la reforma política que el gobierno puso en marcha en pos de una mayor centralización del poder. En 2004, Medvedev fue encargado de intentar -infructuosamente- revertir el resultado de las elecciones presidenciales en Ucrania que dieron el triunfo al pro-occidental Yushenko sobre el candidato de Moscú, Yanukovich. El resultado "fue una humillación para Putin". Mientras tanto, Medvedev siguió sirviendo al gobierno. Más tarde fue nombrado titular de Gazprom, el gigante energético. Durante su dirección, se permitió la participación de accionistas no residentes en la compañía, ampliando la capitalización de 7 a 244 mil millones de dólares. En noviembre de 2005, Medvedev fue transferido de la administración presidencial (es decir la oficina de la Presidencia) al gobierno (es decir a la sede del Primer Ministro) con el rango de viceprimer ministro, con retención de sus funciones como presidente del directorio de Gazprom.[707]

En tanto, Nemtsov volvió a criticar al gobierno: dijo que la elección de Medvedev era "natural" porque era "débil" y "leal". El diputado independiente Vladimir Ryzhkov calificó a Medvedev como "el sucesor óptimo" para el caso que Putin desee volver a la Presidencia en 2012.

Semanas más tarde, comenzaron a circular rumores en los medios que indicaban que Putin optaría por ocupar la dirección de Gazprom en lugar del cargo de primer ministro, una oficina con escaso poder político. Putin había afirmado a comienzos de diciembre ante miembros de la Cámara de Comercio e Industria de Rusia que "no queremos crear un capitalismo de estado" y había rechazado la idea de "permitir que las corporaciones estatales monopolicen la economía". Putin había asegurado que su gobierno "será cauteloso en asegurar que las corporaciones estatales no perturben otros negocios".[708] En su edición del 27 de diciembre *Vedomosti* difundió una encuesta que señalaba que el 79 por ciento de los encuestados votaría por Medvedev.

El año 2008 sería el último de su segunda presidencia y estaría marcardo por el conflicto en Georgia y el inicio de la recesión económica derivada de la crisis financiera global. El 2 de enero, Putin inauguró un centro de esquí en Krasnaya Polyana cerca de Sochi en el Mar Negro, en la primera obra de las que se preparaban para los Juegos Olímpicos de Invierno a realizarse en Sochi en 2014. La construcción de las obras estaba a cargo de Gazprom.

Cinco días más tarde, el Kremlin denunció que las elecciones presidenciales en Georgia realizadas el 5 de enero, habían sido fraudulentas. Los primeros resultados mostraron que el presidente Mikheil

---

opuesta a la del caudillo radical y sin embargo este optó por él como candidato presidencial. Una vez en el gobierno, Alvear hizo una gestión notablemente más conservadora y menos reformista que la de su antecesor pero en lo esencial, no dinamitó las bases de su poder político, a pesar del consejo de sus más cercanos colaboradores del sector "azul" del radicalismo, que le aconsejaban romper con Yrigoyen e impedir su retorno a la Presidencia. En 1928, Yrigoyen volvió al poder.

[707] *The Return*, p. 136-138.

[708] *Prime-TASS*, December 11, 2007.

Saakashvili había conseguido superar escasamente el 50 por ciento de los votos requeridos para ganar la elección en primera vuelta. Los observadores de la OSCE dijeron que la elección había sido limpia. El Ministerio de Relaciones Exteriores ruso, en cambio, alegó la existencia de incidentes, cuestionó el "amplio uso de recursos del estado" por parte del gobierno y la "presión sobre los candidatos opositores".

Georgia sería el eje de las nuevas tensiones entre Moscú y Occidente, una crisis que estallaría simultáneamente con el enroque de funciones entre los miembros del "tándem" más poderoso del país: el que integraban Vladimir Putin y su designado heredero, Dmitri Medvedev.

La guerra de Georgia y la crisis económica global

La campaña transcurrió sin sobresaltos, como era previsible. El 11 de enero Medvedev lanzó su campaña con visitas a Kaliningrado, la región rusa más occidental[709], y Murmansk. Prometió mejorar las pensiones.

El 23, Kudrin sostuvo en Davos que "en los últimos años, Rusia fue capaz de alcanzar la estabilidad económica y acumular reservas internacionales sutanciales que juegan el rol de un airbag". Detalló que el Fondo de Estabilización ascendía a 157 mil millones de dólares, frente a 89 mil del año anterior. Ese mismo día, el canciller Lavrov recordó que la expansión de la OTAN y los planes norteamericanos de desplegar elementos de defensa misilística en Polonia y la República Checa no podían justificarse por razones de seguridad.

En tanto, Human Rights Watch criticó a las autoridades rusas por la detención de doce periodistas que cubrían una protesta el día 26 de enero en Nazram (Ingushetia). A su vez, las críticas a la situación interna en Rusia se trasladaron a la campaña presidencial en los EEUU. A mediados de febrero de 2008, por caso, el senador John McCain, aspirante republicano, sostuvo que la postulación de Medvedev buscaba crear un "gobierno títere" cuyo verdarero jefe político sería Vladimir Putin. El senador por Arizona dijo que "Pienso que Putin está intentando restaurar el antiguo imperio ruso".[710] A fines de marzo, McCain sostuvo que Rusia debía ser excluido del G-8 al afirmar que el grupo era un "club de líderes democracias de mercado". El candidato se mostró partidario de incluir a Brasil y a la India" y acusó al Kremlin de "ejercer el chantaje nuclear".

El 22 de enero, Medvedev se preguntó en un discurso de campaña: "¿Por qué nos temen?" y evaluó que en su opinión "creo que ellos no tienen claro hacia donde va Rusia. Todos esos miedos persisten hoy y tenemos que continuar explicando nuestros planes abierta y claramente".

A fines de enero, Mikhail Gorbachov sostuvo -críticamente- que "había algo mal" en las elecciones rusas y que el sistema electoral requería "un ajuste profundo". El último líder soviético le dijo a la agencia *Interfax* que los resultados de las próximas elecciones presidenciales "eran predecibles desde el comienzo" y estaban "predeterminados por el enorme rol que jugaba Vladimir Putin".[711] *The Guardian*

---

[709] Kaliningrado es un enclave entre Lituania y Polonia y está separada del resto del territorio del país.

[710] *Reuters*, February 15, 2008.

[711] *The New York Times*, January 29, 2008.

anticipó el último día de febrero que el Kremlin planeaba "falsificar" los resultados de las elecciones del 2 de marzo y citaba que analistas independientes sostenían que la participación real de la ciudadanía oscilaría entre el 25 y el 50 por ciento mientras que las autoridades locales habían sido presuntamente obligadas a simular una concurrencia electoral del 68 al 70 por ciento, con un resultado de 72 por ciento a favor de Medvedev. Citando genéricas fuentes como "diplomáticos y otras voces independientes", el diario reportaba que el Kremlin había programado "puentear la brecha" usando "un fraude extendido".

Finalmente, el 2 de marzo Medvedev se convirtió en Presidente de la Federación Rusa. Obtuvo el 70,28 por ciento de los votos. El jefe del Partido Comunista Gennady Zyuganov volvió a perder las elecciones: esta vez consiguió el 17 por ciento de los votos. La concurrencia fue del 69,78 por ciento del padrón. El presidente Bush saludó telefónicamente a Medvedev.

En la primera semana de marzo, Putin adelantó a Angela Merkel que su sucesor Medvedev defendería a los intereses de Rusia con la misma fuerza con que él lo había hecho. Putin le expresó a la canciller alemana, de visita en Moscú, que Medvedev "tendrá libertad para demostrar sus visiones liberales, pero no es de ninguna manera menos nacionalista ruso, en el sentido positivo del término, como lo soy yo". Después de reunirse con Putin en la residencia de Novo-Ogaryovo, en las afueras de la capital rusa, Merkel se entrevistó con Medvedev.[712]

A través de una entrevista publicada en el influyente *Financial Times*, Medvedev explicó días más tarde que de acuerdo con la Constitución, el Presidente "fija las principales direcciones en materia doméstica y de política exterior" y recordó que "es el comandante en jefe" y el "garante de los derechos y libertades de los ciudadanos rusos", al tiempo que "toma las decisiones clave en la formación del Ejecutivo", mientras que el gobierno, liderado por el primer ministro, "implementa todas las actividades económicas, adoptando las decisiones más importantes en la economía". Medvedev reiteró que Rusia "es una república presidencial con una fuerte autoridad ejecutiva".[713]

El presidente egipcio Hosni Mubarak, de visita en Moscú, a fines de marzo, dijo que "es difícil distinguir al Presidente Vladimir Putin de Dmitri Medvedev".[714]

Por su parte, al mejor estilo norteamericano, la Duma votó la última semana de abril, cuando faltaban apenas pocos días para el final del segundo mandato presidencial de Putin, la creación de una fundación para preservar el legado de la Presidencia del mandatario saliente. La resolución creaba al "Centro Presidencial de Legado Histórico", constituido por un museo, archivo y biblioteca y serviría de repositorio de los documentos acumulados durante el período en el poder.

La elección de Medvedev tuvo lugar en medio del creciente alejamiento de Moscú respecto a los gobiernos occidentales. En ese clima de distanciamiento, no sin razón, el gobierno ruso recordó que

---

[712] *Bloomberg News Reports*, March 8, 2008.

[713] *Financial Times*, March 24, 2008.

[714] *The Moscow Times*, March 26, 2008.

Casting aside diplomatic protocol, Hosni Mubarak riled Mr Putin by pointing out that the two men were so similar in style, policies and appearance as to be virtually indistinguishable. "An hour ago I met Medvedev and even joked that there's not much difference between you," Mr Mubarak told Mr Putin at his official residence outside Moscow. "You even look the same. When I went to meet Medvedev I saw you on television at the same time and hesitated, wondering who was who." "Vladimir Putin and Dmitry Medvedev almost the same, Egyptian president says", *The Telegraph*, March 26, 2008.

Washington aplicaba -una vez más- el doble estándar en materia de derechos humanos. El 12 de marzo de 2008, el Kremlin condenó el informe anual del Departamento de Estado norteamericano sobre Derechos Humanos que criticaba "abusos" en Rusia durante el año 2007. Entre otros cuestionamientos, el reporte señalaba el "acoso a los medios" e indicaba casos de "torturas y muertes por parte de las fuerzas de seguridad". El informe también alertaba sobre la "centralización del poder y la restricciones que sufrían los partidos políticos". En respuesta, el Ministerio de Relaciones Exteriores ruso afirmó que "es obvio que la cuestión de los derechos humanos es usada con fines de consumo interno y externo". La declaración añadía que "de qué otra manera puede explicarse el hecho de que los Estados Unidos, que de hecho han legalizado la tortura y han aplicado la pena capital a menores, rechazando la responsabilidad por crímenes de guerra y abusos masivos a los derechos humanos en Irak y Afganistán den una interpretación distorsionada de la situación en otros países?"[715]

Cinco días más tarde, Putin recibió en el Kremlin a los secretarios de Estado y Defensa de los EEUU, Condoleeza Rice y Robert Gates. El presidente afirmó que veía una chance de mejorar las relaciones entre Rusia y los EEUU después de recibir lo que denominó un "documento serio" enviado por el presidente Bush.[716] En ese viaje, Rice mantuvo reuniones en Moscú con varios líderes opositores, aunque no con Grigory Yavlinsky, el jefe del partido Yabloko, el crítico más estridente del Kremlin, ni con Vladimir Ryzhkov. Tampoco asistió a la reunión en la embajada norteamericana el ex premier Mikhail Kasyanov ni el ex campeón de ajedrez Garry Kasparov, un duro opositor de Putin. El *Washington Post* publicó en su edición del día 19 de marzo que después de dos días de conversaciones en Moscú, Rice y Gates "fracasaron en construir un puente sobre las diferencias con los funcionarios rusos sobre los planes norteamericanos de constituir un sistema de defensa misilístico en Europa del Este para proteger posibles ataques de Irán, aunque ambas partes adoptaron un tono moderado después de un largo período de rencores entre los dos países". El presidente Bush, en tanto, sostuvo que era "cautelosamente optimista" sobre la iniciativa del sistema de defensa misilística en Europa del Este.

Días más tarde, el ministro Lavrov y el vocero del Kremlin Dmitry Peskov advirtieron que una posible membresía de Georgia y Ucrania en la OTAN tendría serias repercusiones en los planes de mejora de los lazos entre Moscú y la alianza occidental. Peskov afirmó que una política de "puertas abiertas" hacia Ucrania y Georgia sería "un signo de que Occidente ha hecho una elección en favor de las acciones unilaterales en lugar de la formación de las instituciones trans-europeas". Lavrov sostuvo que el intento de Georgia de convertirse en miembro de la OTAN como forma de controlar las regiones díscolas de Abkhazia y Ossetia del Sur era un "juego peligroso".[717]

El primer día de abril, en Kiev, Bush insistió que su proyecto de crear un sistema de defensa misilística en Europa del Este no representaba peligros para Rusia. Después de reunirse con el presidente ucraniano Victor Yushchenko (pro-occidental) aseguró que la iniciativa "no es un dispositivo anti-

---

[715] *Reuters*, March 12, 2008.

[716] "Bush Sends Putin Missile Defense Offer", *The New York Times*, March 18, 2008. "Vladimir Putin met with U.S. Secretary of State Condoleeza Rice and U.S. Defense Minister Robert Gates", *President of Russia - English Kremlin website, news 18028*, March 17, 2008.

[717] *Reuters*, March 28, 2008.

Commenting on Ukrainian Foreign Minister Vladimir Ogryzko's forthcoming visit to Moscow, Russian Foreign Ministry spokesman Mikhail Kamynin said that the "line of Ukrainian leadership towards NATO integration" is a stumbling block in Russian-Ukrainian relations. "The emergence of a powerful military bloc on our borders will be taken by Russia as a direct threat to security," Kamynin said, adding that claims "this process isn't directed against Russia cannot satisfy us", *Kommersant*, April 11, 2008.

ruso". Sin embargo, ese mismo día, en Washington, la Cámara de Representantes aprobó una resolución llamada a provocar al Kremlin: sugería que el gobierno ruso estaba involucrado en el envenenamiento a través de radiación del ex agente federal de seguridad Alexander Litvinenko en Londres en noviembre de 2006. El representante Howard Berman (Demócrata de California), titular del poderoso comité de Asuntos Exteriores, dijo que el caso "eleva claramente cuestiones sobre cómo ciertos elementos del gobierno ruso tratan con sus enemigos y con sus percepciones de amenazas". La resolución buscaba que Putin y el presidente electo Medvedev cooperaran con Gran Bretaña en "encontrar las respuestas para asegurar la seguridad de todos los ciudadanos".

Poco después, el anuncio ruso de que vendería tres submarinos a Venezuela volvió a enturbiar las relaciones entre el Kremlin y la Casa Blanca. La compra de las naves se sumaba a la adquisición de armamento, helicópteros, aviones de caza Sukoi y otro material militar ya realizada por Caracas y que sumaba 3 mil millones de dólares. En ese marco, tuvo lugar la cumbre en Sochi, en la primera semana de abril. La reunión en el Mar Negro fue la última entre Putin y Bush: ambos transitaban el tramo final de sus mandatos. El presidente ruso afirmó: "le quiero agradecer a George por todo lo que hemos podido lograr" (en materia de cooperación y entendimiento) y en especial por su "participación personal y su apoyo". Bush recordó que "la cuestión fundamental en esta relación es cómo podemos trabajar juntos para dejar la Guerra Fría en el pasado".

Hacia mediados del año 2008, Rusia integraba el lote optimista de los países del grupo BRICS, llamado a liderar el mundo según las estimaciones de Goldman Sachs para 2050 y veía la declinación -relativa- de los EEUU y Europa Occidental en la economía global. Los países del G-7, que en el año 2000 concentraban el 60 por ciento del PBI mundial, ahora solo representaban el 40 por ciento de esa riqueza. Un año antes, en su discurso de Munich, Putin había realizado una descripción cruda de esta realidad: recordó que el PBI combinado de China y la India superaba al de los Estados Unidos en materia de poder de compra y que el PBI combinado del grupo BRICS (Brasil, Rusia, India, China y Sudáfirca) era mayor al de la Unión Europea. El presidente ruso anticipó que esa realidad "inevitablemente se traducirá en una mayor influencia política" de esos países en el escenario mundial.

Kutchins describió: "Probablemente la mayor diferencia en el relato de la historia posterior a la Guerra Fría se refiere al sentido del cambio en el balance de poder, con un sistema internacional que se está convirtiendo en verdaderamente multipolar y en el que el poder de los Estados Unidos se encuentra en declinación relativa mientras que el poder ruso aumenta. En esta mezcla de metáforas, el barco norteamericano se está hundiendo lentamente mientras el ave fénix ruso está renaciendo desde las cenizas. Para Moscú, esta diferencias en las percepciones se ensanchó poco después de la inauguración de Dmitri Medvedev como presidente en mayo de 2008, cuando el precio del petróleo alcanzó su pico en julio y la crisis financiera se mantenía confinada a los Estados Unidos. Si bien Washington sabía que Rusia estaba resurgiendo, la sabiduría convencional sostenía que las prospectivas de largo plazo de Rusia permanecían relativamente débiles mientras el crecimiento económico era excesivamente dependiente del precio de los commodities, al tiempo que la situación demográfica y de la salud mostraban una tendencia negativa y la infraestructura del país era aun decadente".[718]

En la primera semana de mayo, Medvedev juró como presidente. Putin, en su despedida, llamó a "unir el país" y dijo que todas las fuerzas políticas tenían la obligación de "cuidar a Rusia". Agradeció a la ciudadanía por "su fe, entendimiento y apoyo". El presidente saliente adelantó que "hoy estamos formulando nuevos objetivos y tareas, pero no para un mes o dos, sino para 20 o 30 años". Medvedev, en su discurso inaugural, remarcó que era importante "reforzar la ley" y abandonar el "nihilismo legal" que amenazaba el desarrollo. Se refirió, además, a la "tandemocracia" de la que hablaban algunos en

---

[718] Kuchins, p. 117.

Occidente.[719]

Las formas tecnocráticas del nuevo presidente entusiasmaron a los observadores extranjeros. En las embajadas occidentales se especulaba que el nuevo titular del Ejecutivo, una vez investido de los poderes presidenciales, lograría reducir la influencia de Putin. Medvedev, con su estilo pro-mercado, sus Ipads, sus presentaciones en inglés en el Foro de Davos y su discurso modernizador, era después de todo, una innovación en el sistema. Nacido en 1965, en San Petersburgo (entonces Leningrado), Medvedev era el primer líder ruso desde Nicolas II que no había sido miembro del Partido Comunista ni de la KGB.

La Duma aprobó rápidamente a Putin como nuevo premier. Lo hizo con 392 votos a favor y 56 en contra. Semanas más tarde, Putin sería nombrado, además, presidente del consejo de ministros de la Unión Rusa-Bielorrusa, el acuerdo que unía a las dos naciones desde 1996.

El 9 de mayo, en las celebraciones por los 63 años de la derrota de la Alemania Nazi a manos del Ejército Rojo, durante un desfile militar en la Plaza Roja, Medvedev advirtió que Rusia no permitiría "ningún intento de sembrar odios raciales o religiosos con el fin de desatar terror ideológico y extremista o para planear inmiscuirse en los asuntos de otras naciones", en especial en relación con "tentativas de revisar fronteras".

Días más tarde, desde China, en su primer viaje al exterior desde que asumió la Presidencia, Medvedev emitió un comunicado conjunto con su par chino Hu Jintao en condena de los planes norteamericanos de defensa misilística. Sin nombrar al gobierno de los EEUU, los líderes ruso y chino sostuvieron que "la creación de sistemas de defensa con misiles a escala global y su desarrollo en ciertas regiones del mundo, no contribuyen a mantener el balance estratégico y la estabilidad y dificulta los esfuerzos internacionales de control de armas y no proliferación nuclear".[720]

A fines de ese mes, los incidentes entre Rusia y Georgia fueron en aumento. El 26, una investigación de las Naciones Unidas concluyó que un avión caza ruso había derribado un avión no tripulado georgiano el mes anterior y que la acción socavó el cese del fuego en la región separatista de Abkasia. Las autoridades rusas negaron los hechos.[721] Días después, el ministro Lavrov reiteró que Georgia estaba interesada únicamente en "provocar" a Rusia y que en esas condiciones era difícil alcanzar un

---

[719] Most of the previous cabinet's ministers will remain in their posts, with Putin bringing in Igor Shuvalov, who was his chief economic aide in the Kremlin and liaison to the G8 countries, as first deputy prime minister overseeing foreign economic policy and trade. Former deputy Kremlin chief of staff Igor Sechin has been appointed deputy prime minister overseeing industry (not including the defense sector), energy and natural resources. Shuvalov is seen as relatively liberal while Sechin is de facto leader of the hard-line "siloviki" faction.

Meanwhile, Medvedev has named Sergei Naryshkin to head the Kremlin administration. Naryshkin is a KGB veteran and long-time Putin associate who was formerly a deputy prime minister and the cabinet's chief of staff. Medvedev also appointed Alexander Bortnikov, former head of the economic security department of the Federal Security Service (FSB), as FSB director, moving former FSB director Nikolai Patrushev into the post of secretary of the advisory Security Council. In what may be a sign of the balance of power between the new president and the new prime minister.(...) that during their Kremlin meeting, Putin sat in the chair he used to sit in as president while meeting with visitors, while Medvedev sat across the table in the visitor's chair. *Russia Reform Monitor - No. 1557*

[720] *Associated Press*, May 23, 2008.

[721] *Bloomberg News*, May 26, 2008.

acuerdo con Tbilisi.[722] Georgia acusó a Moscú de tratar de anexar Abkasia cuando Rusia envió tropas desarmadas para construir un ferrocarril en el lugar. Ante la protesta, Rusia dijo que se trataba de "ayuda humanitaria".

El 5 de junio, buscando dar una imagen pro-occidental, Medvedev sostuvo en Berlín que "habiendo dejado atrás el sistema soviético y despejando cualquier idea sobre su restauración, Rusia ha forjado la fundación de un estado que es completamente compatible con el resto de Europa, o para ser más preciso, con lo mejor de todo lo que compone en común legado de la civilización europea". Medvedev dijo que "para usar las palabras de John Le Carre, Rusia "vino del frío", retornando después de casi un siglo de aislamiento y auto-aislamiento. Y Rusia hoy está volviendo activamente a la política global, a la economía (global) con todo su potencial de recursos naturales, financieros e intelectuales". Durante una conferencia con la canciller Angela Merkel, el presidente ruso aseguró que su país buscaba "estrechar un mutuo entendimiento" con Europa en asuntos de la agenda internacional como los planes norteamericanos de desplegar un sistema de defensa misilístico en Europa del Este, el tratado de Armas Convencionales en Europa y la expansión de la OTAN.

Días más tarde, durante una cumbre de la CSI en San Petersburgo, Medvedev volvió a rechazar el ingreso de Georgia a la OTAN. También le recordó al presidente ucraniano Viktor Yushchenko en una reunión bilateral que una incorporación a la alianza atlántica violaría el tratado de amistad y cooperación entre Rusia y Ucrania. En el mismo sentido, el 14 de junio el vicepremier Sergei Ivanov dijo -en un discurso en Sebastopol- que los ciudadanos ucranianos perderían el derecho a viajar a Rusia sin necesidad de visado si Ucrania se adhería a la OTAN. Las palabras de Ivanov, desde el estratégico puerto de Sebastopol, asiento de la flota rusa del Mar Negro, tuvieron un fuerte valor simbólico: el presidente ucraniano Yushchenko buscaba hacer cumplir el retiro de las tropas rusas en 2017 cuando vencía el lease de la base. Semanas más tarde, Putin adelantó a su par Julia Tymoshenko que si Ucrania ingresaba a la OTAN, Rusia se vería obligada a cancelar los programas de cooperación con empresas ucranianas de producción de tecnologías sensibles.

Las encuestas en tanto mostraban que la política exterior del gobierno ruso era altamente valorada por la sociedad. Un estudio de Bashkirova & Partners indicaba que el 75 por ciento de los encuestados estaba "orgullosa de la historia rusa, su cultura y sus logros científicos. El 60,7 por ciento expresaba su orgullo por las fuerzas armadas y el 55,6 por ciento sentía orgullo por la influencia rusa en los asuntos globales. En tanto, solamente el 40,5 por ciento se mostraba orgulloso de los logros económicos y solo el 37 por ciento del estado de la democracia rusa.[723]

A fines de junio, la crisis con Georgia volvió a escalar: el 20, Medvedev advirtió que Rusia no permitiría provocaciones contra las fuerzas de paz estacionadas en la región de Abkasia. La canciller alemana Angela Merkel expresó la "preocupación" de su gobierno por la creciente tensión en la región y después de hablar con el presidente georgiano Mikhail Saakashvili dijo que compartía su inquietud por los pasos dados por Rusia.[724] Cuatro semanas más tarde, Saakashvili anunció que la intervención rusa en la separatista región de Abkasia debe ser detenida o la soberanía de otros estados ex soviéticos estará en riesgo. "Georgia es sólo el comienzo", afirmó al diario alemán *Die Welt*. "Mañana será Ucrania, los países bálticos y Polonia".

Una deslucida gestión del ex secretario general de la OTAN y actual jefe de la diplomacia de la Unión

---

[722] *Kommersant*, May 28, 2008.

[723] *Russia Reform Monitor*, No. 1568.

[724] *Agence France Presse*, June 25, 2008.

Europea, Javier Solana, no pudo detener el conflicto. La guerra era inminente.

La crisis con Georgia estalló cuando, en una acción irresponsable, el presidente georgiano Mikhail Saakashvili ordenó recuperar el control de Ossetia del Sur, una región rebelde que formaba parte del reclamo de integridad territorial de su país. El Ministerio de Relaciones Exteriores ruso acusó a Georgia de estar preparando una guerra en Ossetia del Sur. Georgia entonces recurrió a la retórica. En tanto, el ministro georgiano de Reintegración Temur Yakobashvili reconoció que Tskhinvali (la capital ossetia) estaba rodeada de tropas georgianas pero que éstas no habían "asaltado" la ciudad sino que buscaban "neutralizar posiciones separatistas". El Ministerio del Interior georgiano volvió a denunciar que aviones cazas rusos ingresaron al espacio aéreo de su país. Horas después, el presidente Saakashvili -un joven abogado pro-occidental que había estudiado en Nueva York- ordenó la "movilización de tropas" a través de un mensaje televisivo llamando a cada uno de los 4,6 millones de habitantes a defender "cada metro de tierra" del país.[725]

Osetia del Sur, por su parte, arrastraba una antigua disputa: su población era fundamentalmente pro-rusa. En 1992, un plebiscito había dado el triunfo a la anexión a Rusia. En ese entonces, gobernaba Georgia Eduard Schevardnadze, el ex ministro de Asuntos Exteriores de Gorbachov. Pero en 2004, tras la "Revolución Rosa", Saakashvili asumió el poder con dos programas: incorporar a su país a la OTAN y restaurar el control sobre las regiones separatistas de Ossetia del Sur, Adjara y Abkasia.

En tanto, inmediatamente antes del conflicto, la OTAN había vuelto a provocar a Moscú. En la cumbre de la alianza atlántica, celebrada en abril de 2008 en Bucarest, se dio el primer paso para el ingreso de Georgia y Ucrania a la organización. Aunque no se fijó una fecha para concretarla, la sola mención de la expansión de la OTAN a Georgia y Ucrania resultó un insulto para Moscú. Los observadores internacionales advirtieron que de inmediato, Rusia optó por fortalecer los lazos con dos regiones independentistas de Georgia: Abkasia y Ossetia del Sur.[726] Occidente, una vez más, optó por no advertir las consecuencias. Ni siquiera aprovechó cuando el propio Putin le dijo a Bush, en esa misma cumbre en la capital rumana, que Ucrania "no era plenamente un país".[727]

En ese marco, quizás envalentonado por los sueños de convertirse en miembro de la OTAN, el presidente georgiano ordenó a su ejército recuperar Ossetia del Sur. Semanas antes, el gobierno de Ossetia del Sur había insistido en su pedido de reconocimiento internacional como estado independiente. Tbilisi acusó a Moscú de fomentar el independentismo. En los meses que siguieron, la tensión había ido en aumento: hubo retiro de embajadores y Georgia denunció que aviones rusos sobrevolaron ilegalmente su territorio.

Durante la noche del 7 al 8 de agosto, las fuerzas armadas georgianas comenzaron la acción ofensiva. Putin, en tanto, estaba en Beijing, asistiendo a la inauguración de los Juegos Olímpicos. El gobierno ruso denunció la "sangrienta aventura" georgiana. El presidente Bush -también desde China- expresó su "profunda preocupación" por la escalada de la violencia en la región. El *Washington Post* criticó al titular de la Casa Blanca: dijo que el conflicto "tomó por sorpresa" a la administración. El *New York*

---

[725] *Bloomberg*, August 8, 2008.

[726] Se distribuyeron pasaportes rusos a la población, mayoritariamente pro-rusa.

[727] En 1951, el mayor sovietólogo del Departamento de Estado y autor de la doctrina de la "contención" de la URSS, George Kennan escribió: "económicamente, Ucrania es parte de Rusia como Penssylvania es parte de los Estados Unidos". George Kennan: *"American Diplomacy"*, University of Chicago, 1951, p. 116.

Times publicó una foto de un Bush sonriente junto a Putin en la apertura de los Juegos, en la capital china y se preguntaba si el gobierno americano comprometería las relaciones con Moscú por su alianza con Tbilisi.[728]

Días después, comentando la ofensiva rusa, Bush dijo que "el acoso y la intimidación no son formas aceptables para conducir la política exterior en el siglo XXI"[729] y que "solamente Rusia puede decidir si volver al camino de las naciones responsables o continuar una política que solo promete confrontación y aislamiento".

En tanto, el gobierno alemán, a través de su ministro del Exterior, Frank-Walter Steinmeier, advirtió que la guerra en Osetia puede propagarse como "un incendio generalizado" en la región del Cáucaso. Y Polonia, que junto con Lituania, Letonia y Estonia condenó el proceder de Rusia, pidió la convocatoria de una cumbre extraordinaria de la Unión Europea (UE).[730]

El País informaba: "Los osetios fueron una de las pocas tribus caucásicas que se aliaron en el siglo XIX con los rusos desde el primer momento y Moscú ha pagado esa lealtad de siglos que siguió durante el comunismo otorgándoles la nacionalidad. Es la primera vez que tropas rusas cruzan una frontera reconocida internacionalmente para combatir en otro país desde que lo hicieron bajo la bandera de la URSS en Afganistán en 1979". El diario español señalaba que "El primer ministro ruso, Vladímir Putin, llegó ayer a Vladikavkaz, capital de Osetia del Norte, procedente de Pekín, donde recortó su estancia en los Juegos Olímpicos. Allí se interesó por la situación de los cerca de 30.000 refugiados surosetios que han entrado en territorio ruso huyendo de los combates. Putin calificó lo ocurrido (el ataque georgiano del miércoles sobre la capital secesionista) "de sangrienta aventura" y "genocidio".

La opinión pública rusa, una vez más, respaldó al gobierno. Era la primera vez que el Ejército ruso cruzaba las fronteras del país, desde la invasión a Afganistán, a fines de 1979. El 74 por ciento de los encuestados -en un trabajo relevado entre el 15 y el 18 de agosto- afirmaron que Georgia era "prisionera de las aspiraciones geopolíticas de los Estados Unidos". La popularidad de Putin y Mevdvedev volvió a subir en septiembre.[731]

Unas dos mil personas murieron a causa del conflicto, aunque las autoridades georgianas nunca admitieron el número. Decenas de miles de personas fueron desplazadas de sus hogares. El presidente de Ossetia del Sur, Eduard Kokoity y Medvedev denunciaron un "genocidio" por parte de las tropas georgianas.

La guerra fue muy breve[732]: el 12 de agosto el presidente Medvedev decretó el fin de las operaciones militares y aceptó un plan de paz propuesto por la Unión Europea, presidida entonces por el movedizo jefe de Estado francés Nicolás Sarkozy. A su vez, Georgia se retiró de la CSI (Comunidad de Estados Independientes), formada en 1991 pocos días antes de la disolución de la URSS. Los 117 miembros del Parlamento de Georgia votaron la retirada del país y se invitó a otros gobiernos de estados ex

---

[728] Una actitud más crítica con Moscú fue adoptada por el vicepresidente Dick Cheney.

[729] *The Voice of America*, August 15, 2008.

[730] "Conflicto en el Cáucaso: Georgia declaró el "estado de guerra", pero pidió un cese del fuego", *Clarín*, 9 de agosto de 2008; "Guerra abierta entre Rusia y Georgia", *El País*, 10 de agosto de 2008.

[731] *The Return*, p. 155.

[732] Ronald Asmus: *"A little war that shook the World: Georgia, Russia, and the future of the West"*, 2010.

soviéticos (entre ellos el ucraniano) a seguir sus pasos.

La crisis puso en juego la capacidad del nuevo presidente en el plano externo e interno. La especulación en Occidente sobre la capacidad de maniobra de Medvedev frente a su antecesor. La Secretaria de Estado norteamericana Condoleezza Rice había puesto en duda durante una etapa de la crisis la capacidad de Medvedev "de mantener su palabra".

La guerra fue una catástrofe para Georgia.[733] Lucas afirma que la crisis en Georgia "demostró una vez más la superioridad de los dirigentes rusos en los juegos políticos frente a sus pares occidentales", un juego en el que Rusia aplicó "una combinación de fuerza y fraude". Occidente, en tanto, "fue tontamente persuadido a "bajar la guardia" cuando "el fin de la historia" fue anunciada hace casi veinte años". Lucas recuerda que "Rusia no ha abandonado su percepción del derecho de controlar su "extranjero cercano" (Near Abroad)".[734] En tanto, Occidente, según Lucas "esta perdiendo esta nueva guerra fría sin haberse enterado que había comenzado".[735]

La guerra dejó algunas lecciones. Wayne Merry escribió a fines de agosto de ese año: "Si bien ignoradas en Occidente, una de las primeras instancias de lo que después se dio en llamar "limpieza étnica" no tuvieron lugar en Yugoslavia sino en Ossetia del Sur y en Abkasia y fueron perpetrados por nacionalistas radicales georgianos bajo es slogan de "Georgia para los georgianos". Históricamente, los abkaz odiaban (justificadamente) a Rusia, pero los abkaz contemporáneos temen a los georgianos aun más. Como "el enemigo de mi enemigo es mi amigo", Abkasia se tornó en contra de Rusia como su única fuente de seguridad frente al nacionalismo revanchista georgiano (...)" Wayne Merry sostiene que la situación en Ossetia del Sur no era igual y que "muchos observadores creían que con paciencia, tiempo y sabiduría, Tbilisi podría haber restaurado su autoridad en Ossetia del Sur por medios pacíficos. Ahora quizás no lo consiga nunca. La decisión casi inexplicable del Presidente Saakashvili de desatar un bombardeo de artillería masivo sobre civiles ossetios y después intentar reconquistar rápidamente la región ha alterado permanentemente el panorama político. No hubo nunca ninguna duda de que Rusia respondería desproporcionadamente al uso de la fuerza por parte de Georgia. Moscú lo había dejado claro varias veces (...) Hasta ahora, Saakashvili no ha explicado las razones de su irresponsable aventura, si es que él las entiende. Las consecuencias son desastrozas para una Georgia que no estaba en condiciones de enfrentar en guerra a Rusia y sin aliados a quienes recurrir en busca de apoyo militar. Es ahora inconcebible que alguien en Ossetia o Abkasia quiera volver a estar bajo la soberanía de Georgia (...) La memoria en el Cáuaso es larga y los sucesos de los días recientes envenenarán las relaciones interpersonales así como las relaciones inter-étnicas por generaciones. La guerra suele enseñar las malas lecciones, pero una que debería emerger de una derrota como esta es que mientras que el patriotismo es una virtud, el nacionalismo es una guía perniciosa. Los sueños románticos y nacionalistas son relucientes pero pueden transformarse de la noche a la mañana en pesadillas. Lo mejor para Georgia es despertar y acordar con el mundo como es".[736]

Treisman reflexionó: "Los historiadores deberán investigar cuáles fueron los verdaderos motivos de Saakashvili. Quizás pensó que Rusia estaba faroleando cuando prometió defender a los ossetianos del sur. No pudo haber esperado ganar frente a una Rusia con un ejército muchísimo más grande y mejor equipado. Cualquiera hayan sido sus cálculos, la derrota parcial sirvió a sus propósitos. Recuperó, al menos por un tiempo, su popularidad interna. Y, finalmente, se ganó la simpatía de Occidente. Después

---

[733] "Georgia hizo mal cálculo en incursión en Osetia del Sur", *Reuters América Latina*, 11 de agosto de 2008.
[734] *The New Cold War*, Introduction, p. XI-XII.

[735] *The New Cold War*, p. 17.

[736] E. Wayne Merry: "Nasty Nationalism", *The National Interest Online*, August 28, 2008.

de la guerra, aun la canciller alemana Angela Merkel, que resistía hasta poco antes la decisión final sobre la membresía de Georgia en la OTAN, voló a Tbilisi para declarar que "Georgia se convertirá en miembro de la OTAN si lo desea" (...) En Occidente, en la prensa y en la política, la incursión rusa en Georgia fue tomada como una evidencia de las ambiciones imperiales de Rusia (...) (pero) si los líderes rusos eran imperialistas, algunos se preguntaron, ¿por qué esperaron tanto tiempo? Podrían haber anexado los enclaves de Ossetia del Sur y Abkasia años antes, antes de que Saakashvili comenzara a modernizar su ejército. ¿Y por qué Rusia se retiró sin derrocar al gobierno georgiano e instalando un régimen proclive a Moscú?"[737]

La guerra en Georgia fue vista por los medios occidentales como una confirmación del hecho de que Putin seguía siendo el "hombre fuerte" del país. El *Financial Times* publicaba el 14 de agosto que "la incursión de Georgia marcó un "final brutal" a las esperanzas de que Medvedev pudiera timonear su país en una dirección más liberal y pro-occidental". El *Washington Times*, en el mismo sentido, publicó que "la incursión armada de Rusia en Georgia barrió toda pretensión de que el presidente Dmitry Medvedev gobernara el país".

La televisión estatal (Rossiya), en tanto, promocionaba la imagen del primer ministro. El primer día de septiembre, *Rossiya* lo mostró domesticando un tigre siberiano en el lejano este del país y evitando que el animal atacara a un reportero.

En un nuevo aniversario de los atentados del 11 de septiembre de 2001, el presidente Medvedev comparó el ataque georgiano a Ossetia del Sur con el mega-atentado en EEUU. "Para mi, el 8 de agosto de 2008 fue casi como el 11 de septiembre de 2001 en los Estados Unidos", sostuvo Medvedev en una reunión con expertos en política exterior en Moscú. Una semana más tarde, acusó a la OTAN de ser la responsable de la crisis con Georgia e insistió en que "Rusia nunca se subordinará a Occidente".

La crisis en Georgia, en el verano de 2008, fue el punto más caliente de una agenda de conflictos que separaban cada vez más a Rusia respecto a Occidente. Un punto de tensión creciente entre Rusia y los EEUU sería la relación con el régimen iraní. En su primer viaje al exterior como primer ministro, en Francia, a fines de mayo de 2008, Putin había asegurado que no creía que Irán estuviera persiguiendo construir armas nuclear.[738] Semanas más tarde, el 20 de junio, el ministro Lavrov reiteró que no había pruebas de que Irán estuviera avanzando en su programa nuclear y advirtió en contra del uso de la fuerza en contra de ese país. Lavrov hizo este llamado en respuesta a un pedido de un miembro del gabinete israelí que pidió atacar a Irán si no cedía en su progama nuclear. El 7 de septiembre, el *Sunday Times* especulaba que Rusia jugaría "la carta iraní" incrementando su asistencia a Irán en respuesta a los planes de expansión de la OTAN y la presencia de navíos de la Armada norteamericana en el Mar Negro llevando ayuda a Georgia.

Siria también separaría a Moscú de Washington. El 18 de junio de aquel año, el Consejo de la Federación Rusa (Senado) ratificó un acuerdo intergubernamental firmado con el régimen de Bashar al Assad en el que Rusia le otorgaba grandes facilidades a Siria para atender los compromisos de deuda que Damasco mantenía con Moscú. El 21 de agosto de ese año, tras una visita de Al Assad a Moscú, el canciller Lavrov manifestó que Rusia estaba lista para suministrar "armas defensivas" a Damasco. Entonces, Washington emitió un comunicado en el que expresaba su "gran preocupación". El vocero del Departamento de Estado, Robert Wood, dijo que para la Administración Bush, esas ventas "no

---

[737] *The Return*, p. 324-325.

[738] *Le Monde*, May 31, 2008.

contribuyen a la estabilidad regional".[739]

La relación con la Venezuela de Hugo Chávez era otra fuente de inquietud en la visión occidental sobre los acontecimientos en Rusia: en agosto de 2007, el líder venezolano llamó a una "revolución mundial contra la tiranía americana" durante una visita a Moscú. El 24 de junio del año siguiente, el presidente bolivariano exclamó que su país buscaba fortalecer "todos los niveles de cooperación" con Moscú. Venezuela adquirió armamentos y material bélico de Rusia por un valor que ascendía a los 3 mil millones de dólares. En la tercera semana de julio, Chavez llamó a constituir una alianza con Rusia para proteger a Venezuela de los EEUU.[740] El 30 de agosto de ese año, el presidente Chavez respaldó la posición rusa en el conflicto que ese país mantenía con Georgia. En septiembre, Rusia anunció que planeaba vender equipamiento militar a Irán y Venezuela.[741]

Medvedev y Putin mantuvieron reuniones con Chávez en el marco de la búsqueda de forjar un "sólido contrapeso" a los Estados Unidos cuando el presidente venezolano visitó Moscú en esos días. Putin resaltó que "Latinoamérica se está convirtiendo en un notorio punto de unión en la cadena del mundo multipolar que se está formando" y que "Rusia prestará más y más atención a este vector de nuestra política económica y nuestra política exterior". Chávez, además, dijo que planea desarrollar un programa de poder nuclear con fines civiles con ayuda rusa. El líder bolivariano sostuvo al volver a Caracas que "Brasil tiene varios reactores nucleares, al igual que la Argentina" y aseguró que "tendremos los nuestros y Vladimir (Putin) dijo a los medios: Rusia está lista para ayudar a Venezuela a desarrollar energía nuclear con fines pacíficos".[742]

¿Una nueva guerra fría?

El *Times* de Londres advertía el 28 de agosto que "la posibilidad de una nueva Guerra Fría entre Rusia y Occidente ha aumentado después de que Moscú advirtiera contra una "confrontación directa" entre navíos de guerra americanos y rusos en el Mar Negro. El vocero del primer ministro Vladimir Putin, Dmitri Peskov dijo que Rusia estaba tomando "medidas de precaución" respecto a las naves de los EEUU y la OTAN en el Mar Negro". En declaraciones a la *CNN*, Putin acusó a EEUU de haber alentado el ataque de Georgia sobre Ossetia del Sur, semanas antes, y reveló que funcionarios de Defensa le habían informado que esa acción "buscaba beneficiar a un candidato presidencial" en la próxima elección, que tendría lugar en noviembre.[743]

El 27 de julio de ese año, el senador McCain había acusado a Putin de haber conducido a Rusia por un sendero "muy dañino" y sostuvo que el país se había "transdormado en una autocracia". En declaraciones a *ABC* el candidato republicano pidió excluir a Rusia del Grupo de los 8. En tanto, en agosto el senador Obama, su contrincante demócrata, criticó a Putin al afirmar que los ataques rusos en Georgia eran carentes de "justificación posible".[744]

---

[739] *The Telegraph*, August 22, 2008.

[740] *BBC News*, July 22, 2008

[741] *The Times*, September 18, 2008.

[742] *BBC News*, September 29, 2008.

[743] White House spokeswoman Dana Perino called Putin's allegation "patently false."
[744] *Bloomberg News Report*, August 11, 2008.

A comienzos de septiembre, en declaraciones emitidas por la televisión rusa, el Presidente Medvedev aseguró que Rusia observaba el derecho internacional y rechazaba lo que llamó "el dominio norteamericano de los asuntos internacionales en un mundo "unipolar" y que buscaba relaciones de amistad con otras naciones y defendería a los ciudadanos rusos y los intereses de negocios en el exterior y reclamó una esfera de influencia en el mundo. Medvedev remarcó que "Rusia, al igual que otros países, tiene regiones en los que mantiene intereses privilegiados".

En este marco, conviene detenernos en la gira que el vicepresidente Dick Cheney realizó por Georgia, Ucrania y Azerbaiján. Cheney, un hombre que habitualmente expresaba la línea dura de la administración Bush, condenó el 4 de septiembre en Tbilisi la política del Kremlin calificándola de "ilegítima". También describió como un "intento unilateral" la "pretensión de dibujar la frontera de Georgia por la fuerza". Cheney aseguró al presidente Saakashvili que EEUU estaba plenamente comprometido con los esfuerzos de su país por ingresar a la OTAN. En respuesta, el presidente del Comité de Asuntos Exteriores, Konstantin Kosachev acusó al vicepresidente norteamericano de promover una tentativa de crear "ejes anti-rusos" en el "inmediato alrededor" de Rusia (near abroad). El polémico Cheney continuó con su retórica anti-rusa en Kiev. Allí sostuvo que "creemos en los derechos de los hombres y mujeres a vivir sin el temor a la tiranía, al chantaje económico o a la invasión miliar o la intimidación". Al reunirse con el presidente Yushchenko y la primer ministra Tymoschenko, Cheney dijo que "he llegado anoche desde Georgia, una joven democracia que en el último mes fue sujeta a una invasión rusa y a un intento ilegítimo y unilateral de desmembramiento de su territorio por la fuerza". Mientras tanto, el ministro de Relaciones Exteriores ucaniano, Volodymyr Ogryzko dijo al diario alemán *Frankfurter Allgemeine Zeitung* que el Consulado ruso en la península de Crimea estaba distribuyendo pasaportes rusos a la población. El día 6, en Roma, Cheney sostuvo en una entrevista publicada en el *Financial Times* que rechazaba la famosa frase de Putin en la que el líder ruso había sostenido que la caída de la URSS había sido "la mayor catástrofe geopolítica del siglo XX" y dijo que, por el contrario, la misma "fue inevitable y el mayor paso adelante de la lucha por la libertad de los últimos sesenta años". También indicó que los líderes rusos "no pueden beneficiarse del comercio y el prestigio mientras aplican la fuerza bruta".

El 16 de septiembre, Putin anunció que el presupuesto de Defensa aumentaría un 27 por ciento en 2009. Al día siguiente, Medvedev, hizo un anuncio público pidiendo "que Rusia asegure sus fronteras en el Ártico, ya que la región podría contener más de una cuarta parte de las reservas mundiales de gas y petróleo en el mar". El presidente dijo: "Nuestra tarea más importante es convertir el Ártico en una región rusa de extracción de materias primas del siglo XXI". Hizo el anuncio durante una reunión del Consejo de Seguridad en Moscú. La agencia *Interfax* reflejó que el presidente aseguró que "con estos recursos garantizaríamos en su totalidad el suministro energético de Rusia". En Occidente volvieron a sonar alarmas por la presunta voluntad expansionista de Moscú.

Hacia mediados de la segunda presidencia de Putin, el Kremlin parecía haber confirmado su convicción de haber sido traicionado por Occidente. Los Estados Unidos acusaban a Rusia de pretender reconstruir su imperio y señalaban a Putin como el villano arquitecto de un siniestro plan para restaurar la Unión Soviética en su esencia. Pero, sin embargo, Occidente parecía olvidar que ese mismo villano había cerrado, en el comienzo de su presidencia, dos bases clave en Cuba y Vietnam y que se había puesto del lado de los EEUU en la lucha contra el terrorismo, brindando apoyo logístico en la guerra de Afganistán y hasta había ofrecido integrarse como miembro a la OTAN sin haber recibido ninguna respuesta.

Las reglas de la Petropolítica

La crisis financiera internacional tuvo un importante impacto en la economía rusa: se constituyó en "una tormenta perfecta que reveló antiguos pecados".[745] Entre 1999 y 2007, la economía rusa vivió un fenomenal crecimiento, como hemos visto. El PBI aumentó de 195 mil millones de dólares hasta alcanzar los 1200 millones en ese período. Naturalmente, el punto de partida era muy bajo: la devaluación de 1998 había pulverizado el producto bruto (cayó de 414 mil millones en 1997 a 195 mil en 1999).[746]

Los dos gobiernos de Putin fueron acompañados por una bonanza económica como la que no gozaba el país desde fines de los años 70 cuando Rusia se vio beneficiada por el aumento del precio del petróleo que siguió a la crisis en Irán en 1979.

El gobierno de Putin/Medvedev había logrado una performance económica espectacular. En el año 2000, Rusia era la décima economía más grande del mundo medida por capacidad de compra. Se ubicaba por debajo de Brasil. Diez años más tarde, ocupaba el sexto lugar. En el año 2000, las exportaciones de petróleo ascendían a 36 mil millones de dólares. En 2007 alcanzaron los 173 mil millones.

Los años 2000 marcaron un superciclo de los commodities. El boom no estaba limitado a los hidrocarburos: también subió el precio del oro (225 por ciento), del niquel (69 por ciento) y del aluminio (30 por ciento). El país atrapaba inversiones, pese a la creciente mala reputación de su política internacional.[747] La economía creció a un ritmo del siete por ciento anual entre 1999 y 2007. La deuda pública se redujo a apenas el 9 por ciento del PBI hacia 2010.[748] Además del fenomenal aumento de los precios de los recursos naturales, la economía rusa se había visto favorecida por la aplicación de medidas de reforma "liberal" introducidas en los primeros años de la década. Entre ellas, una verdadera "revolución" fue la aplicación de la tasa única (*flat rate*), que redujo la evasión y provocó un importante aumento en la producción en Rusia así como en los distintos países ex comunistas donde se aplicó. Del mismo modo, la puesta en marcha de un sistema de simplificación para la apertura de nuevos negocios ("one-stop-shop") permitió una registración rápida de emprendimientos.

El gobierno, en tanto, pudo poner en marcha megaproyectos que cambiarían la imagen de Moscú, como la construcción de "Moscow City", una urbanización con gigantescos rascacielos que buscaban crear un nuevo centro financiero global. El entusiasmo por los resultados del superciclo de los commodities provocó que la revista *Ekspert* llegara a predecir que el rublo podría convertirse en una moneda de reserva junto al dólar y al euro y a aventurar que el PBI ruso superaría al de Gran Bretaña y Francia para el año 2009. En ese marco, tuvo lugar una suerte de fascinación por el surgimiento de un nuevo orden mundial, esta vez caracterizado por un multilateralismo que reemplazaría al mundo unipolar heredado de la caída del Comunismo y la disolución de la Unión Soviética en 1989/91.

---

[745] Aslund and Kutchins, p. 48.

[746] IMF 2008.

[747] Konstantin Rozhnov: "Russia attracs investors despise image", *BBC News*, November 30, 2007.

[748] *Fragile Empire*, p. 138.

Sin embargo, el año 2008 traería una pausa en esta tendencia de alto crecimiento. La crisis financiera global, desatada en septiembre de ese año en los Estados Unidos alteró sustancialmente la economía de los países emergentes.

Ya a fines de 2007, un grupo de economistas habían advertido que la economía rusa mostraba signos de "calentamiento" y que podría experimentar una desaceleración en 2008. No obstante, el cálculo no dejaba de ser optimista: se estimaba que el PBI se expandiría en un 6,7 por ciento, un punto por debajo de la tasa observada en 2007 (7,6 por ciento). El presidente Putin había reconocido el 27 de diciembre de ese año que bajar la inflación era "uno de los principales objetivos de 2008". La inflación en 2007 había alcanzado el 12 por ciento, es decir cuatro puntos más que el objetivo fijado.[749]

Los problemas de la economía rusa -aun antes de la crisis global de 2008/2009- fueron advertidos por la agrupación opositora "Otra Rusia" al difundir el índice de Libertad Económica elaborado anualmente por la Heritage Foundation y el *Wall Street Journal*. El estudio señalaba que Rusia solamente superaba a Bielorrusia y a Turkmenistan en la medición. Asimismo, a fines de enero de 2008, Kudrin reconoció que la activa política exterior tenía "costos elevados" que comprometían la necesaria estabilidad en las inversiones.[750] El 11 de febrero, Anatoly Chubais, el arquitecto de las controvertidas reformas liberales de los años 90, y ahora a cargo de la dirección de "United Energy Systemas", el monopolio ruso de electricidad, advirtió que Rusia podría enfrentar en un futuro cercano una crisis financiera que podría transformarse en una crisis política.

El 15 de febrero, el premier Medvedev, favorito para heredar la Presidencia, dijo que Rusia debía concentrarse en los próximos cuatro años en cuatro "i": "instituciones, infraestructura, innovación e inversiones", al tiempo que fijó siete tareas: "superar el nihilismo legal, reducir las barreras administrativas, reducir la carga impositiva, convertir el rublo en una moneda de reserva regional, crear bases para un sistema de innovación nacional y poner en marcha un programa de desarrollo social para el país".

Un mes después de asumir la Presidencia, el 7 de junio de ese año, Medvedev responsabilizó a los EEUU por la crisis que más tarde desembocaría en el crash financiero de septiembre de ese año. En su discurso ante el Foro Económico de San Petersburgo, el presidente explicó que "la falla de las grandes corporaciones financieras en la medición de riesgos, combinadas con la política financiera agresiva de la mayor economía del mundo, no solo condujo a pérdidas para esas compañías sino que desafortunadamente ha empobrecido a la mayoría de la población del planeta".

La última semana de julio, *Forbes* ubicaba a Rusia en el puesto 86 entre los 121 mejores países para hacer negocios. Rusia se situaba entre Kenia (lugar 85) y Nigeria (87).[751] Casi en simultáneo, el último día de ese mes, el presidente Medvedev dijo que "las instituciones estatales rusas deben dejar de atemorizar a los negocios" y reconoció que era necesario "crear un clima de negocios favorable a la inversión".

---

[749] *Reuters*, December 28, 2007.

[750] *Independent*, January 31, 2008.

[751] Russia placed ahead of Tajikistan (118th) and Uzbekistan (106th), but behind Kyrgyzstan (84th), Azerbaijan (82nd), Ukraine (75th), Kazakhstan (69th), Georgia (68th), Latvia (32nd), Lithuania (30th) and Estonia (10th). Denmark was rated the best country for business while Chad was rated the worst. The United States was ranked fourth.

En agosto, la crisis georgiana complicó la economía. El ministro de Finanzas Alexei Kudrin admitió que, como consecuencia de las turbulencias políticas durante el conflicto con Georgia, huyeron capitales por un total de 7 mil millones de dólares.[752] El 29 de agosto, el diario de negocios *Kommersant* publicó que en la última semana de ese mes, habían salido otros 3 mil millones de dólares. El primer ministro, entonces, reconoció que existía una importante salida de capitales pero negó que esta fuera producto de la crisis en Georgia. Por el contrario, culpó a la crisis de las hipotecas en los EEUU y Europa.[753]

En Alemania, en tanto, la crisis en Georgia y el creciente aislamiento de Rusia alarmó a la clase empresaria de ese país, la nación europea con más vínculos comerciales con Rusia. En este sentido, el titular del Comité de Relaciones Económicas para Europa del Este, Klaus Mangold pidió que los políticos (alemanes) "no den la espalda a Rusia" y expresó su rechazo a la aplicación de sanciones contra Rusia como su exclusión de la OMC.[754]

El 15 de septiembre de 2008, estalló la crisis financiera: ese día se produjo la quiebra de Lehman Brothers. Meses antes, había colapsado Bear Stearns cuando sus acciones se derrumbaron de 62 a 5 dólares tras la negativa de la Reserva Federal de salir en su auxilio. La crisis, esta vez originada en el primer mundo, potenció las críticas a los EEUU en el mundo entero y pareció dar la razón a los promotores del multi-lateralismo.

El destacado analista internacional argentino Jorge Castro escribió: "La crisis global 2008-2009 que se desató en EEUU con el derrumbe de Lehman Brothers no fue sólo una crisis financiera que se transmitió de inmediato al mundo y se transformó en recesión mundial -la más profunda desde la década del ´30-, sino un punto de inflexión histórico, un nuevo comienzo que dio origen a una fase históricamente novedosa del proceso de acumulación capitalista. La recesión global de 2009 ofreció una doble particularidad: su brevedad (duró sólo 6 meses) y su carácter estructural, que modificó para siempre el proceso de acumulación, tanto en el mundo avanzado como en el emergente. Los países avanzados entraron en una etapa de bajo crecimiento económico, elevado desempleo y extrema volatilidad de los mercados (consecuencia de un salto cualitativo en la percepción del riesgo), también denominada "nueva normalidad". El mundo emergente, que representa 80% del crecimiento global en 2012, comenzó a crecer sobre la base de su demanda interna y el consumo de su población, lo que lo obliga a modificar, a través de un arduo proceso de reformas políticas y económicas, las estructuras que le permitieron crecer antes de la crisis. El punto de partida de los países emergentes y de los avanzados para enfrentar las nuevas condiciones globales es completamente distinto. En el período 2007-2011, el PBI chino se expandió 44.5%, mientras que los de los de EEUU y la zona Euro crecieron 0.8% y 0.4% respectivamente".[755]

Un año después del inicio de la crisis, en septiembre de 2009, un ranking global ofrecería la conclusión de que solamente tres de las primeras diez mayores empresas del mundo eran norteamericanas. Se trataba de Exxon Mobil, Microsoft y Walmart. La lista estará dominada por megaempresas controladas por los Estados como PetroChina, China Mobile e ICBC (un banco chino). En el noveno lugar, aparecería Petrobras. Dice *The Economist*: "America estaba en declinación después de la crisis de las subprime. Las firmas privadas eran desplazadas por el capitalismo de Estado. Existió un inexorable

---

[752] *Interfax*, August 17, 2008.

[753] *Financial Times*, September 12, 2008.

[754] *Reuters*, August 27, 2008.

[755] Jorge Castro: *"El desarrollismo del siglo XXI"*, Edit. Pluma Digital, Buenos Aires, 2013, p. 150-151.

tránsito de poder hacia el mundo emergente". En 2013, EEUU volverá a liderar el ranking cuando nueve de las diez primeras compañías mundiales sea de capital norteamericano.[756]

En tanto, el gobierno ruso reaccionó ante la crisis recordando en cada ocasión que EEUU era el responsable del deterioro de las economías a lo largo de todo el mundo. A fines de septiembre, el primer ministro Vladimir Putin adelantó que el gobierno ruso proveería 50 mil millones de dólares para incrementar la liquidez del sistema financiero y evitar el "contagio" que se propagaba desde los Estados Unidos. También se anunció que un suplemento de otros 100 mil millones sería facilitado a través de créditos a los bancos, recortes de impuestos y posteración de los plazos de vencimiento de obligaciones fiscales. *Bloomberg News* reportaba el 29 de ese mes que Rusia se había visto obligada a tomar estas medidas a causa de la guerra en Georgia, la caída de los precios de los commodities y la crisis en los mercados de capital global que siguió a la quiebra de Lehman Brothers.

A comienzos de octubre, Medvedev celebró "el fin del dominio financiero norteamericano" y llamó al surgimiento de un "orden más justo". Lo hizo durante una visita a Alemania, donde se entrevistó con la canciller Angela Merkel. En una conferencia con líderes europeos en Evian (Francia), Medvedev dijo que los Estados Unidos "habían abusado de su estatus de superpotencia para invadir Irak, expandir la OTAN y desplegar un "egoismo económico" que condujo al colapso de los mercados mundiales". El presidente ruso reflexionó: "el deseo de los EEUU por consolidar su dominio global condujo a que perdiera la chance histórica de construir un orden democrático mundial después de los ataques del 11 de septiembre" y llamó a los países europeos a trabajar junto con Rusia en la formación de una nueva organización trans-atlántica en la cual los Estados Unidos no fueran ya la potencia dominante".[757]

En tanto, el primer martes de noviembre, el senador Barack Obama se transformó en el primer presidente negro de los Estados Unidos. Su compañero de fórmula, el experimentado senador Joseph Biden indicó poco después que la nueva administración "apretará el botón de reseteo" en las relaciones ruso-americanas".[758] El nuevo gobierno buscaba mejorar las relaciones con Moscú, deterioradas en los últimos años, pese a las 27 reuniones bilaterales entre Putin y Bush en los ocho años en que fueron colegas.

Para entonces, la crisis financiera ya había impactado de lleno en la economía rusa. Desde la crisis con Georgia (agosto) y el estallido de la caída de Lehman Brothers (mediados de septiembre), las reservas internacionales del país se habían reducido en 66,9 mil millones de dólares y ascendían para el 10 de octubre a 530,6 mil millones de dólares. En tanto, *Standard & Poor's* advirtió nuevas caídas en las reservas rusas podrían tener un impacto negativo en el perfil de crédito del país. La agencia ya había reducido la calificación de Rusia de estable a negativa, provocando una fuerte caída en la bolsa de Moscú.

La economía rusa se contrajo en un 8,9 por ciento en el año 2009. Rusia se convirtió en uno de los países más afectados durante la tormenta financiera global. Un funcionario lo explicó claramente: "creíamos que crecíamos como China y en realidad caíamos como Europa".

Sin embargo, hasta la crisis, Rusia mostraba signos de solidez macroeconómica importantes. Entre

---

[756] "Back on top", *The Economist*, September 21, 2013.

[757] *USA Today*, October 8, 2008.

[758] *Financial Times*, February 7, 2009.

1999 y 2007, el gobierno había aprovechado la bonanza para administrar un superávit fiscal que le permitió cancelar prácticamente la totalidad de la deuda externa al tiempo que fue capaz de acumular reservas por un total de 600 mil millones de dólares, es decir la tercera más grande del mundo, solo superada por China y Japón. Además, el gobierno ruso había logrado consolidar un fondo contracíclico (de estabilización) que para febrero de 2008 había alcanzado los 157 mil millones de dólares. La solidez era tal, a comienzos de ese año, es decir antes de la crisis global, que el ministro Kudrin pudo afirmar en Davos, a fines de enero, que Rusia "era una isla de estabilidad" en medio de las tempestades globales.[759]

Las dificultades del país no eran tan solo coyunturales. Rusia enfrentaba -y sigue enfrentando- un serio problema demográfico. Un informe publicado en el *Washington Times* a fines de abril de 2008 indicaba que Rusia sufría "estrés demográfico" por su declinante población: advirtía que el país perdería unos 32 de los actuales 141 millones de habitantes en los siguientes 40 años. Un informe de Naciones Unidas indicaba cifras similares.[760]

En su discurso ante el Parlamento, en noviembre de 2008, Medvedev denunció el estado de cosas de la burocracia. Sostuvo que "se crean periódicamente pesadillas para los emprendedores" y que "el Estado es el mayor empleador, el publicista más activo, el mejor productor, su propio juez, su propio partido, y al final, su propio público. Ese sistema es absolutamente ineficiente y crea una sola cosa: corrupción. Genera un extendido nihilismo legal, contradice la Constitución y retrasa el desarrollo de las instituciones de una economía y una democracia de innovación".

Al año siguiente, en noviembre de 2009, el presidente Medvedev volvió a plantear sus ideas de modernización, durante su discurso sobre el estado de la nación. Al hacerlo, la prensa volvió a especular con un distanciamiento entre el presidente y el primer ministro. El diario *El País* así lo reflejó: "El presidente de Rusia, Dmitri Medvédev, invocó ayer las nuevas tecnologías, Internet y las tarjetas electrónicas como si estos recursos fueran, por sí mismos, capaces de modernizar el país en el futuro, pero evitó abordar las causas de los problemas concretos y las responsabilidades personales e institucionales en su Administración y en el Gobierno dirigido por Vladímir Putin en temas como las restricciones a la democracia, la tolerancia con la corrupción a alto nivel y el mal funcionamiento de la policía y otros servicios del Estado. El escapismo hacia las nuevas tecnologías fue ayer el hilo conductor del discurso sobre el estado de la nación, pronunciado por el presidente ante las dos cámaras del Parlamento y el Gobierno. (...) En la "modernización" emprendida por el Kremlin, sin embargo, falta una relación clara entre "modernizar" Rusia y "democratizarla". (Medvédev opinó ayer que el sistema de pluripartidismo se ha consolidado, "funciona de forma estable" y asegura "los derechos y libertades fundamentales de nuestro pueblo". El líder ignoró la masiva falsificación denunciada por los partidos de oposición en los comicios municipales del pasado 11 de octubre y propuso algunos pequeños cambios técnicos. (...) "Ha llegado la hora de que nosotros, la actual generación del pueblo ruso, diga cómo hay que alzar Rusia a un nuevo nivel más alto de desarrollo de la civilización", dijo Medvédev, tras afirmar que para mantener el "prestigio de la patria" y el "bienestar nacional" no bastan la extracción del petróleo y el gas, el arma atómica y la capacidad industrial de la época soviética. Se refirió Medvédev a las corporaciones estatales, un total de ocho conglomerados empresariales *sui géneris* (opacos y sin control parlamentario) que comenzaron a crearse en los últimos años de la presidencia de Putin. (...) En el campo internacional, "nuestra política debe ser exclusivamente pragmática", afirmó. Medvédev está dispuesto a cooperar con otros países en "temas difíciles" como los programas nucleares

---

[759] *The Return*, p. 147.

[760] *Washington Times*, April 30, 2008.

de Irán y Corea del Norte, la inestabilidad en Afganistán o el conflicto de Oriente Próximo".[761]

La prensa occidental reflejó que "el máximo dirigente ruso afirmó que para conseguir ese objetivo, Rusia debe «abandonar la estructura primitiva» de su economía y la «humillante dependencia de las materias primas». A diferencia de Putin, que nunca ocultó su admiración por los tiempos de la época comunista, Medvédev declaró que «el prestigio de la patria y el bienestar nacional no pueden basarse indefinidamente en los logros del pasado». La costumbre de vivir a costa de las exportaciones «frenó el desarrollo innovador» de la economía. Esas declaraciones sonaron como una crítica al primer ministro, que escuchaba el discurso presidencial cara a cara. No obstante, no ofreció ninguna receta clara para llevar a cabo la democratización. En vez de abordar los problemas más acuciantes como la corrupción, el acoso a las libertades democráticas y las imperfecciones del sistema político, el presidente se concentró en temas más virtuales y menos conflictivos."

En tanto, Putin apoyó el plan de Medvedev, según se apuró en informar la agencia rusa *RT*. Putin reconoció que la economía rusa se contraería en 2009: "No es tanto como pensábamos (...) pero de todos modos es mucho mejor que el pronosticado, y peores datos que en muchos otros países". "La crisis, con toda su dureza, demostró el precio que puede costar a un país rechazar la innovación, tener una baja productividad, derrochar sus recursos y tener una burocracia lenta", declaró el primer ministro. Se trata de superar los retrasos crónicos e impulsar el país a un nivel de desarrollo más moderno, precisó. El XI Congreso del partido "Rusia Unida" se celebró en San Petersburgo. A la reunión llegó el presidente de Rusia Dmitri Medvédev junto con Vladímir Putin, poniendo fin a los rumores de distanciamiento entre ambos dirigentes. Medvédev apostó el 12 de noviembre en el discurso "¡Rusia, adelante!", por una modernización de la economía.[762]

La dependencia económica del precio de los commodities energéticos era una constante. Judah escribió: "En 2001 el petróleo explicaba solamente el 34 por ciento de las exportaciones, pero en 2011 representaba el 52 por ciento. En esos diez años, las exportaciones de gas y petróleo pasaron de representar el 20 por ciento al 49 por ciento de los ingresos del gobierno. Esto no era únicamente culpa de los planificadores económicos de Putin. Era el patrón que habían heredado, como siempre fue. Los ciclos en la historia rusa van de acuerdo a los precios de los commodities. Bajo los zares, el gobierno iba a los tumbos de la represión a la reforma en línea con los precios de sus exportaciones: los cereales. En 1929 el colapso del precio de los cereales hizo añicos el balance precario de la Nueva Política Económica de Lenin y empujó a Stalin a la colectivización, el terror y el totalitarismo. La superpotencia soviética invadió Afganistán cuando el precio del petróleo estaba en su pico histórico en 1979-80 y colapsó cuando cayó, creando primero una crisis fiscal, luego una crisis en la balanza de pagos y luego una crisis alimenticia cuando el Estado se vio obligado a rogar créditos a Occidente para alimentar a sus ciudades. Ese es el destino de un Estado cuyos ingresos públicos dependen de la exportación de recursos naturales".

La crisis financiera de 2008/2009 y la crítica a la política económica de EEUU y Europa Occidental terminaría de configurar el escenario en el que los nuevos actores decisivos de la economía global serían los países emergentes, entre los cuales los BRICS estaban llamados a jugar un papel preponderante. Este esquema, además, contaría con una nueva plataforma de poder cada vez más relevante en torno al G-20. Moscú comenzó a identificarse con los países del grupo BRICS (Brasil, Rusia, India, China y Sudáfrica) y la bonanza alimentó las iniciativas políticas de recuperación de la potencia y la influencia rusa en el espacio ex-soviético. Por primera vez, a Rusia no le serían impuestos programas de ajuste y

---

[761] "Medvedev promete modernizar Rusia sin más democracia", *El País*, 13 de noviembre de 2009.

[762] "Putin y Medvédev auguran buen futuro económico para Rusia", *RT*, 22 de noviembre de 2009.

"recetas" de los organismos internacionales de crédito. El fin de la era unipolar (la *"pax americana"*) despertaría la genuina y atendible vocación de recuperar la presencia de Rusia como un actor decisivo en la escena global.

Una nueva clase media

El boom económico de 1999 a 2007 había provocado grandes cambios sociológicos. Para los ciudadanos rusos, significó volver a una época de bonanza como no se había tenido lugar desde fines de los años 70 cuando el país también se había beneficiado por el aumento del precio del petróleo que siguió a la crisis iraní de 1979. El contraste con las traumáticas décadas del 80 y el 90 era un dato concreto. La disminución de la pobreza llevó a que los rusos que vivían con menos de 15 dólares diarios pasó del 64,4 por ciento en 1999 al 30,6 por ciento en 2010.[763] Judah describió: "para los rusos de a pie, el boom de los recursos naturales alimentó una revolución de consumo. Los ingresos reales aumentaron en un 140 por ciento y el desempleo se redujo. El PBI pér cápita en términos de poder adquisitivo subieron de 5951 dólares en 1999 a 20276 en 2008. Los rusos que vivían por debajo de la línea de pobreza cayeron del 30 por ciento en 1999 al 13 por ciento en 2008".[764] Según estimaciones oficiales, la expectativa de vida aumentó de 59 a 64 años entre 2005 y 2012 en el caso de los hombres.

La década del 2000 marcó el surgimiento de una nueva clase media. Proliferaron las tiendas internacionales como IKEA, los iphones, las vacaciones en Turquía y las ediciones rusas de *Elle*.[765] Buena parte de la población rusa comenzó a ver los viajes al extranjero como una posibilidad concreta y no como un privilegio inalcanzable. Surgieron vuelos que conectaban ciudades del interior del país - como Ekaterinburgo- con capitales europeas. Durante el gobierno de Putin, se duplicaron los viajes de ciudadanos rusos al exterior.

"La oposición política y la intelectualidad liberal prácticamente miró con desdén a esta nueva clase al acusarla de pensar únicamente como consumidores y no como ciudadanos", explica Judah.[766] No obstante, los indicadores señalaban que pese a las críticas opositoras, la opinión pública acompañó a Putin y Medvedev a lo largo de la década. Los estudios del Centro Levada indican que existió casi una perfecta correlación entre el índice de aprobación de la gestión de gobierno y el sentimiento de bienestar económico.[767]

Los cambios sociales producidos durante el gobierno de Putin no quedaron reservados exclusivamente al plano económico. En materia religiosa, durante la década del 2000 se profundizó una tendencia iniciada en el decenio anterior. El surgimiento de la fe religiosa trajo a la Iglesia Ortodoxa Rusa "desde

---

[763] Mikhail Dmitriev and Svetlana Misikhina: Good-bye poverty. Russia Quiet Social Revolution, *Baltic Rim Economies*, October 15, 2012.

[764] *Fragile Empire*, p. 138-139.

[765] IKEA pasó de tener un solo local en 2000 a catorce en 2011. *The Economist*, March 3, 2012.

[766] *Fragile Empire*, p. 143.

[767] *The Return*, p. 245 y 248.

los márgenes de la sociedad" hasta convertirse en una "fuerza impulsora".[768] El Patriarca Alexei II supo convivir perfectamente con los presidentes Yeltsin y Putin hasta su muerte, en diciembre de 2008. El *Times* londinense informaba el 26 de enero de 2009 que la elección para definir su sucesión se disputaba entre "tres supuestos ex agentes de la KGB". La información indicaba que el candidato favorito como sucesor era Kiril de Smolensko y Kaliningrado y que actuaba interinamente desde la muerte del Patriarca.

Poco antes de las elecciones de 2012 que permitieron el regreso de Putin a la Presidencia, el Patriarca llamó al líder como un verdadero "milagro de Dios". Putin mismo es un habitual asistente a ceremonias y servicios religiosos.

A lo largo de la década iría surgiendo, cada vez con mayor intensidad, una corriente social tradicionalista. Esta tendencia conservadora, de rechazo del "relativismo cultural" occidental llevaría a la aparición de fenómenos como la prohibición de las manifestaciones homosexuales o la represión de activistas ambientalistas.

La creencia de que Rusia es, en sí misma, "una civilización" y la visión de Moscú como una tercera Roma (la segunda fue Constantinopla), en materia de misión imperial, cultural y espiritual fue ganando terreno en el campo intelectual. Filósofos como Alexander Dugin, sostienen que Rusia estaría atravesando una etapa que implicaría una suerte de "tercera teoría política". Los valores de "ortodoxia, soberanía y nacionalismo" cobraron renovado vigor frente al relativismo cultural occidental. La ideología aparecía como una reedición de la fórmula "Ortodoxia, Autocracia y Nacionalismo" del Conde Sergei Uvarov quien le dió sustento filosófico al régimen zarista conservador de Nicolás I (1825-1855) a quien sirvió como ministro de Educación y principal ideólogo.

Dugin viajó a Buenos Aires en septiembre de 2014, invitado por la Fundación "Proyecto Segunda República", que anima, entre otros, Alberto Buela. Durante su presentación en la "Casa Rusa", ante una pregunta de un asistente, dijo que Gorbachov había sido un "traidor". De recorrida por círculos nacionalistas peronistas, Alexander Dugin, nacido en Rusia en 1962 y conocido mundialmente como autor de la "Cuarta Teoría Política" y como presunto numen intelectual del gobierno ruso, exclamó "En la Perestroika no hubo nada positivo". Y recordó que el último secretario general de la Unión Soviética es "la persona más despreciada en Rusia". En perfecto castellano -habla seis idiomas- Dugin abogó por un mundo "multipolar" y cuestionó la modernidad. "Nosotros propiciamos la tradición y somos antiliberales y antimodernos", señaló. Durante una presentación en la CGT, se maravilló con la Tercera Posición Justicialista y destacó a Juan Domingo Perón como un "gran realista" en las relaciones internacionales. Consultado sobre Putin, Dugin sostuvo que el líder ruso "es ante todo un realista en materia de política exterior" que dio enormes pasos para reconstruir el Estado ruso y el orgullo nacional de su país, aunque reconoció que "no necesariamente es un seguidor como nosotros de la teoría euroasianista". Esta visión reconoce en Rusia no un país "sino una civilización", en términos del profesor Samuel Huntington. Dugin, famoso por su promoción de una "cuarta teoría política" como forma superadora de la primera (el liberalismo) y las reacciones que la misma generó (el marxismo y el fascismo), es hoy uno de los grandes polemistas en la escena intelectual mundial. Su visita a Buenos Aires pasó casi inadvertida." [769]

En ese plano, Surkov definió los ejes del sistema político de Rusia Unida y de la "democracia administrada" (*managed democracy*): centralización del poder; idealización de los objetivos políticos;

---

[768] *Fragile Empire*, p. 150.

[769] *Infobae*, 17 de septiembre de 2014.

personificación de las instituciones políticas.

El antiamericanismo y el antioccidentalismo se fue convirtiendo en una ideología "de exportación". En 2013, Putin advirtió que "vemos cómo muchos países euro-atlánticos se estan apartando de sus raíces, incluyendo sus valores cristianos" y ofreció la idea de una Rusia que, por contraste, "siempre un estado civilizatorio contenido en conjunto por el pueblo ruso, la lengua rusa y la Iglesia Ortodoxa Rusa".[770]

El gobierno, además, fue impulsando un proceso de revalorización de la historia del país. En este plano, los observadores occidentales comenzaron a advertir una suerte de "reivindicación" de la figura de Stalin. Una encuesta publicada el 29 de diciembre de 2008 indicaba que Stalin era la tercera figura histórica más popular, detrás de Alexander Nevsky, el príncipe que en el siglo XIII derrotó a los invasores germanos y del primer ministro reformista Pyotr Stolypin.

La figura de Stalin sería parcialmente reivindicada en los manuales oficiales de enseñanza: se reivindicaba su rol en la Gran Guerra Patriótica (1941-45) y sus crímenes eran "puestos en contexto".[771] Los analistas occidentales recordaron el slogan del Ministerio de Propaganda de Orwell en *1984*: "quien controla el pasado, controla el futuro; quien controla el presente, controla el pasado".

Los crímenes de Stalin -decía el manual oficial de enseñanza- incluían severas medidas "para movilizar el liderazgo (es decir a la cúpula del poder) para hacer efectivo el proceso de industrialización" y, en ese marco, la represión política "fue usada para movilizar no solamente a ciudadanos de bajo rango sino a la elite gobernante". En 2005, durante una entrevista con el canciller alemán Gerhard Schoder, Putin sostuvo -con razón- que "no puede equipararse a Stalin con Hitler... Stalin fue un tirano y un criminal, pero no un nazi".[772]

Lilia Shevtsova -investigadora principal del Moscow Carnegie Centre- ha llegado a la conclusión de que "el anti-occidentalismo es la nueva ideología nacional".[773] La crisis financiera global, cuyo epicentro se

---

[770] "What Russia wants", *The Economist*, February 14, 2015.

[771] *"A Modern History of Russia, 1945-2006: A Teachers Manual"*, Moscow, Provescheniye, 2007.

[772] *The New Cold War*, p. 109.

"A new teaching guide for Russian school teachers states that in executing and imprisoning millions of people in the Gulag, Soviet dictator Josef Stalin "acted entirely rationally - as the guardian of a system, as a consistent supporter of reshaping the country into an industrialized state." According to the British paper, the book "is designed for teachers to promote patriotism among the Russian young, and seems to follow an attempt backed by Prime Minister Vladimir Putin to re-evaluate Stalin's record in a more positive light." The *Telegraph* quotes the book's editor, Alexander Danilov, as saying: "We are not defending Stalin. We are just exploring his personality, explaining his motives and showing what he really achieved."
Daily Telgraph, 3 September 2008.

[773] Lilia Shevtsova: *"Anti-Westernism Is the New National Idea"*, The *Moscow Times*, August 7. 2007. (Carnegie Endowment for International Peace)

El alejamiento de Occidente se profundizaría en 2013/2014 cuando el gobierno ruso fue duramente criticado y objetado por los líderes y los medios americanos y europeos. El Kremlin, en respuesta, fue cerrándose sobre si mismo. Una prueba de ellos fue la decisión gubernamental de cancelar programas de intercambio estudiantil con países extranjeros, a mediados de 2014.

ubicaba en las capitales de las naciones industrializadas más ricas del mundo, daba un vigoroso impulso a estas ideas.

Un punto central de esa política tuvo lugar, como vimos, el último día de enero de 2005, cuando el gobierno ruso había cancelado la totalidad de la deuda existente con el FMI. "Rusia es independiente nuevamente", sostuvo entonces la administración.[774] La retórica nacionalista, desde luego, es más fácil de ser llevada adelante en un contexto de expansión económica. A partir de 1999/2000, Rusia viviría una experiencia que no tenía lugar desde fines de los años 70. Por primera vez, la dirigencia del país era exitosa en materia económica.

Sin embargo, la modernización seguía siendo una asignatura pendiente. El superboom económico no fue acompañado por instituciones económicas sólidas -en términos occidentales- provocando la persistencia de la dependencia del país respecto a los precios de los recursos naturales. La caída estrepitosa del precio del petróleo experimentada durante la segunda mitad del año 2014 puso una vez más a la economía rusa al borde de la crisis. El precio del crudo se derrumbó desde 100 a 51 dólares entre junio y diciembre de ese año, llevando a las autoridades rusas a tener que reconocer que enfrentaban dificultades adicionales. A su vez, el gobierno ruso enfrentaba un problema persistente: la inflación anual no bajaba del 10 por ciento, una cifra que superaba a la de casi todos los países del G-20, con la posible única excepción de la Argentina.

Durante la crisis financiera del año 2008/9, las autoridades rusas insistieron en su prédica anti-occidental al culpar a los EEUU y sus aliados por el mal manejo de la situación económica interna y acusaron a sus funcionarios de haber infectado la crisis a todo el mundo. Mientras tanto, el gobierno ruso insistió en sostener la teoría de que la economía del país estaba "desacoplada" respecto del resto del mundo. Sin embargo, la realidad marcaría otra verdad. El PBI ruso se desplomó en 2009: la economía tuvo una retracción del 8,9 por ciento. Además, el país sufrió una seria huída de capitales. El Banco Central debió deshacerse de 200 mil millones de dólares para frenar la corrida contra el rublo. La merma significó la pérdida de un tercio del total de reservas internacionales que ascendían a 600 mil millones.

El gobierno, sin embargo, optó por profundizar su discurso anti-occidental. En abril de ese año 2008, aprobó una ley que limitaba las inversiones extranjeras en el sector energético. La nueva legislación no solo restringía la participación del capital privado en las empresas petroleras y gasíferas: también trababa el concurso del inversionistas privados rusos.[775] Ese mismo año, en otro giro proteccionista, las autoridades rusas declararon que cesaban en su búsqueda de ingresar a la OMC, un objetivo de larga data del país.

En su ensayo "La primera regla de la petropolítica" ("The First Law of Petropolitics"), publicado en *Foreign Policy* en mayo de 2006, Thomas Friedman reflexionó: "Cuando escuché al presidente de Irán, Mahmoud Ahmadinejad, declarar que el Holocausto fue un "mito", no pude dejar de preguntarme "si el presidente de Irán estaría hablando de esta manera si el precio del barril de petróleo fuera de 20 dólares en lugar de 60 dólares como hoy". Cuando escuché al presidente de Venezuela Hugo Chávez diciéndole al primer ministro británico Tony Blair que "vete directo al infierno" y diciéndole a sus seguidores que el Tratado de Libre Comercio para las Américas, auspiciado por los Estados Unidos "podía irse al infierno también", no pude dejar de preguntarme a mi mismo si "si el presidente de Venezuela estaría hablando de esta manera si el precio del barril de petróleo fuera de 20 dólares en

---

[774] Como hemos visto, otros gobiernos siguieron sus pasos. Entre otros, el del presidente Lula en Brasil y el del presidente Kirchner en Argentina.

[775] *Russia's Balance Sheet*, p. 63.

lugar de 60 dólares como hoy..." (...) cuanto más pondero estas cuestiones, más obvio me resulta que debe existir una correlación -una correlación literal que pueda ser mensurada y graficada- entre el precio del petróleo y el curso y sustentabilidad de las libertades políticas y las reformas económicas en ciertos países (...) La primera regla de la petropolítica se expresa de la siguiente manera: el precio del petróleo y el camino a la libertad siempre se mueven en direcciones opuestas en los países ricos en petróleo. De acuerdo a la primera regla de la petropolítica, cuanto más alto es el precio promedio del crudo, más se erosionan la libertad de expresión, la libertad de prensa, las elecciones libres y limpias, la independencia judicial, el estado de derecho y los partidos políticos independientes. Y todas estas tendencias negativas se ven reforzadas por el hecho de que cuanto más alto es el precio, menos sensibles son los líderes petropolíticos a lo que el mundo piensa o dice de ellos (...) Los economistas profesionales han puntualizado, durante mucho tiempo, los impactos generalmente negativos que la abundancia de recursos naturales puede tener sobre un país. Este fenómeno fue diagnosticado como "enfermedad holandesa"... lo que sucede en países con la enfermedad holandesa es que el valor de la moneda se aprecia, gracias al ingreso repentino de efectivo derivado del descubrimiento de petróleo, oro, gas, diamantes u otro recurso natural. Eso vuelve a los productos manufacturados incompetitivos para exportar y vuelve muy baratas las importaciones. Los ciudadanos, llenos de efectivo, comienzan a importar como locos, el sector industrial se ve afectado y, de pronto, usted tiene una desindustrialización (...) Políticamente, eso significa que un grupo de estados petroleros con débiles instituciones o gobiernos con tendencia autoritaria experimentarán con seguridad una erosión de sus libertades y una incremento en el comportamiento corrupto, autocrático y antidemocrático. Los líderes en esos países puede esperar tener a su disposición ingresos para construir fuerzas de seguridad, alquilar opositores, comprar votos o apoyo público y resistir normas y tratados internacionales. Solo hace falta leer el periódico cualquier día de la semana para evidenciar esta tendencia (...) o como dijo *The Economist* el 11 de febrero de 2006: "el nacionalismo es más fácil cuando están los estómagos llenos y Ahmadinejad es el extraño y afotunado presidente que espera recibir, en el próximo año iraní, unos 36 mil millones de dólares de ingresos por las exportaciones de petróleo..." (...) cuando cayó el Muro de Berlín, hubo una creencia amplia de que la marea de libre mercado y democratización era infrenable. La proliferación de elecciones libres alrededor del mundo en la década siguiente mostraron que esa ola era muy real. Pero esa tendencia hoy enfrenta una contra-marea de petro-autoritarismo, posibilitada por un barril de petróleo de 60 dólares. (...) Y si bien el petro-autoritarismo no representa una amenaza estratégica e ideológica como la que poseía el comunismo a Occidente, su impacto de largo plazo podría sin embargo corroer la estabilidad global".

Talleyrand dijo alguna vez "solo Dios sabe cuántos errores políticos se cometen gracias las restricciones presupuestarias".

Daniel Treisman sostiene que "una forma de entender las abruptas transiciones rusas es verlas como fases de una revolución social. Las grandes revoluciones -la inglesa, la francesa, la rusa y de alguna manera la americana- progresaron a través de una serie de etapas. Primero, cae el antiguo régimen y un reformista moderado toma el poder. Luego es derrocado por los radicales, que introducen un reino del terror y movilizan a la población en torno a una utopía ideológica. Los radicales son, a su turno, removidos, iniciándose un período de estabilización ("Termidor"), en el que dominan nuevas elites, enriquecidas por la distribución de la propiedad. El nacionalismo reemplaza a la ideología radical. Finalmente, aparece un dictador que promete restaurar el estado fuerte. Aplicando este esquema a Rusia desde 1985, uno puede ver a Gorbachov como el reformista moderado, a Yeltsin como el radical y a Putin como el dictador post-revolucionario".[776]

En tanto, entre la crisis financiera global y las críticas crecientes de Occidente, transcurrió la presidencia

---

[776] *The Return...*, p. 241.

de Medvedev. En noviembre de 2008, cuando solo habían transcurrido seis meses de su gobierno, Medvedev presentó el proyecto de reforma constitucional para ampliar el mandato presidencial de 4 a 6 años. En la Duma, 392 diputados votaron a favor y solo 52 en contra. La iniciativa "es interpretada por medios de la Administración como un paso hacia el retorno a la jefatura del Estado de Vladímir Putin, el actual primer ministro", afirmó *El País* el día 12.

Medvedev por el mundo

Mientras tanto, Medvedev mostraba la cara modernizadora y aperturista del sistema. A fines de noviembre de 2008, Medvedev llegó a Perú para participar en la cumbre del Foro de Cooperación Asia Pacífico (APEC) y se entrevistó con el presidente Alan García. Más tarde siguió de gira por Brasil, Cuba y Venezuela. El día 28, en Caracas, firmó un acuerdo con el presidente Hugo Chávez para la "cooperación en el área del uso de la energía nuclear con fines pacíficos". "Es un sueño hecho realidad para Chávez, que desde 2005 ha buscado sin éxito la ayuda de Brasil, Argentina e Irán para la construcción de una central nuclear en Venezuela", reflejó un corresponsal. Semanas antes, en Moscú, Putin le había asegurado que Rusia cooperaría con esta iniciativa. El primer ministro había cumplido su palabra.

Obviamente, la creciente amistad con el régimen chavista generó una renovada inquietud occidental. "Estados Unidos vigila de cerca tanto los planes nucleares de Venezuela como las maniobras navales que realizarán las flotas rusa y venezolana en aguas del Caribe a partir del próximo 1 de diciembre. En 2005, cuando el Ministerio de Energía venezolano mostró su interés en establecer convenios nucleares con Brasil y Argentina, Jan Edmonson, portavoz del Departamento de Estado de EE UU, dijo: "Esperamos que todos los países, incluyendo a Irán, Argentina y Venezuela se adhieran a las obligaciones del Tratado de No Proliferación Nuclear". A Chávez parece divertirle esa atención del "imperio". El pasado día 9, el presidente de Venezuela se adelantó ante cientos de sus seguidores a los comentarios que, según dijo, suscitaría el acuerdo nuclear con Rusia entre la opinión pública internacional: "Energía atómica, tecnología rusa para Venezuela, para hacer reactores atómicos. Ya nos acusarán de que estamos haciendo cien bombas atómicas".[777]

La Habana sería el último punto de su gira. La llegada de Medvedev a Cuba tiene lugar después de dos décadas en las que Rusia "abandonó" al régimen castrista. En 1989 Gorbachov había viajado a la isla, en una visita en la que quedaron al desnudo las diferencias entre el reformista jefe del Kremlin y un reluctante Fidel Castro. A la caída de la URSS, siguió para Cuba un período de extrema dificultad. El intercambio económico con Moscú, que llegó a representar más del 80% del total del país, pasó de 8.000 millones de dólares anuales a prácticamente cero. Fidel debió instrumentar duras medidas de ajuste, conocidas con el genérico nombre del "período especial" que solo sería superado cuando, a partir de los años 2000, el régimen chavista comenzó a asistir financiera y energéticamente a La Habana. En el año 2000, un recién estrenado presidente Putin había viajado a Cuba pero con escasos resultados concretos: era la época en que era un firme aliado de Occidente. Cuando Putin ordenó cerrar la base de Lourdes, Castro enfureció. La llegada de Medvedev, ahora, tenía lugar en un contexto muy distinto. El influyente Igor Sechin viajó tres veces a La Habana anticipándose a la llegada de Medvedev. El día 28, el presidente se entrevistó conjuntamente con los hermanos Fidel y Raúl Castro. "Nuestras relaciones han sido en general buenas, pero en los últimos seis meses se han vuelto especialmente intensas", dijo Medvédev en La Habana. El presidente ruso aseguró que con Raúl Castro había hablado sobre todo de incrementar "las relaciones económicas, los lazos técnico-militares y el trabajo conjunto en la seguridad y la cooperación regional".

---

[777] *El País*, 28 de noviembre de 2008.

Semanas más tarde, Medvedev tuvo oportunidad de estrechar vínculos con otro jefe de estado latinoamericano cuando, a comienzos de diciembre, viajó a Moscú la presidente argentina Cristina Fernández de Kirchner. La prensa mostró cuando el ruso le regaló un *shapka*, un gorro tradicional de piel. Meses después, a comienzos de abril de 2009, recibió a la presidenta chilena, Michele Bachelet con quien firmó acuerdos de cooperación en el área de Defensa.

En marzo de 2009, Medvedev viajó a España, en la primera visita de Estado a un país europeo desde que asumió la Presidencia. La prensa criticó una vez más al gobierno ruso, en especial cuando el presidente afirmó al *El País* que "la superación de la crisis no está ligada al desarrollo de la democracia".[778]

El 1 de abril de 2009, tuvo lugar la primera cumbre entre Medvedev y el nuevo presidente norteamericano, Barack Obama. El encuentro se produjo en la residencia del embajador norteamericano en Londres, antes del comienzo de una nueva reunión del G-20. Durante una conferencia de prensa conjunta con el premier británico Gordon Brown, Obama reconoció que las relaciones ruso-americana se habían deteriorado durante los últimos años.[779]

En julio, Obama realizó su primer viaje a Moscú. Pocos días antes de su llegada, Medvedev "preparó el terreno". La prensa española así lo reflejó: "El presidente ruso, Dmitri Medvedev, propuso este jueves a Estados Unidos desterrar las rivalidades que colocaron las relaciones "casi al nivel de la Guerra Fría", "Este no es momento de decidir quien lo tiene más difícil y quién es más duro. La crisis global es un desafío común ante el que todos somos absolutamente iguales", asegura Medvedev en su blog. Medvedev cree que Moscú y Washington "están obligados a mejorar sus relaciones para, a través de esfuerzos conjuntos, solucionar los numerosos problemas que afronta el mundo". "Hay que reconocer que en los últimos años las relaciones se deterioraron. Crisis de confianza, inacción y falta de voluntad de tomar decisiones (...), las relaciones entre Rusia y EEUU degeneraron casi al nivel de la Guerra Fría", dijo".[780]

El 6 de julio, El presidente de EE UU, Barack Obama, y su homólogo ruso, Dmitri Medvédev, desbloquearon ayer las relaciones entre las dos potencias, estancadas en los últimos años, y alcanzaron un acuerdo para reducir más de una tercera parte sus arsenales atómicos, el mayor recorte jamás pactado. El acuerdo, que marcará un límite de cabezas nucleares de entre 1.500 y 1.675 para cada país, está aún pendiente de la negociación sobre la instalación de parte del escudo antimisiles estadounidense en Polonia y República Checa. En tanto, Obama invitó a reunirse en la embajada americana en Moscú -Spaso House- a los dirigentes opositores. Entre otros, fueron incluidos el ajedrecista Kasparov, Boris Nemtsov y Sergei Mitrojin. En este marco, cuatro conocidos liberales rusos -Lilia Shevtsova, Lev Gudkov, Ígor Kliamkin y Gueorgui Satárov- advirtieron en *The Washington Post* contra los enfoques que prescinden de los valores y contra quienes, invocando "realismo", piden a Obama que "trate a Rusia

---

[778] *El País*, 1 de marzo de 2009.

[779] "Barack Obama and Dmitry Medvedev hold London talks before G20 summit", *The Guardian*, 1 April 2009.

"Russian Foreign Minister Sergei Lavrov praised what he called a "new atmosphere of mutual trust ... which does not create the illusion of good relations because they develop well on a personal level but which ensures taking into account mutual interests and readiness to listen to each other.""Obama, Medvedev Pledge Cooperation", *The Washington Post*, April 2, 2009.

[780] *El Mundo*, 2 de julio de 2009.

Press Conference by President Obama and President Medvedev of Russia, The Kremlin, Moscow, Russia - For Immediate Release - July 6, 2009

como si ésta fuera incapaz de democratizarse".

El País publicó el día 8: "Deshielo en Moscú: El acuerdo preliminar entre Estados Unidos y Rusia para reducir en siete años alrededor de un tercio sus arsenales nucleares estratégicos, mediante un tratado que reemplace al de 1991 y que debería estar listo en diciembre, es un alentador indicio de deshielo, más allá de lo doctrinal, entre las superpotencias."

El 23 de septiembre, en el marco de la Asamblea General de las Naciones Unidas, Medvedev volvió a encontrarse con Obama. Al término de su reunión bilateral en Nueva York, Medvédev admitió que la aprobación de sanciones a Irán puede ser "inevitable" si Teherán no acepta el control internacional de su programa nuclear. "Aunque las sanciones raramente conducen a resultados positivos, en algunos casos son inevitables", comentó el presidente ruso después de que Obama anticipase que esa medida de castigo está siendo contemplada como "una posibilidad" en el caso de que Irán "pierda la oportunidad" del 1 de octubre.

Dos meses después volvieron a reunirse en Copenhague. Los presidentes de Estados Unidos y Rusia avanzaron ayer en Copenhague en la negociación de un nuevo acuerdo de desarme nuclear pero pospusieron la firma hasta un próximo encuentro, probablemente para el mes que viene. El retraso obedece, según ambos países, a razones meramente técnicas y no es consecuencia de la aparición de discrepancias significativas. Barack Obama encontró tiempo en su intensísima actividad en la Conferencia del Clima para discutir con su colega ruso, Dmitri Medvédev, los últimos detalles de un nuevo tratado de limitación de armas estratégicas (START), que sustituya al que caducó el pasado 5 de diciembre.

La prensa volvía a especular con una posible disputa entre el presidente y el primer ministro, una situación que finalmente nunca se produjo. Un corresponsal español señalaba a mediados de abril que Medvedev "se esfuerza en mejorar su imagen de demócrata y liberal, con lo que marca ya una diferencia, estilística por lo menos, con su predecesor, Vladímir Putin". Y citaba como prueba la reunión que el presidente mantuvo el 15 de abril con un grupo de activistas de derechos humanos y representantes de ONGs, muchos de ellos muy críticos de la política oficial.

"El cambio estilístico se concretó también en la publicación ayer de una entrevista del líder con *Nóvaya Gazeta*, el semanario más radical de oposición al Kremlin en el espectro prooccidental. La entrevista es además la primera que Medvédev da a un medio escrito ruso desde que asumió la presidencia en mayo de 2008. Los síntomas de apertura al diálogo con la sociedad pueden estar relacionados con el temor a un empeoramiento de la situación económica. La víspera, Medvédev se reunió con expertos en el Instituto de la Modernización, que dirige Igor Yurgens, para abordar el problema del paro, que en seis meses ha subido del 5,3% al 8,5%. "Nos preocupa mucho que hayamos llegado ya a las cifras de paro registrado que esperábamos a final de año", señaló Medvédev. La ministra de Asuntos Sociales, Tatiana Gólikova, reconoció haber sentido "verdadero miedo" cuando el desempleo en enero y febrero comenzó a crecer un 9% cada semana. Con posterioridad, este ritmo descendió a un 1,5%. Ante la incertidumbre sobre una nueva oleada de turbulencias económicas, Yurgens ha aconsejado "prepararse para lo peor" y para ello "ampliar los canales de comunicación" con los grupos sociales "que pueden protestar". Y ha advertido que Rusia puede llegar a la próxima crisis en "un estado mucho peor" si no clarifica antes el espacio político y las características de la democracia local. La producción industrial en el primer trimestre de 2009 se contrajo en un 14,3% en relación con el mismo período de 2008, y el ministro de Finanzas, Alexéi Kudrin, pronostica un 7% de descenso del PIB en el primer trimestre de 2009. Desde la tribuna de *Novaya Gazeta*, Medvédev reiteró su compromiso con la democracia con un discurso políticamente correcto que contrasta con las realidades de Rusia, donde los activistas independientes del Kremlin ven restringida su participación en la vida política y los jueces e instituciones reciben presiones entre bastidores desde las altas instancias del poder. A la pregunta sobre el segundo juicio del caso Yukos, que sienta en el banquillo de nuevo al ex magnate Mijaíl Jodorkovski, Medvédev negó que el resultado del proceso esté predeterminado. El director de *Nóvaya Gazeta* no inquirió sobre el estado de las investigaciones de los asesinatos de dos de sus periodistas, Ana Politkóvskaya, en 2006, y Anastasia Baburova, este año. Medvédev dijo que hay "cantidad de casos" en los que la actividad de las ONG se ven restringidas "sin suficiente motivo", lo que se debe a que en ellas "muchos funcionarios ven una amenaza para su poder absoluto".[781]

Sin embargo, Medvedev y Putin volvieron a mostrarse juntos durante el congreso de Rusia Unida, en la tercera semana de noviembre, en la ciudad natal de ambos, San Petersburgo. El presidente afirmó que "las elecciones deben ser el reflejo de la voluntad popular, una competencia de ideas y programas" y no convertirse "como a veces sucede" en un reemplazo de "los procedimientos democráticos por los administrativos". "Hay que liberarse de los malos hábitos políticos", dijo Medvédev. "La democracia existe, al fin y al cabo, no para los partidos -del gobierno u oposición-; la democracia existe para los ciudadanos", apuntó el presidente, quien exhortó a "aprender a ganar en competiciones abiertas". Putin habló, como el mismo reconoció, de "cosas bastante aburridas", relacionadas con la economía y los programas sociales. El primer ministro se extendió en los éxitos obtenidos en el año que la crisis mundial llegó a Rusia, subrayando que se logró evitar el colapso del sistema bancario y que no se permitió que quebrara ninguna de las empresas vitales para Rusia, al tiempo que se hizo todo por evitar que cayera el nivel de vida de la gente.

Medvedev volvió a reunirse con Obama, en abril de 2010, cuando el gobierno norteamericano convocó a una cumbre mundial de seguridad nuclear en Washington. A fines de junio, regresó a la capital norteamericana y fue recibido en la Casa Blanca. En este viaje, Medvedev mostró la cara de la modernización del liderazgo ruso: también viajó a California donde se interesó por los secretos del iPad, del iPhone 4 y otros instrumentos surgidos de la creatividad de Apple, se entrevistó con cerebros de la Universidad de Stanford, conoció las peculiaridades del modelo empresarial de Google en Cupertino y aprovechó su visita a Twitter para abrir su nueva cuenta.

En mayo, al acercarse un nuevo aniversario del triunfo en la Gran Guerra Patriótica, Medvedev había formulado una dura condena a la figura de Stalin durante una entrevista publicada en el *Izvestia*. "La Guerra Patria fue ganada por nuestro pueblo y no por Stalin", dijo Medvédev, según el cual "Stalin cometió crímenes masivos contra su propio pueblo y a pesar de que trabajó mucho, a pesar de que bajo su dirección el país logró éxitos, lo que hizo con su pueblo es imperdonable". El presidente distinguió entre "actitudes personales" y la "valoración de Estado" y dijo que las primeras no podían influir en la segunda. Tras señalar que Stalin "no despierta ninguna emoción cálida en el mundo", puntualizó que "en ningún caso se puede afirmar que el estalinismo regresa a nuestra vida cotidiana. Eso no sucede ni sucederá".

El 10 de septiembre Medvedev rechazó realizar reformas rápidas en el sistema político y se mostró partidario del "gradualismo". Durante su presentación en el Foro Político Mundial celebrado en Yaroslavl el presidente dijo que el sistema parlamentario sería "una catástrofe" para Rusia y sostuvo que en el país "hay democracia" y que estaba "categóricamente en desacuerdo" con los que piensan que aquí "dominan las tendencias autoritarias".

Un cable de la embajada norteamericana en Moscú de fines de 2009, filtrado el 1 de diciembre del año siguiente en el marco del escándalo "Wikileaks" señalaba que el embajador estadounidense en Moscú, John Beyrle, informó al director del FBI Robert Mueller: "Después de casi dos años de liderazgo en tándem, el presidente Medvedev y el primer ministro Putin han gobernado en base a una división del

---

[781] "Medvedev se desmarca de Putin", *El País*, 16 de abril de 2009.

trabajo que aún está en desarrollo. Medvedev, el socio más joven (junior partner) ha sido un abogado de la modernización económica, política y tecnológica. Constitucionalmente, él tiene la conducción de la política exterior, pero no toma ninguna decisión importante sin alguna forma de consulta con Putin, casi todas en forma desconocida para el público". El cable informaba que Putin "gobierna detrás de escena" y atribuía al primer ministro decisiones clave como las vinculadas a la crisis con Georgia y las negociaciones de suministro de gas a Ucrania. El cable recordaba que Putin era más popular que Medvedev. También señalaba que existían antiguas diferencias entre los "siloviki" (funcionarios de los servicios de seguridad e inteligencia) y los "modernizadores". Entre los protegidos de Putin, indicaba el cable, existen elementos que "creen en un estado fuerte que ejerza el control político y económico efectivo". Los modernizadores, decía el cable, "reconoce que el futuro de Rusia depende de su integración en la economía mundial".

En su informe para el jefe del FBI, sin embargo, el embajador afirmaba su propio criterio y endurecía otro despacho anterior redactado para preparar la misma visita: "No debe hacerse ilusiones sobre sus interlocutores", advertía Beyrle, refiriéndose al director del Servicio Federal de Seguridad (SFS), Aleksandr Bórtnikov, el director del Servicio de Espionaje (SIE), Mijail Fradkov, y el ministro del Interior, Rashid Nurgalíev. Todos ellos, señalaba, son representantes de los "siloviki" (denominación rusa de los ministerios de Defensa, Interior y Seguridad), "instituciones que se sienten amenazadas -ideológica y materialmente- por la política de "borrón y cuenta nueva" ("reset")" en las relaciones bilaterales y que se parecen más a la "Ojrana" (la policía secreta zarista) que a instituciones de seguridad occidentales. Estos "protegidos de Putin", explicaba, "dominan la economía y los servicios de seguridad" y "creen que "la respuesta a la mayoría de los problemas" es "un Estado fuerte que ejerza control político y económico eficaz".

Los días 14 y 15 de abril de 2010, Medvédev viajó a la Argentina, en una visita considerada "histórica" y un "punto de inflexión" en las relaciones entre ambas naciones, ya que se trata de la primera visita de un mandatario ruso al país sudamericano desde el inicio, hace 125 años, de la relación bilateral.[782]

A comienzos de 2011, una ola de revoluciones conocida con el optimista y quizás ingenuo nombre de "primavera árabe" recorrió el norte de Africa. La prensa occidental volvió a especular con divergencias entre Putin y Medvedev. *El País* señaló que: "En ese marco, el presidente de Rusia, Dmitri Medvédev, y el primer ministro, Vladímir Putin, discreparon ayer abiertamente sobre la intervención militar occidental en Libia. Se trata del choque más importante en política exterior expresado hasta ahora en público por estos dos líderes, que desde 2008 se han repartido los papeles como tándem dirigente del Estado".

"Todo esto me recuerda a un llamamiento medieval a una cruzada", dijo Putin, refiriéndose a la resolución del Consejo de Seguridad de la ONU (la 1973) que sirve de fundamento a la intervención occidental. Poco después, desde Gorki, en las afueras de Moscú, Medvédev respondió a su primer ministro y, en la práctica, lo desautorizó: "es absolutamente intolerable emplear expresiones que de hecho llevan al choque de civilizaciones, como *cruzadas* y otras. Esto es inaceptable, porque todo puede acabar bastante peor incluso de lo que sucede hoy. Todos debemos recordarlo", sentenció. "Hay que ser lo más preciso posible". Refiriéndose a las dos resoluciones del Consejo de Seguridad sobre Libia (la 1970 y 1973), Medvédev dijo que estas habían sido "equilibradas y absolutamente ponderadas".[783]

El 18 de julio, Medvedev viajó a Hannover (Alemania) para participar de una nueva cumbre bilateral entre Rusia y su principal socio europeo. "Ambos Gobiernos hablarán de la crisis siria, para la que

---

[782] "Dmitri Medvedev: Rusia ha vuelto a América Latina", *RT*, 15 de abril de 2010.

[783] *El País*, 22 de marzo de 2011.

Berlín propone una resolución de Naciones Unidas, cuyo Consejo de Seguridad preside temporalmente Alemania. Rusia y China, a diferencia de Alemania, son miembros permanentes con derecho a veto en el Consejo de Seguridad, y se oponen a que aumente la presión sobre el régimen de Damasco. Medvédev y Merkel también tratarán las sanciones a Irán y la situación en Bielorrusia, donde Alexander Lukashenko está reprimiendo duramente los conatos de protesta contra su régimen autoritario. Según destacó el ministro de Exteriores, Guido Westerwelle, ambos Ejecutivos tratarán también la situación de los derechos humanos y las libertades civiles en la Rusia de Putin".[784]

Hacia 2010/11, los efectos de la crisis financiera parecían haber sido superados. La economía volvió a crecer. Sin embargo, el país acumulaba problemas recurrentes. La prometida modernización económica de Medvedev no pudo completarse. Las turbulencias internacionales perjudicaron al país, sin dudas, pero también el país se había acostumbrado a vivir de la renta energética descuidando la meta de la diversificación productiva. Las cuatro "i" (inversiones, innovación, infraestructura e instituciones) no se plasmaron en datos verificables y permanecieron en la plano de las promesas incumplidas.

No obstante, Putin, Medvedev y Rusia Unida seguían siendo inmensamente populares. Al acercarse el final de período presidencial de Medvedev, las autoridades anunciaron lo que era un secreto a voces: Putin competiría para volver a la Presidencia, esta vez en busca de un mandato de seis años hasta 2018 y con una posible reelección que podría extender su permanencia en el Kremlin hasta 2024.

Dentro y fuera del país, entonces, comenzó a hablarse de *"brezhenevización"*. Analistas recordaban la etapa final de Leonid Brezhnev: el inmovilismo, el conservadurismo y el "estancamiento" (stagnation). Pero, ¿estaba Rusia asistiendo a la *brezhnevización* de Putin?

Resultan ilustrativas las palabras que Pyotr Romanov escribió en el *Moscow Times* el 15 de octubre de 2014, cuando se cumplieron 50 años de la llegada al poder de Brezhnev: "sabemos qué terminó con la era Brezhnev. Sólo podemos imaginar qué podrá terminar con la era Putin. El período que los cientistas políticos usualmente se refieren como "la era del estancamiento", fue, y sigue siendo en la mente del pueblo, en rigor, uno de los más prósperos. Parecería que el término "estancamiento" no encaja realmente. Es cierto que el país no dio grandes pasos adelante en ese tiempo y que esa pausa resultó extremadamente inoportuna y que la Unión Soviética pagó un alto precio más tarde, pero, desafortunadamente, ese tiempo también fue inevitable. Brezhnev le brindó a la Unión Soviética un respiro antes del comienzo de nuevas dificultades y desafíos. Este fenómeno ocurre repetidamente en la historia rusa. Habiendo sobrevivido a los tiempos de dificultades antes del establecimiento de la dinastía Romanov, el pueblo ruso más tarde miró con gratitud el reino tranquilo e imbécil del Zar Fyodor Ivanovich, y después de las arduas reformas de Pedro el Grande, sintieron nostalgia real por los días de la Regente Sofía Alekseyevna. La era Brezhnev fue el único oasis de calma entre Lenin, Stalin y Kruschev -esto es entre la revolución, el terror y las caóticas reformas de Kruschev por un lado- y la política de Perestroika de Mikhail Gorbachev que fue compuesta por los tristes 90, por otro lado. A pesar de no les guste a muchos liberales, el hecho es que el pueblo perdona a Brezhnev por la guerra de Afganistán, los tanques soviéticos en las calles de Praga, sus caprichos infantiles por las medallas en su chaqueta y sus desarticulados discursos en los foros partidarios. Tienen recuerdos firmes de otras cosas, los Juegos Olímpicos de Verano de 1980... (...) los chistes sobre Brezhnev abundaban pero no tenían maldad. Todo el mundo sabía que él amaba la caza, las mujeres y el alcohol, todas debilidades que el ruso promedio olvidaba fácilmente (...) Nuestros tiempos tienen parecidos a la era Brezhnev. Una vez más, el pueblo ruso está adormecido... así como el pueblo le perdonó a Brezhnev la guerra en Afganistán, los rusos de hoy le perdonarán a Putin las sanciones occidentales impuestas por el conflicto en Ucrania. Por supuesto, hay diferencias entre los dos períodos. Por ejemplo,

---

[784] *El País*, 19 y 20 de julio de 2011.

Brezhnev no era un adicto al trabajo. Como experimentado apparatchik, solo retenía el control personal sobre las decisiones de nombramientos de personal. Todo lo demás era "secundario" (...) Andrei Gromyko, a quien Brezhnev sinceramente respetaba y en quien confiaba, se ocupaba de los asuntos exteriores (...) Alexei Kosygin gerenciaba muy profesionalmente los asuntos del gobierno y la economía. El experimentado ministro de Defensa Dmitry Ustinov llevaba los los asuntos de la seguridad nacional. Y así. En cambio, Putin es distino. Aún durante los años en que formalmente trabajó como primer ministro bajo el Presidente Dmitry Medvedev, Putin nunca aflojó los níveles de control del poder. Ha concentrado el poder hasta un nivel sin precedentes. Sabemos qué puso fin a la era Brezhnev. pero sólo podemos imaginar qué podrá fin a la era Putin. Los dos períodos son similares en que la oposición, mientras golpea la espalda de una durmiente población, una vez más tiene poca idea de qué hacer con esa gente si alguna vez se despierta... y por eso es que no hay absolutamente ninguna garantía de que la perestroika del futuro pueda ser exitosa. Como remarcó el escritor Kurt Vonnegut: "Considerando la experiencia de los últimos siglos, ¿puede una persona racional alimentar la más mínima esperanza de que a la humanidad le espera un futuro brillante?" Comparto su falta de optimismo histórico".

Putin vuelve a la Presidencia

Hacia el final de la presidencia de Medvedev, a mediados del año 2011, se intensificaron las especulaciones sobre la sucesión en el poder. Contrariamente a lo que señalaban las especulaciones de analistas dentro y fuera de Rusia, Putin y Medvedev habían logrado convivir pacíficamente en el poder y formaron un verdadero "tandem" político durante los cuatro años en que el segundo ocupó el cargo más importante del país.

Pero, ¿Medvedev fue una "marioneta"? ¿Su gobierno fue una "máscara" preparada por Putin, quien, sabiendo que era intolerable en Occidente, buscó una cara amable ante el mundo para su país? ¿Las reformas prometidas por Medvedev (inversiones, innovación, instituciones e infraestructura) fracasaron por culpa de la crisis internacional? ¿O fue la interferencia de Putin y los integrantes del todopoderoso aparato de seguridad los que detuvieron el curso de las reformas?

¿Fue Medvedev una suerte de Kosygin, el poco relevante reformista primer ministro de la era conservadora de Leonid Brezhnev? ¿Un oximoron o solamente un "error histórico" conciente de sus propias limitaciones políticas y suficientemente responsable como para comprender la verdadera naturaleza de un sistema político en el que él no era más que un engranaje, un elemento más, por importante que fuera, de un esquema político liderado por Vladimir Putin?

Esta situación, naturalmente, despertó nuevas críticas en la prensa occidental. El *Daily Telegraph* publicó un artículo el 7 de marzo de 2010 en el que destacaba que: "Dmitry Medvedev llegó al poder en medio de grandes esperanzas de que Rusia se liberaría, pero el autoritarismo que trajo Vladimir Putin permanece". La publicación señalaba que en 2008, al llegar al poder "Medvedev fue calificado como un reformista liberal. Sus promesas de luchar contra la corrupción y restaurar el estado de derecho fueron saludados como una bienvenida de cambios de la era-Putin... Las esperanzas de que el nuevo hombre sería liberal y pro-occidental surgieron del hecho de que era un abogado y no un espía... Medvedev bien pudo denunciar a José Stalin y hablar sobre la necesidad de la competencia política y de modernización. Pero el problema, dicen los que quieren creer en él, es que él es solo palabras y poca acción". El diario citaba a Nina Kruscheva, nieta del ex líder soviético Nikita Kruschov quien describía el rol de Medvedev en el Kremlin "no como el de un presidente sino como el de una primera dama". Dijo: "la alegre fachada está compuesta por el presidente de miniatura Dmitry Medveded, cuyo trabajo, como el de la primera dama norteamericana, es guardar las apariencias". El diario británico citaba la opinión de un experimentado observador ruso: "Medvedev está manteniendo calentito el asiento" (keeping the seat warm) y que "se necesita algo más que ser una buena persona para gobernar un lugar como Rusia".

El 24 de septiembre de 2011 se anunció que Putin buscaría un tercer mandato presidencial. El anuncio clausuró las especulaciones sobre el futuro político del país. Putin aspiraba a un tercer período, esta vez de seis años, con posibilidad de una reelección que podría extender su gobierno hasta 2024.

El anuncio provocó la renuncia de Alexei Kudrin, el ministro de Finanzas, un hombre cercano a Putin. Kudrin, que el sábado se encontraba en Washington participando en una reunión del Fondo Monetario Internacional, declaró que no podrá formar parte del nuevo Gobierno que encabezará Medvédev, ante todo por las diferencias que tiene con el actual presidente de Rusia. "No me veo en el nuevo Gobierno. No solo porque todavía nadie me ha propuesto nada, sino porque pienso que las diferencias que tengo no me permiten formar parte de él", señaló Kudrin en la capital estadounidense, y puntualizó que las divergencias se refieren a la política económica y particularmente a "los sustanciales gastos para fines militares". Kudrin, compañero de trabajo de Putin en la alcaldía de San Petersburgo y a quien ha acompañado desde que este asumió la presidencia en 2000, es uno de los pocos funcionarios que se ha atrevido a criticar públicamente al partido gubernamental Rusia Unida. Es quizás el único que ha discutido algunas decisiones de Putin y de Medvédev y ahora es también el único que se ha rebelado abiertamente contra el enroque de cargos. Serguéi Alexáshenko, exvicepresidente del Banco Central, comentó que Kudrin quería ser primer ministro y que, aunque nunca había hablado sobre ello, tenía la esperanza de que si Putin regresaba a la presidencia él podría ocuparse del Gobierno.[785]

El 29 de septiembre, Medvedev reconoció que "el primer ministro Putin en la actualidad es, sin duda, el político con más autoridad de nuestro país y su rating es algo mayor [que el mío]", afirmó Medvédev, que se refería a sí mismo en tercera persona. "El presidente actual conserva un nivel bastante alto de confianza, tiene un rating electoral bueno para la actual situación", agregó.

Días más tarde, en un artículo en el *Izvestia*, Putin propuso una unión comercial euroasiática "de Lisboa a Vladivostok". En la última semana de noviembre, Putin fue proclamado por unanimidad candidato de Rusia Unida. Putin prometió que Rusia realizará una "política exterior activa", defenderá sus intereses, participará en la "resolución de problemas globales" y en la "creación de un sistema político y económico más justo". Medvédev, por su parte, fijó tres objetivos, a saber un "gran Gobierno" que asegure la participación ciudadana, la descentralización (con más dinero para las regiones) y la unión económica con países que fueron parte de la URSS. "La gran Rusia, como gran Estado, es un país acostumbrado a actuar con amplitud. Lo llevamos en la sangre. Enormes territorios, grandes victorias, todo esto es nuestro. Los ciudadanos rusos no viven ahora solo los problemas cotidianos, pues confían en la predestinación histórica de Rusia", afirmó. "Por eso", continuó, "trabajamos con tesón para ampliar el espacio económico y cultural, que se redujo de forma drástica al desintegrarse la URSS". Medvédev se refirió a la asociación de su país con Bielorrusia y Kazajistán e invitó a otros países a unirse a la nueva entidad que "fortalecerá la posición de Rusia en la arena internacional".

El 8 de noviembre, se inauguró el gran gasoducto báltico que une Alemania con Rusia: el NordStream, una de las obras más ambiciosas de Europa. La construcción del gasoducto provocó las críticas de Ucrania y Polonia. El ministro de Exteriores polaco, Radoslav Sikorski, llegó a compararlo con el pacto con el que Hitler y Stalin se repartieron secretamente el territorio de Polonia en 1939.

A comienzos de diciembre, tuvieron lugar las elecciones parlamentarias. La Comisión Electoral Central

---

[785] "El poder del dúo Putin-Medvedev provoca disidencias en el régimen", *El País*, 28 de septiembre de 2011.

atribuyó a RU el 49,54% de los votos, un porcentaje notablemente menor al conseguido en 2007 (64,30%). El oficialismo había perdido casi 15 millones de votos (44 millones en 2007 y 30 en 2011). En segundo lugar se clasificó el Partido Comunista, con 19,16%, seguido de Rusia Justa, con 13,22 % y el Partido Liberal Democrático del populista Vladímir Zhirinovski con 11,66%. Rusia Unida logro 238 bancas, un número notablemente menor al obtenido en 2007.

Sin embargo, pese a la merma de votos del oficialismo, las fuerzas opositoras parecieron haber llegado a la conclusión de que el sistema electoral estaba completamente cerrado. Los críticos del Kremlin habían advertido que la clausura política, de hecho, se había perfeccionado cuando en 2004, la reforma política había prácticamente transformado el sistema de partidos al convertir a Rusia Unida en una suerte de partido hegemónico. Esta convicción -real o imaginaria- llevó a los opositores al Kremlin a optar por un curso de acción política en el que actuarían en el plano de los hechos.

Al conocerse los resultados, la propia Secretaria de Estado norteamericana, Hillary Clinton, afirmó que la elección estaba plagada de irregularidades. La ruptura de la cordialidad en las relaciones ruso-americanas había escalado una vez más. Atrás habían quedado los intentos de inicios de la Administración Obama por "resetear" la relación con el Kremlin e inaugurar una nueva etapa de entendimiento. El secretario de la Comisión Electoral Central (CEC), Nikolái Konkin, ha recomendado a la secretaria de Estado norteamericana centrarse en los asuntos de su país y "prestar más atención a sus propias elecciones".

El lunes por la noche, varios miles de personas salieron a la calle a manifestarse en Moscú contra el partido gubernamental y contra las irregularidades denunciadas en las elecciones. Los participantes trataron de llegar a la plaza de la Liublianka, donde está la sede del Servicio Federal de Seguridad (FSB, ex KGB). Unidades de las fuerzas de intervención especial impidieron el avance de los manifestantes y detuvieron cerca de 30 activistas, entre ellos el abogado Alexéi Navalni, autor de una popular página de web contra la corrupción y el político Ilia Iashin. Según la emisora *El Eco* de Moscú, los detenidos se elevan a varios centenares. También en San Petersburgo hubo una manifestación de la oposición que acabó con varias detenciones.

Un corresponsal español escribió desde Moscú: "Lo que resultaría envidiable para cualquier partido en una democracia genuina, casi el 50% de los votos en una elección parlamentaria, representa un abultado revés para un decorado democrático como el que funciona en la Rusia de Vladímir Putin. Porque las elecciones del domingo eran un referéndum sobre Putin y el partido del Kremlin, la pérdida de 77 escaños por Rusia Unida respecto de hace cuatro años, junto con el cúmulo de irregularidades y la grosera falsificación del voto en numerosos lugares —denunciados por la OSCE, el Consejo de Europa y la única organización local independiente El partido oficialista tendrá la mayoría simple en la Cámara baja del Parlamento, pero ya no los dos tercios que le permitían manejar a su antojo la Constitución. Y el jefe del Gobierno, que se dispone en marzo a reocupar la presidencia rusa, tras el pacto con su fiel escudero Medvédev, lo hará con una legitimidad abiertamente menguada, especialmente por el voto de las grandes ciudades. El mayor revés electoral de Putin desde que llegara al poder en 1999 resulta de una amplia mezcla de ingredientes. Los fundamentales son la percepción ciudadana de un sistema extraordinariamente corrupto y arbitrario (pese a las reiteradas promesas reformistas del presidente Medvédev), el estancamiento económico de los últimos cuatro años y la burla que ha supuesto el anuncio, en septiembre, de que el tándem Putin-Medvédev intercambiaba sus cargos. La posibilidad de que el putinismo controle Rusia hasta 2020 resulta excesiva incluso en una autocracia disfrazada".[786]

En tanto, Gorbachov dijo a la agencia *Interfax* que las elecciones legislativas "no fueron honradas" y exhortó a las autoridades a organizar otras nuevas. "Cada día hay más rusos que no creen que los

---

[786] "Idilio roto en Rusia", *El País*, 5 de diciembre de 2011.

resultados publicados sean limpios y, a mi juicio, ignorar la opinión pública desacredita a las autoridades y desestabiliza la situación", manifestó Gorbachov.

El día 9, surgieron mítines y acciones de protesta, —autorizadas y no autorizadas—, desde Vladivostok, en el océano Pacífico, a San Petersburgo y Kaliningrado, en el Báltico. En Moscú, el mitin tuvo una afluencia sin precedentes desde las grandes manifestaciones de la "Perestroika", de hacía más de 20 años, y reunió entre 80.000 y 150.000 personas, según los organizadores, ó 20.000, según la policía. Todo fue organizado y pacífico y no hubo incidentes, a diferencia de otras ciudades rusas donde la policía efectuó detenciones.

Medvedev prometió investigar el eventual fraude electoral dos días más tarde. En tanto, Boris Gryzlov, jefe de la Duma Estatal (Cámara baja del Parlamento) desde 2003, anunció este miércoles que renuncia a seguir en ese puesto en el que fue un fiel ejecutor e intérprete de la línea del Kremlin. Gryzlov, un oriundo de San Petersburgo que nunca se caracterizó por su creatividad, realizó su anuncio por escrito, fiel a su estilo burocrático que demostró en su frase más famosa: "La Duma no es lugar para discusiones". "La rotación es inevitable y no hay duda de que nos espera una notable renovación", manifestó el jefe del comité ejecutivo de Rusia Unida (RU), Andréi Vorobev. En tanto, el 21 de diciembre, Medvedev tuvo que reconocer que estudiaría una reforma política en la cual podrían volver a ser elegidos los gobernadores a través del voto directo.[787]

A mediados de diciembre, la cumbre UE-Rusia celebrada en Bruselas a los diez días de las cuestionadas elecciones parlamentarias rusas ha respondido a las expectativas: los comunitarios, representados por Herman van Rompuy, presidente del Consejo Europeo, apenas se han atrevido a levantar la voz y el presidente ruso, Dmitri Medvédev, se ha encogido de hombros ante las reclamaciones maximalistas del Parlamento Europeo que votó una declación exigiendo una nueva votación.

Las ONGs jugaron un rol importante en las críticas al régimen. El número de fundaciones y asociaciones sin fines de lucro había florecido notoriamente en las dos últimas décadas. En 1986, había tan solo 20 ONGs en el país. En 1991, había 10 mil y hacia 2007, existían 100 mil.[788] La oposición, durante los años de Medvedev (2008-12) había optado por la acción directa, consciente de su propia limitación para alcanzar el poder por vía electoral.

En un artículo en el *Izvestia*, el 16 de enero, Putin afirmaba, que "en el panorama internacional, el político afirma que la crisis ha incrementado la inestabilidad global y que los grandes centros económicos generan crecientes "problemas y riesgos", "en lugar de actuar como locomotoras del desarrollo y dar estabilidad al sistema económico mundial". En diferentes regiones se manifiestan "fuerzas destructivas que amenazan la seguridad de todo el planeta", afirma. "Objetivamente, sus aliados a veces son los Estados que intentan exportar la democracia con ayuda de métodos violentos y militares", señala Putin, que sitúa a Rusia en un entorno euroasiático en el que se unen de "forma orgánica" "las bases fundamentales de la civilización europea" y la "experiencia de siglos de relaciones con Oriente".

---

[787] La reforma fue presentada por Medvedev el 15 de enero de 2012. Según la ley (aprobada por la Duma por 236 votos a favor y 91 en contra, del total de 450), a mediados de abril, a los puestos de gobernadores provinciales (Rusia tiene 83 provincias) podrán aspirar quienes tengan el apoyo de entre el 5% y el 10% de los diputados municipales o alcaldes en un 75% de los municipios de la provincia donde compitan.

[788] *Fragile Empire*, p. 213.

En tanto, un nuevo embajador norteamericano llegó a Moscú. Su llegada no fue bienvenida: pocos días después de su arribo a Moscú, un informe transmitido por el canal estatal Uno (Channel One) mostraba al representante norteamericano como un "promotor de las causas opositoras". Un periodista del canal oficial recordó el título de un libro de McFaul del año 2001: *"An Unfinished Revolution in Russia: Political change from Gorbachev to Putin"* y se preguntó "si el embajador venía a Rusia a trabajar en su especialidad? Es decir, terminar la revolución?"[789]

Semanas después, Rusia quedaría enfrentada nuevamente con los EEUU, esta vez por la cuestión en Siria. En el Consejo de Seguridad, Rusia y China vetaron, a comienzos de febrero de 2012, la resolución que buscaba condenar al régimen del presidente Bashar Al Assad. Los embajadores ruso y chino sostuvieron que debía defenderse la integridad territorial siria. Mientras tanto, el ministro de Exteriores ruso, Sergei Lavrov, anunció que visitaría Damasco.[790]

El 24 de enero, Medvedev afirmó "Nunca dije que no voy a volver a presentarme. Solo tengo 46 años y soy demasiado joven para renunciar a futuras batallas políticas", ha afirmado. Ha dicho que si no compite ahora es "por consideraciones de efectividad política", porque "dos personas que representan una misma fuerza política no deben darse codazos y debe presentarse el que en el momento actual puede tener algo más de posibilidades de vencer". La cita de Medvédev con los estudiantes de periodismo es una forma de reparar la mala impresión dejada el 20 de octubre pasado cuando el presidente visitó por primera vez la facultad. Entonces, el centro fue tomado por el servicio de escolta del Kremlin, que impuso sus condiciones sin miramientos. Solo un puñado de estudiantes seleccionados a dedo pudieron entrar en el auditorio que se llenó de miembros de los grupos juveniles del Kremlin ajenos a la facultad. El presidente llegó con gran retraso y se filtraron las preguntas. Los estudiantes excluidos protestaron, escribieron sus preguntas en cartones y algunos de ellos fueron detenidos. Aquel escándalo fue el primer gran desencuentro entre las nuevas generaciones ilustradas de Rusia y el líder que quiso ser visto como la esperanza de la modernización del país. El acto de este miércoles ha sido muy diferente. Chicos y chicas civilizados y despiertos han preguntado libremente lo que quisieron en un ambiente informal; la escolta ha actuado con guante blanco y Medvédev se ha mostrado cálido, ocurrente e incluso ha coqueteado. Y aunque se han reído todos juntos, el evento tal vez no sea ya relevante para la imagen del actual presidente, ya que los estudiantes parecen haber perdido interés en él y cuando decidieron democráticamente quien debía representarlos ante Medvédev en un auditorio capaz para unas 250 personas, no hubo atropellos y en algunos grupos solo una minoría deseaba acudir a la cita, según confirmaron diversos estudiantes. Cuando las listas ya estaban hechas, desde el Kremlin pidieron a la facultad que fueran invitados los estudiantes detenidos en octubre, según explicó Olga Kuzmenko, que entonces pasó por comisaría por protestar. "Medvédev me ha parecido un tipo agradable, pero indeciso y sometido a Putin", ha afirmado Olga al salir. "Su época pasó. Le quedan meses en el cargo", dijo.

En la primera semana de febrero, miles de rusos marcharon por las calles de las principales ciudades del país. Algunos en favor y otros en contra de Putin. En el tramo final de la campaña, en la tercera semana de febrero de 2012, poco antes de la elección presidencial que marcó el retorno de Putin a la Presidencia, estalló el caso Pussy Riot Show. Fueron acusadas de vandalismo. Así describió *El País*: "Encarceladas por entonar canciones anticlericales y contra Vladímir Putin en la catedral ortodoxa del Cristo Salvador de Moscú el 21 de febrero, han colocado a las autoridades rusas en una delicada

---

[789] *Washington Times*, January 18, 2012.

Michael McFaul, the new U.S. Ambassador to Russia, has accused the Russian press of tapping his personal communications. *The Wall Street Journal*, March 29, 2012.

[790] "Syria resolution vetoed by Russia and China at United Nations", *The Guardian*, February 4, 2012.

situación, entre los sectores clericales y conservadores, más dados a la furia que a la compasión, y los sectores liberales y la misma legislación estatal de carácter laico. En la actualidad, la Iglesia Ortodoxa Rusa, bajo la dirección del patriarca Kiril, trata de ampliar su influencia en la sociedad y en el sistema educativo. La organización religiosa tiene una buena relación con los dirigentes del Estado, (que la utilizan como institución de referencia moral y patriótica), y se fortalece materialmente. Según sus críticos, se está convirtiendo en una latifundista gracias a la restitución de sus antiguas propiedades confiscadas tras la revolución bolchevique de 1917. La Iglesia Ortodoxa trata también de introducir sus criterios en la sociedad y en la escuela, donde una nueva asignatura de ética e historia de las religiones podría convertirse en propaganda de la ortodoxia, sobre todo en provincias. Sin embargo, algunos detalles de la vida de los jerarcas eclesiásticos causan perplejidad a los rusos. Documentos de un pleito judicial, divulgados recientemente, han permitido a los rusos enterarse de que el patriarca Kiril, un monje con votos de pobreza, es propietario con su nombre civil (Vladímir Gundíaev) de un piso de más de 100 metros cuadrados en la Casa de la Ribera de Moscú (edificio famoso por ser residencia de la élite comunista víctima de las purgas estalinistas de los años treinta)".

El hombre del año

El 4 de marzo, Vladímir Putin fue elegido presidente de Rusia por un holgado margen: obtuvo el 63,81% de los votos. En segundo lugar se situó el comunista Guennadi Ziugánov, con un 17,19%, y en tercero, el multimillonario Mijaíl Prójorov, (más de un 7,78%). Seguían el populista Vladímir Zhirinovski y, muy por detrás, el socialdemócrata Serguéi Mirónov. *The Economist* se había equivocado: dos días antes de las elecciones, había titulado: "¿El comienzo del fin de Vladimir Putin?"

Tres días después del triunfo, Putin recibió la visita del ex premier italiano Silvio Berlusconi, uno de sus mejores amigos europeos, quien lo calificó de "hombre extraordinario, simple y modesto". Mientras tanto, opositores internos como Garry Kasparov y Boris Nemtsov pidieron la aplicación de la enmienda Jackson-Vanik que limita el comercio con países acusados de violaciones a los derechos humanos. Los dirigentes tuvieron que subrayar que "no pedimos la intervención extranjera" sino que exigían que los países occidentales dejaran de proveer "credenciales democráticas" a Putin.[791]

Pese a las críticas, el paso de Medvédev por el Kremlin había sido un éxito para Putin. No se equivocó al confiar en la lealtad de Medvédev y cumplió su objetivo de volver a la Presidencia. En recompensa, lo propuso como jefe de Gobierno -premier- el mismo 8 de mayo ante la Duma Estatal (parlamento). El día anterior, Putin asumió la Presidencia por tercera vez. Una cuidada cobertura televisiva siguió el recorrido que Putin hizo por una Moscú desierta desde la Casa Blanca (sede del gobierno) hasta el Kremlin (sede de la Presidencia). En su primer discurso como nuevo Presidente, Putin reafirmó que el futuro de los rusos y del Estado dependía, entre otras cosas, de la "perseverancia para desarrollar los grandes espacios rusos desde el Báltico al Pacífico" y también de "nuestra capacidad de ser líderes y centro de atracción para todo el continente euroasiático". Para lograr esos fines, Putin ha recomendado unidad, "fortalecimiento de la democracia rusa", "ampliación de la participación de los ciudadanos en la dirección del país" y apoyo en "las tradiciones culturales y espirituales" de Rusia. "Queremos vivir y viviremos en una Rusia con éxito, a la que respeten en el mundo como un socio de confianza abierto, honrado y previsible". "Estamos preparados para las pruebas y hazañas que nos aguardan. Rusia tiene una gran historia y un futuro no menos grande", sentenció. El presidente ha elogiado a Dimitri Medvédev, quien, según dijo, ha asegurado la "continuidad" y ha dado un "impulso a la modernización" del país. El 9, Putin presidió el espectacular desfile militar con el que se celebró el 67

---

[791] *The Wall Street Journal*, March 15, 2012.

aniversario del triunfo del Ejército Rojo en la Gran Guerra Patriótica y felicitó por teléfono al nuevo presidente francés, Francois Hollande.

La tercera presidencia de Putin profundizaría las tendencias en curso: creciente distanciamiento con Occidente, sólida popularidad interna e incipientes temores de "estancamiento" económico. Esta realidad se vería acentuada a partir de la crisis de Ucrania iniciada a fines de 2013 y que ocuparía el centro de los acontecimientos mundiales durante el año 2014 y por la estrepitosa caída del precio del petróleo en la segunda mitad de ese año.

La etapa de las reformas incumplidas de Medvedev dieron paso a nuevos temores de que el país ingresara en una fase de "estancamiento" (stagnation) comparable a la de la era-Brezhnev. La perspectiva de que Putin gobernaría para siempre forjó la imagen de un régimen crecientemente fosilizado.

The Economist publicó entonces: "después de una ola de protestas en contra del enroque de cargos (entre Putin y Medvedev) y las acusaciones de fraude en las elecciones parlamentarias de diciembre, Putin se vio forzado a adoptar un modo mucho más combativo; Rusia está bajo amenazas, dijo, llamando a sus partidarios a movilizarse para la batalla final tanto contra los enemigos internos como extranjeros". La publicación señalaba que "las amenazas contra Rusia son imaginarias; las amenazas para Putin y su sistema son reales. Esto puede comprobarse en la forma en que se ha convertido en sujeto de chistes (...)" *The Economist* destacaba que las encuestas mostraban una "rápida caída en el apoyo a Putin en la población pobre de más de 55 años, que piensa que Putin no ha honrado sus promesas, y están cansados de esperar". También señalaba que "el despliegue conspicuo de riqueza de los burócratas corruptos ha aumentado el sentido de la injusticia" y que "el número de gente que no confía más en Putin ha alcanzado el 40 por ciento y que el pueblo contesta en las encuestas que el país está estancado". Lev Gudkov, del Levada Centre, dijo a *The Economist* que "el régimen está perdiendo su legitimidad en los ojos de la población" y que la victoria de Putin "sólo empeorará las cosas". La revista indicaba que las promesas de Putin estaban causando "indiferencia" en la población y que "el problema no es lo que dice Putin sino que es él quien lo dice. El pueblo está cansado de él". Advertía que el régimen era visto "no solo corrupto sino crecientemente anacrónico" y que "muchos rusos quieren instituciones legítimas y quieren saber que el poder puede cambiar de manos, y esto es precisamente lo que Putin no puede ofrecer". La publicación citaba las palabras de Mikhail Dmitriev del Centre for Strategic Research (CSR), que predijo que "de la clase media emergió una nueva fuerza política. Habiéndose convertido primero en consumidores, ahora se están transformado en ciudadanos".[792]

En sus primeros días de regreso en el Kremlin, Putin decidió dar continuidad al equipo de gobierno. Prácticamente confirmó a todos los ministros de las carteras relevantes. El 18 de mayo envió a Medvedev a la cumbre del G-8 en Camp David e hizo saber que se quedaría en Moscú para terminar de conformar su gabinete. El *New York Times* había reflejado el malestar en la relación bilateral días antes: "el anuncio de la Casa Blanca (sobre la ausencia de Putin), llegó después de un llamado telefónico entre los dos hombres, y sirvió para enfatizar lo que parece ser un difícil comienzo en su relación. Tiene lugar dos meses después de que Putin fuera elegido para un tercer mandato en la presidencia rusa después de una campaña durante la cual recurrió a un lenguaje estridentemente anti-norteamericano en el cual llegó a acusar a la Secretaria de Estado Hillary Rodham Clinton de intentar avivar la agitación política en Rusia". El artículo destacaba que Obama "se tomó varios días en llamar a Putin para felicitarlo; y que por el contrario, llamó a Francoise Hollande horas después de su victoria sobre Nicolás

---

[792] "Putin's Russia: Call back yesterday", *The Economist*, March 2, 2012.

Sarkozy en las elecciones presidenciales del domingo".[793]

Por otra parte, Putin eligió a China como su primer destino en su nuevo mandato presidencial, al igual que Medvedev en 2008, en una confirmación sobre las nuevas prioridades de la política exterior rusa. Un analista internacional describía que la decisión de Putin de viajar personalmente a Beijing y delegar en su nuevo primer ministro la asistencia a la cumbre del G-8 demostró que "no quiere perder tiempo en la pompa y la ceremonia" para la cual Medvedev podía sustituirlo, pero que cuando se trata de "negocios en serio, es decir con respecto a los acuerdos de gas y petróleo, la presencia de Putin es inevitable".[794]

Mientras tanto, en esos primeros meses de 2012, el nuevo embajador norteamericano en Moscú, Michael McFaul, quedó envuelto en una polémica con el Kremlin. Un comunicado del gobierno expresaba que "el Ministerio de Relaciones Exteriores está shockeado con disgusto ante las expresiones del embajador Michael McFaul durante un discurso ante estudiantes del HSE (Higher School of Economics)". La acusación contra el representante del gobierno norteamericano incluía el haber "distorsionado deliberabamente" aspectos de la relación bilateral y lo calificaba como "poco profesional". El comunicado recordaba que "la misión de un embajador es mejorar los lazos bilaterales y no difundir falsedades".[795]

A mediados de junio de 2013, Putin y Obama se entrevistaron en Irlanda, durante la cumbre del G-8. Allí, Putin volvió a expresar su rechazo a la propuesta de medidas contra el régimen de Bashar al Assad en Siria. Meses después, las relaciones entre Rusia y los Estados Unidos volverían a deteriorarse a mediados de 2013 con el "caso Snowden", cuando Moscú concedió asilo político al Edward Snowden, acusado de espionaje por los EEUU. El episodio provocó la cancelación de un viaje de Obama a Moscú previsto para septiembre de ese año. Sin embargo, Obama si asistió a la reunión del G-20, días más tarde, en San Petersburgo.[796]

Las dificultades en la relación entre Moscú y Occidente se acrecentaron meses más tarde, cuando la cuestión ucraniana volvió a estallar, como veremos en el próximo capítulo.

Para entonces, el líder ruso había profundizado la línea tradicionalista que en materia cultural imprimió su gobierno. A fines de 2013, la administración volvió a ser criticada cuando varios manifestantes ecologistas de Greenpeace fueron detenidos acusados de "vandalismo" en el norte del país y por su política restrictiva respecto a la homosexualidad. A su vez, en su discurso sobre el Estado de la Nación,

---

[793] "White House Says Putin Will Skip G-8 Meeting at Camp David", *The New York Times*, May 9, 2012.

[794] "Why Vladimir Putin Would Skip the Washington G8 Summit", *The Atlantic*, May 15, 2012.

[795] " Michael McFaul, US ambassador to Moscow, victim of Kremlin 'Twitter war'", *The Guardian*, May 29, 2012.

[796] Mr Obama will still travel to St Petersburg for the G20 summit with other leaders but will not make the solo trip to Moscow for a one-on-one with Mr Putin. Aides said the two men had no plans to meet on the sidelines of the G20. Instead, the President will add a one-day trip to Sweden to his itinerary. In an interview on *The Tonight Show*, Mr Obama gave an unusually frank assessment of his frosty relationship with Mr Putin and said he was "disappointed" Russia had not handed over Mr Snowden. "There have been times where they slip back into Cold War thinking and a Cold War mentality," Mr Obama said, noting that Mr Putin used to lead the successor to the KGB. Asked about recent joint appearances, where Mr Putin has often looked glum and confrontational, Mr Obama said the Russian leader's "preferred style" is "sitting back and not looking too excited". "Barack Obama cancels meeting with Vladimir Putin over Edward Snowden", *The Telegraph*, August 7, 2013.

Putin afirmó que Rusia cumplía el rol de "brújula moral" en el mundo y volvió a criticar los "valores no-tradicionales" de los EEUU y su influencia. El presidente sostuvo que su país no aspiraba a convertirse en una superpotencia, ni buscaba "infringir los intereses de otros" ni tampoco "enseñarle a nadie cómo debe vivir". Putin defendió su política crecientemente conservadora y cuestionó el relativismo cultural occidental. Afirmó que los valores familiares "son un baluarte".[797]

A fin de año, el terrorismo volvió a atacar. El 29 de diciembre, un atentado, consistente en una bomba colocada en una estación de tren en Volgogrado (la antigua Stalingrado), al sur del país, causó la muerte de 18 personas. Al día siguiente, una mujer suicida estalló una bomba en un trolebús de la misma localidad. En total, murieron 34 personas. El 1 de enero, horas después de grabar su mensaje de fin de año, Putin voló a Volgogrado para visitar a los heridos en el hospital. "La lucha contra los terroristas con ferocidad y hasta su completa aniquilación", dijo. Putin se reunió con funcionarios de seguridad y de la policía regional en la ciudad, informó la agencia de noticias estatal *RIA Novosti*. "La abominación de este crimen – o crímenes – que se cometieron aquí, en Volgogrado, no necesita ningún comentario adicional", dijo Putin. "No importa lo que motivó las acciones de los criminales, no hay ninguna justificación para cometer crímenes contra la población civil, especialmente contra las mujeres y los niños".Los hechos tuvieron lugar cuando faltaban semanas para el inicio de los Juegos Olímpicos de Invierno, que se celebraron en Sochi, una vidriera internacional en la que el gobierno había invertido millones.

---

[797] "Vladimir Putin claims Russia is moral compass of the world", *The Telegraph*, December 12, 2013.

Quinta Parte:

Rusia y Occidente: ¿Una nueva guerra fría?

Rusia no sabe donde empieza ni donde termina

Vaclav Havel

Los ojos intolerantes y celosos del Kremlin solo pueden distinguir, en el fondo, vasallos y enemigos en las fronteras de Rusia...

George Kennan

The spectrum of political conversation is inadequate to the stormy present.

Abraham Lincoln

Cada vez que miro a Putin no puedo dejar de pensar: KGB, KGB, KGB

Dick Cheney

Ucrania, una vez más

"Los grandes conflictos geopolíticos tienden a repetirse", escribió George Friedman.[798] La regla, no por conocida deja de tener validez. Asentada entre el Este y el Oeste, Ucrania arrastra una larga y dolorosa historia en la que solamente gozó de independencia desde 1991. El sur y el este del país está poblado mayoritariamente por rusos o pro-rusos que hablan ese idioma mientras que la parte occidental del país perteneció en algún momento al Imperio austro-húngaro. La unidad del país, naturalmente, padecía una dificultad en sus más profundas raíces.

A fines de 2013, Ucrania volvió a convertirse en uno de los centros de conflicto de la agenda internacional cuando la decisión del presidente Victor Yanukovich de suspender las negociaciones para la firma de un acuerdo estratégico con la Unión Europea y en su lugar profundizar la relación con Rusia dispararon una serie de protestas en Kiev. En diciembre de ese año, durante una visita a Moscú, Yanukovich recibió la oferta de Putin de asistencia financiera por 15 mil millones de dólares a cambio de permanecer aliada a Rusia[799], pero sin embargo, el sector pro-occidental de Ucrania optó por levantarse. Las manifestaciones en la capital ucraniana se prolongarían a lo largo de todo ese invierno

---

[798] George Friedman: *"The Next 100 Years: A forecast for the 21st Century"*.
[799] "Putin offers Ukraine financial incentives to stick with Russia", *The Guardian*, December 18, 2013.

y terminaron provocando la caída de Yanukovich en febrero de 2014.

Yanukovich, que había llegado al poder en 2010, después de haber perdido la elección del 2004 contra el pro-occidental Victor Yushenko, en medio de la crisis de la Revolución Naranja de aquel año, realizó un gobierno de marcada tendencia pro-rusa. Yanukovich, que antes había sido gobernador de Donetsk, al este del país, optó por una política de acercamiento con Moscú.[800] Yanukovich llegó al poder después de unas elecciones que mostraron nítidamente la división del país: triunfó en el sur y en el este y perdió en la zona occidental, que votó a la ex premier Julia Timoshenko.[801] Apenas después de la victoria, Yanukovich reafirmó que Ucrania era un "país europeo, no alineado". En ese marco, en abril de ese año, firmó un acuerdo de extensión del leasing de la base rusa en Crimea junto con su par ruso Dmitri Medvedev, a cambio de mejores condiciones en el suministro de gas de Rusia para su país. La firma del acuerdo le valió críticas de la oposición pro-occidental ucraniana.[802]

La política pro-rusa de Yanukovich alcanzó su mayor expresión el 21 de noviembre de 2013 cuando anunció que cancelaría las negociaciones tendientes a la firma de un acuerdo con la UE y, en cambio, estrecharía los lazos de la relación con Moscú. De inmediato, estallaron protestas en Kiev (Euromaidán).

A comienzos de diciembre, el jefe de estado ruso equiparó las protestas en Kiev con "pogroms". La

---

[800] "Ukraine vows new page in ties with Russia", *The News International*, March 6, 2010.

[801] Timoshenko fue detenida poco después.

[802] *Kyev Post*, May 13, 2010.

Ukraine's recent agreement to a quarter-century extension of Russia's naval presence at the Crimean port of Sevastopol has touched off protests in the former Soviet republic. nationalist protesters in Ukraine resorted to smoke-bombing a parliamentary session and throwing eggs at speaker Volodymyr Lytvyn to protest what they view as a prolonged occupation of Ukraine by the Russian navy. Many view the new agreement - avoided by previous governments in Kyiv - as a reflection of new President Viktor Yanukovych's more overtly pro-Russian stance. The lease extension passed the 450-seat Ukrainian parliament with a majority of 236 votes, but the opposition, led by former premier Yulia Tymoshenko, has vowed it would eventually be reversed. *Associated Press*, April 28, 2010.

Un informe de principios de 2014 indicaba que: "Por un acuerdo de 2010 Ucrania extendió hasta 2042 el arriendo de la zona militar del puerto de Sebastopol, en Crimea, a Rusia, donde este país tiene su base de operaciones para el Mar Negro.El acuerdo también autoriza a Rusia a tener hasta 161 aeronaves en las bases aéreas de Kacha y Gvardeyskaya, en Crimea; hasta 388 naves de guerra y otros buques en aguas ucranianas; y hasta 25.000 tropas en los puertos de Sebastopol y Fedosia, en Crimea. Por el acuerdo de 2010 Rusia se comprometió a bajar el precio del gas que le vende a Ucrania. Las exportaciones rusas cubren más de la mitad de las necesidades de gas natural de Ucrania. Un 80% del gas ruso que se exporta a Europa pasa por Ucrania. Alrededor del 40% del gas que importa Europa proviene de Rusia. Y representa un 25% del total consumido en el continente. Rusia mantiene una importante base naval en la ciudad de Sebastopol, en Crimea, en la que se basa su flota del Mar Negro. Por tanto, algunos ucranianos están nerviosos por el poderío militar ruso. El contrato de arrendamiento, en vigor hasta al menos 2042, establece que el personal ruso no debe sacar equipos militares ni vehículos fuera del área de la base sin el permiso de Ucrania. Olexander Turchynov, presidente interino de Ucrania, advirtió que cualquier movimiento de tropas rusas fuera de su base en Crimea "se considerará una agresión militar". Hay informes de enviados rusos distribuyendo pasaportes rusos en la península. Las leyes de defensa de Rusia permiten la acción militar en el extranjero para "proteger a los ciudadanos rusos". Esto ha despertado temores de que Rusia lo use como pretexto para la invasión".

postura de su administración se inclinó por calificar de irrelevantes las manifestaciones. Buscando solidificar otras alianzas, durante una visita a Armenia, Putin ofreció reducir las tarifas del petrólo y gas enviado a ese país. El *Financial Times* explicó el día 3 las razones de la "generosidad": Rusia buscaba "premiar" al gobierno armenio por su decisión de estrechar vínculos con la Unión Económica Euroasiática impulsada por Moscú en detrimento de sus lazos con la Unión Europea.

En tanto, las perspectivas de un conflicto entre Rusia y Ucrania -y sus consecuencias con Occidente- provocaron el comienzo de una serie de dificultades para la economía rusa, tal como veremos más adelante. Ya a comienzos de diciembre de 2013, el Fondo Monetario Internacional anunció que corregía sus proyecciones de crecimiento para la economía rusa reduciendo del 3,8 al 2 por ciento para el año 2014. Era el tercer recorte en el pronóstico de expansión económica para Rusia que realizaba el organismo en el año. El propio gobierno ruso había estimado un 2,5 por ciento. El *Wall Street Journal* anticipó "una demanda más débil para los productos exportables rusos y una evaporación de la inversión doméstica"."[803]

La crisis continuó a lo largo de las primeras semanas del nuevo año. A mediados de febrero, las manifestaciones se espiralizaron. El gobierno comenzó a reprimir en la Plaza de la Independencia (Maidán), escenario de las protestas durante los tres meses anteriores.[804] El 22 de febrero de 2014, el Parlamento votó la destitución de Yanukovich por 328 votos sobre un total de 447 miembros. El presidente, de inmediato, voló a Moscú. Por su parte, fue liberada la ex premier Julia Timoshenko. El este del país se levantó en contra y se aceleró un proceso contrarrevolucionario que desembocó en la crisis en Crimea. Occidente protestó y acusó a Moscú de querer anexar la península crimea "en violación de la integridad territorial de Ucrania".[805] El Kremlin recordó que la población crimea era mayoritariamente rusa o pro-rusa, verdad que se comprobó el 16 de marzo cuando en un plebiscito convocado especialmente el 97 por ciento votó la anexión a Rusia.[806]

Crimea, por su parte, había sido cedida en 1954 a Ucrania en una de las decisiones más polémicas de Nikita Kruschov (ucraniano de nacimiento). En aquel momento, Ucrania era una de las repúblicas integrantes de la URSS y por lo tanto la decisión no tuvo consecuencias inmediatas pero la cuestión crimea estaba llamada a estallar en algún momento. En marzo de 2014, la población crimea tuvo oportunidad de expresar su voluntad de pertenecer a Rusia. La votación prácticamente unánime a favor de la anexión a Rusia no amilanó a los dirigentes occidentales que rechazaron los resultados del plebiscito, afirmando que los votantes no habían elegido en un clima de libertad plena sino en medio de un país ocupado. El Secretario de Estado norteamericano, John Kerry acusó a Putin de "actuar con modos del siglo XIX en pleno siglo XXI". El funcionario norteamericano había fracasado en su reunión con su par ruso Sergei Lavrov en Londres, a mediados de marzo. Aun un hombre probadamente pro-occidental como Gorbachov había reconocido que la anexión de Crimea por parte de Rusia había "corregido un error histórico".

---

[803] *Wall Street Journal*, December 10, 2013.

[804] "Putin´s Inferno", *The Economist*, February 22, 2014.

[805] "Top Ukrainians Accusing Russia of an Invasion", *The New York Times*, March 1, 2014.

[806] "El 96,77% de los votantes de Crimea apoyan la adhesión a Rusia", *ABC*, 18 de marzo de 2014.

El 9 de mayo, día de la victoria rusa en la Segunda Guerra Mundial (Gran Guerra Patriótica), Putin viajó a Crimea.

Un año más tarde el diario independiente *Novaya Gazeta* denunció en su edición del 24 de febrero de 2015 que Rusia planeó la anexión de Crimea "antes" de que cayera el gobierno de Yanukovich.

Al estallar la revolución del Maidán en Kiev en febrero de ese año 2014, el gobierno ruso vio rápidamente el crecimiento de una ola desafiante a sus necesidades políticas. El derrocamiento del gobierno pro-ruso de Víctor Yanukovich abrió las puertas a la perspectiva de que Ucrania cayera en manos de un régimen pro-occidental (antirruso) tendiente a insertar al país en la OTAN y a una alianza especial con la Unión Europea. El desafío para Vladimir Putin resultó evidente. Al movilizar sus tropas para conquistar la estratégica península de Crimea, asiento de la flota rusa del Mar Negro, Putin definió las prioridades de su país. Cuatro días más tarde, el 4 de marzo, el secretario de Estado John Kerry, estuvo en Kiev en una muestra cabal de su apoyo a del levantamiento ucraniano. *Time* describió el *juego ucraniano* de Putin como el más decisivo de su carrera.[807]

En tanto, Henry Kissinger reflexionó: "...Muchas veces la cuestión ucraniana se mostró como un dilema: si Ucrania debía integrarse al Este o a Occidente. Pero si Ucrania quiere sobrevivir y desarrollarse, no debería recostarse hacia un lado en contraposición al otro, sino que debería funcionar como un puente entre ellos. Rusia debería aceptar que tratar de forzar a Ucrania a un estatus de país satélite y por lo tanto modificar las fronteras rusas una vez más, condenando a Moscú a repetir su historia de ciclos recurrentes de recíprocas presiones entre Europa y los Estados Unidos. Occidente debe entender que, para Rusia, Ucrania nunca podrá ser simplemente un país extranjero. La historia rusa comenzó en lo que se llamó Rus-Kiev. La religión rusa se expandió desde allí. Ucrania fue parte de Rusia durante siglos, y sus historias están interconectadas desde entonces. Algunas de las batallas más importantes en las que se decidió la libertad rusa, comenzando por la Batalla de Poltava en 1709, fue librada en suelo ucraniano. La Flota del Mar Negro, el medio de proyección del poder ruso en el Mediterráneo, está situada en Sebastopol, en Crimea, a través de un arriendo de largo plazo". Kissinger advirtió que la Unión Europea había "contribuido a tornar una negociación en una crisis". Recordó que el pueblo ucraniano "es un elemento decisivo" y que se trata de "un país con una historia compleja y un pueblo políglota". Escribió que "la parte occidental fue incorporada por la Unión Soviética en 1939, cuando Stalin y Hitler se dividieron el botín. Crimea, cuya población es rusa en un 60 por ciento, recién se convirtió en parte de Ucrania en 1954 cuando Nikita Kruschev, un ucraniano de nacimiento, la entregó como parte de la celebración por los 300 años del acuerdo entre los rusos y los cosacos. El Oeste es mayoritariamente católica; el Este es mayoritariamente ortodoxo ruso. El oeste habla en ucraniano; el este habla mayoritariamente ruso. Cualquier intento de alguna de las alas de Ucrania por dominar a la otra, como ha sido el patrón de conducta, conducirá a la guerra civil o a la ruptura". Kissinger recordó que "Ucrania fue independiente solamente durante 23 años" y que "previamente estuvo bajo alguna forma de sujeción externa desde el siglo XIV". El ex secretario de Estado recomendó que "una política inteligente hacia Ucrania sería buscar una manera de que las dos partes del país cooperen la una con la otra. Deberíamos buscar una reconciliación, no la dominación de una de las facciones. Rusia y Occidente, y todas las facciones en Ucrania, no han actuado observando este principio. Cada uno ha empeorado la situación". Kissinger advirtió que "para Occidente, la

---

[807] "What Putin Wants", *Time*, March 17, 2014

"But Ukraine is far from united: heavily Russian in the east, the country is seethingly anti-Russian in the west -where Ukrainian nationalists groaning under Stalin´s yofe initially flocked by thousands to join the Nazis during Hitler´s 1941 blitz on the Soviet Union. In the south, Muslims Tatars, normally peaceble, are tantalizing lure to Islamic extremists from the restive Russian republics of Chechnya and Dagestan. So Ukraine has moved uncertainly back and forth since the breakup of the Soviet empire, sometimes leaning westward, other times to the east".

demonización de Vladimir Putin no es una política; es una excusa para la falta de una" y reconoció que "Putin es un estratega importante, para las premisas de la historia rusa". En su artículo, Kissinger planteó que "no es uno de los fuertes de Putin entender los valores y la psicología de los EEUU", así como "tampoco es un punto fuerte de los diseñadores de la política americana comprender la historia y la psicología rusa". Kissinger sostuvo que "Ucrania debería tener el derecho a elegir libremente sus asociaciones políticas y económicas, incluyendo la asociación con Europa", al tiempo que "no debería ingresar a la OTAN". También abogó porque "Ucrania pueda crear un gobierno compatible con la voluntad de su pueblo. Los gobernantes ucranianos sabios optarán entonces por una política de reconciliación entre las partes del país. Internacionalmente, deberían perseguir una postura comparable a la de Finlandia. Esta nación no deja dudas respecto a su independencia pero coopera con Occidentes en muchos campos pero cuidadosamente evita toda hostilidad para con Rusia". Kissinger escribió que "es incompatible con las reglas del mundo actual la anexión rusa de Crimea", algo que ocurrió meses después.[808]

La idea de la independencia de Ucrania es un tema que se repite a lo largo de la historia. Hemos visto que autores "realistas" como Kissinger advierten que el país fue independiente solamente durante poco más de veinte años, desde diciembre de 1991. Naturalmente, esta visión es rechazada por Kiev. El historiador y periodista Alvaro Alba sostiene una visión diferente: no acepta la idea de la "artificialidad" de Ucrania. Recuerda que la República Popular de Ucrania (1917-1921) fue reconocida incluso por el Vaticano y Rusia. Asimismo, señala al Principado de Kiev (1132-1471) como antecedente de una Ucrania independiente. Las posturas sobre Ucrania parecen confirmar la tesis de Friedman sobre la repetición, sin solución de continuidad, de los grandes conflictos geopolíticos..

Jean Meyer explicó: "Putin interpretó esas dos revoluciones como un complot de Occidente y ha trabajado para tomar la revancha. En 2008 puso de rodillas a Georgia con una brevísima guerra que terminó con el desmembramiento de la pequeña república. Ahora le toca a Ucrania, culpable de una segunda revolución invernal, la de febrero 2014. ¿Es sorprendente? Por desgracia, no. En mi libro *Rusia y sus imperios* (2007) lo anuncié y lamento mucho no haberme equivocado. En abril de 2005, justo después de la revolución naranja, Putin declaró que la caída de la URSS fue la mayor catástrofe geopolítica del siglo pasado, mayor que las dos guerras mundiales… Ha trabajado sin descanso para resucitar de una u otra manera el antiguo espacio soviético, en el cual Ucrania ocupa un lugar esencial. Para el Kremlin, para el Patriarcado de Moscú y para muchos rusos, Kiev es la cuna de la *rusidad*; por lo tanto, tarde o temprano, volverá a ser parte de la Federación de Rusia. La conquista de Ucrania en los siglos XVII y XVIII hizo de Rusia un imperio. Lo que al principio era tutela, se volvió dominación colonial bajo Pedro el Grande y Catalina II. Estrechamente controlada, invadida por colonos rusos, Ucrania perdió poco a poco sus fueros, pero no era Rusia, puesto que conservó, a duras penas, una lengua, una literatura, los restos de una Iglesia independiente. En 1917, zarismo e imperio se derrumbaron, pero lo primero que Lenin negoció con el Ejército alemán en 1918 fue la recuperación de Ucrania; la Ucrania independiente fue conquistada por el Ejército Rojo y la utopía comunista tomó la forma imperial, autoritaria por definición. El imperio creció, creció, hasta el derrumbe de 1991 que empezó con la secesión decisiva de Ucrania. Zbigniew Brzezinski pudo entonces escribir que el nacimiento de una Ucrania independiente era uno de los tres acontecimientos geopolíticos mayores del siglo XX, después de la disolución del imperio austro húngaro en 1918 y la división de Europa en dos bloques, en 1945. ¿Por qué? Porque su independencia significa que Rusia puede por fin volverse una nación democrática y liberal, al liberarse del fardo imperial. Las hermosas perspectivas de 1991, renovadas en 2005, no son de actualidad en 2014. Asombrado, admirado por la terca resistencia de los ucranios que se manifestaban contra el sátrapa Yanukóvich, confieso que me sorprendió su victoria y que me asustó por tres razones. La primera es la realidad política del Gobierno de Putin y su proyecto de restablecer el dominio ruso en todo el antiguo espacio soviético: controla Bielorrusia y el Cáucaso,

---

[808] *The Washington Post*, March 5, 2014.

Moldavia y Trandnistria. En el caso de Ucrania, Putin tiene el apoyo de la gran mayoría de los rusos. La segunda razón de pesimismo es la inexistencia de la solidaridad internacional para con Ucrania. Ni los Estados Unidos, ni la Unión Europea harán nada de peso, por más que *The Economist* invite a la acción: ahora el Oeste debe hacerle ver al señor Putin que ha ido demasiado lejos (22 de febrero). De acuerdo, pero ¿cómo? ¿Mandará Obama sus divisiones aerotransportadas a Kiev? ¿El Tercio español y la Legión Extranjera de Francia volarán para defender la integridad territorial de Ucrania? Cualquier otra medida es tocar la flauta para parar a la tormenta. La tercera razón es la incertidumbre en la cual se encuentra Ucrania en cuanto a sí misma: existe una división real del pueblo ucraniano, cuidadosamente cultivada por Moscú, entre dos polos, un Oeste católico y greco católico, guardián de la lengua y de la idea nacional, un Oriente ortodoxo y rusificado. Havel tiene razón cuando dice que la línea de fractura pasa por Ucrania."[809]

La crisis continuó escalando con el correr de las semanas. A comienzos de mayo, los rebeldes pro-rusos y el Ejército ucraniano se enfrentaban en el este del país. El ministro alemán de Asuntos Exteriores, Frank-Walter Steinmeier llamó el día 5 de ese mes a "hacer todos los esfuerzos para evitar una nueva Guerra Fría".

El 25 de mayo, el ex ministro de Exteriores y rico empresario chocolatero Petro Poroshenko fue elegido presidente de Ucrania. En las regiones de Donetsk y Luhansk estallaron nuevas protestas y reacciones independentistas. La vocación pro-rusa de la población de buena parte del Este ucraniano no se detuvo.

El 17 de julio, en tanto, un lamentable suceso tuvo lugar cuando un avión comercial fue derribado por un misil sobre territorio ucraniano. El destino quiso que el vuelo MH17, de Malaysia Airlines se sumara al caso de otro avión de esa misma compañía que había desaparecido en pleno vuelo meses antes.[810] El Boeing 777 de Malaysia Airlines, con 283 pasajeros y 15 tripulantes a bordo cubría la ruta Amsterdam-Kuala Lumpur. Todas las personas a bordo murieron en el acto. La mayoría de los pasajeros (193) eran holandeses. El presidente Petro Poroshenko calificó el acto como resultado del accionar del terrorismo, dado que el avión había caído sobre un territorio controlado por separatistas pro-rusos. El Kremlin sostuvo que la responsabilidad correspondía a las autoridades ucranianas dado que los hechos habían sucedido sobre su territorio. La agencia de noticias rusa *RT* especuló que el avión de Malaysia podría haber sido abatido en una confusión y que el objetivo del misil había sido probablemente el avión presidencial que transportaba al presidente Putin de regreso a Moscú desde su gira por Sudamérica. Sin embargo, días después se conoció que la máquina en la que volaba el jefe del Kremlin no había sobrevolado la zona. Una encuesta del centro Levada reveló que el 80 por ciento de los rusos creía que el avión había sido derribado por Ucrania.[811] *The Economist* volvió a demonizar a Putin: tituló su edición del 26 de ese mes como "Una red de mentiras" y sostuvo que "el doble-discurso ruso recuerda los días de la Guerra Fría cuando el *Pravda* sostenía decir la verdad". *Novaya Gazeta*, un diario opositor, tituló el día 25: "Holanda, perdónanos". El episodio del vuelo MH17 trajo a la memoria inmediatamente los sucesos del vuelo KAL007 de septiembre de 1983, en circunstancias en las que

---

[809] Jean Meyer es autor de *Rusia y sus imperios*. Centro de Investigación y Docencia Económica (CIDE, México).

[810] El vuelo 370 de Malaysia Airlines desapareció en el aire el 8 de marzo de 2014, cuando volaba desde la capital malaya hacia Beijing, con 227 pasajeros y 12 tripulantes. También se trató de un Boeing 777. Aun se desconoce qué sucedió.

[811] *The Moscow Times*, September 8, 2014.

también se verificaba un aumento de la tensión entre Moscú y Occidente.[812]

A mediados de agosto, el secretario general de la alianza atlántica, Anders Fogh Rasmussen, denunció que 23 vehículos militares rusos cruzaron la frontera con Ucrania para transportar armas y combatientes destinados a reforzar las milicias separatistas que resisten en el este de ese país. "Esto es una clara prueba de la continua implicación rusa en la desestabilización", acusó. "La pasada noche vimos una incursión rusa, un cruce de la frontera ucraniana", afirmó Rasmussen durante una conferencia en Copenhague, confirmando así la denuncia que el presidente de Ucrania, Petro Poroshenko, había hecho hace días atrás. "Esto simplemente confirma el hecho de que estamos viendo un continuo flujo de armas y combatientes desde Rusia hasta el interiordel este", dijo el líder de la Organización del Tratado del Atlántico Norte. Rasmussen llamó a Rusia a "retirar sus tropas de la frontera ucraniana, detener el flujo de armas, combatientes y dinero hacia Ucrania, poner fin al apoyo a los separatistas armados en el este de Ucrania y entablar un diálogo constructivo con el gobierno en Kiev".

A fines de agosto, Poroshenko y Putin se vieron las caras en Minsk. La atención mundial se detuvo en la reunión que en la capital bielorrusa mantuvieron los dos presidentes con el ánimo de detener la escalada de violencia en la frontera. En febrero de 2015, volverían a verse en una nueva cumbre en Minsk.[813]

Sin embargo, Poroshenko volvió a insistir con su discurso pro-occidental (y por lo tanto provocativo hacia Moscú) cuando, a fines de noviembre de 2014, al abrir las sesiones del Parlamento, declaró que "hemos decidido retornar el curso de integración a la OTAN". Poroshenko afirmó que "el estatus no alineado proclamado en 2010 (por Yanukovich) no garantizó nuestra seguridad y nuestra integridad territorial".[814]

La crisis ruso-ucraniana tuvo un alto costo económico para ambos países. En octubre de 2014, el Banco Mundial estimó que la caída del PBI ucraniano alcanzaría el 8 por ciento en todo el año. Rusia, en tanto, sufrió las consecuencias de las sanciones impuestas por EEUU y Europa que, sumadas a la espectacular caída del precio del petróleo en la segunda mitad del año, provocaron una gran salida de depósitos del sistema financiero ruso y causaron una gran depreciación del rublo.

A comienzos de diciembre, la tensión entre Moscú y Occidente llevó a que se cancelara el Foro Ruso-Alemán, un diálogo fundado en 2001 por Putin y Schroder. Conocido como "Diálogo de San Petersburgo", el foro funcionaba como una plataforma de contactos entre las sociedades civiles de ambos países y como centro de contactos empresarios.

En el invierno de 2014/15, la crisis continuó acelerándose. Las voces pidiendo envío de armas de los EEUU a Ucrania se incrementaron. Durante una sesión en el proceso de su confirmación por parte del Senado, el designado secretario de Defensa norteamericano, Ashton B. Carter sostuvo ante un comité senatorial en los primeros días de febrero que estaba inclinado en esa dirección.

La Conferencia de Seguridad de Munich, en el fin de semana del 7-8 de febrero de 2015, fue el escenario

---

[812] Mariano Caucino: "El triste recuerdo del vuelo KAL 007", *Infobae*, 23 de julio de 2014.

[813] El *New York Times* describió la reunión como llena de "esperanzas y dudas", el 13 de febrero de 2015.

[814] "A Tilt Toward NATO in Ukraine as Parliament Meets", *The New York Times*, November 27, 2014.

en el que la guerra fría pareció revivir.[815] El presidente Poroshenko realizó una dura crítica a Rusia, a la que acusó de entregar pasaportes rusos en la zona de conflicto. El ministro Lavrov fue interrumpido con protestas y risas en la sala mientras pronunciaba su discurso, provocando una situación que el *Pravda* calificó de "escandalosa".[816] En tanto, el vicepresidente Joseph Biden llevó la postura más dura de la administración norteamericana y se mostró partidario de apoyar directamente a Ucrania, una idea que disgustó a Merkel. Biden afirmó que "dada la historia reciente de Europa, tenemos que juzgar a Moscú por sus hechos, no por sus palabras". Fuentes parlamentarias alemanas -citó *El País*- consideraron "torpes" algunas declaraciones del vicepresidente. Por caso, mencionaron la imprudencia de hacer una dura crítica a la corrupción en Rusia sin decir nada respecto a la corrupción en Ucrania. Biden, en tanto, fue acompañado por el senador republicano por Arizona, John McCain, quien abiertamente abogó por armar a Ucrania tras declarar que "Putin no quiere una solución diplomática, sino dominar Ucrania y todos los vecinos de Rusia". En ese marco, el lunes 9 Merkel viajó a Washington donde buscó unificar la postura occidental con el presidente Obama, quien se mostró dubitativo respecto al envío de armamentos a Ucrania.[817] "Seguimos implicados en una resolución diplomática de este tema, pero mientras siguen los esfuerzos diplomáticos esta semana, estamos totalmente de acuerdo en que en el siglo XXI no podemos permitir que las fronteras de Europa se redibujen a punta de pistola", dijo Obama. "Como europea, sólo puedo decir que, si renunciamos al principio de la integridad territorial de los países, entonces no seremos capaces de mantener el orden pacífico que hemos logrado alcanzar en Europa", coincidió Merkel. Ese mismo día, en El Cairo, Putin repitió que "la crisis ucraniana no fue provocada por la Federación Rusa" sino que "ha aparecido en respuesta a los intentos de EE UU y sus aliados occidentales, que se consideran vencedores de la Guerra Fría, de imponer su voluntad en todo el mundo".

Mersheimer escribió el 8 de febrero de 2015: "La crisis en Ucrania tiene casi un año y Rusia está ganando. Los separatistas en el este de Ucrania están ganando terreno y el presidente ruso Vladimir V. Putin no muestra signos de retroceder de cara a las sanciones económicas occidentales. Sin sorprender, un coro creciente de voces en los Estados Unidos están pidiendo armar a Ucrania. (...) Están equivocados. Recorrer ese camino será un enorme error para los Estados Unidos, la OTAN, y para Ucrania misma. Enviar armas a Ucrania no rescatará a su ejército y conducirá a una escalada en los enfrentamientos. Un paso así es especialmente peligroso porque Rusia tiene miles de armas nucleares y está buscando defender un interés estratégico vital". Mersheimer advirtió que "el balance de poder es decisivamente favorable a Moscú" y que por ello Washington se vería obligado a enviar enormes cantidades de equipamiento militar a Ucrania. "El conflicto no terminaría allí. Rusia volvería a escalar su posición, contraatacando, detruyendo cualquier beneficio temporal que Kiev podría obtener de las armas norteamericanas", sostuvo. Mersheimer recordó que "las grandes potencias reaccionan fuertemente cuando rivales distantes proyectan su poder militar en su vecindario, más aún cuando intentan convertir a un país fronterizo en su aliado. Por eso los Estados Unidos tienen la Doctrina Monroe y ningún líder americano podría tolerar que Canadá o México adhirieran a una alianza militar liderada por otra gran potencia. Rusia no es una excepción en este punto. Por eso, Putin no se ha conmovido frente a las sanciones y difícilmente haga concesiones significativas si los costos de la pelea en Ucrania se incrementan". Mersheimer aconsejó la solución diplomática "como única manera de resolver la crisis ucraniana" y reconoció que la canciller alemana Angela Merkel "parece reconocer este hecho, al sostener que Alemania no enviaría armas a Kiev". Mersheimer advirtió sin embargo que "su problema (el de Merkel) es que no sabe cómo poner fin a esta crisis". En su artículo, Mersheimer reflejó que "ella y otros líderes europeos todavía trabajan con la ilusión de que Ucrania pueda ser sacada de la

---

[815] "Crisis in Ukraine Underscores Opposing Lessons of Cold War", *The New York Times*, February 8, 2015.

[816] "Patriots beat Hawks at Security Conference in Munich", *English Pravda*, February 8, 2015.

[817] "Obama y Merkel debaten sobre armar a Ucrania frente a Rusia", *El País*, 9 de febrero de 2015.

órbita de Rusia e incorporada a Occidente y que los líderes rusos puedan aceptar ello. No lo aceptarán". Mersheimer aconsejó que "para salvar a Ucrania y restaurar una relación constructiva con Moscú, Occidente debería buscar convertir a Ucrania en un país neutral que amortigüe las diferencias entre Rusia y la OTAN. Debería ocupar un lugar parecido al de Austria durante la Guerra Fría". Mersheimer argumentó que "Occidente debería sacar la expansión de la Unión Europea y de la OTAN de la mesa y enfatizar su objetivo de una Ucrania no alineada que no constituya una amenaza para Rusia. Los Estados Unidos y sus aliados deberían también trabajar junto a Putin en el rescate de la economía ucraniana, un objetivo que es claramente favorable a los intereses de todos".[818]

El 11 de febrero de 2015, una cumbre en Minsk (Bielorrusia) entre Putin, Poroshenko, Merkel y Hollande logró establecer un provisorio cese en el fuego. El *New York Times* reconoció, en su edición del 12 de febrero, que Putin, pese a las dificultades económicas y a la caída del precio del petróleo, "aun conserva las cartas decisivas".[819] Mientras tanto, en Moscú, el secretario del Consejo de Seguridad de la Federación Rusa, Nikolai Patrushev, declaró a el *Rossiyskaya Gazeta* que "los Estados Unidos están orquestando los eventos en Ucrania para provocar la caída del gobierno de Putin".[820]

Días más tarde, después del cese del fuego decretado tras los acuerdos de Minsk, Ucrania tuvo una nueva derrota: sus tropas abandonaron Delbatsevo, acosados por los separatistas pro-rusos.[821] Putin, en tanto, fue recibido por el premier húngaro Viktor Orbán, un líder cuestionado en Europa por sus tendencias "populistas".[822] Así lo reflejaba la prensa española: "Orbán ha aireado sus discrepancias con la política de sanciones hacia Moscú con el argumento de que Europa "se daba un tiro en el pie" al aprobar unas medidas que dañaban la economía del bloque comunitario. *El País* describió que "la visita de Putin a Hungría representa un desafío por las dos partes. El mandatario ruso quiere mostrar al mundo que el castigo que le inflige Europa tiene grietas y Orbán, por su parte, ofrece una señal más de desapego hacia el bloque comunitario".[823] En Budapest, el presidente ruso declaró que "con respecto al posible suministro de armas a Ucrania, de acuerdo a la información que tenemos, esas armas ya fueron entregadas a Ucrania. No hay nada inusual en ello. Los hombres de las fuerzas armadas ucranianas no tienen deseos de participar en la guerra fraticida, y los milicianos están motivados en proteger a sus familiares". Putin afirmó que "estoy profundamente convencido de que quien sea que suministre armas, el número de víctimas puede aumentar ciertamente, pero el resultado será el mismo que hoy, es inevitable".[824]

El viaje de Putin a Budapest encendió alarmas en algunos comentaristas en Occidente que vieron una

---

[818] John J. Mearsheimer: "Don´t arm Ukraine", *The New York Times*, February 8, 2015.

[819] Andrew Higgins: "In Ukraine, It´s Putin´s Game", *The New York Times*, February 12, 2015.

[820] Patrushev fue jefe de la FSB entre 1999 y 2007. "Putin Adviser Says U.S. Seeks Regime Change", *The Wall Street Journal*, February 12, 2015.

[821] "Ukraine Forces Withdraw From Debaltseve, a Strategic Town", *The New York Times*, February 18, 2015.

[822] Durante su gestión como primer ministro en los años 90 y 2000, Orbán había mostrado una actitud lejana a Rusia. Recién comenzó a adherir los valores tradicionalistas rusos en los últimos años. En una ocasión, ante críticas del senador John McCain, Orbán explicó que para Hungría, "Alemania son puestos de trabajo y Rusia es energía". *"Russia and Hungary: Something to talk about"*, February 18, 2015.

[823] "Hungría desafía a la UE al recibir la visita de Putin", *El País*, 18 de febrero de 2015.

[824] "Putin: The West ships arms to Ukraine already", *English Pravda*, February 18, 2015.

profundización de la voluntad de Moscú de influir en Europa.[825] Citaban, por caso, las declaraciones de Anne-Marie Le Pen, del Frente Nacional de Francia en favor del reconocimiento de la soberanía rusa sobre Crimea y la postura del nuevo gobierno griego surgido a comienzos de 2015 con la coalición entre partidos de izquierda y aliados de extrema derecha nacionalista, en favor de posturas distantes de la UE,

El 24 de febrero, en tanto, Rusia advirtió que podría cortar el gas que suministra a Ucrania si esta no pagaba por adelantado su consumo en un plazo de 48 horas. Los voceros de Gazprom, afirmaron que a Kiev le quedaban solo 219 millones de metros cúbicos de gas, que previsiblemente serían utilizados en los días siguientes. Moscú exigía desde el año anterior el prepago del combustible que Ucrania consume para así evitar que siga aumentando la multimillonaria deuda atrasada que se había acumulado. *El País* adelantó que "de hacerse efectivo el corte del gas ruso, el combustible destinado a la Unión Europea podría verse amenazado. En ocasiones anteriores, Kiev optó por apropiarse de gas destinado al consumo europeo. Aproximadamente la mitad del gas que la UE recibe desde Rusia es bombeado a través de territorio ucranio".

Occidente parece seguir rechazando la idea de "soberanía limitada" de los países integrantes del ex espacio soviético y, provocativamente, siguió "estimulando" la incorporación de esas naciones a la OTAN. El embajador de Ucrania en Argentina, Yurii Diudin explicó meses antes que "pasaron 23 años y hasta ahora no pueden digerir la idea de que Ucrania es independiente".[826]

La Unión Europea y la OTAN parecieran no haber advertido que provocar a Moscú en sus fronteras era un "juego peligroso". En términos talleyrandianos, Occidente parece no haber aprendido nada ni olvidado nada de la crisis en Georgia en 2008.[827] A su vez, así como puede parecer intolerable que Rusia obligue a Ucrania a vivir eternamente en la órbita de su influencia, también es cierto que nadie en este mundo puede evitar que los rusos dejen de intentarlo.

La crisis ucraniana terminó de confirmar las peores conclusiones a las que había arribado la dirigencia rusa respecto a sus colegas occidentales. El sentimiento de "traición" ya verificado durante el surgimiento de las revoluciones "de colores" en 2003-2004 y durante la crisis georgiana de 2008 volvió a ser confirmado. Occidente continuaba provocando a Rusia, primero ignorándola y luego humillándola, con el resultado inverso al buscado porque empujó a Moscú a profundizar sus alianzas con los países vistos como amenazas a la seguridad y la estabilidad global como Irán, Siria o Venezuela.

Putin era visto crecientemente como el inquietante pretendiente reconstructor del imperio soviético. Sin embargo, el propio Gorbachov apoyó en esta ocasión la política rusa en Crimea e incluso ya diez años antes se había mostrado "resentido contra Occidente", "al que acusaba de haberle traicionado y

---

[825] When John McCain, the US senator, challenged him last year on his pro-Moscow leanings, Orbán, said a source who witnessed the exchange, replied: "I don't care what you think. You don't matter. Russia matters because of energy. Germany matters because of jobs." In Budapest, the Putin-Orbán bonding will be reinforced in what is only the Russian leader's second state visit to an EU country since the Ukraine conflict broke out a year ago". "Russian resurgence: hoy the Kremlin is making its presence felt across Europe", *The Guardian*, February 18, 2015.

[826] *El Cronista*, 20 de mayo de 2014.

[827] Talleyrand, reflexionando sobre la torpeza de los borbones en la restauración (1815), sostuvo que "no aprendieron nada y no olvidaron nada".

de tener "complejo de vencedor", tal como describió Nathan Gardles. Este escribió: "Cuando le entrevisté en Moscú en 2005, en el vigésimo aniversario de sus reformas, me dijo: "Los estadounidenses no nos han otorgado el debido respeto. Rusia es un socio serio. Somos un país con una gran historia, con experiencia diplomática, con formación, que ha hecho grandes contribuciones científicas". "La Unión Soviética no era solo un adversario, sino un socio de Occidente. El sistema tenía cierto equilibrio". "Estábamos dispuestos a construir una nueva estructura de seguridad para Europa. Pero tras la descomposición de la Unión Soviética y del Pacto de Varsovia, la OTAN olvidó sus promesas. Se volvió una organización más política que militar, siempre dispuesta a intervenir en cualquier lugar 'por motivos humanitarios'. Ya les hemos visto intervenir no solo en Yugoslavia sino en Irak, sin ningún mandato ni autorización de Naciones Unidas".[828]

¿Pudieron los líderes occidentales desconocer que una Ucrania plenamente independiente violentaba los sueños del Kremlin de restaurar la Gran Rusia?[829] La política del presidente Obama mereció las críticas de la prensa que cuestionó que sin bien el jefe de la Casa Blanca "se considera a si mismo un realista en política exterior, pero sus políticas permitieron a sus adversarios avanzar con mínimos costos o resistencias".

¿Putin pudo haber actuado de otra manera? ¿Un orgulloso veterano de la KGB podía hacer otra cosa? El secretario Kerry reaccionó afirmando que no se puede "actuar en el siglo XXI como en el siglo XIX invadiendo otro país". Más realista, el presidente Xi Jimping, declaró que la situación en Ucrania "tiene los elementos de lo inevitable".[830]

"Crimea fue una tentación irresistible para Putin", escribe Pilar Bonet en *El País*, el 10 de agosto de 2014. "Su obsesión por resucitar el sueño imperial le ha llevado a desdeñar el derecho internacional y las consecuencias para Rusia". Pero, ¿Putin está sobregirado? ¿tiene acaso chance de actuar de otra manera? La relaciones entre Rusia y Occidente, pueden reducirse solamente al plano psicológico biográfico del líder ruso? En todo caso, el 85% de los rusos también "viven en otro mundo", como los medios occidentales describen al presidente ruso?

La crisis ucraniana despertó el debate en Occidente respecto a los errores cometidos con respecto a Rusia. El viernes 20 de febrero, por caso, la Cámara de los Lords discutió una resolución en la que se sostenía la idea de que la UE infravaloró el impacto que provocaría en Rusia un acercamiento de Ucrania al bloque comunitario. En esos días, el número dos del mando militar de la OTAN incluso advirtió contra un posible ataque sorpresa de Rusia en territorio aliado. Así lo reflejó *El País*: "Las acusaciones son demoledoras y reflejan un sentimiento que gana peso entre los analistas. Reino Unido ha caminado "sonámbulo" hacia la crisis en Ucrania. El Gobierno británico ha "malinterpretado catastróficamente" el estado de ánimo del Kremlin en los preliminares del conflicto. Los lores extienden sus críticas al resto de países de la UE en la crisis. Pero señalan que el Reino Unido, como firmante del Memorándum de Budapest de 1994, que ofrecía protección a Ucrania a cambio de su desarme nuclear, "tenía una responsabilidad particular hacia el país y no se ha mostrado todo lo activo

---

[828] Nathan Gardels: "Por qué Putin quiere apoderarse de Crimea", *El País*, 13 de marzo de 2014.

[829] "Some Realism on Russia", *The Wall Street Journal*, August 16-17, 2014.

[830] *Xinhua News Agency*.

que hubiera podido".[831]

En un sentido similar, Timothy Bancroft-Hinchey criticó al gabinete inglés por su política de "seguidismo" y sostuvo que la tendencia anti-Putin del gobierno británico obedecía al hecho de "no tener su propia política exterior".[832]

A pesar de ello, el gobierno del primer ministro David Cameron continuó con su prédica anti-rusa. El 24 de febrero, durante una presentación ante la comisión de Defensa de la Cámara de los Comunes, anunció que enviaría en las semanas siguientes 75 instructores militares para formar a las tropas ucranianas que luchaban en el este del país contra los rebeldes separatistas pro-rusos, aunque desmintió el envío de armamentos. Cameron advirtió que "si la UE falla en frenar a Putin, las consecuencias serán muy duras". Días antes, el titular del Foreign Office Philip Hammond había insinuado que Gran Bretaña podría involucrarse en Ucrania para no permitir el colapso de las fuerzas armadas de ese país.

El giro asiático y la mirada a Sudamérica

Las crecientes divergencias con Occidente modificaron las prioridades estratégicas de Rusia. Por primera vez en tres siglos, la dirigencia rusa colocó sus objetivos principales hacia el Este y hacia el Sur. Si Pedro el Grande había decidido modernizar Rusia a fines del siglo XVII abriendo una ventana a Europa, Rusia ahora miraba a China como nueva meta.

Occidente en tanto, mostraba signos de "agotamiento". La cumbre de la OTAN en la primera semana de septiembre de 2014 en Newport (Gales) provocó las siguientes reflexiones de Boyer en el *Times*: ".. el Presidente Obama sabe que esta cumbre es, en efecto, un indicador de su propia falta de liderazgo (...) "nos hemos convertido en expectadores", me dijo un político europeo (...) si hemos cometido un error, fue asumir que Putin, cuando llegó al poder en 2000, genuinamente quería que Rusia se convirtiera en parte del sistema internacional. Declaramos a Rusia como un socio estratégico y esperamos que el antiguo oficial de la KGB se convirtiera en un nuevo Pedro el Grande, abriendo su país. Ello no ocurrió: en lugar de intercambiar cartas con Voltaire, el Zar Putin procedió en engañar sobre los tratados de control de armas, destrozar Chechenia y envenenar disidentes en Londres. Debimos haber advertido en 2008 que nuestro supuesto socio estratégico era un rival subversivo, cuando invadió Georgia. Desde entonces, el presupuesto de defensa ruso se incrementó en un 50 por ciento mientras que el gasto de defensa de la OTAN ha bajado en un 20 por ciento". Boyer describió que "el 75 por ciento del gasto de la OTAN proviene de EEUU. Ello envía un claro mensaje a Putin: los europeos no están en condiciones de luchar" y pidió ayudar a Ucrania "aunque no sea miembro de la OTAN".[833]

---

[831] "Sonámbulos ante la crisis ucrania", *El País*, 22 de febrero de 2015.

"The EU and Russia: Before and Beyond. The Crisis in Ukraine", The House of Lords, European Union Committee, 6th Report of Session, 2014/15.

[832] Timothy Bancroft-Hinchey: "Why does Britain have a problem with Russia?", *English Pravda*, February 19, 2015.

[833] *The Times*, 3 September 2014.

El 3 de septiembre, Lavrov volvió a advertir en contra de que Ucrania forme parte de la OTAN. Además, Rusia anunció que introduciría modificaciones en su doctrina militar, como respuesta a la indisimulada vocación expansionista de la OTAN. La revisión de la doctrina militar responde a la aparición, para el Kremlin, de nuevas amenazas. Mijaíl Popov, vicesecretario del Consejo de Seguridad de Rusia, dijo no dudar de que ese "acercamiento de la infraestructura militar de los países miembros de la OTAN a las fronteras" del país.

Joshka Fischer -líder del Partido Verde alemán durante décadas y ministro de Asuntos Exteriores de su país entre 1998 y 2005- escribió recientemente: "las consecuencias caóticas del la desintegración gradual de la "pax americana" cada vez son más evidentes. Durante siete décadas, Estados Unidos salvaguardó un marco global que -a pesar de ser imperfecto y más allá de errores que haya cometido la superpotencia- en general garantizó un nivel mínimo de estabilidad. Cuanto menos, la pax americana fue un componente esencial de la seguridad occidental. Pero EEUU ya no está dispuesto a ser el policía del mundo, o no está en condiciones de serlo. La asombrosa acumulación de crisis y conflictos que enfrenta el mundo hoy -en Ucrania, Irak, Siria, Gaza y Libia- están vinculados a la nueva postura de los EEUU (...) El mundo bipolar de la Guerra Fría es historia. George W. Bush desperdició el breve período en que Estados Unidos fue la única superpotencia verdadera (...) la frecuencia de las crisis también ha revivido en los países occidentales un antiguo conflicto normativo fundamental entre idealismo y realismo, o una política exterior basada en valores o en intereses..."[834]

En los meses siguientes, continuó escalando el enfrentamiento entre Rusia y los países occidentales. Las autoridades rusas anunciaron que suspenderían la construcción de un gasoducto a Europa. El anuncio tuvo lugar durante una reunión cumbre con el presidente turco, Racyip Erdogan. Ambos comparten el privilegio de ser observados como "autócratas" por la prensa occidental. En tanto, Putin se dio el lujo de llegar tarde a una reunión con Merkel en Milán y prefirió ir a comer con el ex premier italiano Silvio Berlusconi.

Occidente se había obsesionado en demonizar a Putin. Pero ¿Cuál es el sentido de aislar a Putin? ¿Transformarlo en un paria internacional no es regalarle su influencia a Irán-Cuba-Norcorea-Siria? Haber transformado a Putin en una suerte de rehén político del sistema solamente traerá más problemas al mundo. Kaminski reseña: "Occidente olvida la historia; Putin la repite".[835]

Es un error occidental pretender que Putin quede como "perdedor" y "débil" en su propio frente interno: sólo conseguirán que el líder ruso se muestre como el duro entre los duros para mantenerse en el poder.[836] Escribió Ian Bremmer (presidente de Eurasia Group y profesor de la NY University): "Rusia no puede obligar a Ucrania a permanecer eternamente en la órbita de Moscú, pero ninguna potencia, ni siquiera la única superpotencia mundial, puede hacer que los rusos dejen de intentarlo. Las

---

[834] "El agobio de Occidente", *El País*, 31 de agosto de 2014.

[835] *The Wall Street Journal*, August 26, 2014.

[836] "Far from Crimea or turbulent eastern Ukraine, Vladimir Putin is winning at home. This is what matters most to him". *Wall Street Jounal*, April 15, 2014.

Una editorial del mismo diario, el día 14 de abril, sostiene que el verdadero objetivo de Putin es "recrear el mapa de posguerra de Europa con el mayor beneficio para su país, con falsa diplomacia si puede, y con fuerza si es necesario". "Russia´s Second Invasion", *The Wall Street Journal*, April 14, 2014.

sanciones pueden hacer daño a largo plazo pero no cambiarán la forma de pensar de Vladímir Putin."[837]

Por otra parte, conviene recordar los sentimientos de inferioridad de Moscú derivados de la caída de la URSS, una nota que distingue el comportamiento de la dirigencia rusa del siglo XXI a aquella del Politburo soviético de las décadas de 1950 en adelante cuando el país había emergido victorioso de la segunda guerra mundial.

Las acciones rusas, ¿son agresivas? ¿Occidente ve *agresiones* donde Rusia ve una acción *defensiva*? Friedman sostiene que Rusia tomará acciones que serán vistas como "agresivas" en Occidente pero que en realidad constituyen acciones defensivas. Rusia se focalizará en recobrar la influencia y control en la ex Unión Soviética para recrear el sistema de buffers que tuvo alguna vez.[838]

Friedman adelanta: Occidente primero subestimará a Rusia. Luego se obsesionará con Rusia. Adelanta que Rusia colapsará en torno al 2020, como en 1917, o 1991. "Rusia reconstruirá su imperio en la década del 2010 pero colapsará inevitablemente en la década del 2020".[839]

La profundización de la ruptura con Occidente -iniciada con intensidad en el conflicto con Georgia en 2008 y acelerado con los episodios en Ucrania en 2014 empujó al Kremlin a buscar una renovación de las alianzas estratégicas globales. A fines de mayo de 2014, Putin inició un nuevo viaje a China. La visita ratificó la búsqueda de una reorientación de las exportaciones energéticas del país. El comercio bilateral con China colocaba a Beijing como el primer socio comercial de Rusia, aunque, globalmente, la UE en su conjunto representaba un volúmen de comercio más elevado.

Ya al comienzo de su mandato, en el año 2000, Putin había afirmado que Rusia era "un país europeo y asiático" y que como un pájaro "que sólo puede volar bien si usa las dos alas", buscaría alianzas con Occidente y con China.[840] En 2008, Medvedev eligió a Beijing como su primer destino una vez que fue elegido presidente y cuatro años más tarde, Putin volvió a privilegiar a China en su primer viaje oficial en su tercera presidencia.

En medio del creciente conflicto entre el Kremlin y las potencias occidentales por la crisis ucraniana, se conoció el acuerdo alcanzado en torno a la provisión gasífera rusa al gigante asiático. Las negociaciones, que duraron diez años, permitieron a Rusia "compensar" la disminución de sus ingresos derivados de los cortes a la provisión energética a Europa. Para China, en tanto, implica una apuesta modernizadora que permita disminuir la contaminación del uso del carbón. Asimismo, Putin anunció nuevos acuerdos con China durante la cumbre de la APEC en noviembre de 2014. Otras medidas gubernamentales tuvieron el sello del anti-occidentalismo: el Kremlin dispuso limitar la participación extranjera en los medios de comunicación y limitó o canceló programas de intercambio académico, al

---

[837] *El País*, 12 de noviembre de 2014.

[838] "The Bear That Talks Like a Man, *Wall Street Journal*, April 19-20, 2014.

[839] George Friedman: *The Next 100 Years.*.

[840] Lo dijo el 14 de julio de 2000, durante su discurso en el encuentro para el Desarrollo de los Urales.

tiempo que reforzó su política de rechazo al multiculturalismo.[841]

La alianza energética entre Rusia y China provocó inquietud en Occidente. El acuerdo gasífero por un total de 400.000 millones de dólares -algo así como el PBI argentino- es el mayor compromiso económico de la historia rusa y constituye, indudablemente, una respuesta a la vocación estratégica de una y otra nación. En términos geopolíticos -es ésta la clave- el acuerdo permite a Moscú disminuir la dependencia económica de la Unión Europea, a cuyos países dirige la mayor parte de su exportación gasífera. Para China, a su vez, significa satisfacer las necesidades crecientes de provisión energética que su fenomenal desarrollo económico demanda. La pretensión de la República Popular es abandonar gradualmente el carbón, su principal y más barata fuente de energía, en favor de alternativas más eficientes económica y ambientalmente.

Ya entonces escribí: "Mientras tanto, en el Consejo de Seguridad de las Naciones Unidas, ambos países impusieron su veto en la resolución tendiente a condenar el régimen de Al Assad por violaciones a los derechos humanos en la guerra civil en Siria. El veto ruso y chino evitará al gobierno de Damasco ser llevado a la Corte Penal Internacional donde se pretende investigar las acusaciones por crímenes de guerra, en un conflicto que ha consumido casi 150.000 vidas en los últimos tres años. La situación política de creciente aislamiento de Moscú por parte de Occidente parece compensarse por su acercamiento a Pekín. El acuerdo con China tiene lugar, precisamente, cuando Rusia es vista con preocupación por los EE.UU. y Europa por su rol en la crisis en Ucrania. En efecto, el representante chino ante la ONU se abstuvo en la votación que buscaba impugnar el referéndum independentista que tuvo lugar hace semanas en Crimea y que determinó por abrumadora mayoría la anexión de esta región a Rusia. En tanto, China enfrenta el temor de sus vecinos: Japón en especial se inquieta por la vocación expansionista del régimen de Pekín en los mares del Este y Sur de China. El megaacuerdo con China, probablemente, no signifique el abandono de Rusia de su relación y su histórica identidad -parcial- europea. Entendida como un gigante entre dos mundos, Rusia tendrá en Pekín un espaldarazo a su estatura como actor internacional..".[842]

En *"The Return of History and the End of Dreams"*, Robert Kagan sostiene que "la antigua lucha entre el liberalismo y las autocracias ha reemergido, y las grandes potencias mundiales se están alineando de acuerdo a la naturaleza de sus regímenes". Kagan afirma que "el determinismo económico e ideológico de la temprana post-guerra fría produjo dos grandes presunciones que forjaron políticas y expectativas. Una fue la creencia en la inevitabilidad del progreso de la humanidad, la creencia de que la historia se mueve en una única dirección, una fe nacida en el Iluminismo, discontinuada por la brutalidad del siglo veinte, pero que recobró vida desde la caída del comunismo. La otra era la receta de la paciencia y la limitación (restraint). Mejor que confrontar y desafiar a las autocracias, es conveniente enredarlas en la economía global, fomentando las reglas del sistema de derecho y la creación de sólidas instituciones estatales, y dejar a la magia de las ineluctables fuerzas del progreso humano".[843]

---

[841] "Russia Cancels Exchange Program After a Student Seeks U.S. Asylum", *The New York Times*, October 5, 2014.

La política de "alejamiento" de Occidente tuvo una nueva muestra en octubre de 2014, cuando las autoridades rusas decretaron la clausura del célebre local de McDonald en la plaza Pushkin de Moscú. Se trata del mismo restaurante de comidas rápidas inaugurado en enero de 1990 cuya apertura generó entonces enormes colas de curiosos ciudadanos soviéticos. "El Kremlin contra McDonalds", *El País*, 22 de octubre de 2014.

[842] Mariano A. Caucino: "Rusia y China, una alianza poderosa", *La Nación*, 30 de junio de 2014.

[843] Kagan, Robert: *"The Return of History and the End of Dreams"*, p. 5-6.

Una visión crítica de la política de Putin la ofrece Gideon Rachman en el *Financial Times*, el 23 de julio: " Hace apenas un par de meses estaba de moda alabar a Vladimir Putin por su genio estratégico. Los comentaristas de la derecha norteamericana contrastaban su confianza en sí mismo con la supuesta debilidad de su propio presidente. En una columna titulada "Obama vs Putin: una pelea desigual", Charles Krauthammer argumentó que bajo este presidente, Rusia le ha dado vueltas a EE.UU. Rudy Giuliani, el ex alcalde de Nueva York, elogió la firmeza de Putin: "Este sí es un líder". Sin embargo, todas estas adulaciones quedan fuera de lugar después del derribamiento de Malaysian Airlines MH17. La aparente política de Rusia de suministrar misiles antiaéreos a los rebeldes de Ucrania no era simplemente inmoral. También desmiente la idea de que Putin es una especie de genio estratégico. En su lugar, se revela como un jugador temerario, cuyas políticas paranoicas y cínicas están llevando a Rusia hacia el aislamiento económico y político. El mini-Maquiavelo del Kremlin creía que podía desestabilizar el este de Ucrania, mientras negaba de manera creíble los vínculos de Rusia con los rebeldes separatistas. Sin embargo, al marionetista se le enredaron las cuerdas. Después de la muerte de casi 300 civiles inocentes, la atención del mundo se ha centrado en la participación de Rusia en la tragedia. Las autoridades rusas enfrentan ahora una elección muy difícil. Si cooperan con una investigación internacional acerca del incidente, los resultados probablemente serán vergonzosos. Pero si bloquean la investigación y se refugian tras algunas teorías conspirativas, o incluso envían tropas al este de Ucrania, alentarán una reacción internacional aún más feroz. La semana pasada, incluso antes de la tragedia, EEUU había anunciado la intensificación de sanciones. La UE probablemente también endurecerá su postura. Algunas grandes empresas rusas están perdiendo su acceso a los mercados de capitales occidentales. El aislamiento político también se cierne. Rusia ya salió del Grupo de los Ocho países más industrializados. Los australianos, que perdieron a varios ciudadanos que viajaban en ese vuelo, se oponen al recibimiento de Putin en la Cumbre del G-20 en Brisbane en noviembre. La elección de Rusia como anfitrión de la Copa del Mundo de 2018 seguramente entrará en cuestión dentro de poco. Los errores de Putin van más allá de la simple irresponsabilidad de permitirles a los separatistas dispararles a los aviones. Ese error tiene raíces en al menos otras cuatro políticas fallidas. La primera fue la reacción tremendamente excesiva ante la posibilidad de que Ucrania firmara un acuerdo comercial con la Unión Europea. La idea de que Bruselas estaba tratando desesperadamente de apoderarse de Ucrania era pura paranoia. En realidad, la UE ha, durante décadas, sido vergonzosamente reacia a admitir Ucrania en su seno. Su membresía en la OTAN que Moscú evocó como una gran amenaza para Rusia era también una muy remota posibilidad. En su cumbre de 2008, la OTAN se negó a considerar Ucrania como un posible miembro, y ésta ha sido su posición básica desde ese entonces. El segundo desatino de Rusia fue provocar disturbios en Ucrania a la vez que negaba su responsabilidad. Esto debió parecer una jugada cínicamente inteligente y ciertamente encontró al mundo con la guardia baja al anexar a Crimea. Sin embargo, en el este de Ucrania, la manipulación de Moscú ha sido menos eficaz y más difícil de disimular, culminando en la tragedia de MH17. El resultado es que Rusia tiene lo peor de ambos mundos. No sólo no está completamente en control de los acontecimientos, sino que también y acertadamente se le culpa por ellos ya que, incluso si la orden de disparar no vino de Moscú, los rusos permitieron que ocurriera el desastre. El tercer error es la manipulación de la opinión pública de Rusia a través de una cada vez más cruda propaganda nacionalista. Esto ha tenido el efecto deseado de aumentar los índices de aprobación del presidente. Pero también hace que le sea mucho más difícil dar marcha atrás. Su cuarto error ha sido subestimar la reacción de Occidente. Quizás ha sido a veces lenta, pero se han aprobado sanciones substanciales, y más están en camino. Los líderes empresariales de Rusia están horrorizados por la situación. Pero, por ahora, no tienen poder".

Una visión distinta la ofreció Rusian Kostiuk, catedrático de la Universidad Estatal de San Petersburgo y doctor en Ciencias Históricas. Describió a Rusia como un "contrapeso de EEUU en América Latina", al sostener que "A lo largo de la década del 2000, esta región se constituyó como un área de expansión para el Kremlin en términos de política exterior. Dada la creciente presencia de EEUU y la OTAN en Europa del Este, no debe sorprender que Rusia esté buscando maneras similares de ampliar su presencia en áreas cercanas a Norteamérica. La situación actual de América Latina es, por lo general, favorable a la ampliación de la presencia de Rusia. Con el cambio de siglo, la región experimentó un giro a la izquierda que desplazó a muchos países latinoamericanos hacia fuera del 'paraguas' estadounidense y fomentó la elaboración de unas políticas económicas y de asuntos externos propias e independientes. Principalmente, son los países del 'eje bolivariano' quienes han optado por una asociación estratégica con Rusia, país que se percibe en muchos lugares de América Latina como el sucesor de la otrora poderosa Unión Soviética. (...) Es difícil que Washington no haya advertido el giro explícito que ha dado Moscú hacia América Latina bajo el mandato de Vladímir Putin. El anterior representante permanente de Estados Unidos en la Organización de Estados Americanos (OEA), Roger Noriega, en unas declaraciones sobre el aumento del interés de Moscú por América Latina señala: "Los rusos están entrando en los países que han sido abandonados por Estados Unidos". Desde 2009, la administración demócrata de Barack Obama ha tratado de hacer lo posible para recuperar las posiciones perdidas por Washington en América Latina y para evitar que determinados países de la zona entren en la órbita de Rusia o China. Desde el punto de vista de Washington, la posibilidad de que haya bases militares rusas (aunque sean temporales) en Latinoamérica es inaceptable. (...)

La postura revelada por la mayoría de los países latinoamericanos con respecto a Ucrania demuestra que estos no están dispuestos a seguir la senda de Washington. Incluso las naciones que mantienen vínculos políticos y económicos con los Estados Unidos, como México, Perú y la República Dominicana, no están dispuestas a sacrificar una cooperación mutuamente beneficiosa con Rusia con base en los acontecimientos de Ucrania. Es precisamente en Latinoamérica donde se pueden encontrar países abiertos a la cooperación militar y política con Moscú. Y también aquí es donde las relaciones iniciadas por Rusia a principios de siglo con la mayoría de los países de la región han llegado a buen puerto. Está por ver si los crecientes vínculos militares y técnicos de Rusia en la región desembocan en unas relaciones económicas más amplias y profundas que representen una verdadera amenaza para Washington.[844]

Ya a fines de marzo de 2007, un documento oficial del gobierno ruso distribuido a fines de titulado "Revisión de la Política Exterior de la Federación Rusa" anticipaba el curso de acción de Moscú. El informe reseñaba la importancia de la multipolaridad basada en "una distribución más equitativa de los recursos para la influencia y el crecimiento". El documento reflejaba la necesidad de una política exterior más firme frente a la idea de un mundo "unilateral" con eje en los EEUU. Sin embargo, el informe no contenía una propuesta anti-norteamericana sino que promovía la iniciativa de un liderazgo global "multipolar" como alternativa a la hegemonia en las relaciones internacionales. El documento fue emitido por el gobierno inmediatamente después del discurso de Putin en la Conferencia de Seguridad de Munich en febrero de ese año, en el que el presidente ruso había sostenido que el accionar de los EEUU "minaba" la estabilidad global y que había despertado fuerte inquietud en la política y la prensa occidental.

Durante la segunda mitad de 2014, Rusia siguió intensificando su aproximación al Asia. El gobierno de Putin desplegó una intensa agenda de acuerdos en dos países centrales: China y la India. Los analistas internacionales advirtieron de inmediato un nuevo paso en la búsqueda de consolidar un sistema de poder mundial multipolar frente a la alternativa unipolar liderada por los EEUU. En ese marco, un dato insoslayable es el hecho de que, con independencia de las responsabilidades de cada uno de los actores involucrados, lo cierto es que el embrollo ucraniano terminó de arruinar las relaciones entre Moscú y las principales capitales occidentales. En un artículo en el *Pravda*, Francesco Brunello Zanitti (is Southern Asia Research Program's Director, and one of the Scientific Directors of the Italian Institute for Advanced Studies in Geopolitics and Auxiliary Sciences) sostuvo que "el diálogo ruso-chino está creciendo desde mediados de los años 90, mientras que la relación estratégica con India es una herencia de la que se estableció durante la guerra fría con la Unión Soviética". El investigador sostuvo que "no se debe despreciar el hecho de que Rusia, India y China están cooperando activamente

---

[844] "Hacia un nuevo orden mundial", *Russia Beyond the Headlines*, 23 de julio de 2014.

en otras organizaciones multilaterales como el foro de los BRICS (Brasil, Rusia, India, China y Sudáfrica) y tiene la oportunidad de desarrollar nuevas plataformas de cooperación política, económica y militar, por ejemplo, con la Organización de Cooperación de Shanghai. El triángulo estratégico Rusia-India-China, puede constituirse en un interesante modelo de diálogo en un nuevo orden mundial multipolar (...)" El artículo señalaba que el Memorando de Entendimiento entre Rusia y China transformaba a esta última en el mayor consumidor de gas ruso del mundo y que convertiría a China en el principal mercado energético ruso en un futuro, superando a Europa. Brunello Zanitti describió el contexto global "no caracterizado por la presencia de bloques ideológicos opuestos sino como un sistema multipolar en evolución caracterizado por centro de poder interdepentiente con un rol de creciente significación de los países asiáticos".[845]

En ese marco, el Presidente Putin realizó una promocionada gira por Sudamérica. En julio de 2014, visitó Cuba, Nicaragua, Brasil y Argentina. Su llegada a La Habana tuvo una gran significación: a comienzos de su gobierno, en el año 2000, Putin había realizado una visita a la isla. En ese momento, las relaciones con Occidente atravesaban un momento de gran cooperación y Moscú había decidido cerrar la histórica base de Lourdes en la isla. El acercamiento a Cuba había sido "reclamado" insistentemente desde hacía varios años.[846] En marzo de 2015, ante la aceleración de la crisis económica de Venezuela, derivada de la caída dramática del precio del petróleo, el régimen de Nicolás Maduro atacó a los EEUU señalando que Washington buscaba desestabilizarlo. La acusación, absurda desde ya, intentaba desviar las culpas olvidando la desastroza adminstración bolivariana. Pero Rusia, enfrentada a EEUU también, apoyó a Venezuela. Un comunicado del Ministerio de Exteriores ruso advertía sobre "el aumento de las tendencias negativas y de la situación desestabilizadora en Venezuela. El agresivo aumento de las presiones políticas y sancionadoras sobre Caracas por parte de Washington disiente de la postura de muchos miembros de la comunidad internacional, que abogan por la búsqueda de soluciones constructivas para sus problemas internos".[847]

En ese plano, en la última semana de marzo de 2015, el ministro Lavrov realizó una gira por países latinoamericanos. El 24, pidió terminar con el embargo a Cuba, durante su encuentro con el dictador Raúl Castro en La Habana. El viaje continuaba luego por Colombia, Guatemala y Nicaragua.

Una vez más, Occidente había conseguido los objetivos inversos a los buscados. Al provocar a Rusia, despertaba en esta sus instintos más primitivos y la empujaba a alianzas con sus enemigos. Haciendo honor a Talleyrand, que alguna vez dijo algo así como que "los pueblos se aterrorizarían si conocieran la mediocridad de quienes los gobiernan", Occidente volvió a sorprenderse por la política de hechos

---

[845] "Russia, China and India building new multipolar world order", *Pravda*, January 15, 2015.

[846] "We need to reestablish positions in Cuba and in other countries," the news agency quotes him as saying during a meeting of his cabinet's presidium. Deputy Prime Minister Igor Sechin briefed Putin about his visit to Cuba in his capacity as co-chairman of a Russian-Cuban intergovernmental commission. Sechin was joined on his trip to the island by Nikolai Patrushev, the former Federal Security Service (FSB) chief who is now secretary of the Kremlin's Security Council. Sechin and Patrushev met with President Raul Castro.

A Defense Ministry draft "Concept for the Development of the Armed Forces of the Russian Federation through 2030," fragments of which were published by Interfax, calls actions by the West the main threat to Russia and acknowledges "the growing technological and military technology supremacy of the leading foreign countriesthe concept's authors believe Russia is entering an era of crises and growing military threats, and that the greatest impending danger is that in order "to provide legitimacy for its unilateral actions, the West will try to obtain international legal recognition of the North Atlantic alliance as a united organization with the right to use force on the basis of the decisions of its own governing organs." *Kommersant*, August 4, 2008.

[847] "Maduro se acerca a Rusia y refuerza sus lazos militares y económicos", *La Nación*, 14 de marzo de 2015.

consumados del Kremlin.

A fines de enero de 2015, los líderes europeos optaron por marginar a Putin en el homenaje por el 70 aniversario de la apertura del campo de concentración de Auschwitz olvidando los inmensos esfuerzos del pueblo ruso en la lucha contra la Alemania nazi en la Segunda Guerra Mundial.[848] El ministro de Relaciones Exteriores de Polonia, Grzegorz Schetyna, desató una ola de críticas afirmando que el campo de exterminio había sido liberado por ucranianos. "El intento de jugar en esta situación con sentimientos nacionalistas es absolutamente criminal y cínico", dijo el ministro ruso de Relaciones Exteriores, Serguei Lavrov, en respuesta a la aseveración de su colega polaco. "El Ejército Rojo liberó Auschwitz. En él servían rusos, ucranianos, chechenos, georgianos, tártaros y otros muchos soldados", subrayó el jefe de la diplomacia rusa hace algunos días durante un acto en Berlín.[849]

Putin continuó horrorizando a buena parte de la prensa occidental, incapaz de comprender fenómenos ajenos. Para Thomas Friedman, la crisis "enfrenta la visión del mundo ruso-china según la cual uno puede aprovechar toda la globalización del siglo XXI cuando queremos enriquecernos y podemos comportarnos como potencias del siglo XIX cuando queremos morder un pedazo de territorio vecino (...) y como la agresión sobre Crimea alentó a los europeos a reducir su dependencia del gas ruso, Putin corrió a Pekín para cerrar un acuerdo de suministro de gas con China. El precio logrado por los chinos es secreto y los expertos sospechan que Putin "bajó significativamente el precio del gas para China, como una maniobra desesperada de asegurarle un flujo constante de ingresos a Gazprom frente a la caída de los ingresos desde Occidente por las sanciones", según informó *The Washington Post*. Resumiendo: la toma de Crimea debilitó la economía rusa, hizo que China consiguiera una ganga con el gas ruso, resucitó a la OTAN, alentó a Europa a cortar su adicción al gas ruso y desató un debate en Europa por la disminución de los gastos de defensa. Buen trabajo, Vladimir. Por eso digo que el país más amenazado por Putin, es Rusia".[850]

Una visión distinta la ofreció Robert Kagan, en su columna "New Europe, Old Russia", escrita el 6 de febrero de 2008 en *The Washington Post*: "Rusia y la Unión Europea son vecinos geográficamente. Pero geopolíticamente, viven en siglos diferentes. Una Unión Europea del siglo XXI, con su noble ambición de trascender la política del poder y construir un orden basado en leyes e instituciones, confronta a una Rusia que se comporta como una potencia tradicional del siglo XIX. Ambas están marcadas por su historia. La Unión Europea, de espíritu supranacional y legalista, es la respuesta a los conflictos del siglo XX, cuando el nacionalismo y la política del poder destrozaron dos veces al continente. Pero la Rusia de Vladimir Putin, como lo ha destacado Ivan Krastev, está marcada por la percepción del fracaso de la política post-nacional que siguió al colapso de la Unión Soviética. Las pesadillas de Europa son los años 30; las pesadillas de Rusia son los años 90. Para Europa, la respuesta a sus problemas está en trascender a los estados-nacionales y el poder. Para Rusia, la solución es restaurarlos. Por lo tanto, ¿qué sucede cuando una entidad del siglo veintiuno enfrenta el desafío de una potencia del siglo diecinueve? Los contornos del conflicto ya han emergido en el plano diplomático en Kosovo, Ucrania, Georgia y Estonia; en conflictos por el gas y los gasoductos; en las tensiones diplomáticas entre Rusia y Gran Bretaña; y en el retorno a ejercicios militares de un tipo no visto desde el fin de la Guerra Fría".

---

[848] Anthony Beevor: "Why Vladimir Putin should be at the Auschwitz memorial ceremony", *The Guardian*, Februrary 27, 2015.

[849] "Putin, "persona non grata" en el aniversario de Auschwitz", *DW-Europa*, 25 de enero de 2015.

[850] "Vladimir Putin subestimó la interdependencia del mundo y ya paga los platos rotos", *The New York Times*, 30 de mayo de 2014.

Rusia, en tanto, ha venido aumentando su interés en la Antártida. El país reclama los derechos en virtud de que la misma fue descubierta, en 1820, por un ruso. El presentador y analista Sergey Brilev sostuvo durante una entrevista para *La Nación*, en el año 2010, que la guerra de Malvinas en 1982, será considerada como el primer conflicto internacional por el control de la Antártida. "En un par de décadas vamos a llegar a la situación en que los yacimientos tradicionales se acabarán. Y el último reservorio de yacimientos minerales importantes, de oro, petróleo y diamantes, es el continente helado", sostuvo Brilev. Y concluyó: "yo no tengo dudas de que en unos años la Guerra de Malvinas será recordada como la primera gran guerra por la Antártida."[851]

La multiplicación de conflictos que se suscitan hoy en el mundo permiten advertir claramente la necesidad de readaptar las instituciones existentes a los requisitos de la realidad actual. En este plano debe entenderse la significación de la cumbre de la OTAN que se desarrolló en Cardiff (Gales) en el primer fin de semana de septiembre de 2014.

Escribe Félix Arteaga (Investigador principal de Seguridad y Defensa del Instituto Elcano): "Si durante la Guerra Fría la OTAN fue una historia de éxito, tras ella su historia es la de una adaptación atropellada a un entorno estratégico en cambio acelerado. Las cumbres tratan de cerrar el desfase entre lo que la realidad estratégica demanda y lo que la OTAN puede ofrecer, y sus resultados han ido cambiando la organización desde una alianza defensiva regional a una institución de seguridad global (...) La OTAN llega a Gales con dificultades de adaptación. En primer lugar, la situación estratégica ha evolucionado, aunque afecta a cada aliado de forma diferente: a Estados Unidos le preocupa Asia-Pacífico, los países orientales de Europa están pendientes de Rusia y los mediterráneos miran hacia el sur. Como la OTAN no puede atender simultáneamente esas percepciones, los miembros afectados se ven obligados a ocuparse de sus riesgos particulares (regionalización) y a ganarse la solidaridad del resto de la Alianza. Para ello se multiplican los lazos bilaterales con Estados Unidos o los subregionales con países afines para lograr garantías de seguridad adicionales y economías de esfuerzo militar (...) Cada aliado, especialmente los grandes como Estados Unidos, Alemania, Reino Unido o Francia, tiene sus propias prioridades estratégicas para las que tratan de capturar los favores del conjunto y, por eso, la OTAN tiende a convertirse en una "caja de herramientas" a la que sus miembros acuden para legitimar sus intervenciones (Estados Unidos en Afganistán) o solicitar apoyo (la coalición internacional en Libia). Ahora, los aliados más beligerantes esperan que la OTAN eleve el tono militar contra Rusia y vuelva a sus orígenes de defensa territorial mientras que los más contemporizadores esperan que las medidas militares sean ligeras y revisables.[852]

Los límites de la petropolítica

Hacia fines de 2014, el país volvía a enfrentar un panorama económico complicado. A las sanciones impuestas por Occidente por la activa política exterior del Kremlin en el conflicto ucraniano, se sumaron nuevas dificultades cuando, a partir de mediados de ese año, el precio del petróleo comenzó a declinar. El barril de crudo se derrumbó al punto de llegar a 45 dólares en enero de 2015 cuando en

---

[851] "Galtieri y sus aliados soviéticos", *La Nación*, 30 de mayo de 2010. Agradezco al doctor Rosendo Fraga quien me ha facilitado esta información.

[852] Félix Arteaga: "La necesaria adaptación", *El País*, 31 de agosto de 2014.

junio de 2014 cotizaba por arriba de los 100 dólares.[853]

En octubre de 2014, Thomas Friedman advirtió en un artículo en el *New York Times* titulado "Pump War" que la caída del precio del petróleo le recordaba a lo sucedido en 1985-86 cuando un derrumbe similar aceleró el deterioro de la economía soviética. Friedman reflexionó que la historia podía estar repitiéndose.[854]

The Economist reconocía sin embargo que la situación del país no era comparable a la de los años 80 ni a la de 1998. En un informe publicado en noviembre sobre la economía rusa, sostenía que el alcance de la caída del precio del petróleo -en ese momento estaba en 80 dólares- no era equivalente a la de los años de Gorbachov cuando pavimentó el camino a la Perestroika y a la caída de la URSS. La revista, habitualmente hiper-crítica de Putin, admitía que el país difícilmente se aproximaba a un default como el de agosto de 1998 y recordaba que Rusia tenía hacia 2014 una deuda externa que representaba solamente el 35 por ciento del PBI. Sin embargo, destacaba que el gasto público había crecido desmedidamente sobre todo a partir de 2011 y que el incremento en salarios, pensiones y el gasto militar (con un treinta por ciento de aumento desde 2008) había provocado la renuncia del ministro Alexei Kudrin en ese año.[855] *The Economist* alertaba que en 2007, con un barril de petróleo de 72 dólares, el país había crecido un 8,5 por ciento mientras que en 2012, con un barril de 111 dólares, sólo había crecido un 3,4 por ciento.[856]

Uno de los enigmas que ofrece el futuro inmediato para Rusia es saber si la población será capaz de acompañar al gobierno en un escenario de contracción económica. Los opositores al sistema político liderado por Putin se esperanzan en que un escenario de menor o nulo crecimiento podría potenciar demandas democráticas en el país. El descenso en el precio del petróleo podría ir acompañado de una mayor apertura política. Esta visión -tal vez extremadamente "occidental"- olvida que para la población rusa, especialmente para la de las ciudades pequeñas alejadas del cosmopolitismo de Moscú o San Petersburgo, existen valores superiores a la democracia como el orgullo nacional. La reconstrucción del estatus de Rusia como gran potencia a escala mundial constituye un activo indudable en la valoración de la figura de Putin y explica los altísimos niveles de popularidad que conserva tras quince años al frente del país.

Sin embargo, una "tormenta perfecta" parece esperar a Rusia según la visión de analistas internacionales. La combinación de un declinante precio en los commodities energéticos, la persistencia de las sanciones comerciales contra el país, la caída del rublo, la elevada inflación y el altísimo nivel de gasto público que tiene la economía rusa parecen un cóctel explosivo para el gobierno de Putin.

---

[853] Ya en mayo de 2013, los pronósticos oficiales sobre el crecimiento del PBI en Rusia en 2013 se habían reducido de 3,6% a 2,24% (Putin quería entre un 5% y un 6% de incremento). El ministro de Desarrollo Económico, Andréi Belousov, ha advertido que Rusia podría entrar en recesión el próximo otoño. El jefe de gobierno, reconoció que el desempeño de la economía era "regular".

[854] *The New York Times*, October 14, 2014.

[855] Kudrin renunció, en rigor, enojado por la decisión de Putin de confirmar a Medvedev como su nuevo primer ministro a partir de 2012 cuando él pretendía ese cargo.

[856] "Russia´s Wounded Economy", *The Economist*, November 22, 2014.

Putin, ¿héroe o villano?

¿Putin triunfó como político y fracasó como estadista? ¿Logró llevar a Rusia a la primera fila de los acontecimientos globales al costo de una derrota en su intento por construir un estado moderno?

Es tan popular como Yuri Gagarin. En el pico de popularidad del putinismo, en 2007-2008, el líder pudo poner en práctica su mayor operación política: colocar un sucesor que no lo traicionara. En 2011/12, a pesar de las grandes manifestaciones anti-Putin y pro-occidentales en Moscú, el resto del país volvió a acompañar al líder y le dio a Rusia Unida un cuarto mandato presidencial consecutivo, permitiendo que Putin volviera a su oficina del Kremlin.

Hacia 2014, en los años que Putin llevaba al frente de Rusia (cuatro de ellos como jefe de Gobierno-primer ministro) su apoyo social había menguado, pero aun así era considerable. En marzo pasado, un 57% de los rusos confiaban en Putin, mientras un 35% desconfiaban de él. En mayo de 2008, la relación era de 84% a 12%, según un sondeo del centro Levada. Más tarde, su popularidad volvió a aumentar a causa de su firme política exterior. En marzo de 2014, Rusia "recuperó" Crimea y Putin logró un triunfo histórico para los intereses de largo plazo de su país.

Las dificultades económicas que el país enfrenta a comienzos de 2015 no redujeron su activa política internacional. Las visitas del ministro de Defensa Sergei Shoigu a Irán y la India así lo mostraron, del mismo modo que el viaje de la titular del Consejo de la Federación (cámara alta) Valentina Matviyenko a Nicaragua. El *Pravda* reflejó el día 23 de enero que "los americanos están inquietos" y que "a la luz del creciente conflicto con Occidente, Rusia debe responder incrementando su presencia militar en varias regiones del mundo". El periódico reflejó el pensamiento más radical dentro de la administración y recomendaba "debemos buscar alianzas para proveer bases de mantenimiento para los barcos, submarinos y aviones rusos" y que "Rusia debe proteger a nuestros aliados frente a agresiones directas o indirectas de los Estados Unidos". El 20 de enero, el ministro de Defensa ruso firmó un acuerdo de cooperación técnica-militar con su contraparte iraní en Teherán. El funcionario "dio luz verde" a las negociaciones tendientes a la venta de suministros de sistemas de misiles S-300. En 2010, señala el informe, el presidente Medvedev había acompañado las sanciones contra Irán por el desarrollo de su programa nuclear, terminando la ejecución del contrato de suministro de armamentos. Shoigu dijo que Rusia e Irán "comparten desafíos y amenazas en la región" y que "podemos resistirlas trabajando juntos", aunque no nombró directamente a los EEUU. El ministro iraní, Hossein Dehghan afirmó que "Irán y Rusia podrán resistir los reclamos expansionistas y las ambiciones de los Estados Unidos a través de la cooperación, interacción y activación de oportunidades estratégicas potenciales". El *Pravda* señalaba que el ministro iraní pudo haberse referido a la membresía de su país en la Organización de Cooperación de Shanghai, vista en Occidente como "análoga a la OTAN". Hasta ahora, Irán es solamente observador en dicha organización. El diario destacó que a fines de 2014, Putin profundizó su relación con el hombre fuerte de Turquía, Recep Tajiip Erdogan y estrechó el vínculo con la India. Allí, el primer ministro Narendra Modi expresó frente a Putin que "Rusia sigue siendo nuestro socio más importante en el campo de defensa y seguridad". Por su parte, el *Pravda* elogió a la influyente titular del Consejo de la Federación Rusa (Senado) Valentina Matviyenko quien viajó a Nicaragua y agradeció al presidente Daniel Ortega por su "continuo apoyo en las iniciativas rusas" en la política internacional. El *Pravda* describió que "en la construcción del siglo que ha comenzado, en el que estamos a las puertas de un mundo multipolar sin la hegemonía norteamericana. Rusia ganará influencia en la región y desplegará una estrategia de la Armada Soviética como fuerza disuasiva de los Estados Unidos. Los expertos Douglas Farah y Liana Eustacia Reyes de BI Consultants Washington escribieron en su artículo *"Rusia en Latinoamérica: el desafío estratégico"* que la influencia rusa en Latinoamérica era más grande que nunca, aun en el pico de la Guerra Fría". El *Pravda* informaba que "la influencia está basada en la red de apoyo al Bloque del ALBA (Bolivia, Cuba, Ecuador, Nicaragua, República Dominicana,

Antigua y Barbuda, Saint Vincent y Granada y St. Lucia - Ed.), que buscan destruir conjuntamente el sistema de doctrina militar y de seguridad americana en la región. El objetivo es debilitar los lazos económicos y culturales con este país, cuya política es vista como un intento de colonización de Latinoamérica". El informe describía que "el gobierno de Putin proveé armas, entrenamiento, equipamiento y tecnología" a los países del ALBA así como "tecnología nuclear, equipamiento de exploración de petróleo, asistencia financiera y apoyo e influencia en el Consejo de Seguridad de la ONU y otros foros internacionales". A cambio, según este documento, "estos países rescatan a Rusia de su aislamiento internacional". Farah y Reyes escribieron que el principal nivel de la influencia de Rusia se presenta en la venta de armas, alcanzando "centenares de miles" de nuevos rifles de asalto Kalashnikov AK-147 así como tanques, helicópteros, cazas supersónicos y misiles. El informe señalaba que en los últimos tres años, Rusia ha vendido armamento a Venezuela por un total de 13 mil millones de dólares en el período 2007-2011. En otro nivel, informaba, Rusia ha "perdonado" el 90 por ciento de la deuda remanente de Cuba con la ex Unión Soviética, y en Brasil, el presidente ruso prometió ayudar a establecer un organismo de crédito que se opusiera al Banco Mundial. Los expertos norteamericanos marcaron el punto de la creciente influencia de Putin en El Salvador y denunciaron que "entre oficiales de alto rango, se habla ruso y se declara públicamente su disposición para armonizar sus políticas con la Rusia de Putin". En Nicaragua, en tanto, Putin prometió a Daniel Ortega apoyar el proyecto de construcción de un túnel "ambicioso y multi-billonario". En la Argentina, Putin firmó un acuerdo de alianza estratégica con la presidente Cristina Kirchner". El *Pravda* concluyó su artículo de manera contundente: "Rusia se está moviendo en la dirección correcta".[857]

En Europa, en tanto, el Kremlin era señalado insistentemente como "auspiciante" de partidos extremistas y anti-sistema. El 14 de febrero, *The Economist* señaló que Putin apoyaba agrupaciones "populistas" como el recientemente exitoso partido de izquierda radical Syriza en Grecia y el Frente Nacional de Marine Le Pen en Francia. A su vez, la publicación indicaba que el líder del partido "Podemos", de creciente e inquietante penetración en la política española, había acusado a Occidente de tener un "doble estándar respecto a Rusia".[858]

En una conferencia de prensa, a mediados de enero de 2015, Putin aseguró que trabajaría para enmendar las dificultades económicas que sufría el país, advirtiendo que tardaría unos dos años para volver a lograr el crecimiento. El rublo continuaba depreciándose tras las sanciones impuestas por Occidente contra la economía rusa y como consecuencia de la caída dramática del precio del petróleo. El colapso de la moneda local significó un duro golpe para los ciudadanos rusos: se estima que el 80 por ciento de los ahorros en Rusia se titulan en rublos. La renta energética continuaba siendo la columna vertebral de la economía del país. Los analistas internacionales se apresuraron a advertir que 1998 podría volver a suceder. Sin embargo, otros observadores sostienen que, esta vez, China no permanecerá inmóvil ante una caída de Rusia. Beijing tendría intereses de largo plazo para asistir a Moscú y no dejar caer la economía del país.

A mediados de febrero de 2015, *The Economist* reconoció que "visto el mundo desde su perspectiva, Putin está ganando" y que "sigue siendo el jefe indiscutido del Kremlin". La publicación, ultra-crítica del líder ruso, admitía que la crisis ucraniana le había permitido a Putin "demostrar los costos de la insubordinación frente a Rusia" y le facilitó "mostrar quién es el amo en el barrio de Rusia". *The Economist* destacaba además que Putin había logrado "sembrar discordia entre sus adversarios: entre

---

[857] "Russia to surround USA with its influence", *English Pravda*, January 23, 2015.

[858] "In the Kremlin´s pocket", *The Economist*, February 14, 2015.

europeos y entre éstos y los americanos".[859]

En ese plano, Putin debe haber sonreído al conocer las declaraciones del presidente francés Francois Hollande cuando antes de viajar junto con la canciller Merkel a Moscú, a comienzos de febrero, dijo que una eventual membresía de Ucrania a la OTAN era "indeseable" y que su gobierno no planeaba suministrar armas a Kiev.[860] En tanto el *Pravda* tituló el 6 de febrero al día siguiente que "Obama permanece en una agonía de dudas".

El ex canciller alemán Gerard Schroeder (1998-2005), en tanto, acudió en defensa del Kremlin: a fines de marzo criticó la política rusa de su sucesora Angela Merkel. Naturalmente, fue atacado por su posición como director de Nord Stream AG y su pertenencia al directorio de Gazprom.[861]

Fortune por su parte sostuvo que estaba surgiendo una paradoja: "cuánto más trata Occidente de penalizar al presidente ruso, este se vuelve más popular".[862]

Los sentimientos anti-occidentales de la población, además, habían aumentado a partir, sobre todo, de la crisis con Georgia en 2008. La fascinación por los valores occidentales de fines de los años 80 fueron dando paso a una creciente desilusión en la década siguiente. En su obra, Aslund y Kuchins analizan la postura anti-americana de la población rusa y demuestran que de acuerdo a las encuestas, esos sentimientos se acentuan en los segmentos juveniles.[863] En ese marco, el discurso gubernamental de condena a los EEUU y la UE encontró gran recepción al igual que la prédica de presentar a Rusia como una "civilización" euroasiática en sí misma capaz de ofrecer una alternativa política, cultural y espiritual a Occidente.

En tanto, según una encuesta del Levada Centre de Moscú, conocida en agosto de 2014, el 74 por ciento de los rusos tienen una mala imagen de los Estados Unidos, el mayor número en el período post soviético.[864] En ese marco, se cerró el icónico local de McDonalds en la Plaza Pushkin. A fines de septiembre de 2014, también se restringió al 20 por ciento la admisión de capital extranjero en negocios mediáticos.

Una decisión de la Corte Constitucional de fines de 2013, fue en ese sentido: confirmó la validez de una legislación que imponía multas de 150 a 15 mil dólares para las entidades que organizaran manifestaciones en favor de las conductas homosexuales. El tribunal sostuvo que era necesario preservar "la maternidad, la infancia y la familia".

Treisman escribió: "Demasiado grande para ser ignorada y demasiado grande para ser cooptada, Rusia, con su veto en el Consejo de Seguridad, con su red de inteligencia en Asia Central y Medio Oriente, con su arsenal nuclear, con sus depósitos de gas y petróleo, se asienta en el epicentro de los más grandes asuntos que Occidente debe enfrentar en la próxima generación, desde el terrorismo islámico y la

---

[859] "The view from the Kremlin: Putin´s war on the West", *The Economist*, February 14, 2015.

[860] *TASS*, February 5, 2015.

[861] *Der Spiegel*, March 28, 2015.

[862] "The Putin Paradox", *Fortune*, November 3, 2014.

[863] *"Russia Balance Sheet"*, p. 100 y 113.

[864] *The Economist*, August 9, 2014.

proliferación nuclear a la seguridad energética al calentamiento global. En muchos temas, los intereses de Rusia y de los Estados Unidos y sus aliados son divergentes. Pero en otros asuntos, se superponen. El que esta superposición se desarrolle en torno a la cooperación en enfrentar estos desafíos existenciales dependerá de una relación más constructiva que la que Estados Unidos y Rusia supieron manejar en las últimas dos décadas. La creación de una relación constructiva depende en gran parte de Rusia. pero también requiere un detenido pensamiento del lado occidental. ¿Sirve a los intereses de largo plazo de Occidente asumir una no probada agenda imperial, exagerar las notas autoritarias del régimen actual, demonizar a los miembros del Kremlin e idealizar a sus opositores liberales, identificar el progreso a la democracia con la revolución, saltar en defensa de los adversarios de Rusia antes de que los hechos estén claros? ¿O acaso este patrón de conducta -en parte deliberado, en parte inadvertido- nos desacredita frente a los ojos de los líderes rusos y sus ciudadanos, volviendo mucho más difícil comenzar una conversación mutuamente beneficiosa? Año a año, mes a mes, los rusos se están despertando. El viaje de su país continúa. La nueva Rusia encontrará su lugar en el mundo. Para incrementar la chance de que el rol que Rusia defina para sí misma en las próximas décadas sea compatible con los intereses de Occidente requerirá una aproximación que combine paciencia, humildad y una atención meticulosa a los hechos tal como son en vez de como los imaginamos".[865]

En tanto, Rusia cobija dificultades internas de envergadura que no podrá resolver exclusivamente recurriendo a una retórica nacionalista. La persistente dependencia de los recursos naturales sigue afectando estructuralmente a su economía y socialmente, el país sufre déficits en sus pilares como la percepciónd de la alta corrupción, la escasa inversión, el drama demográfico, la extensión del virus del Sida, el aumento del consumo de drogas y la criminalidad.

Un hecho desgraciado volvió a fogonear la mala imagen de Rusia en Occidente. El 27 de febrero de 2015, el asesinato de Boris Nemtsov, en pleno centro de Moscú, volvió a alimentar suspicacias. Putin declaró que el hecho constituía "un homicidio cruel y una provocación". El secretario de Prensa del Kremlin, Dmitry Peskov afirmó que "con todo respeto por su figura, desde el punto de vista político, no ofrecía ningún peligro al actual liderazgo ruso o para Vladimir Putin" y que "si se compara por nivel de popularidad, con respecto al rating de Putin o del gobierno en su conjunto, Boris Nemtsov era un poco más popular que un ciudadano promedio".[866] El gobierno ruso sostuvo que los autores del asesinato buscaron dañar la imagen del presidente Putin. El presidente Obama calificó el crimen como "brutal".[867]

El 28, el *New York Times* calificó al de Nemtsov como "el asesinato de perfil más alto durante todo el mandato del presidente Vladimir Putin". Al día siguiente tituló que Moscú estaba "envuelta en miedo". 56 mil personas participaron de su entierro días más tarde. Entre ellos se encontraba el ex premier Kasianev, quien fuera echado de su cargo por Putin en febrero de 2004. En los primeros días de marzo, dos personas procedentes del Cáucaso quedaron detenidas presuntamente implicadas en el crimen. Políticamente, para *El País* el asesinato de Nemtsov "asestó un durísimo golpe a las fuerzas políticas

---

[865] *The Return*, p. 389.

[866] *RT*, February 27, 2015.

[867] Nota del autor: la casualidad quiso que me enterara del asesinato de Nemtsov, en la tarde del 27 de febrero mientras realizaba mi presentación en un seminario precisamente sobre "La crisis ucrania y el rol de Occidente", en el InterAmerican Institute for Democracy en Miami y en el que participaron, entre otros, César Vidal, Alvaro Alba, Guillermo Lousteau, Carlos Sánchez Berzain, Carlos Alberto Montaner, Diego Trinidad, José Benegas, Marcelo Bragagnolo y el ex embajador de los EEUU ante la Comisión de Derechos Humanos de la ONU, el cubano Armando Valladares.

que se oponen al Kremlin" y reconoció que la anexión de Crimea "abrió un cisma en las filas disidentes".

En los primeros días de marzo se sumó un nuevo rumor que volvió a enrarecer el clima político de Moscú: durante una semana, Putin no fue visto en público. El hecho alimentó versiones de todo tipo. El 14 de marzo, el *New York Times* reflejó algunas especulaciones que circulaban en los ambientes opositores al Kremlin: ciertos rumores hablaban de una enfermedad del presidente, otros hablaban de una cirujía estética, otros de un viaje a Suiza para asistir al nacimiento de un hijo producto de una relación con una ex gimnasta y otros directamente especulaban con un golpe de palacio de los halcones del poder.[868] Sin embargo, el lunes 16 el presidente volvió a aparecer en público, desmintiendo los rumores. "A Putin se lo ve bastante bien para ser un hombre que murió la semana pasada", tituló *RT*.

---

[868] "Putin Has Vanished, but Rumors Are Popping Up Everywhere", *The New York Times*, March 14, 2015.

CONCLUSIONES

Entender Rusia

"El pueblo ruso no es puramente europeo ni puramente asiático. Rusia es una sección entera del mundo, una sección occidental-oriental colosal. Une dos mundos y dos almas que siempre estan en conflicto: la oriental y la occidental".

Nikolai Berdyaev: *"The Russia Idea"*, Lindisfarne Press, NY, 1992.

"¿El secreto de la política? Hacer un buen acuerdo con Rusia"

Otto Von Bismark

Siempre he creído en la sabiduría encerrada en la máxima de Spinoza según la cual conviene comprender antes que llorar o reir. Entender a Putin es entender a Rusia y entender a los rusos. Y entender a los rusos frente a Occidente es, tal vez, entender que el mundo, simplemente, es como es. Las reglas de la Historia enseñan que la paz y la prosperidad global suelen asentarse más en la comprensión y aceptación de las grandes tendencias históricas y culturales que en pretender modificarlas a nuestro antojo.

La historia rusa enseña que existe una relación casi lineal entre el precio del petróleo y el grado de firmeza de la política exterior de Moscú. Así, la abundancia de petrodólares que inundó a la Unión Soviética en los años setenta como consecuencia de los dos shocks petroleros derivados de la crisis árabe-israelí de 1973 y la crisis iraní de 1979 desembocó en la decisión del Politburó de Brezhnev de invadir Afganistán en diciembre de ese año, el superboom de los commodities de la década del 2000 condujo a la tajante postura del Kremlin de Putin/Medvedev en su política en la crisis con Georgia en agosto de 2008. Asimismo, la historia política del país muestra que a lo largo de su historia, desde los zares hasta hoy, pasando por siete décadas de totalitarismo comunista, Rusia entiende su interés nacional con los ojos de una gran potencia. De ahí su conducta respecto a su zona de influencia (Near Abroad) en la que se ve a sí misma con derecho a controlar las situaciones geopolíticas a los efectos de evitar amenazas a su soberanía. En ese plano, además, el comportamiento ruso obedece al trauma de un país que se observa a sí mismo como una inmensa planicie sometida a la potencial invasión de fuerzas extranjeras, convicción que se vio ratificada de manera dramática al punto de arriesgar la supervivencia del país al menos dos veces en los últimos dos siglos: con la invasión napoleónica de 1812 y la de la Alemania nazi en 1941. Por último, Rusia no se ve a sí misma si no está en la primera fila de los acontecimientos mundiales, una realidad inexorable en virtud de su tamaño, su potencial de recursos, su arsenal nuclear, su veto en el Consejo de Seguridad y el peso de su historia de gran potencia, visión que se vio alimentada en la última década en el marco de una creciente declinación relativa de Occidente en el plano de la economía global, ante el surgimiento de potencias no-occidentales como China, India y la propia Rusia. Es en esta visión en que debe entenderse el accionar interno y externo de las autoridades de la Federación Rusa, en su promoción de un mundo "multipolar", en el que Rusia está llamada a ofrecer una alternativa política, cultural y espiritual de base euroasiática a la civilización occidental liderada por los EEUU y Europa dejando atrás el "momento unipolar" (1991-2008) en el que los Estados Unidos subsistieron como única superpotencia después del fin de la Guerra Fría. Por último, dado que en el análisis de los acontecimientos en Rusia es insoslayable lo ocurrido en 1989/91 con la caída del Muro de Berlín y la disolución de la Unión Soviética, corresponde comprender que para los rusos, y en especial para el aparato de seguridad y defensa del país, la pérdida del imperio en Europa del Este ha sido un trauma que ha convertido a Gorbachov en una figura detestada adentro de su país, mientras es admirado en Occidente.

Resulta imposible reflexionar sobre Rusia y la reacción de Occidente frente a ella sin evocar a George Kennan. En 1946, desde Moscú, Kennan recomendó al Departamento de Estado en su célebre *"Long Telegram"* una política realista basada en la observación del comportamiento soviético. Los Estados Unidos debían construir una agenda "de largo plazo, paciente pero de firme y vigilante contención de las tendencias expansivas de Rusia". Kennan explicó que el régimen soviético era intrínsecamente inseguro y que dicha desconfianza era una característica constante en la historia rusa. Esa convicción llevaba a la dirigencia del Kremlin a ser temerosa del contacto con los extranjeros. Sus percepciones fueron publicadas luego bajo un psudónimo, "X", en *Foreign Affairs*, en un artículo titulado "Las fuentes de la conducta soviética". Como era previsible, en esos años de posguerra, un Stalin lleno de gloria tras la victoria rusa en la Gran Guerra Patriótica, se entregó a la tarea de expandir la influencia soviética en Europa del Este y fue entonces cuando los Estados Unidos y sus aliados respondieron con la fundación de la OTAN. Kennan, que luego fue embajador ante la Yugoslavia de Tito y brevemente ante la URSS, fue probablemente el mejor conocedor de la realidad soviética.[869] En su libro *American Diplomacy* (1951), Kennan recomendó "dejar siempre una puerta abierta" a los efectos de no generar un detrimento excesivo en el prestigio ruso.[870]

El fin de la Guerra Fría eliminó la estabilidad bipolar derivada del reconocimiento de Washington y Moscú de que el mundo estaba al borde de la mutua destrucción y un festival de optimismo global imaginó el "fin de las ideologías" y un camino despejado para la democracia liberal y el capitalismo a escala mundial. Sin contagiarse de ese excesivo entusiasmo, en ese entonces el ex presidente Richard Nixon advirtió que "Washington debe recordar que Rusia es heredera de una tradición de orgullo y heroísmo y que el colapso de la Unión Soviética fue un golpe desvastador para su orgullo nacional. La

---

[869] Kennan murió el 17 de marzo de 2005, a los 101 años.

El 20 de febrero de este año 2015, el *Financial Times* comparó la diplomacia de Kennan con la titubeante política exterior de Obbama-Kerry en un artículo bajo el sugerente título de "The short telegram". Ese mismo día, una editorial en el *Wall Street Journal* titulada "The Ukraine Humiliation" daba cuenta de la indecisión de los gobiernos occidentales frente a la decidida acción del Kremlin.

[870] George Kennan: *"American Diplomacy"*, University of Chicago, (1951) p. 99.

administración debe dejar claro en palabras y hechos que considera a Rusia un socio adecuado en los asuntos mundiales, con legítimos intereses respecto a su seguridad.."[871]

La expansión de la OTAN no podía sino implicar, para la percepción de Moscú, una cadena de provocaciones. Ello llevó a que nada menos que Henry Kissinger reconociera que "si Occidente quería ser honesto, debía admitir que fue un error el curso de acción de los EEUU y la UE en el conflicto ucraniano". El afamado ex Secretario de Estado explicó que los americanos y europeos "no comprendieron la significación de los hechos" que comenzaron con las negociaciones entre Ucrania y la UE que provocaron las manifestaciones de Kiev. Kissinger, sin embargo, sostuvo que la respuesta rusa "no fue proporcionada" aunque admitió que Ucrania siempre tuvo para Rusia una "significación especial" y que no comprenderla "fue un error fatal". Además, advirtió que la clave en las crisis no es conocer cómo se inician "sino cómo terminan".[872]

El optimismo de 1989-91 dio paso a una profundización del relativismo en el plano cultural y a una creencia voluntarista de que el modelo de democracia liberal era posible de ser exportado a todo el mundo. Los hechos, verderos tiranos de la historia, demostraron que esa ilusión era exagerada y equivocada. Los valores occidentales nuevamente aparecen amenazados, por factores externos y por las propias equivocaciones de los líderes de sus países, a menudo inclinados a la retórica de verdaderos catálogos de ilusiones. En la relación con Rusia, Occidente cometió errores cuyo alcance recién hoy son percibidos. Occidente optó primero por ignorar a Rusia, luego por humillarla y por último por demonizar a su líder, el cada vez más temido fuera y admirado dentro Vladimir Putin. La expansión de la OTAN a lo largo de las últimas dos décadas, en las puertas de Rusia, resultó una provocación innecesaria y contraproducente y arrinconó a Moscú a profundizar su cercanía con regímenes vistos como amenazas a la seguridad global como Irán, Siria o, en menor medida, Venezuela. En términos talleyrandianos, Occidente cometió algo peor que un crimen. Cometió un error.

Rusia, con su presencia histórica, su inmenso tamaño y su voluntad política de gran potencia está llamada a ser un actor global en el mundo del futuro. Su relativa menor significación en los años 80 y 90 fue, en rigor, una curiosidad histórica que luego corrigió.

A su vez, los intereses de largo plazo de Occidente estarán mejor protegidos a través de una política realista y paciente que propenda a una relación respetuosa de cooperación y consideración respecto a esta realidad política e histórica. Los dirigentes políticos adquieren la estatura de estadistas cuando logran maniobrar con habilidad el curso de los acontecimientos en pos de los intereses de largo plazo, en medio de un contexto que no eligen ni controlan, y que está gobernado por las profundas tendencias de la historia.

---

[871] *Nixon in Winter*, p. 76.

[872] "Kissinger warns of West's 'fatal mistake' that may lead to new Cold War", *RT*, November 10, 2014.

BIBLIOGRAFIA

1. AMALRIK, ANDREI: *"Will the Soviet Union Survive Until 1984?"*, Harper and Row, NY, 1970.

2. ANDREW CHRISTOPHER and GORDIEVSKY, OLEG: *"Comrade Kryuchkov´s Instructions. The Secret Files on KGB Foreign Operations, 1975-1985"*, Stanford University Press, Stanford, California, 1991.

3. ASLUND, ANDERS and KUCHINS, ANDREW: *"The Russia Balance Sheet"*, Peterson Institute for International Economics, Center for Strategic and International Studies, Washington, 2009.

4. ASMUS, RONALD: *"A Little War that Shook the World. Georgia, Russia, and the Future of the West"*, Palgrave Macmillan, NY, 2010.

5. BAKER, JAMES: *"The Politics of Diplomacy"*,

6. BALFOUR, SEBASTIAN: *"Castro"*, Longman, London, 1995.

7. BEHR, EDWARD: *"Kiss the hand you cannot bite. The Rise and Fall of the Ceaucescus"*, Villard Books, NY, 1991.

8. BRANDT, WILLIE: *"My Life in Politics"*, Viking (Penguin Group), NY, 1992.

9. BROWN, Archie: *"The Gorbachev Factor"*, HarpersCollins, NY, 1996.

10. BROWN, ARCHIE: *"The Rise and Fall of Communism"*, HarpersCollins, NY, 2009.

11. BYRNES, ROBERT: *"After Brezhnev: Sources of Soviet Conduct in the 1980s (CSIS Publication Series on the Soviet Union in the 1980S)"*, Indiana University Press, 1983.

12. CARRERE D´ENCAUSSE, HELENE: *"Rusia Inacabada. Las claves de la caída de un sistema político y el resurgir de un nuevo país"*, Salvat Contemporánea, España, 2000.

13. CHERNYAEV, ANATOLY: *"My Six Years with Gorbachev"*, The Pennsylvania State University Press, 1993.

14. COLTON, TIMOTHY: *"Yeltsin. A Life"*, Basic Books, NY, 2008.

15. CONQUEST, ROBERT: *"Russia after Khruschev"*, Frederick A. Praeger, Publishers, NY, 1965.

16. CROWLEY, MONICA: *"Nixon in Winter"*, Random House, NY, 1998.

17. DALLEK, ROBERT: *"Nixon and Kissinger: Partners in Power"*, HarperCollins, NY, 2007.

18. DJILAS, MILOVAN: *"The New Class. An Analysis of the Communist System"*, Frederick A. Praeger, Publishers, NY, 1957.

19. DJILAS, MILOVAN: *"Conversations with Stalin"*, Harvest Book, Harcourt Brace & Company, NY, 1962.

20. DOBRYNIN, ANATOLY: *"In Confidence. Moscow's Ambassador to America's Six Cold War Presidents"*, Times Books, Random House, NY, 1995.

21. DORNBERG, JOHN: *"Brezhnev. The Masks of Power"*, Basic Books, NY, 1974.

22. EBON, MARTIN: *"The Andropov File. The Life and Ideas of Yuri V. Andropov, General Secretary of the Communist Party of the Soviet Union"*, McGraw-Hill Book Company, NY, 1983.

23. ELLISON, HERBERT: *"Boris Yeltsin and Russia's Democratic Transformation"*, University of Washington Press, Seattle, 2006.

24. FORD, GERALD R.: *"A Time to Heal. The Autobiography of Gerald Ford"*, Harper & Row, NY, 1979.

25. GELMAN, HARRY: *"The Brezhnev Politburo and the Decline of Detente"*, Cornell University Press, Ithaca and London, 1984.

26. GESSEN, MASHA: *"The Man Without a Face. The Unlikely Rise of Vladimir Putin"*, Riverhead Books, NY, 2012.

27. GILBERT, ISIDORO: *"El oro de Moscú. Historia secreta de la diplomacia, el comercio y la inteligencia soviética en la Argentina"*, Sudamericana, Buenos Aires, 1994.

28. GLAIN, STEPHEN: *"State vs. Defense. The Battle to Define America's Empire"*, Broadway Paperbacks, Random House, NY, 2011.

29. GOLDGEIER, JAMES and McFAUL, MICHAEL: *"Power and Purpose: U.S. Policy toward Russia After the Cold War"*, Brookings Institution Press, NY, 2003.

30. GORBACHOV, MIKHAIL: *"El golpe de Agosto"*, Atlántida, Buenos Aires, 1991.

31. GORBACHEV, MIKHAIL: *"Perestroika. New Thinking for Our Country and the World"*, Harper & Row, NY, 1987.

32. GROMYKO, ANDREI: *"Memories. From Stalin to Gorbachev"*, Arrow Books, London, 1989.

33. GWERTZMAN, BERNARD and KAUFMAN, MICHAEL: *"The Decline and Fall of the Soviet*

Empire. By the correspondants of The New York Times", Times Book, NY, 1992.

34. HALPER, STEFAN: *"The Beijing Consensus. Legitimizing Authoritarianism in our time"*, Basic Books, Perseus, NY, 2010.

35. HAVEL, VACLAV: *"Summer Meditations"*, Vintage Books, NY, 1992.

36. HOCHSCHILD, ADAM: *"The Unquiet Ghost. Russians Remember Stalin"*, Mariner Book, Houghton Mifflin Company, Boston, 2003.

37. HOFFMAN, DAVID: *"The Oligarchs. Wealth and Power in the New Russia"*, PublicAffairs, NY, 2002.

38. HOUGH, JERRY, DAVIDHEISER, EVELYN and GOODRICH LEHMANN, SUSAN: *"The 1996 Russian Presidential Election"*, Brookings Institutions Press, Washington, 1996.

39. JUDAH, BEN: *"Fragile Empire. How Russia fell in and out of love with Vladimir Putin"*, Yale University Press, NewHaven and London, 2013.

40. KAGAN, ROBERT: *"The Return of History and the End of Dreams"*, Vintage Books, Random House, NY, 2008.

41. KAISER, ROBERT G.: *"Why Gorbachev Happened"*, Simon & Shuster, NY, 1991.

42. KAPLAN, ROBERT: *"The Revenge of Geography"*, Random House Trade Paperbacks, NY, 2013.

43. KENNAN, GEORGE: *"American Diplomacy"*, A Mentor Book, University of Chicago, 1951.

44. KISSINGER, HENRY: *"White House Years"*, Little, Brown and Company, Boston, 1979.

45. KISSINGER, HENRY: *"World Order"*, Penguin Books, NY, 2014.

46. KOTKIN, STEPHEN: *"Armageddon Averted. The Soviet Collapse 1970-2000"*, Oxford University Press, 2008.

47. LEWIN, MOSHE: *"El siglo soviético. ¿Qué sucedió realmente en la Unión Soviética?"*, Memoria Crítica, Barcelona, 2005.

48. LEWIN, MOSHE: *"The Gorbachev Phenomenon. A historical interpretation"*, University of California Press, Berkeley, Los Angeles, 1988.

49. LIGACHEV, YEGOR: *"Inside Gorbachev's Kremlin. The Memoirs of Yegor Ligachev"*, Pantheon Books, NY, 1993.

50. LUCAS, EDWARD: *"The New Cold War. Putin's Russia and the Threat to the West"*, Palgrave, Macmillan, NY, 2008.

51. MACMILLAN, MARGARET: *"Nixon and Mao"*, Random House, NY, 2007.

52. MARPLES, DAVID: *"The Collapse of the Soviet Union 1985-1991"*, Pearson Longman, Harlow, 2004.

53. MATTLOCK, JACK: *"Autopsy on an Empire. The American Ambassador's Account of the Collapse of the Soviet Union"*, Random House, NY, 1995.

54. MEDVEDEV, ROY: *"On Socialist Democracy"*, W.W.Norton, NY, 1975.

55. MEARSHEIMER, JOHN: *"The Tragedy of Great Powers"*, W.W.Norton, 2001.

56. MIJAILOV, NIKOLAI: *"Panorama de la U.R.S.S. Breve Ensayo Geográfico y Económico"*, Ediciones en lenguas extranjeras, Moscú, 1960.

57. OUIMET, MATTHEW J: *"The Rise and Fall of the Brezhnev Doctrine in Soviet Foreign Policy"*, The University of North Carolina, 2003.

58. PEARSON, DAVID: *"KAL 007. The Cover-Up"*, Summit Books, NY, 1987.

59. POLITKOVSKAYA, ANNA: *"Putin's Russia. Life in a Failing Democracy"*, Henry Holt and Company, NY, 2004.

60. POMERANIEC, HINDE: *"Rusos. Postales de la era Putin"*, Tusquets Editores, Buenos Aires, 2009.

61. PUTIN, VLADIMIR: *"First Person"*, Public Affairs, NY, 2000.

62. REAGAN, RONALD: *"An American Life"*, Threshold Editions, NY, 1990.

63. RUPEREZ, JAVIER: *"Conferencia sobre la Seguridad y la Cooperación en Europa: el Acta Final de Helsinki"*, Cuadernos FAES, noviembre de 2014.

64. SABORIDO, JORGE: *"Historia de la Unión Soviética"*, Emecé, Buenos Aires, 2009.

65. SEBESTYEN, VICTOR: *"Revolution 1989. The Fall of the Soviet Empire"*, Vintage Books, Random House, NY, 2009.

66. SHEVTSOVA, LILIA: *Yeltsin's Russia: Myths and Reality* Washington: Carnegie Endowment for International Peace, 1999.

67. SHULGAN, CHRISTOPHER: *"The Soviet Ambassador: The Making of the Radical Behind Perestroika"*, Emblem Editions, NY, 2011.

68. SIMIS, KONSTANTIN: *"U.S.S.R. the Corrupt Society. The Secret World of Soviet Capitalism"*, Simon & Shuster, NY, 1982.

69. SIXSMITH, MARTIN: *"Putin's Oil. The Yukos Affair and the Struggle for Russia"*, Continnum, NY, 2010.

70. SOLDATOV, ANDREI and BOROGAN, IRINA: *"The New Nobility. The Restoration of Russia's Security State and the Enduring Legacy of the KGB"*, Public Affairs, NY, 2010.

71. SOLOVYOV, VLADIMIR and KLEPIKOVA, ELENA: *"Yuri Andropov. A Secret Passage Into the Kremlin"*, McMillan Publishing Company, NY, 1983.

72. STIGLITZ, JOSEPH: *"Malestar en la Globalización"*, Santillana, España, 2002.

73. STONE, NORMAN: *"The Atlantic and its Enemys. A History of the Cold War"*, Penguin Books, London, 2010.

74. SIXSMITH, MARTIN: *Putin´s Oil. The Yukos Affair and the Struggle for Russia*, Continuum, NY, 2010.

75. TALBOTT, STROBE: *"The Russia Hand. A Memoir of Presidential Diplomacy"*, Random House, NY, 2002.

76. TAUBAN, WILLIAM: *"Khruschev. The man and his era"*, W. W. Norton & Company, NY, 2003.

77. THATCHER, MARGARET: *"The Downing Street Years"*, HarpersCollins, NY, 1993.

78. TIMOFEYEV, LEV: *"Russia´s Secret Rulers. How the Government and Criminal Mafia Exercise their Power"*, Alfred A. Knopft, NY, 1992.

79. TOMPSON, WILLIAM: *"The Soviet Union Under Brezhnev"*, Pearson Longman, London, 2003.

80. TREISMAN, DANIEL: *"The Return. Russia´s Journey From Gorbachev to Medvedev"*, Free Press, NY, 2011.

81. TRUSCOTT, PETER: *"Vladimir Putin. Líder de la nueva Rusia"*, El Ateneo, Buenos Aires, 2004.

82. TUCKER, ROBERT C.: *"Politics, Culture and Leadership in Soviet Russia"*, W.W. Norton & Company, NY, 1987.

83. VOLKOGONOV, DMITRI: *"The Rise and Fall of the Soviet Empire. Political Leaders from Lenin to Gorbachev"*, HarperCollins Publishers, NY, 1999.

84. VOSLENSKY, MICHAEL: *"Nomenklatura. The Soviet Ruling Class - An Insider´s Report"*, Doubleday & Company, Inc., Garden City, NY, 1984.

85. WHITE, STEPHEN: *Gorbachev and After*, Cambridge University Press, 1992.

86. YELTSIN, BORIS: *"The Struggle for Russia"*, Times Books, NY, 1994.

87. YELTSIN, BORIS: *"Midnight Diaries"*, Public Affairs, NY, 2000.

Made in the USA
Middletown, DE
09 May 2019